Qualité en production

De l'ISO 9000 à Six Sigma

Éditions d'Organisation
1, rue Thénard
75240 Paris Cedex 05

Consultez notre site :
www.editions-organisation.com

DU MÊME AUTEUR CHEZ LE MÊME ÉDITEUR

Appliquer la Maîtrise statistique des processus – MSP/SPC
Maurice PILLET
Éditions d'Organisation – 2005 – 3e édition

Gestion de production
Chantal BONNEFOUS – Alain COURTOIS – Maurice PILLET
Éditions d'Organisation – 2004 – 3e édition

Les plans d'expériences par la méthode Taguchi
Maurice PILLET
Éditions d'Organisation – 1997

Six sigma – Comment l'appliquer
Maurice PILLET
Éditions d'Organisation – 2005 – 1re édition complétée

DU MÊME AUTEUR

Cotation et méthodes de contrôle en fabrication mécanique
Daniel DURET
Editions Augustin – 1989

ISBN : 2-7081-3388-8

Daniel DURET et Maurice PILLET

Qualité en production

De l'ISO 9000 à Six Sigma

Troisième édition

Éditions d'Organisation

Sommaire

Première partie
Systèmes de management de la qualité

Deuxième partie
Les outils de la qualité

INTRODUCTION

Le terme qualité ne laisse personne indifférent dans le monde industriel d'aujourd'hui, car il se réfère à de multiples concepts. C'est pourquoi, il nous a paru souhaitable de proposer à une entreprise soucieuse de progresser dans cette démarche, de se situer, de connaître et d'approfondir certaines méthodes. Cet ouvrage a pour vocation de permettre au lecteur de disposer d'une vue large mais précise de l'ensemble des concepts qualité nécessaire dans un univers de production industriel.

L'organisation de l'ouvrage reprend de manière classique les deux volets de la qualité, à savoir :

- le management de la qualité ;
- la mise en œuvre d'outils qualité.

Cet ouvrage se veut d'une lecture simple, nous avons volontairement peu développé les démonstrations statistiques. Certains chapitres pouvant faire l'objet d'un ouvrage à eux seuls, il nous a fallu nous limiter à l'essentiel. Pour le lecteur désirant approfondir certains points, les normes et ouvrages de références seront mentionnés. La conception de l'ouvrage permettra au lecteur d'aborder chaque chapitre de façon indépendante.

Le premier chapitre a comme objet de préciser le concept qualité en le situant dans la trilogie « Qualité – Sécurité – Environnement ». Il fait le lien de la qualité du produit à la qualité vue comme outil de management. Une brève histoire de la qualité sera donnée en fin de chapitre.

Partant d'une analyse des coûts de non qualité, le second chapitre précise le déploiement du management de la qualité (planification, maîtrise, assurance et amélioration de la qualité). L'audit et la mesure de satisfaction du client seront abordés.

La version 2000 des normes ISO 9000 est présentée au chapitre 3. L'approche processus est développée avant de présenter l'architecture de la norme (en particulier, nous nous attarderons sur la responsabilité de la direction). La démarche de certification peut s'appliquer à l'aide de ce modèle ou à l'aide d'autres modèles plus spécifiques. Les principaux référentiels de l'automobile seront rappelés.

La gestion documentaire est une tâche complexe qui incombe au service qualité. Le chapitre 4 donne, après une analyse des principaux documents (manuel, procédures, instructions, ...), des pistes et des éléments de gestion pouvant être appliqués.

Le management de la qualité doit pouvoir se décliner jusqu'au poste de travail. Dans le chapitre 5, nous proposons une approche appelée « automaîtrise » qui permet de formaliser cette déclinaison. Cette méthode permet de prendre en compte l'environnement du poste de travail, le processus utilisé, les méthodes de contrôle, la maintenance et les points à contrôler. C'est la clef de voûte pour assurer la pérennité des actions mises en place.

La seconde partie de l'ouvrage s'intéresse aux méthodes et outils.

Nous présentons dans le chapitre 6 les outils de base de la résolution de problèmes qui facilitent le travail de groupe et qui sont indispensables à tous les cercles de qualité, groupes de progrès ou autres.

Dans le chapitre 7, les principes du QFD (*Quality function Deployment*), avec les aspects pratiques de la mise en œuvre de cet outil, sont exposés. Cela permet de prendre en compte la voix du client.

Les plans d'expériences font partie de l'ensemble des outils de la qualité qui permettent aux entreprises de progresser dans la maîtrise de la conception de produits nouveaux et dans la maîtrise des procédés de fabrication. La mise en œuvre, illustrée d'exemples pratiques est traitée au chapitre 8.

Parmi les différents outils de la qualité, l'AMDEC, étudiée au chapitre 9, tient une place de choix. D'abord largement utilisée par les constructeurs automobiles et leurs sous-traitants, elle est aujourd'hui pratiquée dans tous les secteurs d'activité.

Au-delà du simple outil, la MSP ou SPC (*Statistical Process Control*) intègre une nouvelle culture d'entreprise (chapitre 10). C'est pourquoi nous insistons sur l'objectif cible qui est la culture sous jacente à la réussite de la MSP avant de présenter les aspects plus techniques tels que les cartes de contrôle et les études de capabilité.

Il est bien sûr préférable de bien mettre en place la maîtrise des procédés plutôt que de procéder à un contrôle sur un lot terminé. Un contrôle par échantillonnage sur le lot fabriqué apparaît comme une solution suffisante et économique. L'objectif du chapitre 11 est de développer ce type de contrôle.

La démarche qualité a fortement relancé l'esprit métrologique. La fonction métrologie responsable de la gestion des moyens de mesure est abordée au chapitre 12.

La qualité exigée par le client est le plus souvent définie par une valeur nominale affectée d'une tolérance. Cette confirmation métrologique est étudiée au chapitre treize. Elle ne concernera pas uniquement le produit, mais également la validation d'un processus de mesure par des études de capabilité de type GRR.

Nous terminerons avec l'approche « Six Sigma », qui est une approche globale de l'amélioration de la qualité du produit et des services rendus aux clients De la simple démarche de résolution de problèmes à une véritable stratégie pour l'entreprise, nous exposerons cette « philosophie industrielle » au chapitre 15.

Première partie

Systèmes de management de la qualité

L'histoire récente de la qualité montre, qu'en moins d'un siècle, on est passé de la simple vérification de la conformité d'un produit au management d'entreprise pour celle qui ont fait de la qualité leur cheval de bataille. Citons à titre d'exemple les nouvelles normes de la série ISO 9000, référencées sous le titre générique de « *Systèmes de management de la qualité* ».

Dans un premier temps, nous partirons de la qualité du produit et des services et de son incidence vis-à-vis du client. Le management de la qualité sera ensuite introduit en rappelant les travaux des pionniers de la qualité.

La non qualité a un coût très important pour l'entreprise. Les investissements en prévention et en évaluation doivent faire baisser cette non qualité. Le management de la qualité permet d'atteindre cet objectif par une approche rigoureuse. Il peut s'appuyer sur des modèles prédéfinis et ayant fait leurs preuves, comme par exemple les Normes ISO 9000.

Cette démarche peut se décliner de l'entreprise au poste de travail. Nous retrouverons les mêmes concepts. A titre d'exemple, nous mettrons l'accent sur la gestion documentaire de l'entreprise et la mise en place de l'auto-maîtrise en production.

CHAPITRE 1

LE CONCEPT « QUALITÉ »

Dans le langage courant, le terme qualité désigne une manière d'être. Par exemple pour un tissu, on dira qu'il est de bonne qualité. Son emploi peut être ambiguë car il sous-entend souvent ce qui se fait de mieux alors qu'étymologiquement il traduit plus la conformité[1] ou l'aptitude reconnue à faire quelque chose comme dans l'expression « ès-qualité ».

En entreprise on retrouve ces aspects de conformité et d'aptitude. Dans l'histoire de l'industrialisation, le taylorisme a permis de développer cette notion de conformité (un grand nombre de modèles identiques). Cette approche, souvent décriée, a permis à l'entreprise FORD de fournir des modèles T très appréciés dans le contexte économique de l'époque.

La concurrence, du fait de son internationalisation, est devenue très vive. Pour être sûrs de leur choix, les clients potentiels que nous sommes ont besoin d'être rassurés sur les aptitudes de leurs fournisseurs.

Si la confiance dans les fournisseurs provient souvent de leur renommée (image de marque, tradition, résultats en compétition, etc.), elle peut être également cautionnée par une reconnaissance extérieure. Le jugement du compagnon par ses pairs relève de cet esprit. De même les normes ISO 9000 certifient une aptitude, destinée à rassurer le client.

Les besoins du marché évoluent très vite. Les séries, de plus faible taille, doivent présenter un niveau de fiabilité accru, une large palette d'options, tout en demeurant

1. *Qualitas* est une contraction inversée du mot latin signifiant « tel quel ».

dans une fourchette de prix attractive. Cette vision des choses fait basculer la qualité de simple technique vers une démarche de management.

Cette approche, japonaise dans ses débuts, connaît un développement actuellement mondial.

Dans un premier temps nous nous attacherons surtout à l'aspect organisationnel de la démarche qualité, en insistant sur quelques éléments novateurs et formalisés. N'oublions pas que dans beaucoup d'entreprises performantes la démarche qualité existait de fait, simplement son expression était implicite, on faisait de la « qualité » sans le savoir.

Dans la deuxième partie, nous mettrons l'accent sur les outils de la qualité. Il n'est pas possible de construire un système qualité performant et durable sans une bonne technique. Tous les outils ne seront pas abordés, certains relevant du pragmatisme et du bon sens. Nous nous attarderons sur ceux nécessitant une réflexion plus approfondie et ayant fait leur preuve dans l'industrie.

1. UNE APPROCHE GLOBALE « QUALITÉ – SÉCURITÉ – ENVIRONNEMENT » (QSE) AVEC SES DIFFÉRENTS PARTENAIRES

La pérennité d'une entreprise sera assurée si ses différents partenaires trouvent avantage à collaborer avec elle. On peut citer comme interlocuteurs :

- *Les clients* : ce sont eux qui font vivre directement l'entreprise par leurs commandes. Ils s'attendent à avoir un produit conforme et simple d'utilisation, sécuritaire et si possible innovant. Le tout pour un prix concurrentiel.
- *Le personnel* : c'est la richesse principale de l'entreprise. Pour faire de bons produits, il faut que les employés soient motivés (salaire, épanouissement dans son activité) et qu'ils travaillent si possible dans un environnement sécurisé et agréable. La confiance dans l'entreprise sera renforcée si l'on a entrepris une démarche d'organisation et d'innovation.
- *Les actionnaires* : ils attendent un dividende et une valorisation de leurs actions. Pour cela il faut que l'entreprise soit crédible sur les marchés, innovante face à la demande, avec un faible risque au niveaux sécurité et environnemental (pénalité, dégradation de l'image).
- *Les partenaires industriels et fournisseurs* : de plus en plus le fournisseur participe à l'élaboration des produits en faisant profiter le client industriel de son savoir faire. Il atteint le statut de partenaire industriel et peut de ce fait espérer travailler régulièrement avec son client. Cela s'accompagne souvent d'un transfert de savoir faire, parfois accompagné de procédures de sécurité et d'environnement.
- *La société* : une entreprise pour pouvoir fonctionner a besoin de services fournis par

la société (dessertes, infrastructure environnementale, réseaux énergétiques et informationnels, potentiel de ressources humaines bien formées, etc.). En retour, par les salaires de ses employés et des taxes versées, elle va contribuer au développement d'une économie locale. De plus elle peut donner une image de dynamisme (haute technologie) recherchée par la commune hôte. L'entreprise pour garantir la sécurité de son voisinage doit entreprendre une démarche basée sur le principe de précaution (pollutions diverses, explosions, etc.).

Pour être performante, l'approche QSE devra prendre en compte chacune de ces composantes. Dans la suite, nous étudierons plus particulièrement la composante « Qualité ».

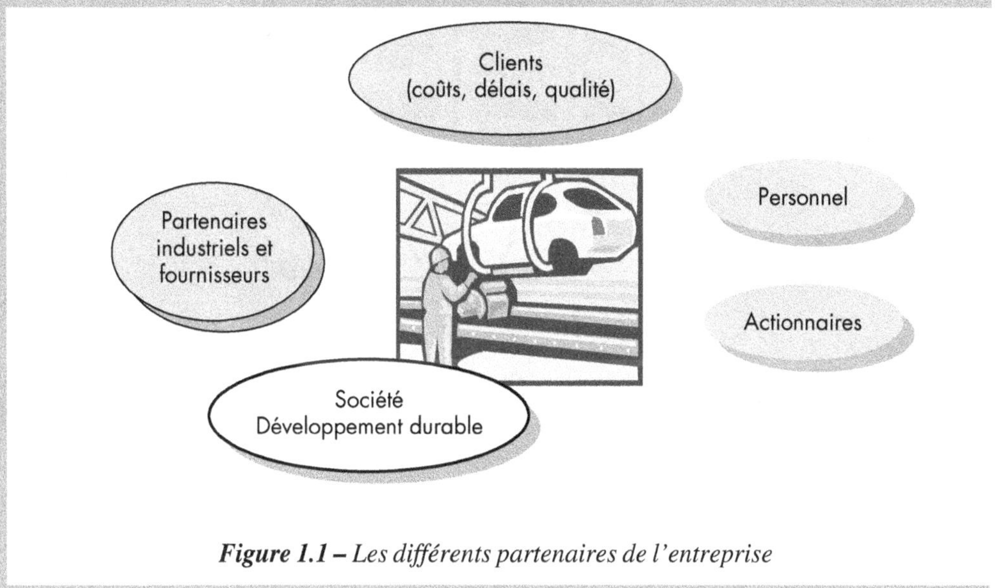

***Figure 1.1** – Les différents partenaires de l'entreprise*

2. LA QUALITÉ COMME INDICATEUR DE PILOTAGE

Comme les entreprises en situation de monopole sont de plus en plus rares, les prestations fournies (produits physiques et services associés) doivent séduire le client.

La séduction est l'image du ratio qualité / coût. Cela n'est pas suffisant car si les délais sont trop longs, le client risque de se retourner vers la concurrence.

La gestion de l'entreprise se fera principalement à l'aide d'un tableau de bord constitué d'indicateurs agrégeant les informations :

- de disponibilité (délais et quantité) ;
- de coût de fabrication (de l'étude à la livraison) ;
- de qualité (conformité à l'offre annoncée).

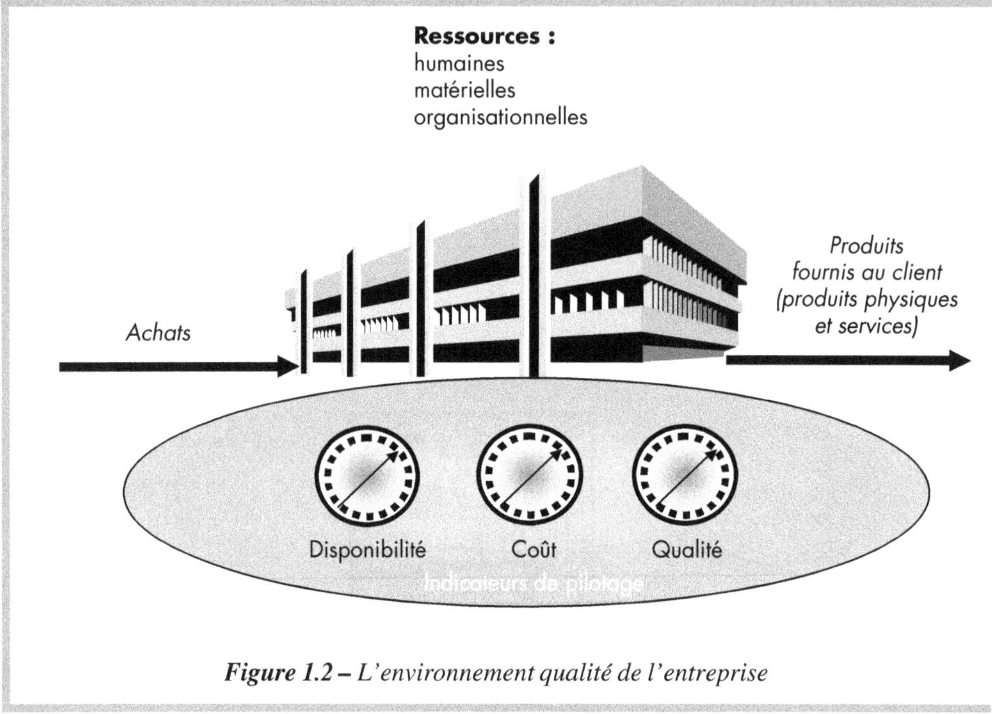

Figure 1.2 *– L'environnement qualité de l'entreprise*

3. LA QUALITÉ DU PRODUIT

Le terme « qualité » pouvant être ambigu, sa définition a été précisée au niveau de l'ISO[1].

3.1 Définition normalisée (ISO 9000 : 2000)[2]

« qualité : aptitude d'un ensemble de caractéristiques intrinsèques à satisfaire des exigences »

1. ISO : Organisation internationale de normalisation.
2. Reproduction avec l'autorisation d'Afnor.

Les exigences peuvent concerner :

- un produit (une paire de chaussures, un vélo, un repas, une formation, un document administratif...) ;
- une activité ou un processus (l'assemblage sur une chaîne de montage, un service après-vente, la réception dans un hôtel, la rédaction d'un acte notarié...) ;
- un organisme (compagnie, société, firme, institution...) ou une personne.

Il s'agit des exigences des utilisateurs (ou clients). Ils peuvent être des particuliers, des entreprises, des services publics ou privés, des services internes (notion de client interne)...

L'aptitude est plus floue à définir. Elle peut être caractérisée par :

- **les performances** (exemple : temps mis pour passer de 0 à 100 km/h pour une automobile) ;
- **la sûreté de fonctionnement** (exemple : avoir un véhicule qui ne tombe pas en panne et dans le cas contraire, savoir qu'il existe une infrastructure où l'on peut le faire réparer) ;
- **la sécurité d'emploi** (exemple : garantie pour les appareils électriques de n'avoir aucune électrocution en fonctionnement) ;
- **le respect de l'environnement** (exemple : certains constructeurs s'engagent à recycler une bonne part des matériaux constituant leurs produits).

De plus elle est conditionnée par :

- **son coût** (le client veut un bon produit mais pas à n'importe quel prix, seul le produit de luxe semble échapper à cette contrainte),
- **sa disponibilité** (de nombreux fournisseurs sont capables de livrer des produits sensiblement équivalents, la rapidité de proposition peut devenir un argument prépondérant pour conclure une vente).

3.2 La qualité recherchée par le consommateur

Bien que le consommateur soit roi, il ne sait pas toujours définir ce que le produit doit remplir comme fonction, il peut avoir du mal à préciser ce qu'il attend.

Pour de nombreux produits, des normes pallient cette carence et permettent de définir la qualité minimale requise (par exemple pour des raisons de sécurité dans le nucléaire, le matériel électrique, les jouets...).

On dira qu'un produit est de qualité s'il est en conformité avec la norme correspondante.

Un des grands dangers de cette approche est d'oublier le client et de se contenter d'être en accord avec la norme.

L'approche japonaise d'être à l'écoute du client, d'être attentif à ses remarques ou suggestions même si elles sont plus ou moins bien formulées, a prouvé le bien-fondé économique de la démarche. Il faut savoir se mettre à la place du client et accepter d'être critiqué sur son produit. La visite GEMBA[1] consiste à se déplacer sur le terrain et de voir, filmer... comment le client utilise réellement le produit.

Une norme ne met en œuvre qu'une modélisation approchant *a priori* les conditions extrêmes de la réalité (par exemple un essai de traction) alors que le client va tester le produit dans son propre environnement, sous des contraintes parfois ignorées du fournisseur (exemple : des fils électriques d'alimentation pour des micro-moteurs serviront de poignée de transport sur un chantier alors que manifestement ils n'étaient pas prévus pour cela).

C'est une grosse erreur que de penser que les produits de bonne qualité sont uniquement ceux qui sont les plus luxueux.

En résumé une première définition peut être donnée par :

- **Le respect du cahier des charges**

Le produit ou le service correspond bien à ce qui était écrit, la publicité est non mensongère. Attention nous verrons que des caractéristiques fournies et non perçues par le client correspondent à de la surqualité, il n'en a pas conscience et par conséquent n'en retirera aucune satisfaction.

Au cahier des charges client, il existe un cahier des charges implicite fourni par les exigences légales en vigueur dans le pays du client (exemple : directives européennes sur les produits).

- **Le maintien de la conformité**

Les fonctions fournies ne doivent pas se détériorer rapidement dans le temps en utilisation normale. La durée de vie peut être appréciée très différemment. Ainsi un véhicule parcourant 200 000 km à la moyenne de 65 km/h va fonctionner pendant un peu plus de 3 000 heures. Pour un engin agricole, une durée de vie de 10 000 heures semble un minimum.

- **La satisfaction implicite**

Ce besoin n'est pas toujours exprimé explicitement (caractéristiques intrinsèques). Certains objets peuvent avoir comme mission de valoriser leur propriétaire comme par exemple une tenue vestimentaire dans une activité sportive (une voiture de sport n'a pas uniquement comme mission d'assurer la fonction déplacement de son propriétaire). Pour les nouveaux produits il doit y avoir une adéquation entre les services de mar-

1. mot japonais signifiant place réelle.

keting et de conception. Par exemple, à sa création la télécommande d'un téléviseur correspondait bien à un besoin non décrit technologiquement par le futur client.

Certaines exigences ne sont pas définies par le client tout simplement par ignorance. Il pense naturellement que ces précisions sont de votre domaine en tant que spécialiste (par exemple un type de conditionnement).

- **La satisfaction économique**

Il doit en avoir pour son argent. N'oublions pas qu'en dernier recours, c'est ce dernier qui décide des produits qui vont se vendre et qu'une image de marque peut se détruire rapidement par une seule série de mauvais produits.

3.3 Notion de classes

Parfois pour guider le client, il peut exister une notation (classes) destinée à le renseigner sur le rapport qualité prix qu'il est en droit d'attendre.

Notion de classe : (ISO 9000)[1] *« Catégorie ou rang donné aux différentes* ***exigences*** *pour la* ***qualité*** *pour des* ***produits****, des* ***processus*** *ou des* ***systèmes*** *ayant la même utilisation fonctionnelle ».*

Exemple : classement des hôtels par un nombre d'étoiles.

3.4 La qualité pour fidéliser le client

La qualité du produit et le service associé à ce produit sont très importants pour fidéliser le client. Commercialement c'est beaucoup plus cher d'acquérir un nouveau client que d'en conserver un ancien, alors que le bénéfice reste le même.

En particulier comme beaucoup de produits présentent une valeur intrinsèque semblable, certains fournisseurs essayent de se distinguer en proposant des services associés comme une maintenance rapide, un prêt de matériel pendant la réparation, des services d'entretien privilégiés, etc.

On cherche à faire du client un partenaire, c'est lui qui assure la pérennité de l'entreprise.

1. Reproduction faite avec l'autorisation d'Afnor.

3.5 Comment comparer la qualité de deux produits concurrents

3.5.1 Être capable de mesurer la qualité

Certaines caractéristiques de qualité peuvent être mesurées à l'aide de paramètres physiques. On peut estimer la variation de ces paramètres compatible avec un fonctionnement correct de l'appareil (par exemple une variation de longueur, une variation de résistance électrique...). D'autres, au contraire, ne peuvent être saisies que par les sens : vue (couleur, aspect), ouïe (vibrations), odorat, goût, toucher. La mesure sera le fruit d'une expertise et de ce fait critiquable. Une approche statistique, comme une enquête client, exprimera la perception du client, malheureusement, elle ne peut se faire qu'*a posteriori*.

Par exemple pour une voiture, la qualité sera un mélange de données objectives comme la mesure de l'accélération par le temps mis pour passer de 0 à 100 km/h et de données subjectives comme le confort. Notons que cette estimation de la qualité n'est pas une donnée intrinsèque au produit mais varie suivant la clientèle ciblée.

En conclusion, on cherchera à :

- Évaluer l'importance des caractéristiques et les classer.
- Se mettre d'accord sur l'évaluation des défauts.
- Regarder les produits statistiquement lorsque cela est possible.
- Comparer la qualité réalisée à la qualité désirée.

3.5.2 Exemple de fonction de comparaison appliquée à l'automobile

La qualité d'un véhicule est une fonction multi-critères. On peut par exemple décider de noter cette qualité sur 1 000 points. Un découpage arborescent est souvent utilisé, cela permet de sérier les difficultés. Pratiquement il est possible de faire une réunion ouverte type « déballage d'idées » et ensuite de faire un vote pour retenir les caractéristiques supposées les mieux perçues par les clients.

Exemple de fonction :

$$\frac{Note}{1\,000} = \frac{\%\,N_1\,\text{(Confort)} + \%\,N_2\,\text{(Sécurité)} + \%\,N_3\,\text{(Performances)} + \%\,N_4\,\text{(Budget)}}{1\,000}$$

Cela revient à dire que le confort sera jugé sur N_1 points (avec $\Sigma\, N_i = 1000$).

À son tour, le confort sera composé de sous-rubriques telles que la suspension, l'habitabilité, l'accès, la commande de boîte, la direction assistée, etc. Tous ces critères n'ont pas le même poids. Il est pourtant intéressant de les noter sur 20 ou sur 10 (on n'efface pas des années d'école). Ils seront ensuite multipliés par un coefficient pour intervenir à leur juste valeur. L'utilisation d'un tableur sera d'une grande efficacité.

Avec cette méthode, il est possible de comparer son produit avec un produit de la concurrence de grande diffusion. Point par point, il est possible de faire un rapport pour chaque critère.

Une valeur supérieure à 1 peut être recherchée, par contre si elle est très supérieure à 1 cela peut éventuellement être considéré comme de la surqualité. Une valeur très inférieure à 1 indiquera une situation inadmissible.

Il ne s'agit bien sûr que d'une première approche. Intuitivement, nous sommes bien conscients que l'influence d'un défaut n'agit pas de manière linéaire sur l'appréciation d'un client. Un petit défaut le mettra simplement de mauvaise humeur, alors que pour un défaut important, il trouvera cela inadmissible et sera prêt à entreprendre une démarche de réclamation.

3.6 Les trois types de qualité définis par le modèle de Kano

Dans ce modèle, on distingue trois types de qualité de produit :

1. La qualité implicite, celle que l'on trouve dans tous les produits disponibles du marché. C'est un minimum, car son absence peut provoquer un phénomène de rejet chez le client (*attentes de base*).
2. La qualité proposée, dans « l'air du temps ». Son choix sera surtout dicté par des critères économiques (offre promotionnelle). Une technologie plus ou moins sophistiquée peut nuancer son choix (*attentes de performances*).
3. Le plus, la qualité innovante, celle qui peut décider l'acheteur (ne pas avoir le produit de monsieur tout le monde) (*attentes de séduction*).

Dans l'exemple traité précédemment, les freins à disques à l'avant sont à classer dans la catégorie 1, la fermeture centralisée à distance dans la catégorie 2. La catégorie 3 représente une avance sur la concurrence, sa durée de vie est limitée car rapidement les autres fabricants l'intègrent dans leur modèle. Pour l'instant, l'anti-patinage peut être classé dans cette catégorie.

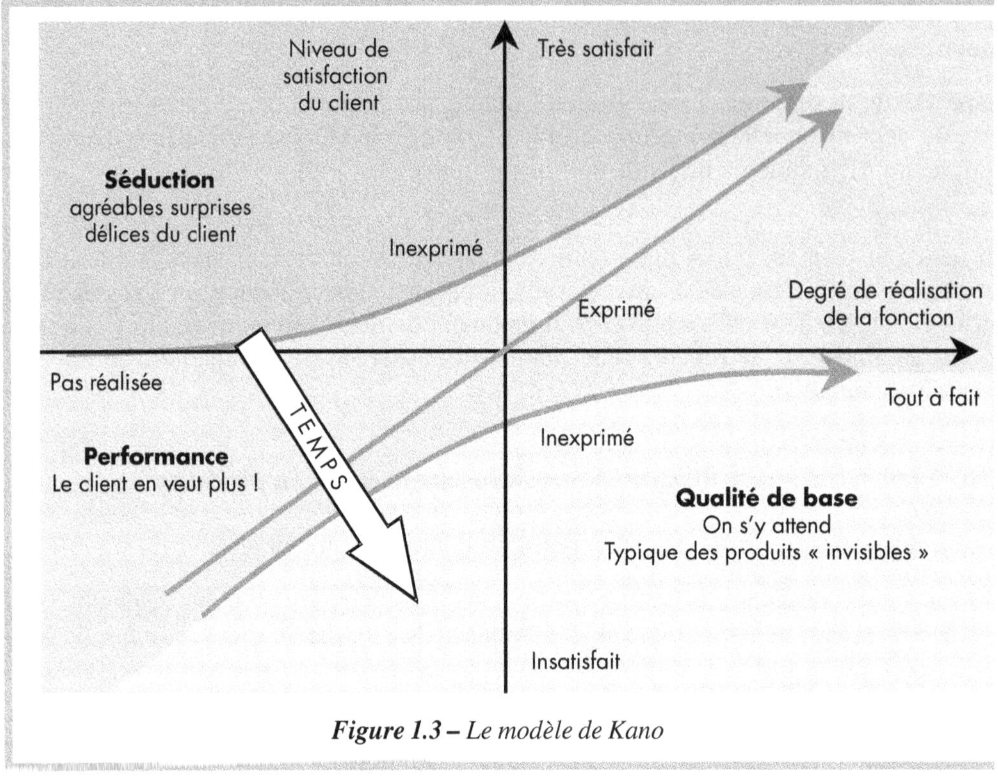

Figure 1.3 *– Le modèle de Kano*

4. L'APPROCHE « GESTION DE LA QUALITÉ »

Gérer signifie : « Avoir un objectif, se donner les moyens nécessaires pour l'atteindre, vérifier les résultats acquis, et s'il y a écarts, programmer une action corrective ».

Gérer la qualité consistera par exemple pour une entreprise à définir sa stratégie future compte tenu de son potentiel (humain et matériel), des marchés, de la concurrence, de son implantation géographique, etc. Ce choix stratégique dépend évidemment de la direction, c'est ***la politique Qualité***[1]

Pour sa mise en œuvre, il faut :

1. Pour la définition exacte et détaillée de chaque terme, le lecteur est invité à consulter le chapitre 3 « Termes et définitions » de la norme ISO 9000 : 2000.

- Se donner des ***objectifs*** pratiques et nommer les responsables « qualité » (***management de la qualité***).
- Faire des choix de production pour atteindre la qualité désirée tels que les embauches, les investissements, la sous-traitance, les partenariats (***planification de la qualité***).
- Former et sensibiliser le personnel à cette démarche, organiser et gérer le système de production (***maîtrise de la qualité***).
- S'assurer que la qualité obtenue est bien en adéquation avec celle souhaitée par la direction. Si besoin est, faire des corrections et éviter que cela ne se reproduise (***assurance de la qualité***).
- Mettre en place des dispositifs et des méthodes pour s'améliorer, être plus compétitif et plus réactif (***amélioration de la qualité***).

L'ensemble des moyens mis en œuvre pour répondre à l'attente de la direction doit être construit suivant une structure (ou modèle) bien définie appelée ***le système de management de la qualité***. Ce dernier est décrit à l'aide du ***manuel qualité*** et de ***procédures***.

Ces différents niveaux d'abstraction seront étudiés de façon plus détaillée dans les chapitres suivants.

Le docteur DEMING a illustré cette démarche comme une roue roulant sur un sol montant, de manière à élever le niveau de la gestion de la qualité. Ce schéma est si célèbre que l'on parle de *faire tourner la roue DEMING*.

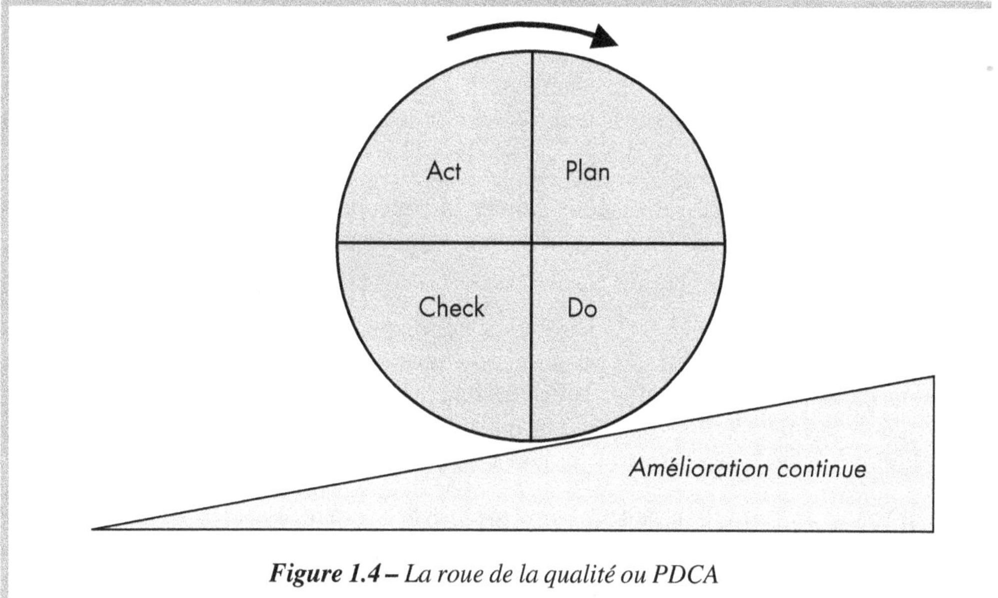

Figure 1.4 – *La roue de la qualité ou PDCA*

La gestion décrite ci-dessus peut être perçue comme une simple gestion au quotidien, elle n'en est pas moins nécessaire. Il est par contre possible de conduire ce mode de raisonnement à plus long terme sur quelques projets-clés pour l'entreprise de manière à assurer sa pérennité. On parlera alors de management par percée (ou Hoshin).

Nous reviendrons au chapitre 3 sur cette démarche d'amélioration continue.

5. MANAGEMENT PAR LA QUALITÉ TOTALE

De plus en plus d'entreprises développent un modèle de gestion permettant d'augmenter la valeur d'un produit en essayant d'optimiser simultanément la production de chaque service. On parlera de gestion par la « **Qualité totale** » ou « **TQM : Total Quality Management** ».

L'entreprise, en fonction de son savoir-faire technologique et des nouvelles technologies qui lui sont accessibles (domaines connexes, intégration complète d'un produit), a intérêt à explorer les niches potentielles du marché. Cela permet d'asseoir son image de marque, en montrant que l'on maîtrise tout un secteur (équipement automobile, le sport d'hiver, l'équipement de jardin, etc.).

Cette volonté de développement doit être accompagnée de moyens techniques capables et maîtrisés par le personnel. Des embauches peuvent être nécessaires si l'on n'a pas le personnel compétent. On essaiera de privilégier les ressources existantes, généralement maîtrisées. Tous les services seront concernés, de la conception à la distribution.

La satisfaction du client sera plus facilement garantie avec l'emploi d'outils comme l'Analyse fonctionnelle, l'Analyse de la Valeur ou le QFD (Déploiement de la Fonction Qualité).

Des préséries seront nécessaires pour valider la conception et les techniques d'industrialisation retenues (essais finals, validation de processus par le calcul des capabilités, etc.).

À terme, l'objectif essentiel est d'éliminer toute dispersion sur le produit. La maîtrise statistique des processus (MSP) va permettre un pilotage fin de la production pour éviter en particulier toute dérive. Il est souhaitable également de prévenir en amont tout risque potentiel de dispersions. Un outil comme l'AMDEC (Analyse des Modes de Défaillances, de leurs Effets et de leur Criticité) va dans ce sens.

Le bien-fondé de cette démarche va être jugée par le client. Il peut être suicidaire de se contenter d'analyser les retours clients (Service après-vente). Des enquêtes clients peuvent prévenir tout risque de fuite de la clientèle et permettre la mise en place d'actions correctives rapides et efficaces.

6. LES PIONNIERS DE LA DÉMARCHE QUALITÉ

La notion de qualité est un concept qui s'est développé avec les premières civilisations. Déjà dès l'Antiquité certains pays étaient reconnus comme spécialistes d'un produit ou d'une technique (en architecture par exemple).

La qualité, au sens moderne, est vraiment apparue avec la production en série. Elle a surtout été initialisée par les États-Unis.

Le concept d'assurance de la qualité, hérité de l'industrie de l'armement pendant la Seconde Guerre mondiale, a vu son plein essor sous le développement de l'industrie spatiale et nucléaire.

À titre d'exemples et sans être exhaustifs, nous rappelons quelques personnages clefs du monde de la qualité.

6.1 Walter A. SHEWHART

Dans les années 20, il a mis au point une méthode baptisée QC (*Quality Control*) aux BELL TELEPHONE LABORATORIES. Il est surtout connu comme le premier créateur des cartes de contrôle. Il préconise d'analyser les relevés obtenus dans le passé pour savoir comment le processus risque de varier dans l'avenir.

À une époque de situation de monopole pour beaucoup d'entreprises, sa méthode n'a longtemps été considérée que comme un exercice de style.

L'étude des cartes de contrôle sera reprise dans le chapitre 10 concernant la maîtrise statistique des processus.

6.2 W. Edwards DEMING

Il est le grand promoteur de l'utilisation massive des techniques statistiques dans le monde industriel.

À partir de 1942, il essaye d'appliquer les méthodes de Shewhart aux États-Unis. Après la Seconde Guerre mondiale, ses conférences au Japon connurent un grand retentissement.

Une association d'ingénieurs japonaise (JUSE) s'est chargée de transmettre ces techniques à un grand nombre de sociétés. Elle est à l'origine d'un prix qualité très prisé au Japon, le « Prix DEMING ».

Il est l'instigateur d'une méthode de management par la qualité (*Plan, Do, Check, Act*) que nous développerons dans les chapitres suivants.

6.3 Joseph M. Juran

Appliquant les théories de Shewhart depuis de nombreuses années, J. Juran fit part de son expérience en publiant *Quality Control Handbook*. Ce livre eut un succès retentissant. Il propose entre autres pour le management trois objectifs qui feront école par la suite :

- d'abord planifier le processus ;
- ensuite en assurer la stabilité (notion de robustesse) ;
- et enfin essayer d'améliorer le niveau de performance.

C'est lui également qui remit au goût du jour le diagramme de PARETO.

6.4 Armand V. Feigenbaum

Il proposa d'appliquer à tous les services, en particulier au management, les concepts développés en production (TQC : *Total Quality Control*). Il propose d'évaluer toutes les démarches de progrès en qualité, y compris celles qui sont administratives.

Il introduit également la documentation du système qualité (manuel de la qualité).

6.5 Kaoru Ishikawa

Connu en Occident comme l'inventeur des cercles de qualité, il est surtout le concepteur d'une méthode de management basée sur la qualité totale et adaptée à la culture japonaise. Cette méthode cherche en particulier à savoir quelles sont les exigences du client, à devancer les apparitions des défauts et à définir au mieux l'adéquation « coût – qualité ».

Il a introduit en production, sous formes graphiques accessibles, des techniques statistiques de base et développé les diagrammes causes-effet (diagramme en arête de poisson). La synthèse de sa démarche est connue sous le nom des « sept outils de la qualité » qui seront développés au chapitre 6.

6.6 Philip B. Crossby

Parti en guerre contre la notion de « Niveau de Qualité Acceptable », il proposa la méthode « ZÉRO DÉFAUT ».

Il définit en particulier les concepts essentiels suivants :

- toute action professionnelle est un processus (avec des entrées et des sorties), ce concept est un élément clé de la normalisation actuelle ;
- la qualité doit être définie comme une conformité ;
- il faut favoriser la prévention et non la détection ;
- la mesure de la qualité se traduit directement par le **prix de la non-conformité**.

6.7 Genichi TAGUCHI

Pour Genichi TAGUCHI, la non-qualité d'un produit s'exprime par une perte, fonction des écarts de production constatés sur le produit. Le processus de production doit être fidélisé de manière à le rendre insensible aux perturbations extérieures (robuste). Il a su réutiliser et simplifier les techniques des plans d'expériences de manière à mieux diffuser leur utilisation dans le monde industriel.

6.8 Dorian SHAININ

Il a proposé de nombreux outils pour résoudre des problèmes industriels réputés insolvables. Les outils retenus, basés sur une approche statistique rigoureuse, sont présentés de façon à être peu complexes à l'utilisation.

Il a proposé une démarche de résolution de problèmes qui s'appuie sur la recherche des paramètres les plus actifs (appelés les X rouges).

Nous pouvons constater que ce mouvement est surtout américain et japonais. En réalité une démarche analogue a existé en Europe mais sans doute avec moins de retentissement. Citons, par exemple en France, les travaux de l'ingénieur général de l'armement René CAVE sur le contrôle statistique.

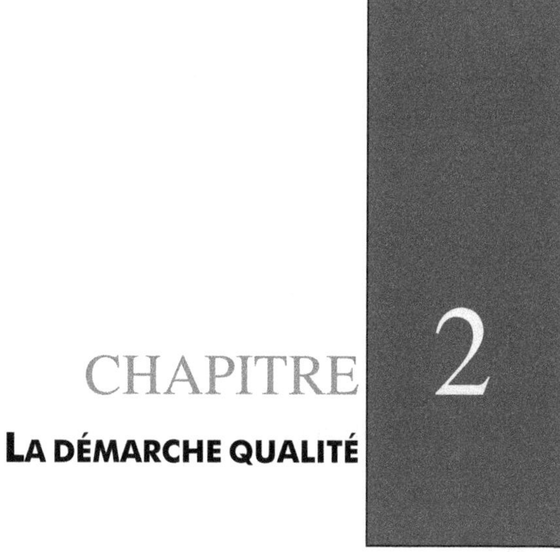

CHAPITRE 2

LA DÉMARCHE QUALITÉ

Faire des produits de qualité ne se décrète pas, la qualité résulte d'une démarche. Non seulement il faut être capable de réaliser la qualité exigée par le client, mais il faut mettre également en place un système permettant de pérenniser ce qui a été fait. Cette démarche va concerner tous les services de l'entreprise et non pas uniquement le service qualité. A terme cela permettra de fidéliser le client et de minimiser les coûts d'obtention de la qualité.

1. LE COÛT DE LA NON-QUALITÉ

Pendant des années, les entreprises ont pensé que cela coûtait très cher de fournir des produits de qualité. A partir de 1970 environ, la mondialisation de l'économie a démontré que des produits de qualité étaient un gage de retour d'investissement rapide. Citons comme précurseur Armand Feingenbaum qui en 1950 remit à sa direction un rapport sur les coûts de non-qualité. L'unité était le dollar, il était alors plus facile de convaincre la direction et les actionnaires du bien-fondé de la démarche.

Dans la suite de ce chapitre, nous présenterons sommairement comment s'imbriquent les différents coûts de la qualité. En particulier nous verrons l'importance d'investir en **prévention**.

1.1 Analyse des différents coûts de non-qualité

Les moyens de conception, de fabrication et de distribution n'étant pas parfaits, cela engendre automatiquement des défauts sur le produit qui se traduiront par des pertes.

Ces pertes peuvent être quantifiables directement :

• en interne (**Anomalies internes**) :
– absentéisme,
– accidents du travail,
– attente de pièces,
– rebuts, retouches,
– reconditionnement, réparation,
– mauvaise gestion des stocks,
– organisation des postes de travail,
– temps de changement de séries,
– réparation des moyens de production,
– modification de conception,
– ...

• en externe (**Anomalies externes**) :
– réclamations clients,
– pénalités de délai de livraison,
– coût du SAV,
– paiement partiel des clients,
– ...

Il faut rajouter à cela des pertes indirectes en crédibilité comme la perte d'image de marque (difficilement chiffrables mais souvent majeures).

Pour chercher à diminuer ces pertes, on va investir :

• en matériel, méthode et technique de contrôle (**Détection**) :
– contrôle de réception,
– contrôle des produits,
– vérification des appareils de mesure,
– qualification, homologation,
– contrôle des gammes,
– contrôle des stocks,
– suivi des délais,
– contrôle des commandes, des factures,
– ...

• en matériel, méthode et technique de prévention (**Prévention**) :
– vérification du cahier des charges (contrat),
– revue de conception et de production,
– audits qualité,

- certification,
- amélioration des plans et dossiers de fabrication et de contrôles,
- création d'indicateurs qualité,
- formation du personnel,
- mise en place d'une démarche qualité à partir de modèles,
- mise en place d'une démarche 5S,
- maintenance préventive,
- évaluation des fournisseurs,
- ...

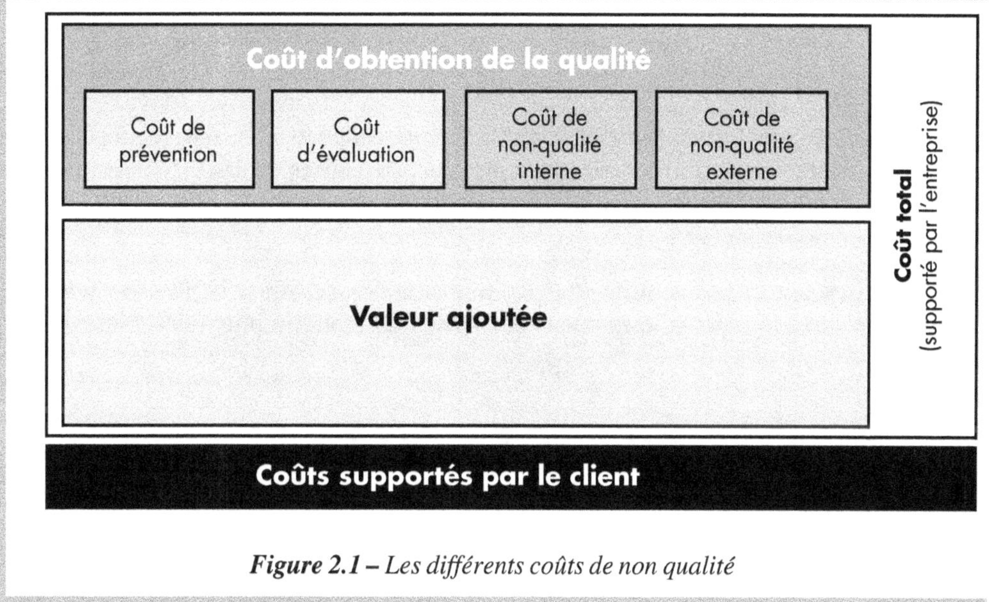

***Figure 2.1** – Les différents coûts de non qualité*

Il ne faut pas, bien sûr, que vouloir diminuer les pertes entraîne des investissements excessifs. Une démarche d'optimisation est nécessaire.

1.2 Relation entre pertes et coût d'investissement

Un investissement en contrôle peut faire diminuer les pertes car elles seront détectées en interne et non chez le client. En particulier, plus vite sera détecté le défaut, plus faible sera la perte due au remplacement du composant (par exemple, pour un composant de boîte de vitesse, cela évite un démontage...). Et surtout cela évitera de ternir l'image de l'entreprise.

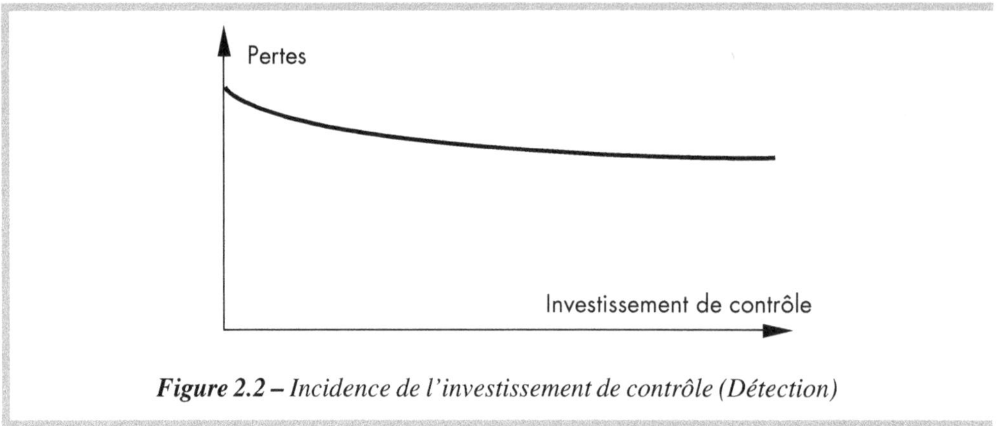

Figure 2.2 *– Incidence de l'investissement de contrôle (Détection)*

Mais nous nous apercevons tout de suite de la limite de cet investissement. C'est un traitement strictement curatif, il ne s'attaque pas aux causes du mal. Nécessaire pour rassurer le client sur la conformité du produit, il est peu rentable économiquement.

Un investissement en prévention (par exemple mettre en auto-contrôle un poste de production) va faire baisser le montant des pertes de manière plus importante.

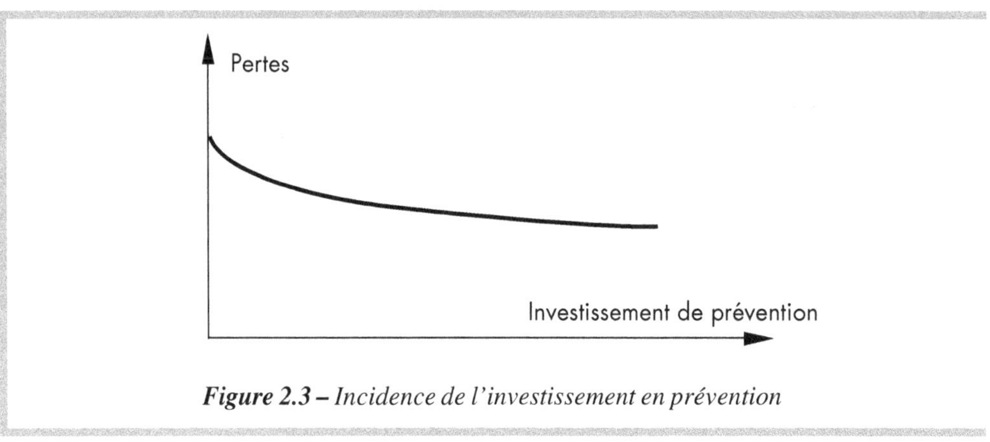

Figure 2.3 *– Incidence de l'investissement en prévention*

1.3 Optimisation « pertes – investissements »

Pour l'entreprise, que ce soient des pertes ou des investissements, cela correspond à un surcoût (perte financière) dû à la non-qualité. L'optimisation se fera sur la somme, sachant qu'il existe une corrélation entre les pertes et les investissements.

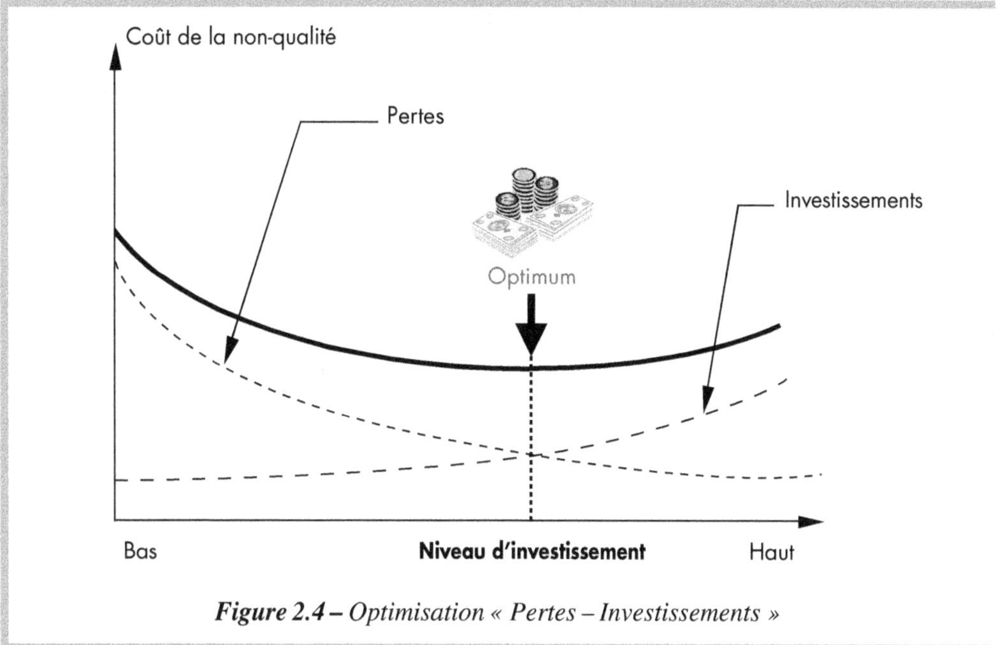

Figure 2.4 – Optimisation « Pertes – Investissements »

L'investissement le plus porteur semble être, pour beaucoup d'entreprises, la prévention. Ce sera donc un élément-clé de la gestion de la qualité.

Les informations nécessaires pour calculer le coût de la non qualité sont parfois difficiles à obtenir (souvent confidentielles). On peut les obtenir dans les documents de comptabilité (analytique et générale), les documents techniques ou administratifs ou commerciaux. Il est toujours possible de faire une estimation à partir d'enquêtes auprès des personnes concernées.[1]

2. LE MANAGEMENT DE LA QUALITÉ ET LA DIRECTION

Le service responsable du management de la qualité, est rattaché directement à la direction générale car il ne doit pas être juge et partie. En relation directe avec la

1. Pour plus d'information, le lecteur pourra consulter les normes :
- NF X 50-126 (octobre 1986) Gestion de la qualité – Guide d'évaluation des coûts résultant de la non qualité.
- ISO/TR 10014 :1998 (Août 1998) – Lignes directrices pour le management des effets économiques de la qualité.

clientèle, il représente celle-ci dans l'entreprise. En liaison avec le service commercial et la production, il doit aider la direction générale dans la définition de la politique qualité (en particulier pour les investissements en ressources humaines et matérielles).

Par exemple pour l'élaboration d'un nouveau produit, répondre aux questions suivantes :

- Est-ce que nous avons les compétences nécessaires ?
- Est-ce que nous avons les moyens de production adéquats ?
- Existe-t-il des fournisseurs compétents pour les composants achetés ?
- Serons-nous concurrentiels par rapport aux autres fournisseurs ?
- Etc.

Dans le contexte économique international actuel, la gestion qualité est largement aussi importante que les autres gestions (financières, ressources humaines, etc.). Pour certains dirigeants d'entreprise, on peut même considérer la gestion des ressources humaines et matérielles comme partie intégrante de la gestion de la qualité (faire de bons produits à l'aide de machines capables, pilotées par des employés compétents et sereins).

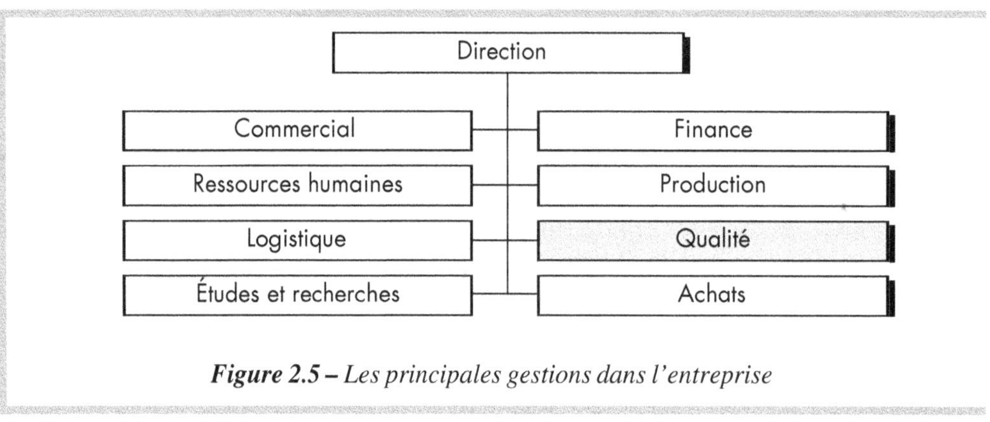

***Figure 2.5** – Les principales gestions dans l'entreprise*

3. LE MANAGEMENT DE LA QUALITÉ

En caricaturant, la gestion d'une entreprise peut s'apparenter au pilotage d'un véhicule conduit simultanément par plusieurs pilotes. Pour ce faire, ils comptent se répartir le volant, l'accélérateur, le levier de vitesses, les freins, l'embrayage...

Pour que cet équipage :

- puisse arriver à bon port → ***CONFORMITÉ***,
- suivant l'horaire prévu → ***DÉLAI***,
- en respectant le budget fixé → ***COÛT***,

→ *il doit se fixer des règles précises,*

pour que son fonctionnement soit cohérent vis-à-vis de ses engagements.

Notons que les difficultés de pilotage augmentent avec la distance à parcourir, de même tout au long du chemin « des complications » de tous ordres risquent d'apparaître au niveau :

	Transposition pour l'entreprise :
1) du véhicule	MOYEN
2) des hommes de l'équipage	MAIN-D'ŒUVRE
3) du carburant et des produits	MATIÈRE
4) de la nature du terrain emprunté	MILIEU
5) des techniques de pilotage	MÉTHODE

Pour atteindre ses objectifs, l'entreprise doit **envisager** les différentes contraintes possibles, **fournir** aux opérateurs des consignes définissant la marche à suivre et **préciser** les responsabilités. La définition de sa politique, sa traduction en objectifs et en moyens sont les principales composantes du **management de la qualité.**

Définition ISO 9000[1] : 2000 du management de la qualité :

*« activités coordonnées permettant d'orienter et de contrôler un **organisme** en matière de **qualité**. »*

4. LES PRINCIPALES COMPOSANTES DU MANAGEMENT DE LA QUALITÉ

Un système de conception, de production et de distribution est toujours accompagné d'un management de la qualité. Il n'est parfois pas exprimé explicitement. En effet, tout chef d'entreprise, de la PME à la grande entreprise ne peut pas être insensible aux réclamations de ses clients car il sait qu'il en va de la pérennité de son entreprise.

1. Reproduction faite avec l'autorisation d'Afnor.

Il doit mettre en place un **système qualité** (organisation, procédures, moyens et processus) pour rendre opérationnel et efficace le management de la qualité.

Schématiquement, le management de la qualité, peut se représenter comme un asservissement en boucle fermée.

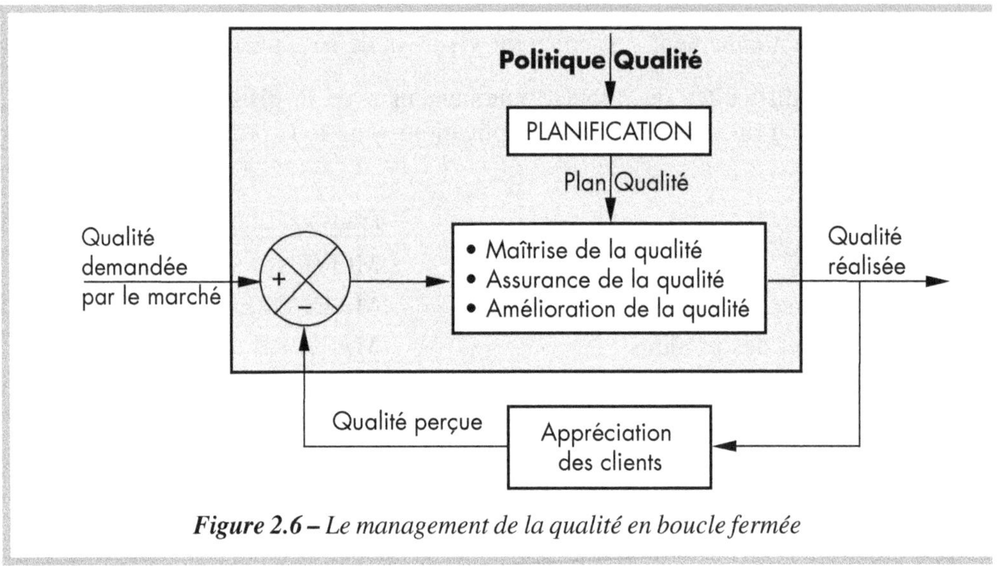

***Figure 2.6** – Le management de la qualité en boucle fermée*

Remarque : si la qualité réalisée par le fournisseur n'est pas complètement perçue par le client, c'est vraiment une perte pour le fournisseur car il a dépensé de l'argent pour réaliser une valeur ajoutée dont le client n'a pas du tout conscience. *A contrario*, le client peut trouver tout à fait insuffisante la qualité produite. Il fera des comparaisons avec l'offre de la concurrence en fonction de ses propres moyens de mesure ou d'estimation.

4.1 La planification de la qualité

La planification qualité :

- définit les objectifs stratégiques de la direction (position de leader, augmentation des bénéfices, etc.) et les exigences de qualité au niveau du produit (implication du personnel, diminution des retours clients, situation par rapport à la concurrence, etc.) ;
- prépare la mise en œuvre du système de management de la qualité (basée sur une approche processus par exemple) ;
- élabore des plans qualité (activités spécifiques liées à un produit ou une activité comme par exemple un plan formation, une démarche six sigma, etc.) ;
- essaie d'améliorer la qualité (démarche d'amélioration continue, partenariat avec les fournisseurs, etc.).

4.2 Maîtrise de la Qualité par une approche « processus »

Comme les besoins des clients progressent sans cesse, il faut que le système qualité soit basé sur des technologies, des savoir-faire et des moyens à la hauteur de la demande. On parlera de « *satisfaire aux exigences pour la qualité* ».

Ce sont en particulier « les opérationnels » qui doivent décrire leur façon de procéder.

L'entreprise doit veiller à mémoriser, en permanence, son « vécu » de manière à enraciner le savoir-faire et développer le professionnalisme. C'est à cette condition qu'elle pourra affronter des challenges de plus en plus difficiles.

Il est conseillé aux entreprises d'adopter une approche processus[1] (entrée, sortie, interactions) pour maîtriser la qualité (processus technique ou administratif). Cela permet de bien identifier pour chaque opérateur, chaque service son produit, ses clients (internes ou externes) et ses fournisseurs.

À partir de cette analyse, il sera possible d'associer au processus une démarche type « roue de Deming ou *Plan, Do, Check, Act* ».

- **Planifier** : en fonction des objectifs clients (entrée), du contexte de production et du retour client.
- **Faire** : à l'aide de nos ressources
- **Vérifier** : les écarts éventuels des produits (sortie)
- **Agir** : rendre plus robuste le processus et si possible le rendre plus performant.

Écrire, dans chaque service, « **les procédures opérationnelles liées aux processus ayant une incidence sur la qualité** » est indispensable pour la pérennité du niveau technologique atteint (citons par exemple un changement de personne sur un poste de travail).

Ces procédures permettent d'éviter les dérives de l'exploitation du système de management de la qualité. Elles évitent, également, les improvisations qui la plupart du temps se traduisent, au bout du compte, par des dépenses qui viennent gonfler **les coûts de non-qualité.**

En résumé, la maîtrise de la qualité vise :

- la **conformité** (s'assurer que l'on a fait ce qui est demandé sans excès de zèle),
- le **professionnalisme** (bien faire du premier coup),
- le **souci de quantifier** (faire des mesures pour se situer par rapport aux objectifs intermédiaires et finals),
- la **responsabilité** (de chacun, liée au plaisir de travailler dans l'entreprise et du travail bien fait).

1. Voir le fascicule FD X 50-176 : Management de la qualité – Management des processus.

4.3 Assurance et amélioration de la qualité

Le client n'a pas toujours le temps ni les moyens de se faire sa propre opinion sur la qualité des produits fournis. Il n'est plus dans le cadre d'une collaboration avec un artisan que l'on connaît et en qui on a confiance. En particulier, dans le cas d'une production en série, il doit être assuré de la qualité constante des produits.

L'assurance de la qualité vient en complément de la maîtrise de la qualité (base du système) pour donner confiance au client, lui garantir que la qualité qu'il est en droit d'attendre, sera effectivement celle qui lui sera fournie.

Notons qu'elle a aussi comme fonction interne de rassurer la direction et les actionnaires sur la démarche qualité mise en place.

Dans l'absolu, si le client a entièrement confiance sur la qualité fournie, on devrait pouvoir fonctionner en boucle ouverte :

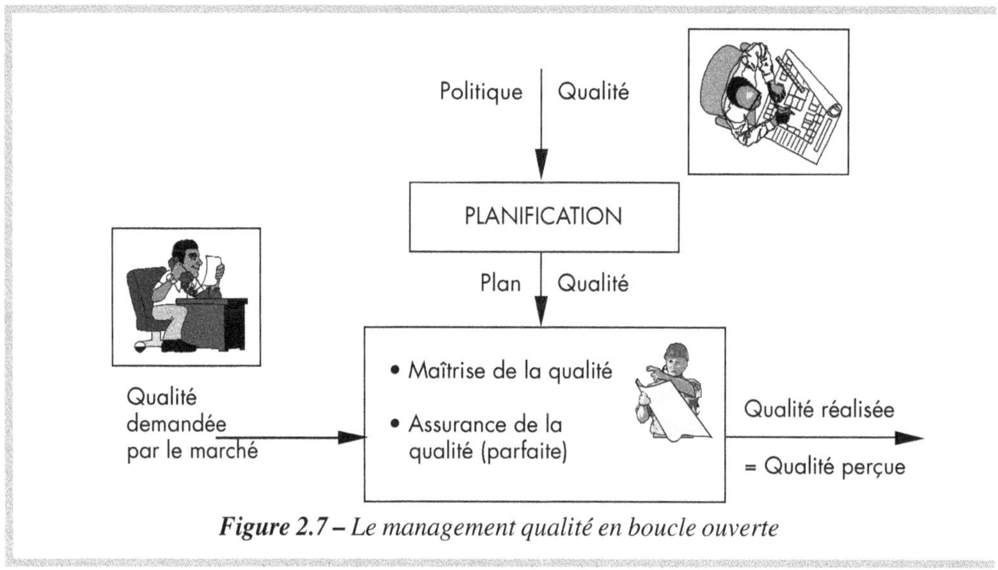

***Figure 2.7** – Le management qualité en boucle ouverte*

En réalité, en fonction des divers aléas dus aux contextes externes et internes de l'entreprise, on gardera une fonctionnement partiel et allégé en boucle fermée. Ce rôle sera rempli par les **audits et les enquêtes clients**.

L'audit qualité, fait par une personne indépendante au service, est une comparaison entre ce que l'on doit faire (ce qui est écrit) et ce que l'on fait réellement. En cas de différence notoire, soit on doit revoir la façon de procéder si la qualité n'est pas présente, soit modifier ce qui est écrit pour transcrire les modifications apparues dans le nouveau processus.

L'audit interne est organisé par l'entreprise, l'audit externe par le client ou par l'organisme certificateur.

Pour faciliter ces audits, il existe des modèles (ou référentiels) pour vérifier que l'on essaie de garantir l'assurance de la qualité. Ils suggèrent d'être attentif à des thèmes tels que :

- **la revue de contrat ;**
- **le traitement des non conformités ;**
- **l'étalonnage périodique des appareils de mesure ;**
- **la gestion des documents ;**
- ...

Nous reviendrons plus en détail sur un exemple de référentiel dans le chapitre trois.

En résumé, le management de la qualité peut-être résumé par le schéma suivant :

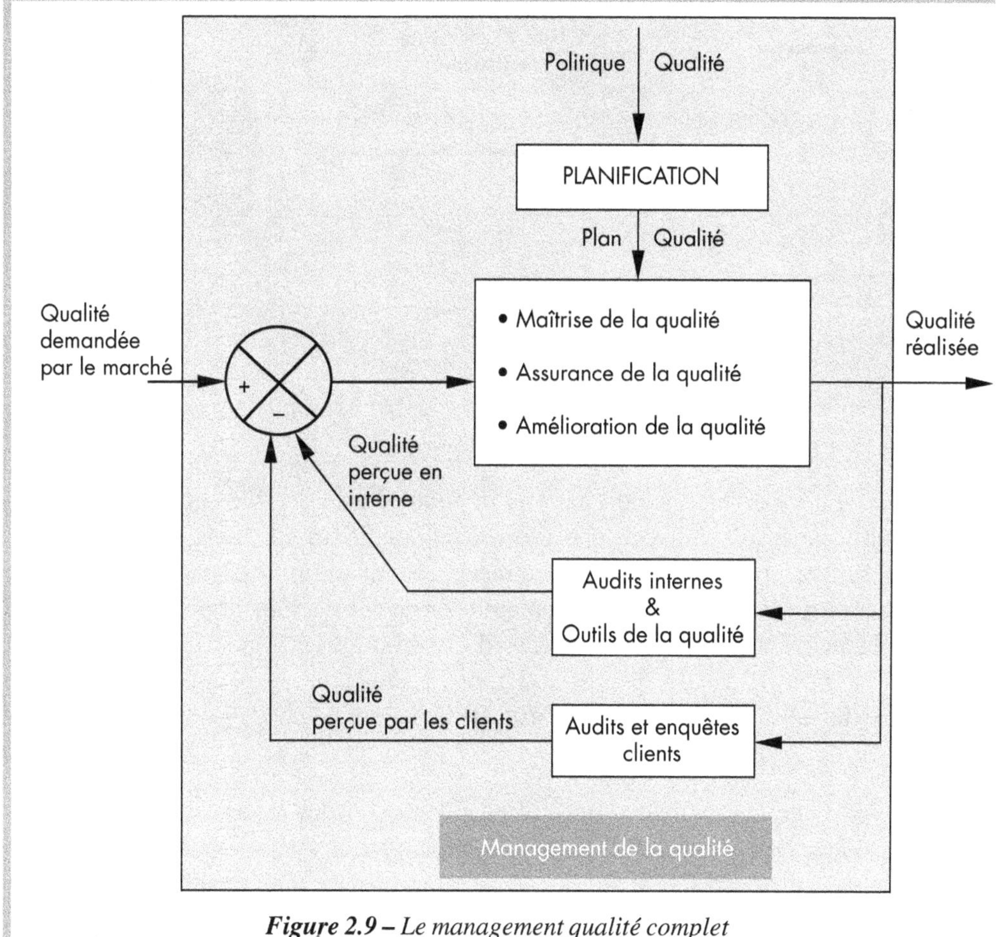

***Figure 2.9** – Le management qualité complet*

Remarquons que l'appréciation client n'est plus subie mais provoquée de manière à être plus réactif.

4.3.1 Audit des systèmes de management de la qualité[1]

Il fait partie des trois types d'audits que l'on rencontre, à savoir :

- audit du système de management de la qualité
- audit des processus (vérifier leur efficacité)
- audit produit (vérifier la conformité de toutes les exigences spécifiées)

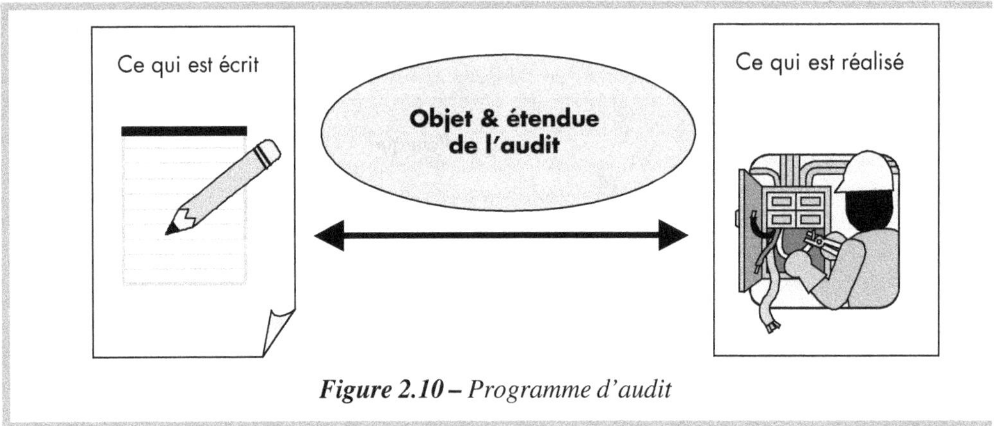

Figure 2.10 *– Programme d'audit*

Lorsque l'objet et l'étendue de l'audit sont définis (par exemple la gestion des moyens de mesure) on doit préciser qui sera l'auditeur.

Par déontologie, ce dernier ne doit pas être impliqué dans l'activité concernée. De plus il est recommandé qu'il ait reçu une formation d'auditeur, car il est souhaitable que l'audit ne soit pas perçu par l'audité comme une censure. On peut envisager qu'un responsable de service vienne auditer un autre service. Cela génère une autoformation pour l'auditeur en observant des méthodes d'organisation qu'il pourra reprendre dans son propre service. Dans les petites structures, l'audit interne peut être fait par une personne extérieure (ne faisant pas partie du personnel), cela reste une volonté de l'entreprise.

Pour réaliser l'audit, l'auditeur doit être en possession des documents se référant à l'activité auditée (procédure, instruction, guide, etc.).

1. Le lecteur est invité à consulter la norme :
NF EN ISO 19011 Décembre 2002.
Lignes directrices pour l'audit des systèmes de management de la qualité et/ou de management environnemental.

Il est impératif que l'auditeur rende un rapport d'audit en précisant si nécessaire les actions d'améliorations à entreprendre. Ce rapport sera enregistré et sera analysé lors des revues de direction.

4.3.2 Mesurer la satisfaction des clients[1]

L'objectif est de connaître la satisfaction du client. A chaque interface entre le client et/ou les services de l'entreprise il existe une perte d'information due à des non-dits ou des incompréhensions. De même lors de l'élaboration du produit, on peut constater des écarts par rapport à la qualité souhaitée. On voit apparaître une notion de rendement global, produit de tous les rendements spécifiques à chaque poste.

Pour illustrer ce concept, nous nous inspirerons de l'illustration proposée par le MFQ[2] définir les déperditions qualité du produit.

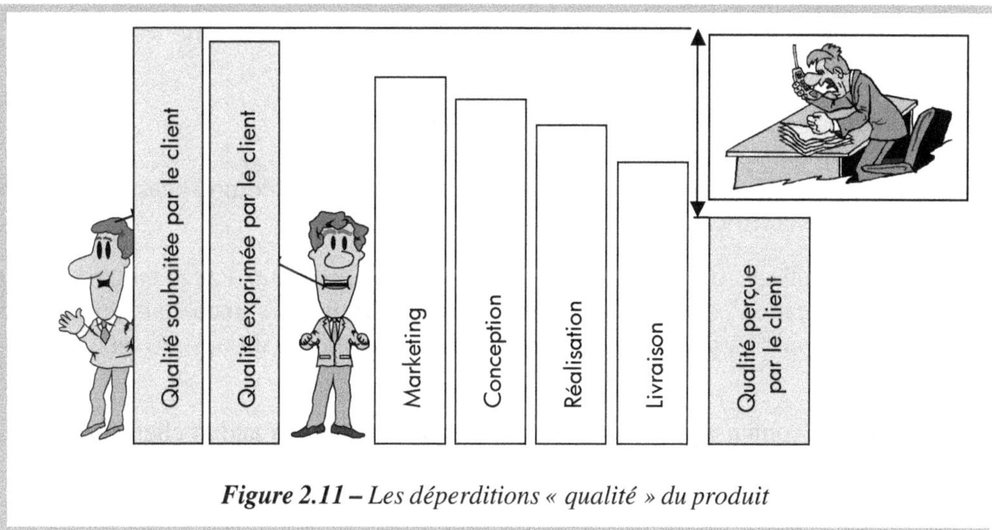

***Figure 2.11** – Les déperditions « qualité » du produit*

La différence de qualité entre la qualité attendue et la qualité perçue au niveau du client est mesurée par des **indicateurs de satisfaction**, la perte de qualité en interne sera mesurée par des **indicateurs de qualité internes**.

Si l'on veut que l'enquête soit utile, il faut bien préciser les objectifs que l'on désire quantifier. La conception de l'enquête et l'analyse des résultats, en particulier si l'on travaille avec des échantillons de clients, doivent être menées par des spécialistes (internes ou externes à l'entreprise).

1. Le lecteur est invité à consulter la norme française NF FD X 50-172 (mars 1999) – Management de la qualité - Enquête de satisfaction des clients.
2. Sensibilisation à la démarche qualité – MFQ Rhône-Alpes.

5. LES NORMES ISO 9000

ISO : INTERNATIONAL STANDARD ORGANISATION

Pendant plusieurs années l'absence de guide ou de modèle reconnu sur les grands marchés (énergie, automobiles...) n'a pas permis de consensus dans la définition d'un système qualité.

Certains grands donneurs d'ordres (dans le militaire et le nucléaire) ont instauré de fait des modèles d'assurance de la qualité, de par les audits réalisés chez leurs fournisseurs. Cette manière de procéder a été rapidement copiée par des entreprises de taille moyenne. L'effet ne s'est pas fait attendre, les diagnostics, audits, plans correctifs, etc..., ont déferlé dans les entreprises concernées, engendrant un travail colossal pour la plupart des services.

À partir de 1987, les référentiels d'assurance de la qualité de la série « ISO 9000 », ont introduit :

- une cohérence dans l'appréciation des systèmes qualité,
- un modèle de mise en œuvre,
- une reconnaissance de crédibilité du travail d'organisation accompli dans l'entreprise sous forme de certification.

Cette certification est octroyée par un organisme indépendant. Par exemple AFAQ AFNOR Certification[1] est habilitée à décerner « le diplôme » reconnaissant que le système qualité mis en place par l'entreprise est conforme à l'un des référentiels normalisés choisis.

À terme cette reconnaissance devrait supprimer ou alléger les audits clients.

1. http://www.afaq.org.

6. MANUEL QUALITÉ

Définition ISO 9000 : 2000[1]

***Manuel qualité : document** spécifiant le **système de management de la qualité** d'un **organisme**.*

Plusieurs versions de manuels qualité peuvent coexister. En particulier, on peut trouver un manuel de management de la qualité et un manuel d'assurance de la qualité.

6.1 Manuel management de la qualité

Ce document peut contenir des informations d'ordre confidentiel. Il précise toute la documentation ayant une incidence sur la qualité. Il doit être le reflet de ce qui est fait réellement. En particulier, les cinq points suivants doivent être abordés :

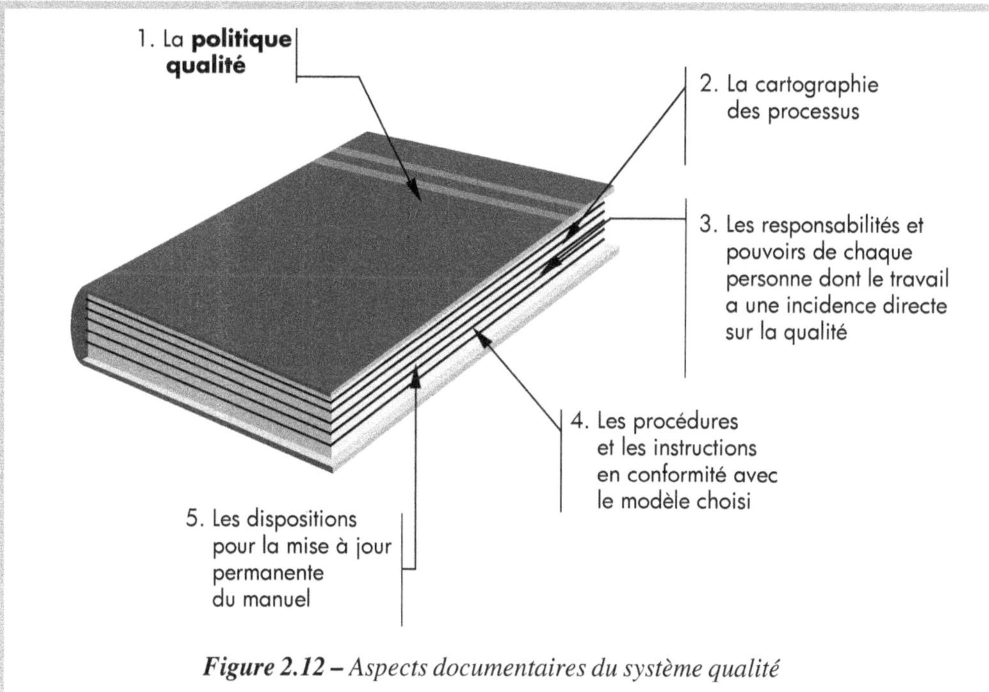

***Figure 2.12** – Aspects documentaires du système qualité*

1. Reproduction faite avec l'autorisation d'Afnor

6.2 Manuel d'assurance de la qualité

Ce manuel, diffusable à l'extérieur de l'entreprise, énonce la politique qualité et décrit le système qualité. Pour des raisons de confidentialité il ne reprend qu'en partie le précédent. Destiné à rassurer le client, son impact publicitaire ne doit pas être négligeable.

CHAPITRE 3

MANAGEMENT DE LA QUALITÉ PAR UNE APPROCHE PROCESSUS

Rappelons que le management de la qualité a comme mission de **planifier, maîtriser, assurer et améliorer la qualité**.

Dans un premier temps nous développerons le concept d'assurance de la qualité puis nous présenterons le management de la qualité par une approche processus. Ce management peut être facilité en s'appuyant sur des modèles généraux (type ISO 9001) ou spécifiques à une branche d'activités.

1. ASSURANCE DE LA QUALITÉ

L'assurance de la qualité est définie comme la **probabilité** d'obtenir des produits correspondant au niveau de qualité requis.

La **confiance** que l'on peut avoir dans un projet ou dans une fabrication augmente lorsque les précautions sont accrues et les risques limités. Elle s'appuie sur une organisation, matérialisée par un manuel qui a pour but de prouver l'obtention de la qualité que l'on est en droit d'attendre.

Notons également, que dans le terme assurance, il y a la notion **d'investissement préventif**, destiné à garantir le succès de l'opération.

Il appartient au client de vérifier que le référentiel et l'organisation d'assurance qualité proposés par le fabricant sont compatibles avec ses besoins.

Définition ISO 9000 : 2000[1] :
*« **Assurance de la qualité** : partie du **management de la qualité** visant à donner confiance en ce que les **exigences** pour la **qualité** seront satisfaites ».*

2. SITUATION – MODÈLE DE GIGOUT

Une démarche qualité type consiste à :
1. Garantir le produit que l'on vend contre tous vices de fabrication.
2. Sensibiliser le personnel en lui montrant que la qualité, c'est l'affaire de chacun.
3. Créer une structure (avec des moyens matériels et humains) pour garantir la pérennité de la démarche entreprise.

Si au début la démarche est séquentielle, à terme il faut essayer de progresser suivant ces trois axes. La qualité peut se comparer à un vecteur à trois composantes (modèle de Gigout).

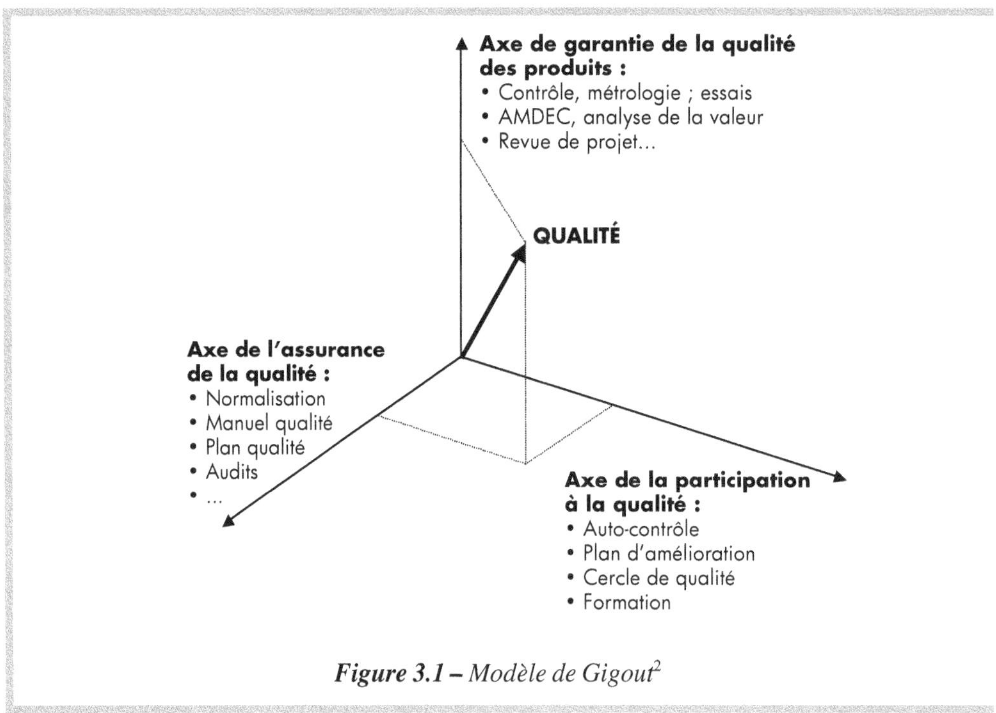

***Figure 3.1** – Modèle de Gigout*[2]

1. Reproduction faite avec l'autorisation d'Afnor.
2. Cité dans « La qualité des produits industriels – C. Maria – Dunod 1991 ».

3. APPROCHE PROCESSUS

3.1 Notion de processus

Il est recommandé à l'organisme d'identifier ses principaux processus. Bien que la modélisation « boîte noire » avec entrées et sorties soit familière à chacun, on ne sait pas toujours par où commencer. D'autre part l'identification des processus (suite d'activités) est plus ou moins aisée, ils ne peuvent pas toujours être décrits séquentiellement (chevauchement) et peuvent avoir des interactions complexes. L'appel à un informaticien consultant en génie industriel, habitué à ce genre d'analyse, peut être bénéfique.

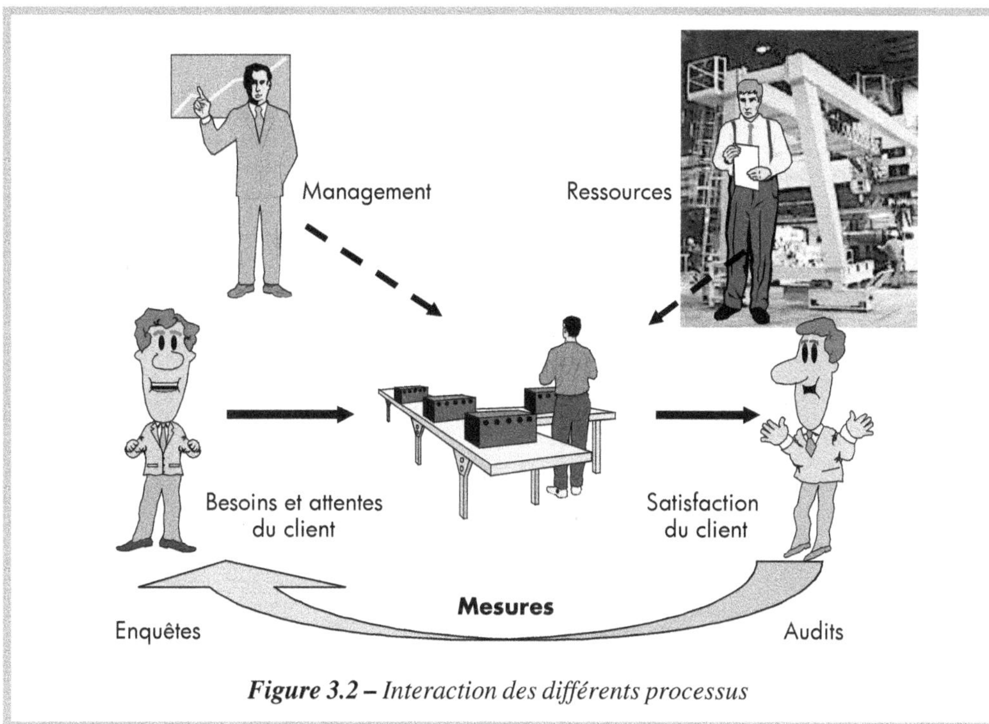

Figure 3.2 *– Interaction des différents processus*

On peut par exemple commencer par les sorties clients. Ce terme est volontairement au pluriel car même pour une entreprise manufacturière le produit est rarement unique et de plus il est toujours accompagné de produits et services associés (comme par exemple le conditionnement, la notice d'emploi, les brevets, les autorisations de mise sur le marché, etc.).

À partir de l'identification des processus directement liés au client, on peut définir les entrées (matérielles et organisationnelles) qui deviendront les sorties des processus en amont (notion de client interne).

On peut définir différents niveaux de processus (par exemple d'un atelier d'emboutissage à un poste de travail), mais tous devront être gérés suivant le principe de la roue de Deming (PDCA) vue au chapitre 2.

Il faut garder en mémoire qu'un processus est mis en œuvre pour atteindre un ou des objectifs. Pour savoir s'ils sont atteints, il faudra analyser les mesures obtenues à l'aide d'indicateurs associés (on parlera d'instrumenter les processus).

3.2 Typologie des processus

En s'inspirant de la norme AFNOR FDX 50-176, la plupart des entreprises déclinent leurs processus en :

- Processus de réalisation.
- Processus supports.
- Processus de management.

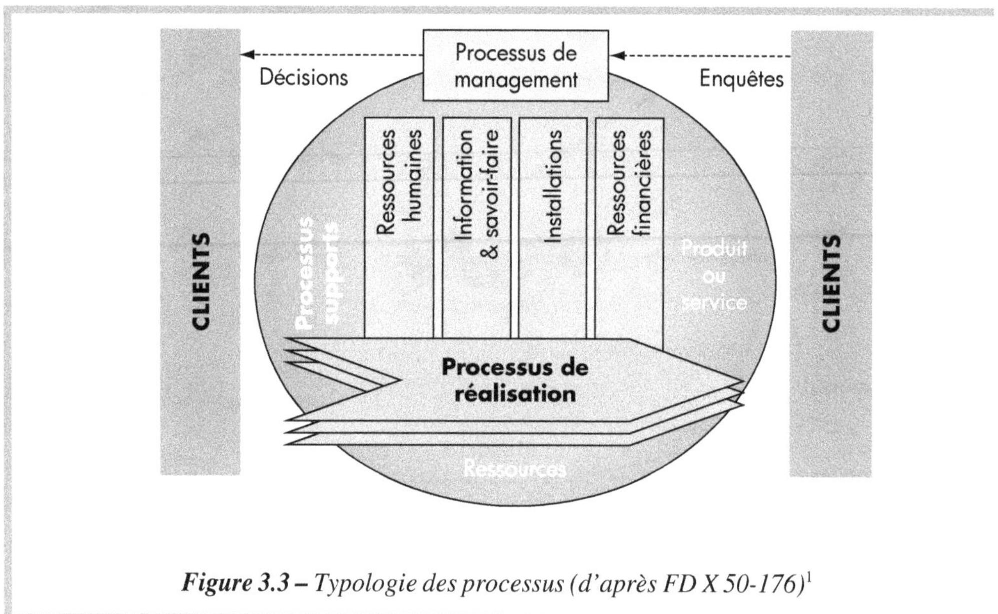

Figure 3.3 – Typologie des processus (d'après FD X 50-176)[1]

Certaines entreprises, « séparent » des processus de direction, les processus de mesure (enquêtes clients, audits) et plus généralement tout ce qui relève d'une démarche d'amélioration continue.

Les processus peuvent se définir par un verbe. Par exemple :

1. Reproduction faite avec l'autorisation d'Afnor

- Processus de réalisation : vendre, concevoir, acheter, fabriquer, soutenir à l'usage...
- Processus support : gérer les ressources humaines, gérer les ressources matérielles, maintenir, gérer le système d'information...
- Processus de direction : définir une stratégie, organiser, planifier, communiquer,...
- Processus d'amélioration : gérer la qualité (enquêtes, audits, documents du système qualité, analyse et traitements des données, indicateurs...).

3.3 Cartographie des processus

La cartographie des processus est un outil graphique montrant les interactions entre les différents processus recensés. Ce recensement est moins évident qu'il n'y parait au premier abord. On peut commencer par les processus de réalisation qui sont assez vite identifiés. Des regroupements thématiques sont envisageables pour de petits processus générant peu de valeurs.

La cartographie peut se faire à plusieurs niveaux (comme pour les cartes routières). Il faut éviter une prolifération de macro processus. Chaque macro processus peut ensuite être analysé plus finement.

Ce document sera d'une grande utilité pour décrire et analyser ce qui se passe dans l'entreprise. Il est bien sûr utile à la personne extérieure qui peut comprendre très rapidement les métiers que maîtrise l'entreprise mais aussi à l'employé qui perçoit mieux « *sa place dans le système et son implication vis-à-vis du client* ». Ce n'est pas un document figé, il peut évoluer au même titre que l'entreprise. Certaines entreprises s'aident pour créer leur cartographie de l'approche « *Balanced Scorecard* »[1] ou « tableau de bord équilibré et prospectif ».

Une approche BSC utilise :

- une carte stratégique (les objectifs stratégiques sont observés sous quatre angles : finances, clients, processus, perspectives) ;
- un tableau de performances (atteindre la cible en valeur et en délais) ;
- un plan d'action pour atteindre la performance recherchée.

Suivant les objectifs stratégiques retenus par la direction, il est intéressant au fil du temps de voir qu'elle est l'implication des processus retenus (découpage initial). Si elle est faible pour certains, on peut légitimement se poser des questions sur l'utilité de ces processus en question.

1. Le tableau de bord prospectif Robert S. Kaplan, David P. Norton – Éditions d'Organisation.

3.4 Exemples de cartographie de processus

3.4.1 PME de mécanique générale

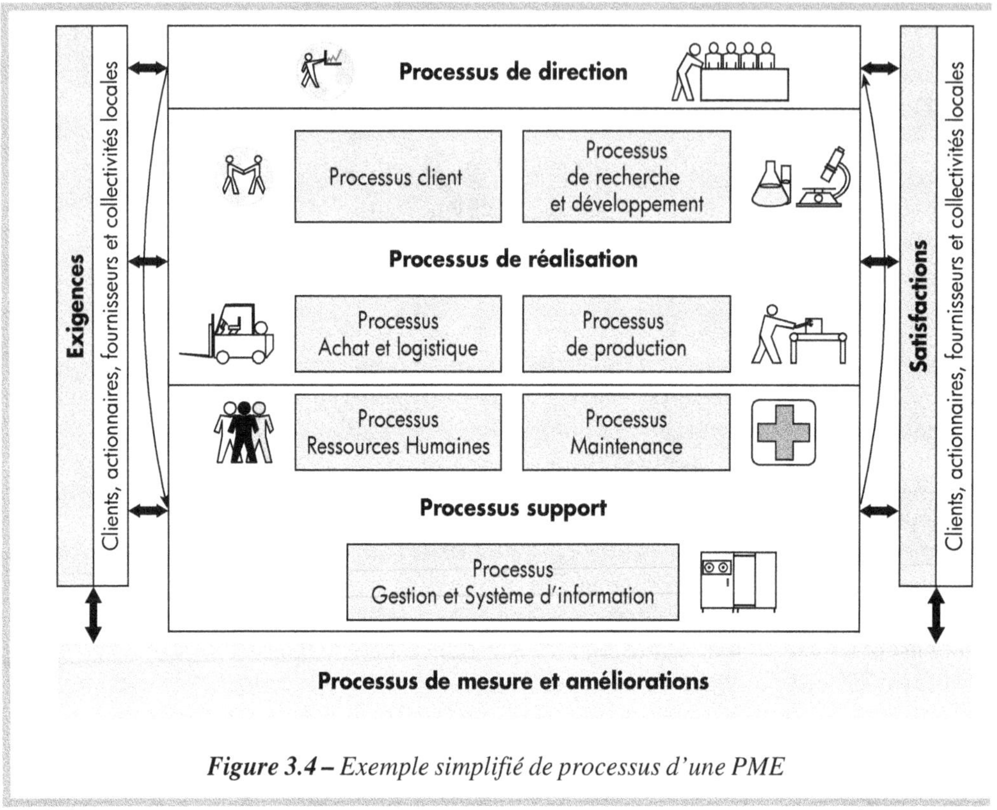

***Figure 3.4** – Exemple simplifié de processus d'une PME*

3.4.2 Entreprise de service (formation)

À titre d'illustration, nous donnons l'exemple d'analyses de processus appliqués à un département d'Institut Universitaire de Technologie (Organisation et Génie de la Production). Cette entité de formation peut être vue comme une entreprise de service.

Notons à ce propos, que l'attribution d'un type de processus est conditionné par le domaine d'activité de l'entreprise. Par exemple le processus formation (généralement catalogué comme support) devient processus réalisation dans un centre de formation.

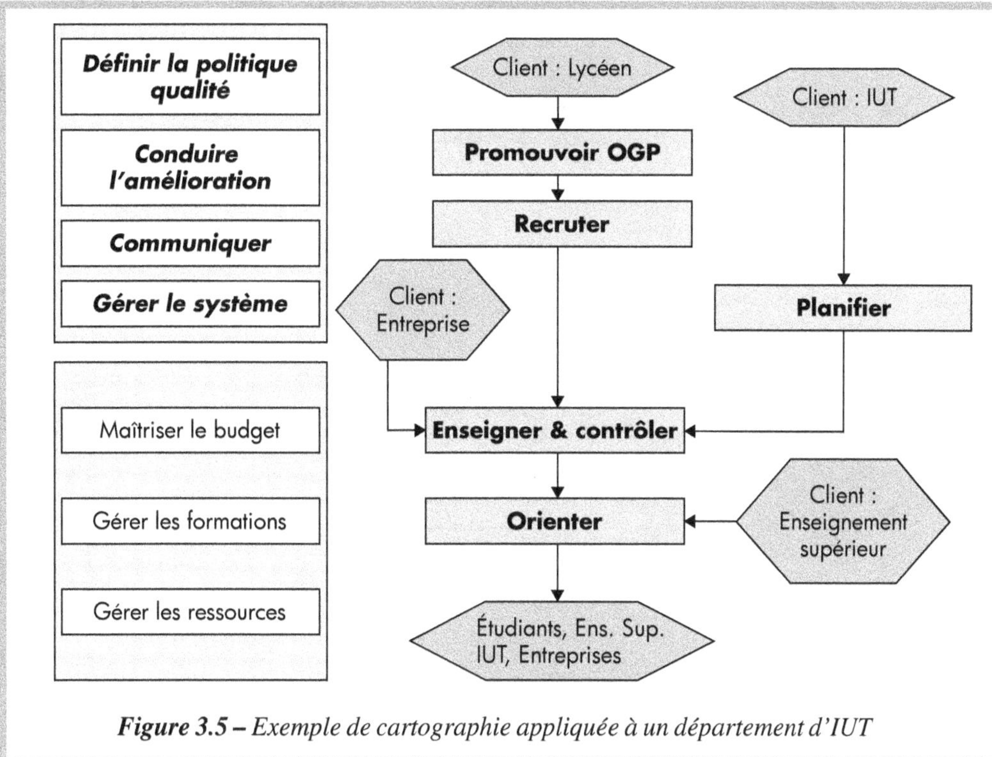

Figure 3.5 – Exemple de cartographie appliquée à un département d'IUT

Cette cartographie peut également servir de portail d'entrée du système qualité (liens hypertextes).

3.5 Maîtriser l'interfaçage des processus

Les sorties d'un processus ne devraient même pas être précisées puisqu'elles doivent correspondrent aux entrées des processus avals. La plupart des problèmes provient de la *difficulté de communication entre processus*. À l'intérieur d'un processus, le plus souvent tout se passe bien, les opérateurs sont des professionnels qui connaissent leurs métiers. Par contre ils vont échanger des données avec d'autres processus, c'est là que l'on va rencontrer des problèmes de formatage de ces données, des manques, des incompréhensions, etc.

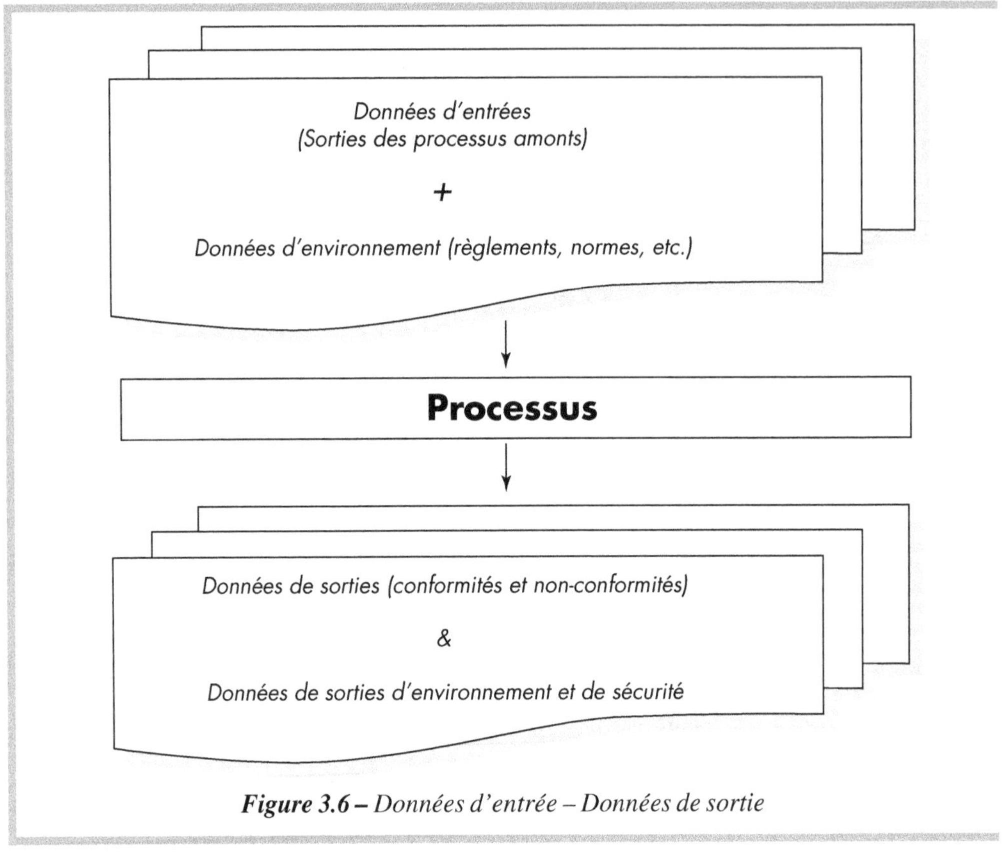

Figure 3.6 *– Données d'entrée – Données de sortie*

3.5.1 Analyse des processus par la maîtrise des risques

Certains présentent le processus comme une combinaison d'activités destinées à maîtriser un type de risque particulier. Il faut préciser la cible de chaque processus et préciser et évaluer le risque qu'il y a à s'écarter de la cible. A partir de la cible client, on peut déployer les cibles pour les processus amonts. Pour que ces risques ne se produisent pas, on peut envisager une étude de type « AMDEC », pour rendre les processus plus robustes, sur les points précédemment cités :

- la conformité ;
- les délais ;
- les coûts ;
- la sécurité ;
- l'environnement.

Trois leviers ont été répertoriés pour limiter les risques :

- les moyens disponibles (ressources humaines et matérielles) ou que l'on peut acquérir (intérim, achat de biens...) ;

- les compétences (formation, sensibilisation...) ;
- les méthodes (procédures, normes, postes en autocontrôle...).

3.5.2 Piloter le processus

Chaque processus doit être « piloté » par un responsable. Dans certaines entreprises, la photographie des pilotes est incluse dans la cartographie, la responsabilité n'en est que renforcée. En théorie, un pilote de processus n'est pas obligatoirement un chef de service, il peut avoir une responsabilité plus transversale. Il n'en demeure pas moins qu'il doit avoir une certaine **autorité** (reconnue) pour mener à bien sa mission. L'ensemble des responsabilités et pouvoirs doit être parfaitement défini. Pour piloter, il a besoin de recueillir des informations lui permettant de juger la bonne marche du processus en question. On a vu éclore une multitude d'indicateurs, plus ou moins pertinents. Un indicateur qui n'est pas pris en compte, ou si l'information fournie ne peut en rien permettre de faire évoluer les divers processus ne sert à rien. En moyenne, on retrouve souvent quatre indicateurs par processus. L'indicateur n'est pas obligatoire, ce n'est qu'un moyen. Il peut être couplé à d'autres types de saisies d'informations.

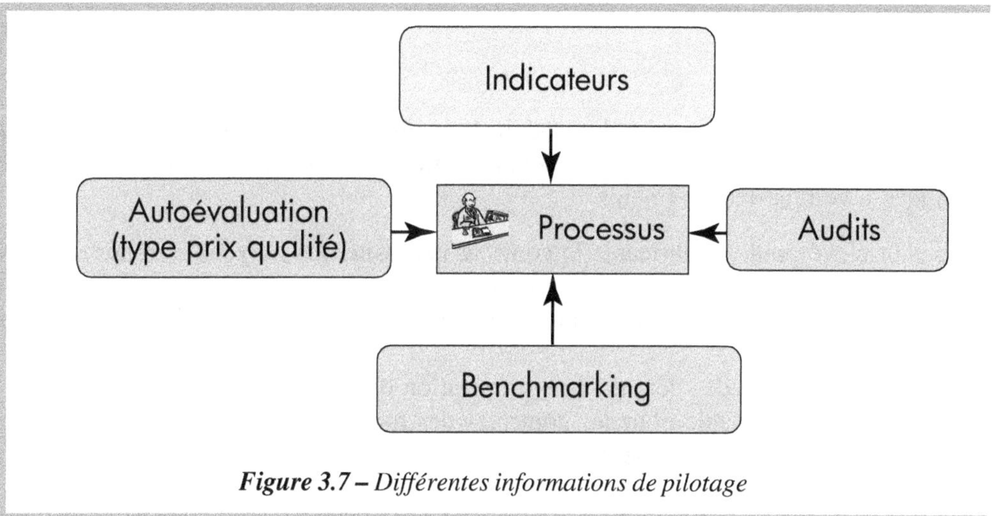

***Figure 3.7** – Différentes informations de pilotage*

3.5.3 Exemples d'indicateurs

Initialisation des indicateurs : les objectifs ne sont pas toujours faciles à quantifier (l'année précédente peut être prise comme référence d'initialisation).

- Indicateurs de management
  - Surveillance des autres processus en analysant les écarts entre la performance réelle et celle escomptée (objectifs à atteindre).

- Indicateurs de ressources humaines
  - Efficacité des formations : en fonction des évaluations des formés et des évolutions constatées par les supérieurs hiérarchiques des formés.
  - % du plan de formation réalisé.
  - Entretien de professionnalisme : 100 % des personnes doivent être « écoutées » dans l'esprit d'une démarche d'amélioration (problème d'anomalie interne, éviter les non-dits, écoute du personnel, etc.)
  - Grille d'adéquation entre les compétences requises pour l'entreprise et les compétences potentielles des employés. Les entretiens peuvent aider à remplir cette grille en découvrant des compétences particulières des employés.
  - Enquête de satisfaction du personnel (condition matérielle, opportunité d'évolution,...).
  - Taux d'absentéisme.
  - Accidents du travail.

4. MODÈLES DE MANAGEMENT DE LA QUALITÉ

4.1 Origine

Pour s'assurer de la conformité du produit, la méthode qui semble la plus évidente *a priori* est d'instaurer un contrôle de façon à éliminer les éléments défectueux. Cette technique a comme inconvénients :

- un coût élevé pour le fabricant (le contrôle nécessite des moyens et n'apporte pas de valeur ajoutée d'élaboration du produit) ;
- un coût élevé pour l'acheteur (redondance du contrôle si le client est méfiant sur la qualité fournie) ;
- de ne constater que des défauts sans proposition d'amélioration (rôle passif) ;
- de ne pas être utilisable pour les contrôles destructifs (par exemple la vérification du bon fonctionnement d'une allumette).

Afin de créer un partenariat entre le fournisseur et l'acheteur (assurance de la qualité) on introduira la notion de **certification**.

On distinguera :

- la certification des produits ;
- la certification des services ;
- la certification des opérateurs ;
- la certification des entreprises.

Il ne faut surtout pas voir de hiérarchie dans ces types de certifications. Elles répondent chacune à leur manière à un besoin précis.

4.2 Certification des produits et des services

Certifier un produit c'est attester que l'on a mis en œuvre des moyens d'essais en conformité avec une norme (établie en concertation avec les producteurs et les utilisateurs). Le certificat de qualification est délivré par un organisme neutre. Citons par exemple les matériels électriques, de puériculture et les jouets.

En France le certificat le plus connu est la marque NF délivrée par l'AFNOR (la demande est faite par le producteur).

Notons une démarche analogue, plus récente, de certification de services (transport, déménagement, etc.). Elle permet de garantir la qualité (au sens de la prestation fournie) qu'est en droit d'attendre le client.

4.3 Certification des opérateurs

Lorsque le travail des opérateurs correspond à des tâches à haut risque potentiel (comme la soudure dans le matériel nucléaire), le client peut exiger une certification[1] garantissant leur compétence à maîtriser certains processus. Cette compétence peut par exemple être garantie par l'État.

4.4 Certification des entreprises

Les produits ne sont pas toujours fabriqués en grande série, de plus il peut s'agir de services, de logiciels, etc ..., c'est pourquoi il peut paraître plus judicieux de certifier toute l'entreprise. Agréer ou qualifier une entreprise, c'est s'assurer que cette dernière maîtrise ses processus de production et devrait logiquement fournir une qualité constante.

Historiquement, ce sont les grands donneurs d'ordre qui ont commencé à certifier des sous-traitants (fournisseurs). Citons, par exemple, la reconnaissance de conformité à l'AQUAP 110[2] délivrée par la DGA (Délégation Générale pour l'Armement). En France, en 1974, l'EDF a lancé le mouvement de démarche d'assurance qualité avec le programme nucléaire.

Des démarches analogues existent dans d'autres pays. Pour homogénéiser la certification, l'**ISO** propose une méthodologie qui peut se résumer par :

- la mise en place d'un système de management de la qualité selon des critères conformes à des normes internationales (**Normes ISO 9000**),
- l'homologation du système de management de la qualité par un organisme accrédi-

1. ISO/CEI 17024 : « Exigences générales pour les organismes de certification procédant à la certification de personnes ».
2. Référentiel qualité de l'OTAN : Allied Quality Assurance Publications.

teur indépendant (certification par tierce-partie) qui peut se traduire par l'obtention d'un certificat à validité limitée (par exemple : 3 ans).

Remarque : les laboratoires qui fournissent un service de mesure, d'étalonnage ou d'essai devront garantir la qualité de leur prestation. Pour cela ils doivent être sous la tutelle d'un organisme d'État chargé de vérifier cette disposition, on parlera d'**accréditation** du laboratoire[1].

4.4.1 Objectifs de la certification

Dans un premier temps cela permet à toute l'entreprise de gérer l'obtention de la qualité de ses produits, de ses services à l'aide d'un modèle reconnu ayant fait ses preuves, mais c'est aussi et surtout **apporter la preuve de cette qualité au client** et à l'actionnaire, en lui garantissant un niveau d'organisation agréé par un organisme neutre.

4.4.2 Avantages de la certification

La certification a comme premier objectif de donner confiance au client. Elle va rendre également l'entreprise plus « robuste » par la formalisation, la transparence de la politique qualité et surtout la mise en mémoire du « savoir-faire » de l'entreprise.

4.4.3 Inconvénients de la certification

Dans un premier temps, il y a le risque de percevoir la recherche de certification comme une expérience contraignante et n'apportant que peu de valeur ajoutée.

En dehors de la formalisation qui peut paraître lourde, la certification a un coût non négligeable. Cet investissement ne peut être rentabilisé qu'au bout d'un temps assez long, par diminution des coûts d'obtention de la qualité.

5. LES MODÈLES ISO 9000

En 1987, paraît la première version des normes ISO 9000. Applicables à tout secteur économique, elles ont comme objet de standardiser les différents modèles de management de la qualité existants. En fait si elles ne supplantent pas complètement les systèmes existants, elles serviront de base (ou de tronc commun) pour tous les modèles futurs de management de la qualité entre fournisseurs et clients.

En 1994, ces normes ont été révisées pour une meilleure homogénéisation.

1. En France ce rôle est tenu par le COFRAC (COmité FRançais d'ACcréditation).

5.1 Les normes « ISO 9000 : Version 2000 »

La version 2000 n'est pas une simple amélioration, elle correspond à une refonte complète. Si l'ancienne version était surtout basée sur la notion de procédure, la nouvelle vise plus à décrire les processus nécessaires pour atteindre les objectifs de l'entreprise, particulièrement ceux concernant le client. Elle propose également une simplification du nombre de documents et du vocabulaire employé. Cette dernière version est aussi bien adaptée aux entreprises manufacturières qu'aux entreprises de services.

Références des nouvelles normes citées :

- **NF EN ISO 9000 (Décembre 2000) : Systèmes de management de la qualité –** *Principes essentiels et vocabulaire*
- **NF EN ISO 9001 (Décembre 2000) : Systèmes de management de la qualité –** *Exigences*
- **NF EN ISO 9004 (Décembre 2000) : Systèmes de management de la qualité –** *Lignes directrices pour l'amélioration des performances*
- **NF EN ISO 19011 (Décembre 2002) : Lignes directrices pour l'audit des systèmes de management de la qualité et/ou de management environnemental**

5.1.1 Réductions des différents guides

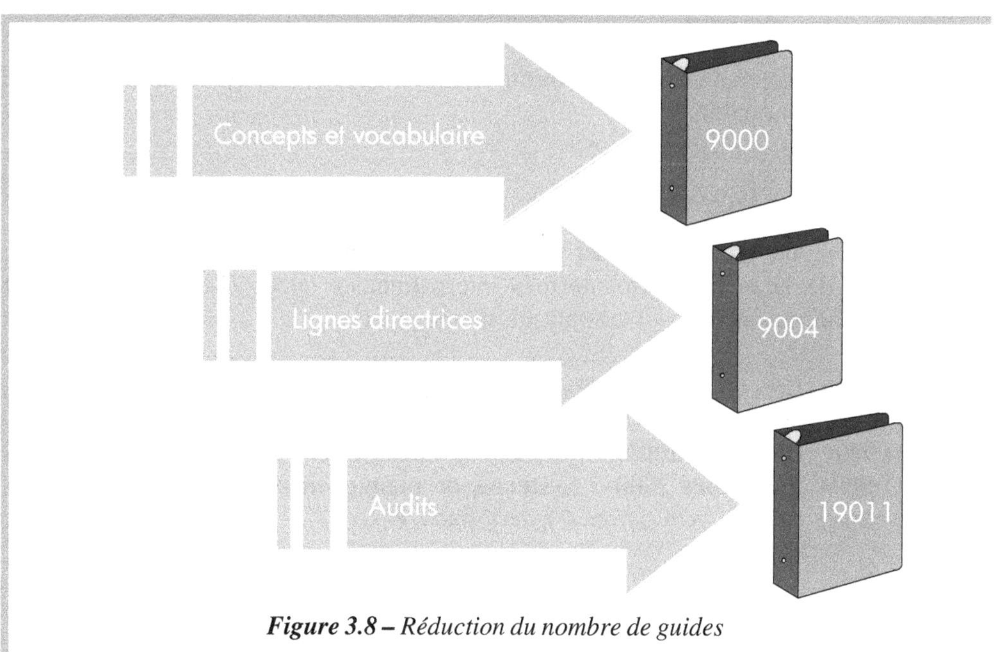

***Figure 3.8** – Réduction du nombre de guides*

5.1.2 Un vocabulaire simple

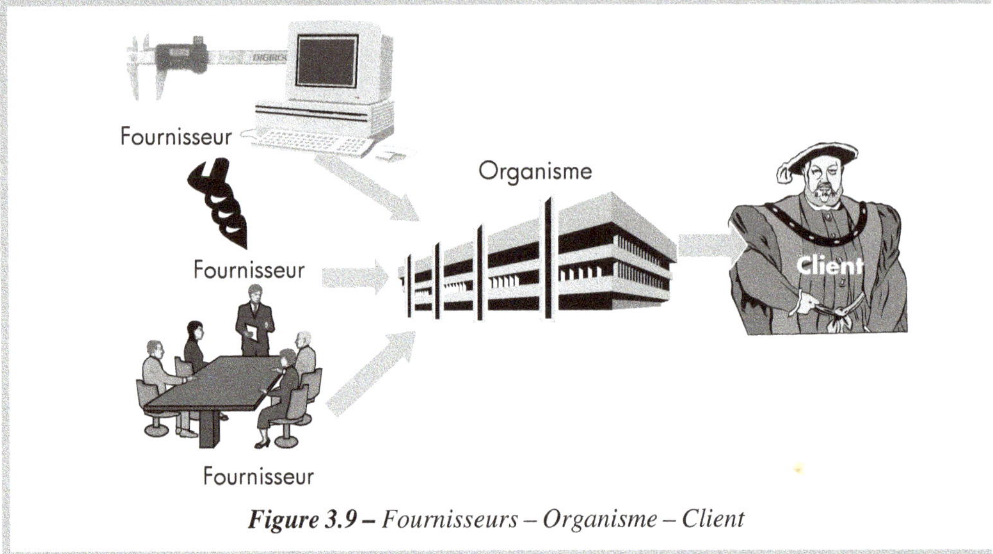

***Figure 3.9** – Fournisseurs – Organisme – Client*

Dans la relation « clients – fournisseurs », on peut distinguer les fournisseurs (anciennement appelés sous-contractants) de matière première et de composants, les fournisseurs de biens d'équipements et aussi les fournisseurs de prestations intellectuelles (formations, conseils, etc.).

L'organisme (anciennement appelé fournisseur) est l'entité à laquelle on applique le management de la qualité.

5.1.3 La famille « ISO 9000 »

L'ISO[1] propose un groupe complet de normes pour mettre en place un système de management de la qualité. Aux normes internationales citées ci-dessous, pourront s'ajouter les normes nationales traitant du même sujet[2].

- **ISO 9000 (Décembre 2000) : Systèmes de management de la qualité –** *Principes essentiels et vocabulaire*
- **ISO 9001 (Décembre 2000) : Systèmes de management de la qualité –** *Exigences*
- **ISO 9004 (Décembre 2000) : Systèmes de management de la qualité –** *Lignes directrices pour l'amélioration des performances*

1. Les différentes publications de l'ISO 9000 peuvent être consultées sur le site « www.iso.ch ». Des guides d'explication sont disponibles sur ce site.
2. Site AFNOR « www.afnor.fr ».

5.1.4 Principales normes qualités

- **ISO 19011 (Décembre 2002) : Lignes directrices pour l'audit des systèmes de management de la qualité et/ou de management environnemental**
- **ISO 10002 (Juillet 2004) : Management de la qualité – Satisfaction des clients** – *Lignes directrices pour le traitement des réclamations dans les organismes*
- **ISO 10005 (Septembre 1995) : Management de la qualité** – *Lignes directrices pour les plans qualité*
- **FD ISO 10006 (Décembre 2003) : Systèmes de management de la qualité** – *Lignes directrices pour le management de la qualité dans les projets*
- **FD ISO 10007 (Novembre 2003) : Systèmes de management de la qualité** – *Lignes directrices pour la gestion de configuration*
- **ISO 10012 (Septembre 2003) : Systèmes de management de la mesure** – *Exigences pour les processus et les équipements de mesure*
- **ISO/TR 10013 (Juillet 2001) : Lignes directrices pour le développement de la documentation sur les systèmes de management de la qualité**
- **ISO/TR 10014 (Août 1998) : Lignes directrices pour le management des effets économiques de la qualité**
- **ISO 10015 (Décembre 1999) : Management de la qualité** – *Lignes directrices pour la formation*
- **ISO/TS 16949 : 2002 (Mars 2002) : Systèmes de management de la qualité** – *Exigences particulières pour l'application de l'ISO 9001 : 2000 pour la production de série et de pièces de rechange dans l'industrie automobile*
- **ISO/TR 10017 (Mai 2003) : Lignes directrices pour les techniques statistiques relatives à l'ISO 9001 : 2000**
- **ISO/CEI 17025 : 1999 (Décembre 1999) :** ***Prescriptions générales concernant la compétence des laboratoires d'étalonnages et d'essais***

5.1.5 Aspect environnemental

- **ISO 14001 : 2004 (Novembre 2004) : Systèmes de management environnemental** – *Exigences et lignes directrices pour son utilisation*

5.1.6 Aspect sécurité

Il n'existe pas de consensus international pour définir une norme commune portant sur la sécurité. On peut, par exemple, se référer au système privé suivant :

- **OHSAS 18001 :** ***Occupational Health and SAfety management Systems – specification*** *(Gestion de la santé et de la sécurité au travail)*

5.1.7 Aspect développement durable

Aux aspects précédemment cités, on cherchera à rajouter une composante sociale et éthique. Certaines entreprises ont défini leur propre éthique (travail à partir d'un âge minimum, éviter la discrimination, temps de travail, salaire, etc.). On peut citer, par exemple comme normes de synthèse :

- **FD X30-021 (Mai 2003) SD 21000 –** Développement durable – Responsabilité sociétale des entreprises – Guide pour la prise en compte des enjeux du développement durable dans la stratégie et le management de l'entreprise
- **SA 8000 :** Norme sociale internationale, mise au point en octobre 1997 par une organisation américaine de consommateurs (*Council on Economic Priorities Accreditation Agency).*

5.2 Les étapes du management de la qualité

Pour une entreprise partant d'un niveau moyen en management de la qualité, l'objectif de certification « ISO 9001 » représente déjà un challenge important. Cela ne peut marcher que si l'on encourage et que l'on utilise la volonté de changement du personnel.

La certification obtenue, cette dynamique de progression risque de s'émousser. Si l'on veut que cette démarche de progrès persiste, l'ISO 9004 peut venir renforcer l'ISO 9001 et servir de modèle pour continuer à s'améliorer de façon significative. En effet, dans ce guide, on retrouvera intégralement le texte de la norme ISO 9001 mais avec des compléments d'explications et des propositions d'amélioration. Cette démarche de progrès peut être fortement stimulée en concourant à un prix qualité.

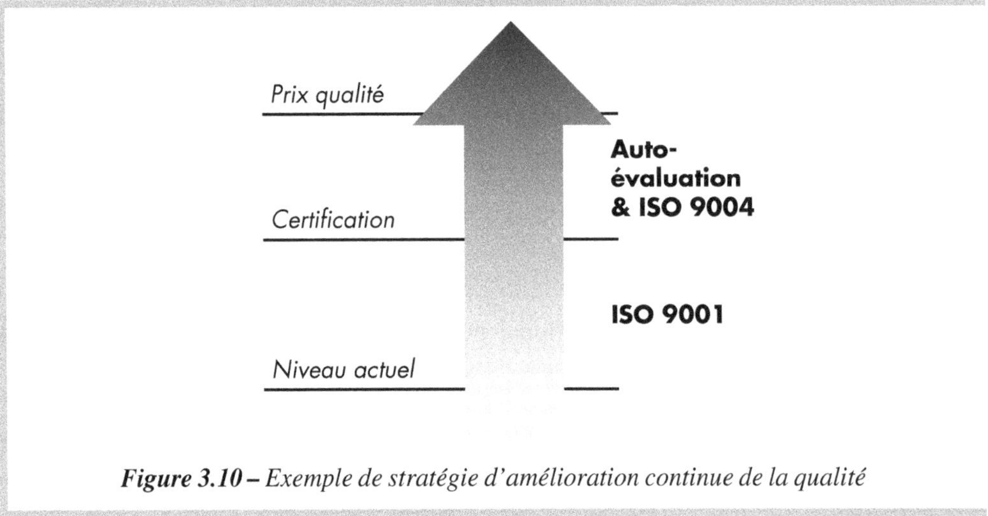

***Figure 3.10** – Exemple de stratégie d'amélioration continue de la qualité*

6. ARCHITECTURE DE L'ISO 9001

6.1 Exigences de l'ISO 9001

La norme est organisée en 8 chapitres, où nous trouvons trois niveaux d'arborescence. Nous en donnons un sommaire général :

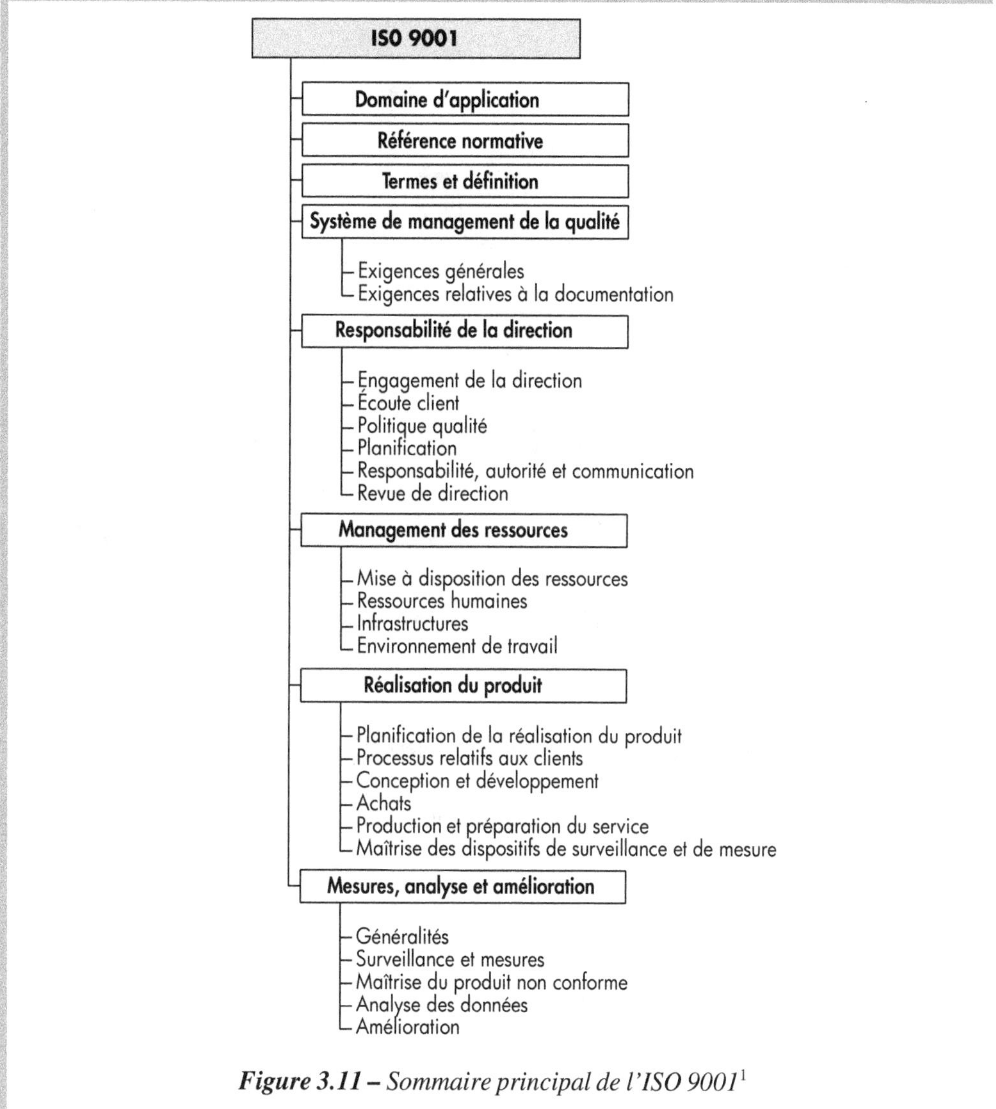

***Figure 3.11** – Sommaire principal de l'ISO 9001*[1]

1. Reproduction faite avec l'autorisation d'Afnor

La norme concerne deux types de management :

- Un management stratégique (relevant principalement de la direction)
- Un management opérationnel (de terrain, concernant l'ensemble des employés).

Pour que tout se passe bien dans l'entreprise, on peut schématiser cela comme un mécanisme, où le dernier chapitre serait perçu comme de l'huile dans les rouages.

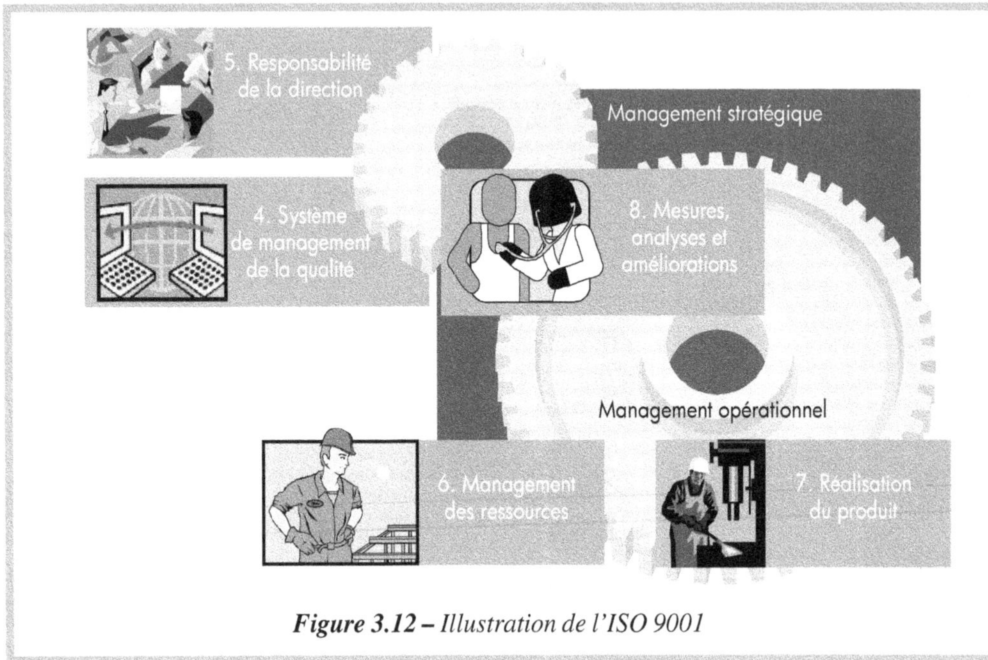

***Figure 3.12** – Illustration de l'ISO 9001*

6.2 Remarques sur le chapitre « Responsabilité de la direction »

Nous porterons notre attention sur ce chapitre, les autres étant plus liés à l'activité de l'organisme.

6.2.1 « Engagement de la direction »

L'auditeur doit percevoir que la direction s'engage :

- à mettre des moyens en hommes et matériels
- à donner l'exemple

C'est le chapitre qui doit être préparé par la direction.

6.2.2 « Écoute client »

Il faut définir les attentes du marché. Pour les grandes entreprises, c'est les données de sorties du processus marketing. Pour les petites structures, l'écoute client peut se faire par exemple :

- enquêtes clients (par exemple proposer une liste de critères et voir ceux retenus comme les plus importants par le client) ;
- remontées des commerciaux (exemple des salons) ;
- écoute du personnel (exemple des enquêtes miroir « client – personnel »).

Note : pour éviter un biais, il faut s'assurer que le client n'a pas un différent avec l'organisme lors de l'enquête.

6.2.3 « Politique qualité »

Il faut définir à ce niveau des objectifs (en nombre limité et accompagnés d'indicateurs) qui s'insèrent dans une politique globale. Ils doivent correspondre aux métiers de l'entreprise et tenter de répondre aux exigences client que l'on désire satisfaire.

Ces objectifs seront ensuite déclinés au niveau de chaque processus. Il s'agit de stratégie d'entreprise (exemple : commande avant 16 heures ➡ livré le lendemain).

6.2.4 « Planification »

À chaque poste de travail, l'opérateur devrait avoir conscience en euros de ce que la perte de qualité peut engendrer au niveau global et donc être sensible aux exigences et satisfactions du client (moyens : formations, affichage, indicateurs de réclamations, suivi qualité, résultat des audits, traitement des anomalies...). La pertinence de l'affichage (si possible à échéances fixes) sera d'autant plus grande qu'elle est bien adaptée à son public.

Il faut s'assurer que ce qui a été mis en œuvre dans le système de management de la qualité fonctionne et évolue de façon permanente.

6.2.5 « Responsabilité, autorité et communication »

Un organigramme est nécessaire. Il peut être proposé en accord avec l'approche processus (description des tâches [qui fait quoi], quels sont les interlocuteurs avec l'extérieur).

La communication interne semble un point important de ce chapitre, en particulier la nécessité d'une communication transversale. Par exemple, on peut retenir :

- réunion hebdomadaire ;
- journal interne ;

- panneaux d'affichage ;
- intranet (avec par exemple la politique qualité en première page) ;
- point pose (café, etc.).

6.2.6 « Revue de direction »

C'est le moment où la direction peut juger de l'adéquation entre objectifs et moyens mis en œuvre.

Ce chapitre étant très didactique, il suffit de suivre les points de la norme. Pour le point « état des actions préventives et correctives », il ne s'agit pas de résoudre les problèmes lors de la revue de direction. Un indicateur du type « 80 % des actions correctives traitées dans les délais » peut-être intéressant.

- Données d'entrées : bien recenser les résultats à examiner (la revue n'est pas forcément une réunion de type classique). Faire ressortir les informations stratégiques (éviter le détail qui ne concerne pas directement la direction, ensuite déployer au niveau de chaque processus). La collecte des données d'entrée est le plus souvent préparée par le responsable qualité et présentée en revue par la direction qui doit bien faire ressortir les axes stratégiques.
- Données de sortie : quantifier, fixer des objectifs (moyens, ressources, plan d'actions à mettre en œuvre) et diffuser.
- Intervalles :
  - Au minimum une par an
  - Possibilité d'en programmer suite à des événements (par exemple après un salon)
  - Éviter un nombre trop important, de manière à bien agréger l'information.

6.3 Remarques sur la satisfaction du client

En préalable, il faut rappeler que même si la satisfaction du client est prépondérante dans la démarche (ce point est une innovation forte dans la version 2000), cela ne veut pas dire que l'on peut satisfaire toutes ses exigences. La satisfaction dépendra bien évidement de l'organisation que l'on va mettre en place mais aussi des ressources disponibles.

La surveillance et la mesure de la satisfaction du client sont fortement corrélées avec le chapitre précédent. C'est un point qui peut présenter quelques difficultés.

- On se concentre trop souvent (voire uniquement) sur la mesure de l'insatisfaction (ne pas oublier que le client est souvent sensible au fait que l'on a pris en compte ses remarques, positives ou négatives, et qu'on lui a fait savoir).
- L'envoi de questionnaires semble montrer ses limites (retour parfois très faible). Les questionnaires doivent être bien préparés et pas trop nombreux (ils peuvent être sous-traités à des spécialistes de l'enquête). Rappelons que la norme n'impose pas de faire des enquêtes de satisfactions.

- Les commerciaux sont en contact direct avec le client, ils font de la mesure implicite, ils doivent faire remonter l'information d'exigences du client.
- Le service après vente où les installateurs récupèrent de l'information sur la qualité du produit.
- Les clients de type entreprise notent leurs fournisseurs (audit par exemple), cela peut conduire à un indicateur d'écoute.
- Le client mystère : chargé par la direction de représenter le client et de noter tous les dysfonctionnements perçus (exemple : stations de skis, grande distribution,...).
- Notons également, que certains considèrent que les meilleurs indicateurs de satisfaction du client sont tout simplement du genre chiffre d'affaires ou taux de réclamations.

7. DÉMARCHE D'AMÉLIORATION CONTINUE

Il existe deux pistes pour une démarche d'amélioration continue. La première consiste à détecter et supprimer tous les dysfonctionnements. C'est nécessaire mais non satisfaisant à long terme. En parallèle de cette démarche d'actions correctives et préventives à court terme, il faut envisager une démarche plus ambitieuse, rentable à plus long terme.

7.1 Traitement des dysfonctionnements

La norme donne les orientations que doit prendre une entreprise pour assurer à ses clients que des actions préventives sont menées pour éviter les dysfonctionnements. Lorsqu'une non-conformité apparaît, les actions correctives doivent être immédiatement mises en œuvre.

On peut donner quelques exemples de parallélisme entre certains chapitres de la norme ISO 9001 et les dysfonctionnements types suivants :

Dysfonctionnements types	Chapitre de la norme ISO 9001	
L'identification des processus est sommaire, les interactions ne sont pas du tout étudiées. Dans les exigences clients, celle concernant le recyclage n'avait pas été prise en compte.	**4.1**	Exigences générales
Il n'y a pas de manuel qualité. Tout se transmet oralement, on n'a pas besoin de procédure. Il est difficile de savoir si les documents sont périmés. Les documents ne sont ni référencés ni approuvés. Exemples d'enregistrements non faits : • Revue de direction • Revue de contrat • Revue de conception • Utilisation du produit fourni par le client • Produit utilisé et à contrôler ultérieurement • Personnes habilitées pour les contrôles • Enregistrement d'étalonnage • Dérogations • Enregistrements d'actions correctives • Résultats des audits	**4.2**	Exigences relatives à la documentation *(Manuel qualité et maîtrise des documents)* *(Maîtrise des enregistrements)*
La certification n'est envisagée que dans un but commercial. Il n'y a pas de poste de responsable qualité. Personne n'a autorité pour arrêter la production. Les résultats d'audits ne sont pas analysés. On fait des enregistrements mais il n'y a pas d'analyse ni de décisions qui en découlent.	**5.1 & 5.3 5.5 5.6**	Engagement de la direction Représentant de la direction Revue de direction
Un seul opérateur est capable de conduire le processus, cela pose un problème en cas de remplacement On envisage d'acquérir un nouveau moyen de production performant sans se soucier de la formation des utilisateurs. Personne dans l'entreprise n'a reçu de formation à l'audit.	**6.2**	Ressources humaines *(Compétence, sensibilisation et formation)*
Les exigences de propreté sont rarement vérifiées.	**6.4**	Environnement de travail
Les critères de conformité du produit ne sont pas claires pour le personnel, il y a trop de subjectivité. La confidentialité n'est pas respectée lors de l'industrialisation.	**7.1**	Planification de la réalisation du produit

Dysfonctionnements types	Chapitre de la norme ISO 9001	
Les commandes se font uniquement par téléphone, il n'y a pas d'accord préalable. Une nouvelle tolérance sur le plan client est passée inaperçue, elle est incompatible avec les moyens de production Les exigences légales ne sont pas prises en compte.	**7.2**	Processus relatifs aux clients
On n'a pas tenu compte des normes de sécurité. Le matériau retenu est impropre à l'utilisation future du produit. Il n'y a pas eu d'essai de validation.	**7.3**	Conception et développement
Il n'y a pas d'évaluation des fournisseurs, on achète au meilleur prix. On ne s'est pas aperçu que la nuance de matière des joints achetés avait changé, alors qu'ils sont incompatibles avec ce type d'huile.	**7.4**	Achats
La fiche suiveuse du lot en cours de fabrication n'est pas toujours remplie. On a marqué uniquement les mauvaises pièces, si bien que l'on a mélangé des non contrôlées avec des bonnes. On a constaté en fabrication que les tolérances n'étaient pas tenues, mais ça devrait passer inaperçu au montage. Le réglage des machines varie suivant les équipes.	**7.5**	Production et préparation du service *(Maîtrise de la production et du service)*
Le client désire une traçabilité pendant dix ans, mais l'on n'a rien prévu en marquage et stockage des informations.		*(Identification et traçabilité)*
On a mélangé l'acier fourni par le client (industrie chimique) avec son propre acier.		*(Propriété du client)*
Suite à une augmentation des commandes et faute de place, on a stocké des pièces à l'extérieur. Cela a provoqué une forte corrosion. Des pièces de distributeur hydraulique n'ont pas été conditionnées sous protection plastique. Cela a provoqué des rayures inacceptables pour le client.		*(Préservation du produit)*
On n'a pas précisé si la mise en route devait être faite par le fournisseur ou le distributeur. La documentation du produit n'a pas été prévue pour l'exportation.		*(Préparation du service)*
Les opérateurs sont persuadés que leurs moyens de contrôle sont parfaits. On veut piloter un moyen de production par carte de contrôle à l'aide de mesures dont l'incertitude est du même ordre que la dispersion du moyen de production.	**7.6**	Maîtrise des dispositifs de surveillance et de mesure

Dysfonctionnements types	Chapitre de la norme ISO 9001	
Les statistiques, c'est trop compliqué, ce n'est pas pour nous. Le nombre de retour client n'est pas mesuré. La conduite du processus est complètement basée sur l'intuition.	**8.1**	Généralités (*Statistiques*)
Il n'existe pas d'évaluation des différents processus. En fabrication unitaire (outillage) on surligne les cotes obtenues sur le plan mais pas de façon systématique. Les services audités n'ont jamais les résultats des audits. Les audits ne sont pas planifiés.	**8.2**	Surveillance et mesures (*Produit*) (*Audit interne*)
Les pièces rebutées sont marquées simplement au feutre, il y a un risque fort d'effacement. Des dérogations sont autorisées par des personnes non habilitées.	**8.3**	Maîtrise du produit non conforme
On enregistre les réclamations clients mais il n'y a pas vraiment de suite. Les résultats des audits internes sont analysés en revue de direction mais ils n'engendrent pas une volonté d'amélioration. Il n'a jamais été envisagé de faire des AMDEC.	**8.5**	Amélioration

Figure 3.14 *– Exemple de dysfonctionnements par chapitre*

7.2 Une démarche novatrice pour le long terme

Dans la politique qualité, la direction définit des objectifs (par exemple de rentabilité, de position de leader, etc.). Plus particulièrement, elle va préciser des objectifs qualité que l'on essayera de cibler, par exemple le taux de retours client à ne pas dépasser pour l'année à venir. Pour atteindre ces objectifs (qui peuvent être confidentiels), elle va demander à l'ensemble de l'entreprise de mettre en œuvre et de piloter les processus nécessaires.

Il va falloir déployer cette politique qualité jusqu'au niveau du processus le plus élémentaire, c'est à dire définir une cible pour chaque processus. Nous verrons dans la seconde partie de l'ouvrage, des outils et des méthodes permettant de déployer la politique qualité, de piloter les processus et de mesurer les résultats obtenus pour quantifier les éventuels écarts.

Pour chaque processus, du plus complexe au plus élémentaire, on peut utiliser la démarche d'amélioration continue proposée par le docteur DEMING. Cette démarche est matérialisée par une roue roulant sur un sol montant, de manière à élever le niveau de la gestion de la qualité. Ce schéma est si célèbre que l'on parle de *faire tourner la roue DEMING.*

7.2.1 Faire vivre les processus

Un processus est un être vivant, la cartographie qui le représente doit vivre avec lui. En particulier, on doit garder en permanence un souci d'amélioration. Cette amélioration en continue, doit développer une culture qualité permettant d'acquérir de nouvelles méthodes constituant des bonds pour l'entreprise (amélioration par percée ou Hoshin).

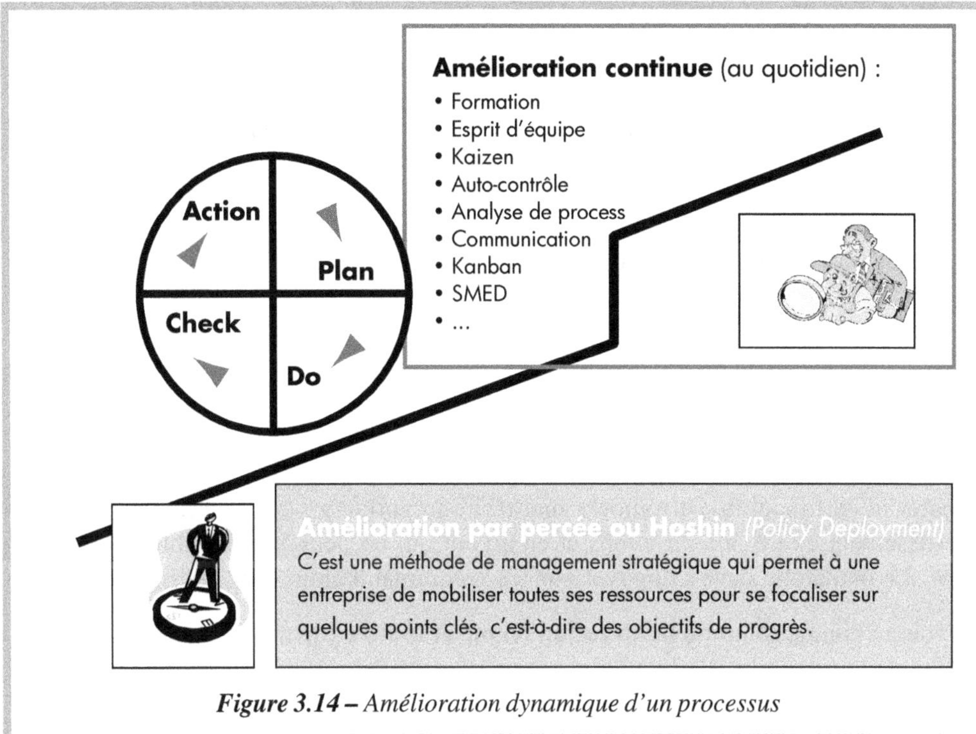

Figure 3.14 *– Amélioration dynamique d'un processus*

Cette démarche, déclinée au niveau de chaque processus, existe également sous forme de processus de management et est applicable à toute la structure. Citons Robert Bosch créateur de la fondation du même nom :

« On doit toujours tendre à l'amélioration de l'existant, personne ne doit se satisfaire de ce qui est atteint, mais au contraire, essayer constamment, de faire son travail encore mieux »[1]

Par exemple, nous pouvons retenir pour une démarche globale, les processus suivants :

- **Planifier** (*Plan*) :
  - Affectation des ressources humaines et matérielles
  - Processus de stratégie

1. Dans « Principes du CIP (*Continuous Improvement Process*) » www.bosch.fr.

- **Faire** (*Do*) :
  - Processus de conception
  - Processus de réalisation
  - Processus de gestion et maîtrise des moyens de mesure
- **Vérifier** (*Check*) :
  - Processus de mesure de satisfaction et d'écoute du client
  - Processus d'audit
  - Processus d'enregistrement
  - Processus d'analyse des enregistrements
- **Agir** (*Act*) :
  - Processus de maîtrise du produit non conforme
  - Processus de réparation
  - Processus de prévention
  - Processus de revue de direction

8. DÉMARCHE DE CERTIFICATION

Préparer la certification est toujours une tâche importante pour l'entreprise. C'est un investissement en travail, en temps et en argent qui ne peut être rentabilisé qu'à long terme. La démarche peut s'appuyer sur les recommandations suivantes :

- Avoir un **engagement de la direction ferme et motivé** (de manière à donner l'exemple).
- Définir un **responsable** de l'opération.
- Choisir le **modèle** qui convient le mieux à son entreprise (exemple : ISO 9001, ISO/TS 16949, modèle spécifique de la profession).
- Faire un **état de l'existant** (ce qui existe déjà dans l'entreprise et qui n'est pas toujours formalisé).
- **Mobiliser le personnel** par une formation adéquate (culture qualité démontrant la place et la responsabilité de chacun).
- Définir un **tableau de bord qualité** pour mesurer les progrès obtenus de manière à persévérer dans cette direction.
- **Documenter et compléter le système qualité** pour le faire converger vers le niveau d'exigences retenu.

Certaines de ces actions et réflexions peuvent être menées en parallèle. Le souci de **communication** sera le ciment de ce projet.

Pratiquement, on étudiera chaque chapitre de la norme, en réfléchissant à son application pour l'entreprise (processus concernés). Cela n'est pas toujours évident, car on a souvent l'impression d'être un cas particulier avec ses problèmes spécifiques.

L'ordre des chapitres n'est pas imposé, cela dépend du contexte actuel. Des contraintes, venant des donneurs d'ordre, peuvent exiger en priorité l'application de certains chapitres (par exemple la maîtrise des produits non conformes, la maîtrise des moyens de mesure, les audits, etc.).

Chaque chapitre conduira le plus souvent à l'écriture d'une procédure qui indiquera comment l'entreprise traite le point étudié. Pour éviter une lourdeur d'écriture, elle sera déclinée en sous-procédures (ou instructions) précisant les points spécifiques et consultables par les personnes concernées.

Lorsque l'entreprise estimera avoir répondu aux différentes exigences de la norme, elle fera appel à un organisme certificateur pour venir auditer la conformité et la bonne marche de son système de management de la qualité.

Cet organisme, pouvant être considéré comme une société de services, est mandaté pour délivrer (ou non) un certificat de conformité. L'entreprise sera, si les résultats de l'audit externe sont positifs, déclarée par exemple certifiée ISO 9001.

La certification par un organisme, extérieur à l'entreprise et reconnu compétent, représente une garantie pour ses clients. En effet l'organisme ne se contente pas de délivrer un certificat à un instant précis, mais il va accompagner l'entreprise et périodiquement (par exemple tous les ans) vérifier la conformité et l'efficacité du système qualité. La certification n'est octroyée que pour une durée limitée, à intervalles réguliers (par exemple tous les trois ans). Il faut se représenter à la certification en montrant que l'on a progressé.

9. LES ORGANISMES CERTIFICATEURS

La certification d'entreprises, en plein essor, représente un marché intéressant pour les organismes certificateurs. De plus en plus, nous retrouvons des relations de type « client – fournisseur ». Le coût de certification n'est pas forcément l'élément fondamental car il représente une petite partie de l'investissement de la démarche qualité. Les entreprises, faisant un gros chiffre d'affaires à l'exportation, peuvent éventuellement préférer la reconnaissance d'un organisme d'un autre pays.

À terme, tous les organismes certificateurs accrédités par le COFRAC (Comité français d'accréditation) devraient fournir une prestation de valeur identique. Le COFRAC, pour être reconnu au niveau européen (EAC), doit être audité par les autres pays membres du comité européen d'accréditation (c'est un jugement par ses pairs).

À titre d'exemple, voici une liste, non exhaustive, des principaux organismes certificateurs sur le marché français :

- *AB CERTIFICATION*
- *A.F.A.Q AFNOR Certification*
- *ASCII Qualitatem*
- *BSI*
- *BVQI*
- *DEKRA – ITS*
- *DNV Cer*
- *EUROQUALITY SYSTEME France*
- *LRQA*
- *MOODY Certification*
- *SGS ICS*
- *SQS*
- *TÜV*
- *URS*
- *UTAC*

10. NORMES SPÉCIFIQUES DE CLIENTS

La norme ISO 9001 que nous venons de présenter est une norme générale. Beaucoup de clients se satisfont entièrement des exigences imposées qui garantissent un bon niveau de management de la qualité.

Un grand client (donneur d'ordre) est tout à fait en droit d'imposer à son fournisseur un modèle avec des exigences propres supérieures ou inférieures. Par exemple une PME pourra demander à ses fournisseurs locaux (entreprises de taille modeste) de mettre en œuvre un modèle d'assurance qualité simplifié inspiré des modèles internationaux.

Les grands donneurs d'ordres faisant partie d'un même secteur demandent souvent à leurs fournisseurs des exigences supplémentaires comme la sécurité ou l'utilisation d'outils qualité spécifiques. Cette situation se retrouve particulièrement dans le monde de l'automobile.

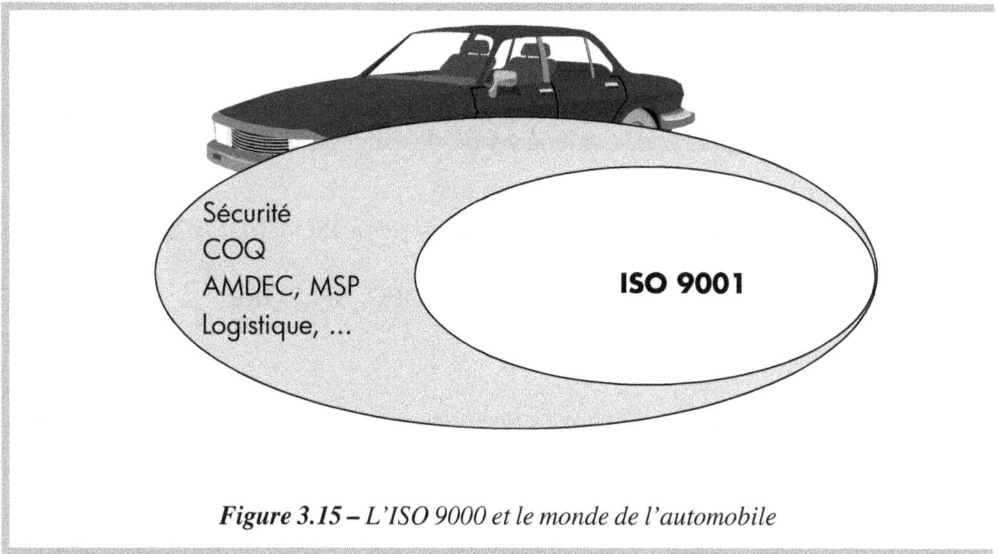

Figure 3.15 *– L'ISO 9000 et le monde de l'automobile*

Des donneurs d'ordres exerçant le même métier ont *a priori* des exigences similaires. Pour éviter une profusion d'audits identiques chez un fournisseur commun, certains se sont regroupés pour proposer un modèle d'assurance commun. Par exemple Renault, Peugeot et Citroën proposaient un modèle d'accréditation (référentiel) des fournisseurs appelés E.A.Q.F (Evaluation d'Aptitude Qualité Fournisseurs). Dans le même esprit, les constructeurs américains Chrysler, Ford et General Motors ont créé le référentiel QS 9000. Le référentiel ISO/TS 16949 : 2002, issu de l'harmonisation des référentiels américains et européens, se substitue aux référentiels AVSQ, EAQF94, QS 9000 (14 décembre 2006) et VDA6.

10.1 ISO/TS 16949

Le label ISO/TS correspond à une spécification technique. Contrairement à une norme qui doit être approuvée par les trois quarts des comités membres, une spécification technique ne peut être approuvée que par les deux tiers des comités membres. Une spécification technique doit être examinée tous les trois ans au moins. Elle sera soit reconduite, soit révisée, soit annulée (décision en juin 2005 pour l'ISO/TS 16949). Au bout de six ans, elle doit être transformée en norme internationale, sinon elle est supprimée.

Issu de l'harmonisation des référentiels nord-américains et européens, ce nouveau référentiel reprend le texte de l'ISO 9001 (version 2000) auquel ont été ajoutées des exigences communes propres aux industriels de l'automobile.

L'ISO/TS 16949 a été élaborée par le Groupe d'étude international de l'industrie automobile (IATF)[1], l'Association japonaise des constructeurs automobiles (JAMA), avec le soutien du comité technique ISO/TC 176.

Cette spécification technique reprend complètement la norme internationale ISO 9001 : 2000 à laquelle on a apporté des exigences ou des suggestions complémentaires, par exemple :

- les laboratoires externes doivent être accrédités selon ISO/CEI 17025 ;
- efficience des processus ;
- utilisation d'outils qualité (*Benchmarking*, AMDEC, SPC, GRR...) ;
- processus d'homologation ;
- ...

Il n'en demeure pas moins que chaque constructeur peut ajouter des exigences spécifiques.

11. LES PRIX « QUALITÉ »

Pour progresser vers l'excellence en qualité, se présenter à un prix qualité peut être une bonne opportunité. Etre confronté à d'autres entreprises permet d'insuffler une dynamique de progrès.

En débutant par un prix local (le plus souvent départemental), on peut concourir ensuite à un prix régional. Les entreprises lauréates se présenteront ensuite au prix national, voir international.

Le plus souvent la démarche consiste d'abord par une auto-évaluation suivant des critères définis par un questionnaire. La présélection des entreprises, à l'aide de l'auto-évaluation, est suivie d'audits permettant d'affiner le classement. Un jury élira ensuite les lauréats. Nous décrirons sommairement deux prix qualité.

11.1 Prix français de la qualité[2]

Lancé en 1992 par le MFQ et le ministère de l'industrie, ce prix est ouvert aux entreprises du secteur public ou privé de moins de 500 personnes, lauréates des prix organisés au sein des régions.

Le référentiel d'évaluation porte sur neuf thèmes :

- engagement de la direction ;
- stratégie et objectifs qualité ;

1. www.iatf-france.com.
2. http://www.mfq.asso.fr/evenements.htm.

- management du personnel ;
- management des ressources ;
- processus ;
- satisfaction de la clientèle ;
- satisfaction du personnel ;
- intégration à la vie de la collectivité ;
- résultats opérationnels.

Chaque chapitre est affecté d'un coefficient de pondération.

11.2 Prix européen de la qualité[1]

À partir de 1992, la Fondation Européenne pour le Management par la Qualité (EFQM) décerne le prestigieux « Prix Européen de la Qualité ». Beaucoup de prix nationaux et régionaux s'en sont inspirés. Il en est de même pour certains grands groupes qui ont retenu une démarche qualité basée sur ce modèle.

Ce prix repose sur un processus d'auto-évaluation bâti sur une approche matricielle. Les neuf colonnes concernent les critères à évaluer, à savoir :

- Leadership
- Politique et Stratégie
- Personnel
- Partenariat et Ressources
- Processus
- Résultats Client
- Résultats Personnel
- Résultats Collectivité
- Résultats Performance Clés

La notoriété de ce prix est à comparer avec le « prix Deming » (Japon 1952) ou le « Malcolm Baldrige Quality Award » (USA 1987).

1. http://www.efqm.org.

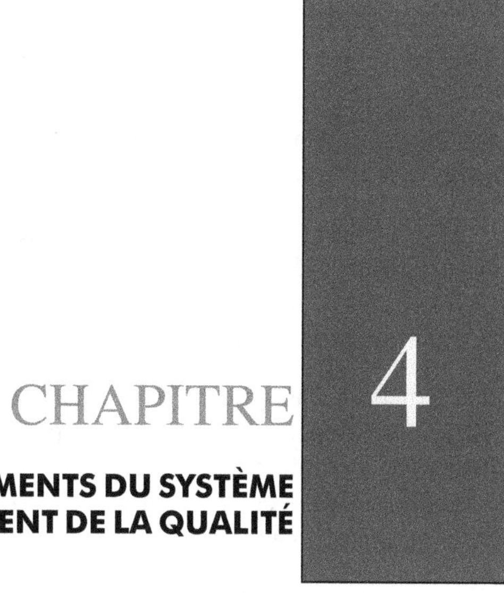

CHAPITRE 4

Les documents du système de management de la qualité

Concevoir, produire et distribuer engendrent une masse d'informations importante. La gestion de ce flux d'informations entraîne une création de documents qui peut rapidement dégénérer et échapper à tout contrôle.

Si l'on veut prouver que la qualité est bien présente, il va falloir fournir des enregistrements témoins. La preuve « qualité » va bien évidemment porter sur les contrôles et essais réalisés mais également être fournie par l'enregistrement du savoir-faire de l'entreprise.

Tout cela va donner naissance à une suite de documents (manuel, procédures, instructions, fiches...) qui devront impérativement être structurés.

Le système de documentation doit :
- être efficace (prouver que la qualité est gérée), complet mais sans excès ;
- normaliser le fonctionnement de l'entreprise ;
- rendre autonomes les employés et les responsabiliser ;
- faciliter la rotation des tâches en accroissant leur polyvalence ;
- favoriser la communication en permettant un dialogue transversal entre services.

Pour aider la mise en place de cette structure, on pourra s'aider des normes suivantes :
- ISO/TR 10013 – (Juillet 2001) – *Lignes directrices pour le développement de la documentation sur les systèmes de management de la qualité.*
- NF X50-160 – (Novembre 1997) – *Qualité et management – Guide de rédaction d'un manuel qualité.*
- ISO 10005 :1995 (Septembre 1995) – *Management de la qualité – Lignes directrices pour les plans qualité.*
- NF X50-164 – (Juin 1990) – *Relations clients-fournisseurs – Guide pour l'établissement d'un plan d'assurance qualité.*

1. STRUCTURE DES DOCUMENTS QUALITÉ

La solution la plus couramment rencontrée, consiste à répartir les documents qualité en quatre niveaux :

- Manuel de la qualité et cartographie des processus.
- Procédures générales.
- Instructions, modes opératoires, méthodes de mesure.
- Enregistrements, indicateurs, documents de références.

La structure classique retenue est du type arborescent bien que parfois une structure de type référence croisée soit sous-jacente. Cette structure est souvent représentée sous forme de pyramide (figure 4.1), où chaque strate matérialise un niveau. Cette représentation imagée correspond au chapitre 4.2 de la norme ISO 9001, « *Exigences relatives à la documentation* ».

Cette représentation peut laisser croire à une relation d'ordre entre les différents niveaux, alors que c'est sans doute le niveau quatre qui est le plus important, les autres niveaux étant au service de celui-ci car il est la preuve tangible de la qualité réalisée.

Nous verrons que la norme impose certains documents (exigences documentaires). Par contre, il n'est pas obligatoire de documenter tous les processus s'il n'y a pas de risque, cela dépend de la culture et de la taille de l'entreprise et surtout de la compétence du personnel.

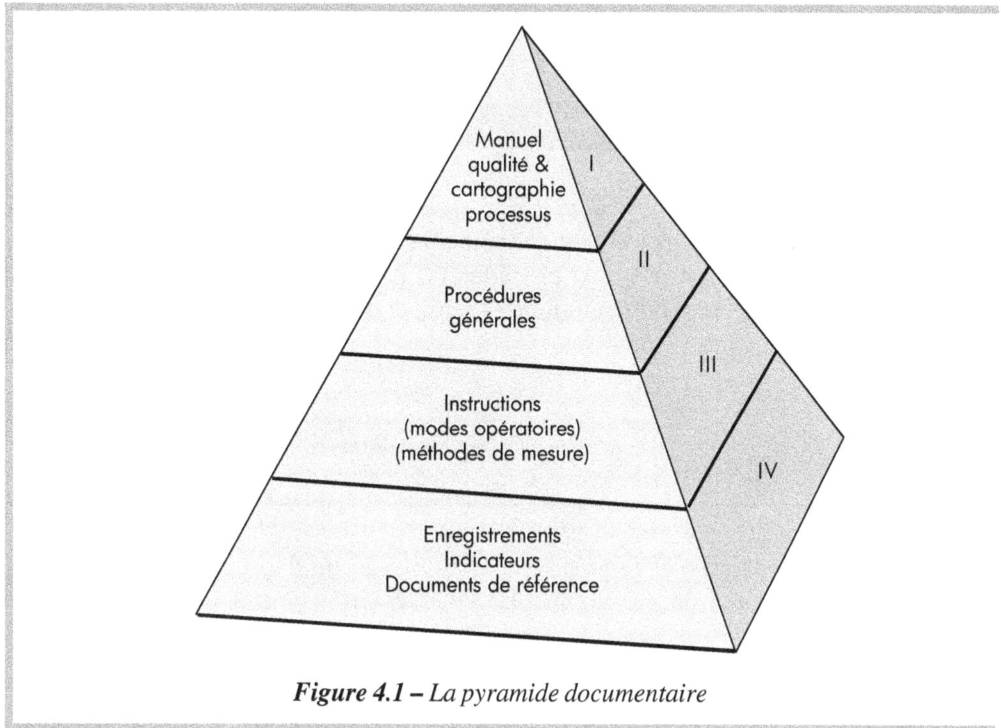

Figure 4.1 *– La pyramide documentaire*

Décrivons brièvement le contenu de chacune des strates de la pyramide :

- **Niveau 1** : ***Manuel qualité*** *et* ***cartographie des processus****.*
  Le chapitre 4.2.2 du modèle ISO 9001 constitue la trame de ce niveau. C'est un document précisant le domaine d'application et décrivant le système de management de la qualité mis en place. Ce niveau peut aussi constituer une « vitrine qualité » pour le client potentiel.
  Dans les exigences générales (chapitre 4.1), la norme ISO 9001 : 2000 fait beaucoup références aux processus de l'entreprise. La cartographie devient de fait un élément important aussi bien pour le client qui peut percevoir rapidement la potentialité de son fournisseur que de l'employé qui peut se situer très rapidement dans l'organisme.

- **Niveau 2** : ***Procédures organisationnelles*** *(ou générales).*
  Les chapitres 4 à 8, du modèle ISO 9001, sont universels et développés en fonction du contexte de l'entreprise en mettant l'accent sur les exigences documentaires de la norme. Le niveau d'abstraction est assez élevé, pour les informations complémentaires et détaillées, on est renvoyé au niveau trois grâce à une codification des documents.

- **Niveau 3** : ***Procédures opérationnelles, instructions, modes opératoires.***
  À ce niveau, il s'agit de formaliser le savoir faire de l'entreprise de manière à la rendre moins vulnérable face aux divers aléas qui peuvent surgir. Cela permet également, de définir une rigueur de travail qui assurera la pérennité de la qualité pro-

posée au client. Par exemple, on peut citer le traitement d'une non conformité d'un produit, les fiches de postes, etc.

- **Niveau 4** : ***Documents spécifiques*** : Enregistrements, imprimés, indicateurs, ...
  Les documents appartenant à ce niveau, sont utilisés au quotidien. Ils vont en particulier permettre de saisir le niveau de qualité réalisée. Il faudra bien faire la distinction entre un document vierge (utilisé comme un masque de saisie) et un document renseigné (enregistrement qui véhicule de l'information sur la qualité produite). Il doit exister une (ou des) procédure(s) pour indiquer la gestion des enregistrements. Par exemple, on peut citer les feuilles d'enregistrement de pilotage par la maîtrise statistique des processus.

2. LE MANUEL QUALITÉ

Le manuel qualité correspond principalement au niveau un de la pyramide documentaire. Rappelons le début du paragraphe **4.2.1 Généralités** de la norme ISO 9001[1] :

« *La documentation du système de management de la qualité doit comprendre*
a) identifier les processus nécessaires.... (nous renvoyons au chapitre trois qui donne des pistes pour identifier, mettre en œuvre et surveiller ces processus).
b) un manuel qualité
... »

et du paragraphe **4.2.2 Manuel qualité** :

« *L'organisme doit établir et tenir à jour un manuel qualité qui comprend*
a) le domaine d'application du système de management de la qualité...
b) les procédures documentées ...
c) ... »

Pour des raisons de commodité, vu le nombre de documents, il n'est pas toujours réaliste d'inclure tout ou partie des autres niveaux.

Toutes les personnes destinataires ne sont pas concernées par les différentes rubriques traitées dans les niveaux deux à quatre et, surtout, des raisons de **confidentialité** peuvent représenter un sérieux frein à une diffusion trop large. Un système de référence, précisé dans le manuel qualité, permettra d'accéder aux documents le cas échéant.

Le manuel qualité peut aussi présenter la politique qualité au client (en externe) et au personnel de l'entreprise (en interne). Pour ne pas faire deux manuels qualité, ce qui risque d'entraîner des incohérences voire des contradictions, on peut par exemple définir :

1. Reproduction faite avec l'autorisation d'Afnor

- **Un manuel d'assurance de la qualité** constitué par le niveau un et diffusable aux clients en externe. Il présente le potentiel qualité de l'entreprise.
- **Un manuel de management de la qualité** utilisable en interne, incluant les niveaux un et deux. Il rend le système de management de la qualité opérationnel.

2.1 Exemple de contenu du manuel d'assurance de la qualité

Il correspond uniquement au niveau un. Il comporte au minimum :

- le titre, le modèle choisi, la date, la codification avec l'indice de révision, la signature de l'émetteur, du vérificateur et une validation de la direction ;
- une grille de diffusion si celle-ci est contrôlée (le photo-copiage peut être limité par l'utilisation d'un papier spécial avec un motif de fond en ton pastel) ;
- un sommaire (il est plus facile de choisir une pagination par chapitre, par exemple : *Système qualité : 4/7*) ;
- une présentation succincte de l'entreprise, son domaine d'activité, son historique, son implantation géographique, ses processus, ses moyens... Ce point est important car il a une incidence commerciale dans le manuel d'assurance qualité ;
- l'engagement de la direction, suivi de la description de la politique qualité et de sa mise en œuvre ;
- la description nominative des responsabilités en qualité ;
- la présentation du système qualité retenu par l'entreprise. A ce niveau cette présentation peut être réduite à un résumé du niveau deux qui lui reprendra en détail chaque exigence documentaire. Cela permet au client de vérifier que chaque point est bien abordé.

La gestion des documents, traitée en détail au niveau deux suivant le chapitre « **4.2 Exigences relatives à la documentation** », peut éventuellement être un peu plus précisée. Rappelons qu'une diffusion informatique est autorisée. Cela peut être une solution pour avoir des documents toujours d'actualité.

3. PLAN QUALITÉ

Pour certains produits, par exemple ceux concernant la sécurité de la population, le client peut demander qu'on lui fournisse la preuve que son produit sera conforme aux exigences retenues.

Le plan qualité, en plus de fournir la démonstration de l'efficacité du système qualité, va compléter par des spécificités propres au produit, chaque point de la norme.

Par exemple pour une pièce de sécurité d'un avion risquant de mettre en péril les passagers, le client peut demander en plus des documents classiques de qualité, la gamme de fabrication, les plans de contrôle avec leur protocole de mesure, la liste des différents essais, etc.

4. LES PROCÉDURES

Une procédure est un ensemble de règles, de descriptions décrivant un processus. Les procédures sont propres à l'entreprise (procédures générales ou organisationnelles), à un atelier, un service, une action, une technique,...(procédure opérationnelle ou instruction ou mode opératoire).

Elles peuvent faire l'objet d'un document, on parlera alors de procédures documentées. Elles seront enregistrées sur support papier ou informatique. Un des rôles de la gestion documentaire est que :

« Toute procédure documentée (nouvelle ou modifiée) doit parvenir à son destinataire, tout destinataire potentiel doit avoir les moyens de savoir si son activité est concernée par une procédure documentée ».

4.1 Exigences de la norme ISO 9001

Au minimum, il faut prévoir une procédure documentée pour :

- la politique qualité et les objectifs qualité,
- la maîtrise des documents,
- l'identification, le stockage, la protection, l'accessibilité et la suppression des enregistrements,
- la responsabilité, la conduite et la restitution des audits internes,
- le traitement des produits non conformes,
- la mise en œuvre des actions correctives,
- la mise en place d'une démarche d'actions préventives.

Pour les autres exigences, le terme procédure documentée n'est pas mentionné. Par contre l'organisme peut juger utile (voire nécessaire) de créer d'autres procédures documentées (instructions de travail, instructions de vérifications, méthodes d'essais, méthodes d'enquêtes, ...).

4.2 Procédure/Processus

Une procédure « documente » un processus de façon plus ou moins détaillée suivant la compétence des opérateurs. Elle doit toujours comporter :

- le **quoi,** c'est-à-dire ce qui doit être fait ;
- le **qui**, précisant les différentes responsabilités (exécutant, vérificateur, responsable) ;

- le **comment**, qui précise les documents, les imprimés ou les outils de référence pour l'action concernée ;
- si nécessaire le **quand**, le **où**, le **combien**.

Elle prouve que le processus est répertorié et maîtrisé. Cette preuve va rassurer la direction en interne et le client en externe, en particulier toute décision de modification sera validée et enregistrée.

4.3 Rédaction

4.3.1 Le fond

La décision de créer une nouvelle procédure fait suite à un désir de formaliser un savoir-faire. Il faut écrire ce qui est réellement fait et non ce que l'on voudrait qui soit fait.

La modification d'une procédure est souvent engendrée par une action corrective suite à l'apparition d'un dysfonctionnement.

4.3.2 Recommandations pour la forme

Le rédacteur a tendance à se faire plaisir en écrivant une belle procédure avec beaucoup de pages et des mots savants, c'est souvent rebutant pour le lecteur. L'emploi de graphiques, dessins, photographies et organigrammes doit être encouragé, ceci pour un nombre de pages limité. On constate que les entreprises certifiées qui préparent la réhabilitation ont tendance à limiter le nombre de procédures et à réduire fortement le nombre de pages (par exemple deux pages maximum par procédure).

Exemple didactique à ne pas suivre : plutôt que d'écrire :

$$1 + 1 = 2$$

on retiendra l'expression suivante :

$$\ln e + \sin^2 x + \cos^2 x = \sum_{n=0}^{\infty} \left(\frac{1}{2}\right)^n$$

pour montrer son niveau en mathématique.

La forme va beaucoup dépendre également du destinataire. Il faut rappeler les grandes lignes tout en ménageant sa susceptibilité. Il ne faut pas qu'il perçoive son intervention comme dévalorisée, ramenée à une simple succession de tâches élémentaires (par exemple on peut jouer sur la taille des polices de caractères, les gros caractères pour les points essentiels qu'il ne faut absolument pas oublier, en petits caractères les éléments complémentaires qui seront fort utiles pour le néophyte).

En résumé, il faut essayer d'être **simple** et **efficace** ce qui est difficile.

4.3.3 La normalisation interne de la présentation de la procédure

Si l'on ne veut pas dérouter le lecteur, il faut normaliser la présentation des procédures et instructions, créer une espèce de masque de saisie.

La mise en pages est le plus souvent la suivante :

4.3.3.1 En-tête

- Logo de la société.
- Type de document.
- Titre du document.
- Référence.
- Date de création (voire d'émission).
- Pagination ($i^{ème}$ page / n pages).

4.3.3.1 Le corps de la procédure

Décrit d'une manière simple, si possible de façon visuelle (organigrammes, dessins, photographie...), le corps de la procédure traitera les points suivants :

Points à traiter	**Explications**
L'objet de l'activité	Le QUOI de la procédure
Le traitement de la procédure	COMMENT se déroule cette activité dans l'entreprise
Nommer les acteurs	QUI doit le faire
La chronologie et le lieu de traitement	QUAND et OÙ a lieu l'activité
Les contrôles à réaliser et la preuve que la qualité demandée est réalisée	A l'aide des fiches d'auto-contrôle et des documents d'enregistrement

4.3.3.3 Le pied de la première page

On trouve systématiquement les différentes approbations :

- du rédacteur (ou service qui utilisera la procédure sur le terrain),
- du service qualité (vérification de la conformité du document),
- de la direction (visa d'exploitation).

On peut trouver dans le bas de page une liste de diffusion (nominative ou par service ou générale). Cette diffusion peut être contrôlée par le service qualité.

Ce type de présentation est donné à titre indicatif.

4.3.4 Exemple simplifié d'une procédure

À titre d'illustration, nous donnons page suivante **la retouche des produits détectés non conformes**.

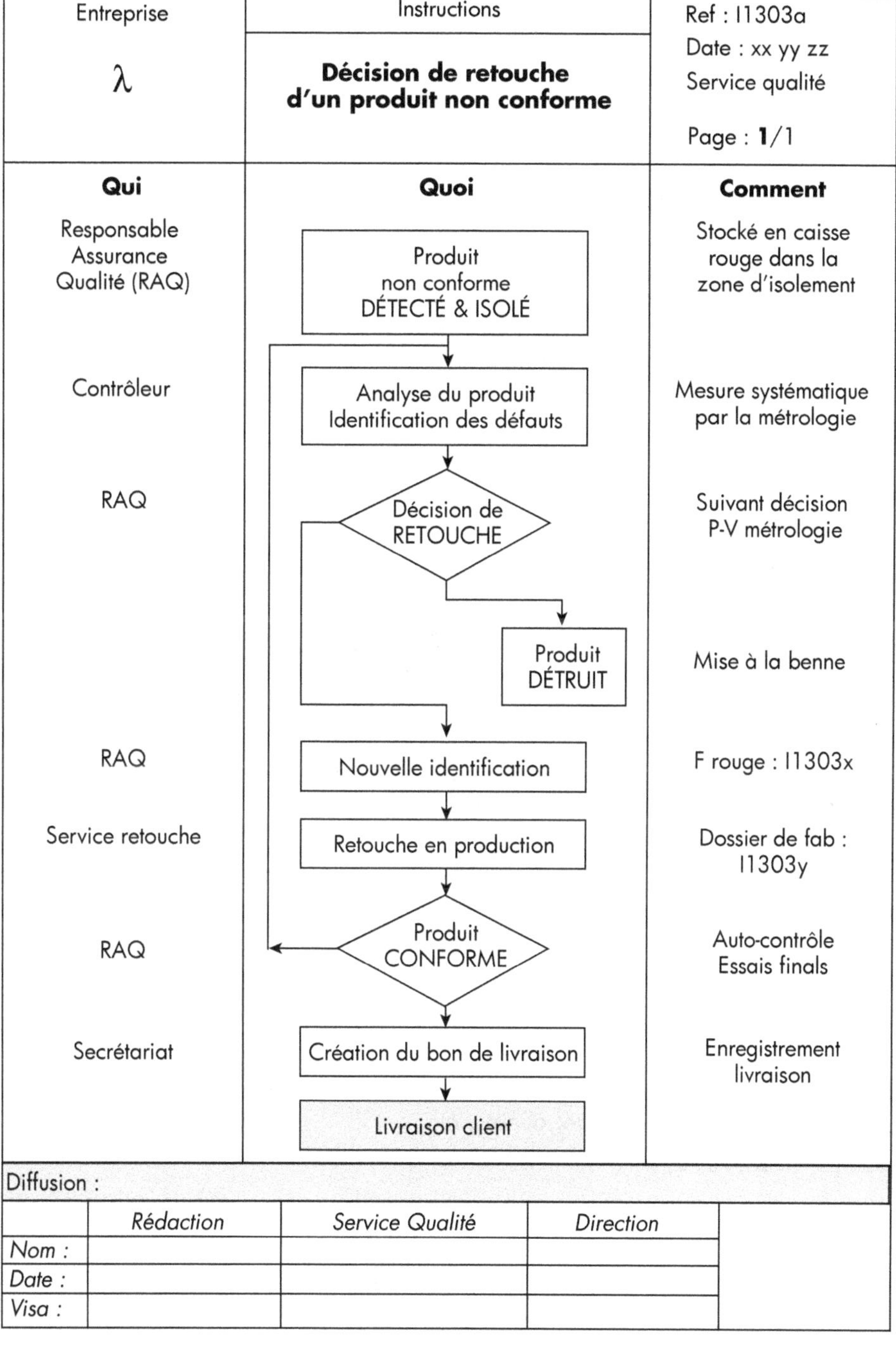

Entreprise	Instructions	Ref : I1303a
λ	**Décision de retouche d'un produit non conforme**	Date : xx yy zz Service qualité Page : **1**/1

Qui	**Quoi**	**Comment**
Responsable Assurance Qualité (RAQ)	Produit non conforme DÉTECTÉ & ISOLÉ	Stocké en caisse rouge dans la zone d'isolement
Contrôleur	Analyse du produit Identification des défauts	Mesure systématique par la métrologie
RAQ	Décision de RETOUCHE	Suivant décision P-V métrologie
	Produit DÉTRUIT	Mise à la benne
RAQ	Nouvelle identification	F rouge : I1303x
Service retouche	Retouche en production	Dossier de fab : I1303y
RAQ	Produit CONFORME	Auto-contrôle Essais finals
Secrétariat	Création du bon de livraison	Enregistrement livraison
	Livraison client	

Diffusion :

	Rédaction	*Service Qualité*	*Direction*
Nom :			
Date :			
Visa :			

5. LA GESTION DES PROCÉDURES

La gestion des procédures et leur mise à jour doivent être assurées par le service qualité, conformément aux recommandations du chapitre 4.2.3 de la norme (**Maîtrise des documents**). La gestion doit être précisée dans le manuel qualité ou dans une procédure spécifique. La codification et la diffusion demandent une attention particulière.

5.1 La codification des procédures

Il est souhaitable que le code comporte de l'information. Cette réflexion ne doit pas être faite dans la précipitation, car toute modification ultérieure sera lourde de conséquences. Nous présentons succinctement trois pistes possibles de codification. Une combinaison de ces trois exemples peut engendrer une nouvelle possibilité de codification, cette réflexion doit être menée au sein de l'entreprise en consultant les différents utilisateurs potentiels.

Exemple 1

On décide de rattacher le code de la procédure au chapitre de la norme concernée.

7.00/a : procédure de niveau 2 (indice **00**) précisant la **réalisation du produit** (chapitre 7 de la norme ISO 9001). L'indice 00 est réservé à la procédure « mère ». Les procédures « filles » (niveau 3) seront classées **7.01, 7.02, etc.** La lettre **a** indique l'indice de révision.

Exemple : **7.08/c** : instruction de niveau 3 concernant l'opération de trempe par bain de sel.

Ce système est pratique pour être sûr que toutes les exigences de la norme sont bien prises en compte. Le gros inconvénient est l'adaptation future aux nouvelles versions de la norme.

Exemple 2

Beaucoup d'entreprises utilisent des codes se référant aux processus répertoriés (gestion, production, montage, achats, etc.).

Exemple : **PRO/012/b**

Exemple 3

Profitant de l'archivage informatique, certaines entreprises conservent le chemin d'accès au fichier comme code :

Exemple : **L :\QUAL\PROC\ActCor_a.doc**

5.2 La diffusion aux personnes concernées

Comme pour la diffusion du manuel qualité, on retrouve :

- la raison sociale ;
- le titre ;
- le code (intégrant la dernière révision) ;
- la date ;
- la pagination incluant le nombre de pages ;
- l'émetteur ;
- la validation du service qualité.

6. LES ENREGISTREMENTS

Rappelons qu'ils sont la preuve que le système de management de la qualité fonctionne. Ils doivent être simples, identifiables, faciles d'accès.

Les enregistrements qui doivent obligatoirement être conservés sont précisés par la norme. Par exemple, on peut citer les enregistrements concernant :

- la revue de direction ;
- la formation ;
- les exigences sur les processus et le produit.

7. LA GESTION DOCUMENTAIRE QUALITÉ

C'est une des missions les plus importantes du service qualité. Avec l'aide des traitements de texte, on risque de voir une prolifération anarchique des documents. Un minimum de rigueur est nécessaire, en particulier si l'on désire informatiser cette tâche.

7.1 Gestion informatisée

Il existe différents logiciels de gestion documentaire pouvant fortement aider à la mise en place et à la gestion quotidienne des documents qualité. Construits sur un gestionnaire de bases de données, on retrouve en principe l'architecture suivante :

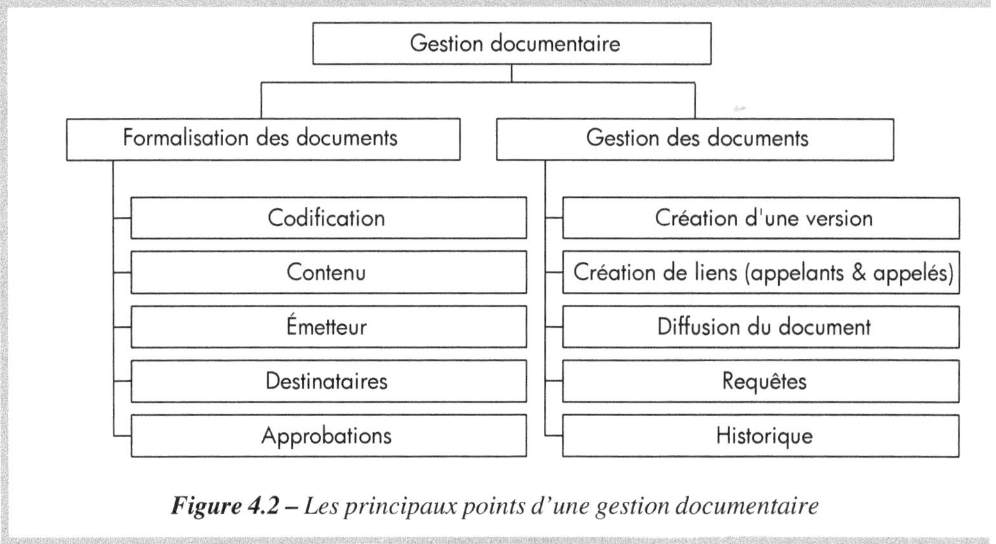

***Figure 4.2** – Les principaux points d'une gestion documentaire*

On peut trouver également la gestion des audits, la gestion des non-conformités et la gestion des moyens de mesure.

La connaissance des appelants et des appelés, mentionnés dans un document, peut s'avérer une aide précieuse pour la maîtrise des corrections.

7.2 Réflexions sur la gestion documentaire « Qualité »

Le chapitre « **4.2 : Exigences relatives à la documentation** » de la norme ISO 9001 peut être mis en place plus facilement par une méthode d'analyse (en particulier pour la description des interactions). Cela consiste à modéliser le réel, le formaliser pour pouvoir ensuite traiter l'information. La méthode d'analyse MERISE, qui permet de structurer les données, est sans doute la plus appliquée industriellement. Elle propose trois points de vue, un niveau conceptuel, un niveau organisationnel et un niveau physique. La présenter sortirait du cadre de cet ouvrage, nous nous contenterons simplement de présenter le concept « **Système d'information** ».

7.2.1 Les différents systèmes

L'aspect physique de l'entreprise est constitué de processus (constitués d'hommes et de machines) apportant une valeur ajoutée aux différents produits de l'entreprise. Par exemple nous pouvons citer une opération d'usinage, une prise de commande, un règlement de fournisseur, etc.

Ces processus seront conduits par un système de pilotage qui aura comme objectif d'intervenir sur le processus pour le mettre en œuvre et éviter toute dérive.

Le système de pilotage ne peut prendre des décisions qu'à partir d'informations concernant le processus et son environnement. Ensuite il va émettre des informations destinées au processus. Par exemple, en fonction des demandes du client et de la disponibilité de la machine (planning) il va pouvoir lancer un ordre de fabrication.

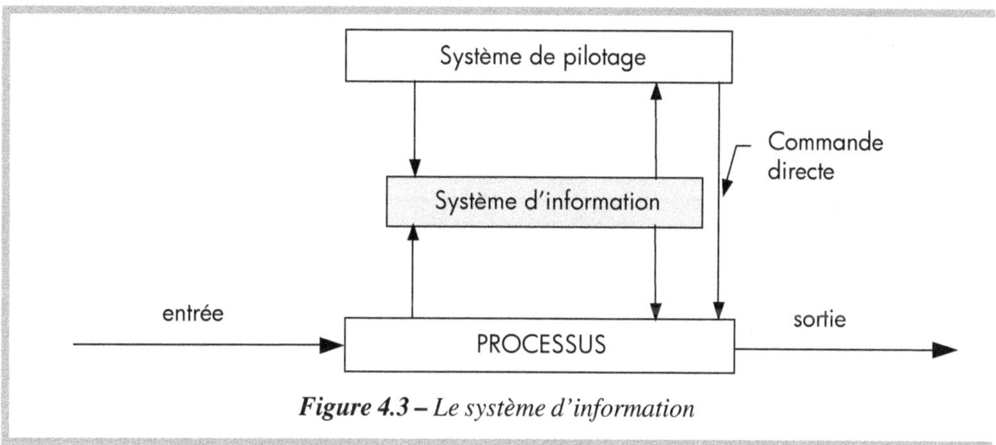

***Figure 4.3** – Le système d'information*

Le système d'information a un rôle de mémoire :

- par l'enregistrement de la qualité réalisée ;
- par les procédures décrivant les modes opératoires et les règles à appliquer.

Ce système n'est pas figé, on doit être capable de modifier les règles simplement. Il doit s'adapter au contexte de l'entreprise.

7.2.2 Aspects internes/aspects externes

Une partie interne du système d'information va traiter :

- la mémorisation des enregistrements prouvant la qualité et des procédures décrivant les méthodes pour obtenir cette qualité ;
- le traitement de ces enregistrements (tendances, calcul de coût...).

L'autre partie va servir à communiquer avec l'extérieur. On définira des :

- entrées externes (date butoir, panne machine...) ;
- sorties externes (par exemple la création d'indicateurs).

La gestion documentaire pour un service devra bien recenser ces différentes composantes interne et externe.

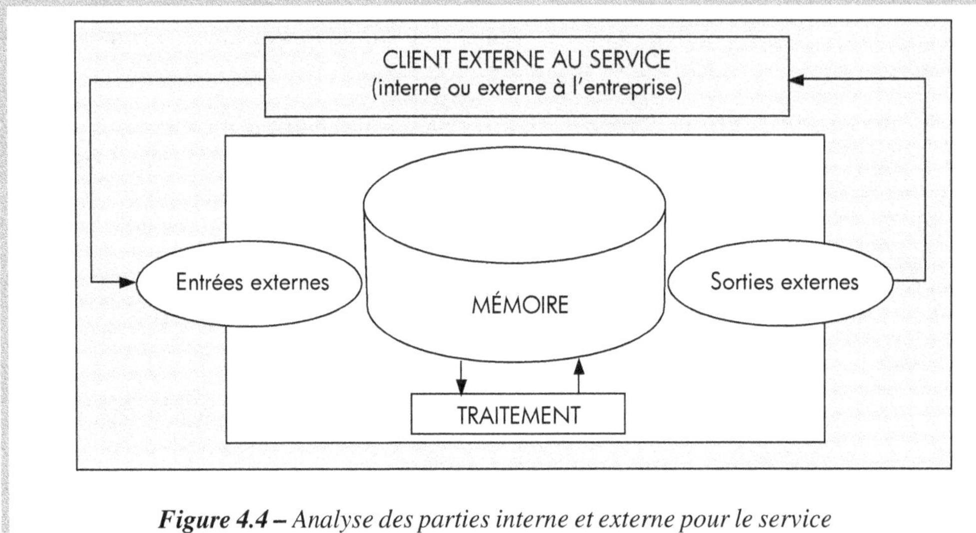

***Figure 4.4** – Analyse des parties interne et externe pour le service*

7.2.3 Niveaux d'études

Que ce soit pour la maîtrise des données ou l'étude des traitements, nous trouverons trois niveaux d'analyse :

- **le niveau conceptuel** : on se pose simplement la question « que faut-il faire ? », sans chercher à apporter des solutions (QUOI ?) ;
- **le niveau organisationnel** : on prend en compte le contexte, les intervenants, la chronologie. On partage la tâche en essayant d'intégrer les différentes contraintes (QUI ?, OÙ ?, QUAND ?) ;
- **le niveau opérationnel** : on apporte une solution technique au problème, écriture de procédures, archivage, traitement informatique (COMMENT ?).

La formalisation graphique peut représenter une aide considérable pour la rédaction future des procédures. En particulier, cela peut mettre en évidence clairement des tâches réalisées souvent implicitement et souvent sans formalisme.

CHAPITRE 5

L'AUTO MAÎTRISE EN PRODUCTION

Dans ce chapitre, nous parlerons d'auto maîtrise bien que le terme le plus souvent rencontré dans les entreprises soit le terme auto contrôle. Ce choix est volontaire pour bien dissocier l'auto maîtrise des tâches habituellement incluses dans l'auto contrôle. Nous définissons l'auto maîtrise par : « l'ensemble des actions nécessaires sur le poste de travail pour garantir sa performance en terme de qualité, délai, coût, sécurité et environnement. »

L'objectif de l'auto maîtrise est de donner un maximum d'autonomie à l'opérateur en éliminant les foyers de non performance. Une démarche auto maîtrise permet de donner de la cohérence au niveau du poste de travail à l'ensemble des actions qui sont décidées sur le plan stratégique.

Au cours de ces vingt dernières années, le concept de qualité a profondément évolué. Partant d'une vision très centrée sur la conformité aux spécifications des produits, elle arrive à une vision plus globale visant à améliorer la performance industrielle pour une plus grande satisfaction du client. Plusieurs étapes sont à l'origine de ces évolutions dont on peut citer sans être exhaustifs :

- L'arrivée de la notion de qualité totale qui permettait de dépasser la simple conformité.
- L'ISO 9000 d'abord organisée en chapitres afin de prévenir les principales sources de défaillances, puis avec une vision processus davantage tournée vers le client et avec un souci de performance industrielle.
- La démultiplication de l'utilisation des outils statistiques et méthodologiques comme les plans d'expériences, la Maîtrise Statistique des Processus, le QFD, l'AMDEC...
- L'intégration des notions d'amélioration continue telles que le KAIZEN et d'amélioration par percées telles que l'approche Hoshin.
- L'intégration de démarches de progrès permettant d'organiser les différents outils en les repositionnant par rapport à une approche de gestion par projet telles que Six Sigma, Shainin...

- L'approche « Lean Management » qui recherche la qualité, la performance et l'agilité de l'entreprise
- ...

Parallèlement à ces évolutions considérables en matière de qualité industrielle, on a vu apparaître de nouvelles approches de la gestion industrielle avec la prise en compte de l'entreprise étendue (Supply Chain), de la maintenance avec TPM (Total Productive Maintenance), l'évolution du système d'information (ERP, APS...), la prise en compte des problèmes de sécurité, de gestion de l'environnement...

Toutes ces approches partent d'une volonté de la direction pour être déployées dans toute l'entreprise et être appliquées sur chaque poste de travail. Au départ le changement est issu d'une vision macroscopique d'un état souhaité pour l'entreprise dont la cohérence est évidente au niveau de la direction générale. Que reste-t-il de cette cohérence lorsque l'on est au niveau du poste de travail ? Le risque est important que la mise en place simultanée de l'ensemble des démarches de progrès produise une vision extrêmement fractionnée pour le technicien de production et l'opérateur. Ils voient arriver une succession de démarches, de méthodes, d'outils sans toujours en percevoir la complémentarité et les articulations.

L'auto maîtrise a pour objectif de redonner de la cohérence à l'ensemble des actions visant la performance industrielle au niveau du poste de travail. Son but est de définir par une approche pragmatique le dimensionnement du système d'information et l'organisation d'un poste de travail au juste nécessaire pour garantir la performance industrielle. Les objectifs de l'auto maîtrise pour un poste de travail sont donc les suivants :

- Garantir la qualité de la production du poste de travail
- Garantir la sécurité des personnes
- Garantir le respect des délais de production
- Garantir la maîtrise des coûts de production
- Garantir le respect des exigences environnementales

Pour atteindre cette performance, il faut intégrer de façon cohérente l'ensemble des démarches de progrès citées plus haut au travers d'une démarche rigoureuse plutôt que par une juxtaposition de méthodes et d'outils. La première approche de l'auto maîtrise consiste à définir un environnement du poste de travail de nature à éliminer les foyers de perte de performance. En quelque sorte, l'approche de l'auto maîtrise conduit à donner un guide et une méthode au technicien de production pour aborder un poste de travail de manière à être cohérent avec toutes les approches de progrès ISO9000, TPM, Six Sigma, Kaizen, Lean...

1. ANALYSE DES NON PERFORMANCES

Garantir la performance d'un poste de travail, c'est mettre en place un système capable de rendre le poste robuste par rapport aux pertes de performance du processus. Par perte de performance, nous entendons plusieurs éléments : qualité, coûts, délais, sécurité, environnement.

Un travail d'enquête important[1] au niveau de plusieurs entreprises travaillant dans un secteur de produits à forte valeur ajoutée nous a permis de disposer d'une base de données de plus d'une centaine de « pertes de performance ». Le premier travail a consisté à comprendre la chaîne causale qui a conduit à cette perte de performance afin de pouvoir proposer une classification. Une remarque importante que nous avons faite au cours de cette étude concerne la récurrence des problèmes de perte de performance. La plupart du temps, lorsqu'un problème apparaît, c'est de manière récurrente, et la récurrence confère à la perte de performance une certaine criticité.

1.1 L'espace de défaillances

L'analyse détaillée de la base de données nous a conduit à identifier trois axes majeurs responsables des défaillances récurrentes (voir figure 5.1) :

- l'axe de la connaissance/compétence ;
- l'axe de la formalisation ;
- l'axe de l'application.

L'ensemble des défaillances étudiées peut être positionné dans cet espace défini par trois axes que nous allons développer.

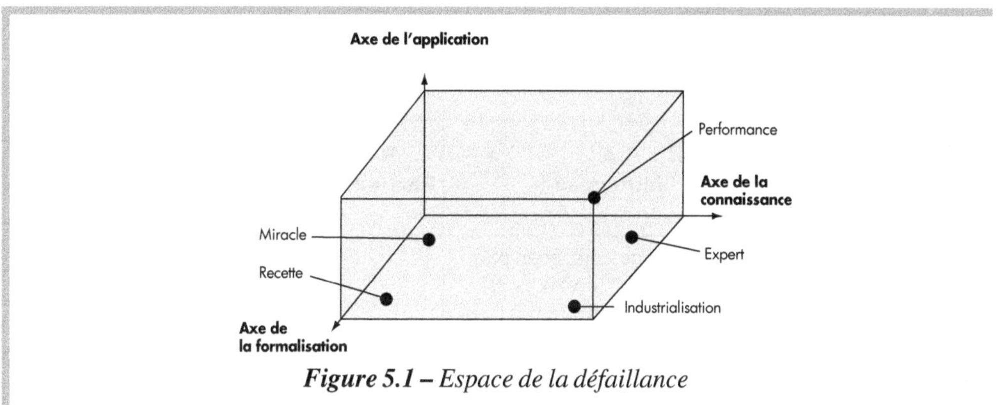

***Figure 5.1** – Espace de la défaillance*

1.1.1 Axe de la connaissance/compétence

Cet axe décrit les connaissances et la maîtrise du sujet par les personnes concernées (opérateurs, encadrement méthodes...). Cela peut aller de connaissances très pauvres jusqu'à une connaissance très complète dans le cas d'experts. Cet axe peut se traduire de plusieurs manières :

1. Goetschmann C., Pillet M., Avrillon L., *Typologie des problèmes récurrents,* Congrès Qualita 2003, Nancy.

- Les moyens à disposition de l'opérateur sont satisfaisants, mais son manque de connaissance ne permet pas d'utiliser de façon satisfaisante le moyen.
- Le manque de compétence sur le sujet dépasse le cadre de l'entreprise et les moyens qui permettraient d'assurer une performance correcte n'existent pas.
- Les moyens qui permettraient d'atteindre la performance existent, mais ne sont pas utilisés par l'entreprise.

1.1.2 Axe de la formalisation

Cet axe décrit le degré de formalisation, de règles à respecter qui existent sur le sujet concerné. Cela peut aller de l'inexistence totale de règles formalisées jusqu'à la description très complète de l'ensemble des actions nécessaires pour accomplir la tâche sans défaillance et des réactions préconisées en cas de dérive du processus.

1.1.3 Axe de l'application

Cet axe décrit le degré de correspondance entre les connaissances acquises et/ou formalisées et la véritable application sur le terrain. Il ne suffit pas que les connaissances soient dans l'entreprise et que celles-ci soient formalisées, encore faut-il qu'elles soient appliquées.

1.2 Espace des défaillances et gravité

Connaissance ⇨ / **Formalisation ⇩**	**A** **Mauvaise**	**B** **Partielle**	**C** **Parfaite**
1 Inexistante	On ne sait pas faire, et en plus on n'a rien écrit, dans ce cas l'apparition de problèmes récurrents est très probable		Cas du savoir-faire du compagnon. Tant que c'est un expert qui fait, il n'y a pas de problème récurrent
2 Incomplète			
3 Poussée	On ne sait pas pourquoi ça marche, mais en respectant la recette, on obtient le bon résultat (c'est le cas de la recette de cuisine), de temps en temps, on peut quand même avoir des défauts		Non seulement on maîtrise le sujet, mais en plus on a formalisé ce savoir-faire pour permettre à des personnes moins qualifiées de réaliser la tâche sans incident

***Figure 5.2** – Relation entre le niveau de connaissance et le niveau de formalisation*

Ces trois axes semblent décrire de façon exhaustive l'ensemble des pertes de performances récurrentes. Toutes les défaillances récurrentes que nous avons analysées ont pour origine un ou plusieurs axes qui n'ont pas été correctement traités ou dont le degré de satisfaction a diminué. On conçoit aisément qu'un processus parfaitement maîtrisé d'un point de vue connaissance, dont les règles ont été formalisées et sont appliquées avec rigueur n'est pas candidat aux problèmes récurrents. Pour illustrer ce propos, nous allons restreindre le problème aux deux premiers axes de la connaissance et de la formalisation. Dans les faits, plusieurs niveaux de formalisation et de connaissance peuvent exister. Le tableau (figure 5.2) met en relation le niveau de connaissance que nous avons sur un sujet donné et la formalisation qui a été faite sur ce sujet. C'est à partir de ce constat que nous pourrons fixer une gravité pour chacun des cas.

Par rapport à ce tableau, dans l'hypothèse d'une application conforme des règles (le troisième axe de l'espace de défaillance), les problèmes apparaissent de manière très critique en A1, de manière critique en A2, B1, B2, de façon plus rare en A3, B3, C1, C2 et de façon exceptionnelle en C3.

1.3 Aspect dynamique de la défaillance

La première analyse de ce tableau pourrait laisser penser qu'un processus parfaitement connu ayant fait l'objet d'une formalisation poussée avec une application conforme nous met à l'abri de la récurrence des problèmes. Malheureusement la situation dans cet espace de la défaillance n'est pas statique mais dynamique et on peut à tout moment glisser selon un des trois axes.

1.3.1 Glissement de l'axe de la connaissance : la perte de savoir-faire

On sait faire, mais pour une raison quelconque on perd la connaissance. Parmi les raisons qui peuvent être invoquées ici, on peut citer la périodicité d'une activité (une fonctionnalité d'un logiciel qui n'est utilisée que tous les trois mois par exemple ou une production qui change après une longue période, ce qui fait que la bonne pratique de la campagne précédente a été oubliée) ou lors d'un changement de personnel (départ en retraite par exemple). Dans ces deux situations, il faut pouvoir compter sur une formalisation ad hoc permettant de garantir une certaine continuité et de palier le « manque de mémoire ».

1.3.2 Glissement de l'axe de la formalisation : elle devient obsolète

On a fait évoluer le processus mais pas la documentation ou les règles à respecter qui lui sont associées. De ce fait, la formalisation qui était parfaitement adaptée n'est plus utilisable dans le cadre du nouveau processus puisqu'elle conduira immanquablement à des erreurs.

1.3.4 Glissement de l'axe de l'application : les règles ne sont plus respectées

On sait faire mais le temps, les habitudes conduisent à ne plus respecter ce qui avait été établi. On peut citer l'exemple du non-respect des limitations de vitesse sur la route par exemple ! Si ce cas se répète régulièrement, la formalisation existante ne sera probablement plus utilisable puisque déconnectée de la vie du processus. En fait, et quelle que soit la qualité de la formalisation existante, ce cas nous ramène à une situation où la formalisation n'existe pas.

1.4 Les piliers de l'auto maîtrise

La mise en place d'un système garantissant la performance sur un poste de travail doit permettre de le positionner correctement dans l'espace de défaillance. Pour cela on doit manager trois aspects qui seront les piliers de l'auto maîtrise :

- Aspect progrès : progression sur l'axe connaissance/compétence qui doit être activée chaque fois que la performance du poste de travail est jugée insuffisante.
- Aspect formalisation : capitalisation et management des connaissances, formalisation du processus.
- Aspect anti-recul : mise en place d'un système de suivi permettant d'éviter tout glissement selon un des axes.

2. L'AUTO MAÎTRISE POUR MAÎTRISER LA PERFORMANCE DU POSTE DE TRAVAIL

L'auto maîtrise est une approche globale des moyens de production permettant de garantir leur performance et de se protéger contre les défauts récurrents. Elle consiste à mettre en œuvre une analyse globale d'un processus afin de maîtriser les trois aspects formalisation, progrès, anti-recul. Ce n'est pas une nouvelle version de l'autocontrôle ou de l'auto maintenance, mais bien une approche globale permettant de donner la cohérence au niveau du poste de travail à l'ensemble des démarches de progrès mises en œuvre dans l'entreprise.

2.1 Les différents éléments de l'auto maîtrise

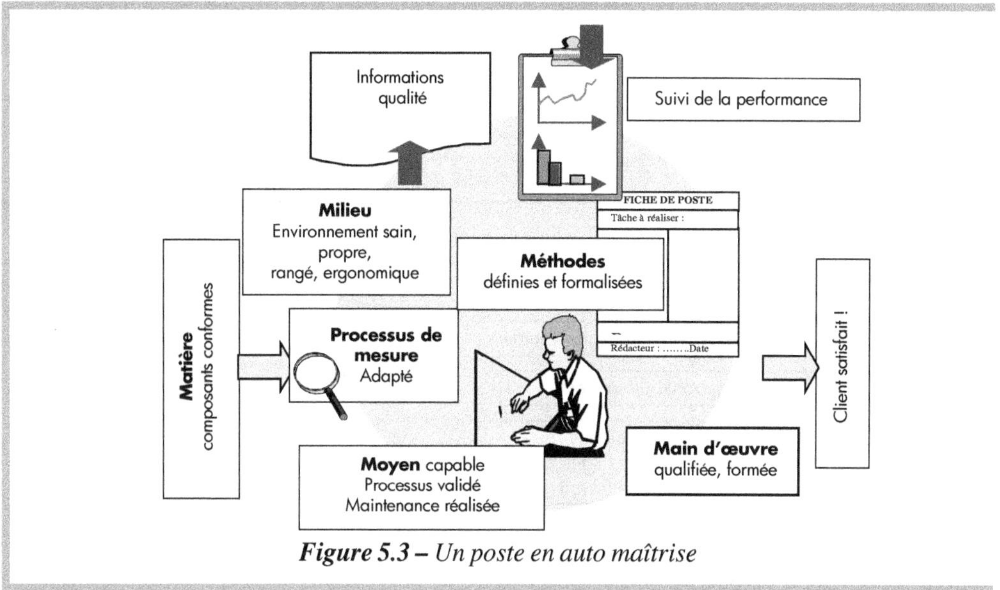

Figure 5.3 – Un poste en auto maîtrise

Un poste en auto maîtrise doit être capable de garantir une performance élevée. Pour cela, il faut maîtriser deux processus :

- le processus de mesure ;
- le processus de production.

Chacun de ces deux processus étant décomposé en 5 M (figure 5.4). Une erreur souvent faite dans la littérature consiste à inclure la Mesure comme un sixième M du processus de production. Cela revient à sous estimer considérablement l'importance de ce processus qui – selon notre enquête – est pourtant source de nombreuses défaillances.

N°	Processus de production	Processus de Mesure
1	**Matière :** influence des variations des matières utilisées	**Mesurande :** Influence de l'objet à mesurer (ex : défaut de circularité pour une mesure de diamètre)
2	**Moyen :** Variation du moyen de production	**Moyen :** Dispersion de l'instrument de mesure
3	**Méthode :** Procédure et paramètres retenus pour réaliser le produit	**Méthode :** Procédure retenue pour faire la mesure
4	**Main d'œuvre :** Influence de l'opérateur	**Main d'œuvre :** Influence de l'opérateur
5	**Milieu :** Influence de l'environnement	**Milieu :** Influence de l'environnement

Figure 5.4 – Décomposition des processus en 5M

La mise en place de l'auto maîtrise consiste, pour chacun de ces deux processus, à maîtriser les cinq M (Machine, Méthode, Matière, Milieu, Main d'œuvre). Cela doit se faire au travers d'une démarche structurée pour aborder à la fois les aspects statiques (formalisation) et dynamique (gestion des évènements).

3. MISE EN ŒUVRE DE L'AUTO MAÎTRISE

3.1 La démarche

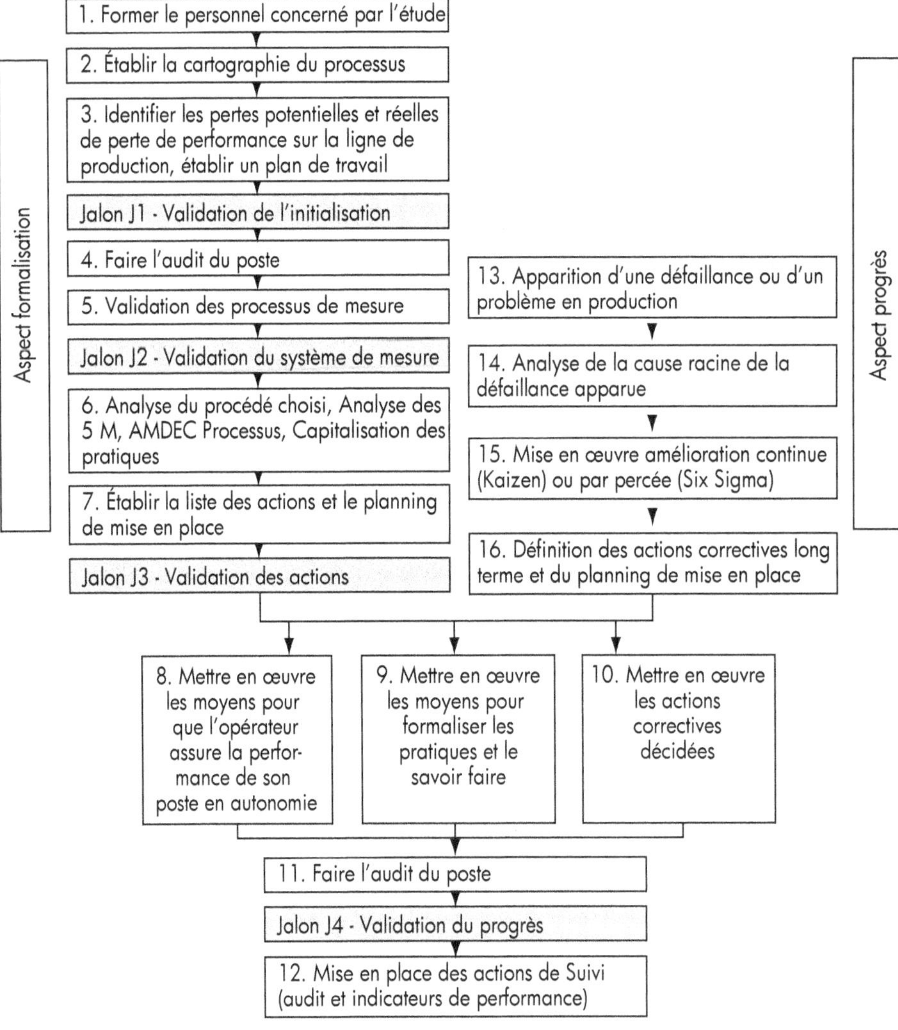

Figure 5.5 *– Mise en place de l'automaîtrise*

La démarche de mise en œuvre de l'auto maîtrise doit permettre de mettre en œuvre les trois piliers Formalisation/Connaissance/Application. Elle est constituée de deux branches :

- La partie formalisation qui a pour objectif de continuer à bien faire ce que l'on fait déjà bien. Elle part de l'analyse globale du processus pour déterminer les postes critiques et consiste à identifier de façon préventive tous les foyers de non performance. Dans cette partie, les actions seront prises de manière à bloquer l'apparition des défaillances, et à donner de l'autonomie à l'opérateur. Cette partie est étroitement liée au système de management des connaissances (KM) de l'entreprise.
- La partie progrès qui doit être activée chaque fois qu'on a identifié une défaillance potentielle ou qu'une défaillance est survenue prouvant ainsi l'insuffisance du système actuel. Cette partie progrès doit être étroitement liée au système de traitement des actions correctives et à la gestion des démarches de progrès.

La partie anti-recul est réalisée par la mise en place d'un système d'indicateurs de performance et d'audit fondé sur un questionnaire d'audit de poste en auto maîtrise sur lequel nous reviendrons.

3.1.1 Identification des postes (étape 1 à 4)

La première partie de la démarche consiste à établir une cartographie du flux du processus, mesurer la performance de chaque poste de travail et identifier les sources de perte de performance potentielles et réelles. Pour cela on peut conduire une petite analyse de sensibilité du processus notamment à l'absence d'un ou plusieurs collaborateurs sur la ligne afin d'identifier le besoin en formalisation. Cette initialisation permet de dimensionner l'importance de la démarche qu'il convient de conduire en fonction de l'importance de chaque étape dans le processus et de sa sensibilité.

3.1.2 Maîtrise du processus de mesure (étape 5)

La maîtrise des processus de mesure est un préalable : on ne sait rien faire si on ne sait pas mesurer. Les actions clés pour maîtriser les processus de mesure sont citées en figure 6 (liste non exhaustive et non minimaliste).

Action	M concernés	Obligatoire
Mise en place d'une gestion des moyens de mesure	Moyen	Oui
Validation de la procédure de mesure par un test R&R	Méthode, Mesurande, Main d'œuvre, Milieu	Oui
Rédaction d'un mode de mise en œuvre du moyen	Moyen, Méthode	Si nécessaire
Rédaction d'un descriptif de la procédure de mesure retenue	Méthode, Main d'œuvre, Milieu, Mesurande	Si nécessaire
Rédaction d'un plan de contrôle récapitulant l'ensemble des contrôles à réaliser, les fréquences ...	Méthode	Oui

***Figure 5.6** – Actions de maîtrise du processus de Mesure*

Le jalon J2 consiste à vérifier que le juste nécessaire a été réalisé pour donner à l'opérateur l'autonomie nécessaire pour les contrôles et les mesures. Cette première partie correspond plus ou moins à la mise en œuvre de l'auto contrôle en production au sens anglo-saxon du terme (Self Inspection). Mais l'auto maîtrise va bien au delà de ce simple auto contrôle.

3.1.3 Maîtrise du processus de production (Etape 6 à 10)

La première démarche est d'identifier les défaillances potentielles du poste de travail. Nous utilisons pour cela l'AMDEC Process (Analyse des Modes de Défaillances, de leurs Effets et de leurs Criticités) en validant les 5 M du processus. Pour chaque M on doit identifier les occurrences de pertes de performance potentielles, leur gravité, et les démarches en place pour éviter l'apparition ou en limiter les conséquences.

L'étude AMDEC permet entre autre de dimensionner correctement la documentation nécessaire sur le poste. Le danger consiste à mettre une documentation pléthorique difficile voire impossible à maintenir dans le temps. Pour illustrer ce point, prenons la fiche de poste que l'on retrouve dans de très nombreuses entreprises. Son but est de décrire les opérations qui sont réalisées sur le poste. Pour définir le niveau de détail nécessaire dans la rédaction d'une fiche de poste, nous avons cherché à identifier les moments où cette fiche est utilisée. Cela se résume à trois utilisations :

- C'est un support de formation lorsqu'un nouvel opérateur arrive sur le poste.
- C'est un aide mémoire lorsqu'un opérateur refait une tâche après un certain délai.
- C'est le support d'audit du processus pour valider que l'on ne s'est pas éloigné du standard.

La rédaction d'une fiche de poste doit être réalisée dans cet objectif, on ne cherchera pas l'exhaustivité, mais plutôt une fonction d'aide mémoire et de support de formation. Les documentations peuvent parfois avantageusement prendre des formes informatiques ou multimédia.

Action, méthodes et outils	M concernés	Niveau
Rédaction d'une fiche de poste décrivant les étapes essentielles du processus	Méthode	Poste
Rédaction d'un mode opératoire du moyen	Moyen	Poste
Tableau de polyvalence des opérateurs permettant de savoir qui peut travailler sur chacun des postes	Main d'œuvre	Atelier
MSP Maîtrise Statistique des Processus	Méthode Moyen	Poste
Suivi des Capabilités	Méthode Moyen	Atelier, Poste
Mise en place de points zéro défaut (Poka Yoke)	Moyen Méthode Main d'œuvre	Poste
Utilisation de VOM (Visual Opérations Management) qui consiste à utiliser intensivement des symboles plutôt que des mots	Main d'œuvre	Atelier, Poste
Mise en place de check list	Main d'œuvre Méthode	Poste
5S	Milieu Main d'œuvre	Atelier
Auto-maintenance	Moyen	Poste
Fiche de données de sécurité (FDS)	Main d'œuvre Milieu	Poste

Figure 5.7 *– Actions de maîtrise du processus de Production*

Comme dans la maîtrise du processus de mesure, l'ensemble des actions décrites dans le tableau (figure 5.7) n'est ni exhaustif, ni obligatoire. Il est par contre indispensable que les pilotes chargés de mettre en place l'auto maîtrise connaissent parfaitement ces méthodes et outils afin de dimensionner au juste nécessaire les actions à mettre en place. L'AMDEC joue un très grand rôle dans ce dimensionnement. Une action n'est mise en œuvre que si l'AMDEC a démontré son importance.

Au cours de cette phase de formalisation plusieurs améliorations sont généralement proposées par rapport à l'existant permettant ainsi de progresser dans l'espace de défaillances suivant les deux axes connaissances et formalisation.

3.1.4. Prise en compte dynamique des défaillances (Etapes 13 à 16)

La première phase de la mise en place de l'auto maîtrise d'un poste de travail est principalement fondée sur une approche préventive. Il n'est pas exclu que malgré un travail en profondeur de formalisation des connaissances et de réduction des risques une défaillance intervienne.

Chaque fois qu'une défaillance intervient, c'est le signe que les actions mises en œuvre ne sont pas satisfaisantes. Il faut donc rentrer dans une phase dynamique de progrès.

La mise en place de l'auto maîtrise doit inclure une démarche rigoureuse de traitement des non conformités. Trop souvent les démarches de traitement des non-conformités se contentent de répertorier les défaillances et de gérer la clôture du dossier. Dans une démarche auto maîtrise, nous devons imposer un formalisme plus complet du traitement de ces non-conformités. Pour cela chaque non conformité doit faire l'objet d'une analyse de type « AMDEC *a posteriori* » dont le but est de « décortiquer » la chaîne causale qui a conduit à cette défaillance. Cette AMDEC a posteriori permet de bien définir les leviers d'action qui peuvent être sur la cause elle-même, sur la détection ou plus rarement sur la gravité. Cette analyse est suivie d'une action à trois niveaux :

- Action de confinement (*containment*) permettant de traiter à court terme le problème ;
- Action contre la récurrence permettant de prévenir la réapparition du problème ;
- Action de capitalisation des connaissances : est-il nécessaire de capitaliser la nouvelle connaissance et si oui comment ?

Le deuxième point (action contre la récurrence) permet d'alimenter soit les démarches d'amélioration continue lorsque le progrès ne nécessite pas une remise en cause importante du processus soit d'une amélioration par percée lorsque le progrès nécessaire est d'une telle ampleur qu'il nécessite une remise en cause importante.

Chaque action décidée sera planifiée et sa mise en œuvre suivie dans la démarche auto maîtrise. Ce suivi nécessite la mise en place d'un traitement à trois niveaux en fonction de l'importance de la défaillance :

- **Niveau 1 – Local** : La défaillance est mineure et non récurrente, elle peut être traitée localement sans nécessiter d'analyse particulièrement détaillée. On se contente de suivre le nombre de défaillances locales « en cours de traitement ».
- **Niveau 2 – Amélioration continue** : La défaillance bien que mineure est récurrente. La défaillance demande une phase d'analyse plus importante, mais l'amélioration nécessaire reste du domaine de l'amélioration continue. L'analyse de cette défaillance sera traitée de façon formelle avec une approche de type PDCA de Deming.
- **Niveau 3 – Amélioration par percée** : La défaillance est majeure, les conséquences économiques sont importantes pour l'entreprise. Dans ces conditions on doit orienter le traitement de la défaillance vers une amélioration par percée en utilisant des approches complètes d'analyse telle que l'approche « Six Sigma » ou Hoshin.

3.1.5 Suivi du processus par indicateurs de performance et audits (étapes 11 et 12)

Le pilotage d'un processus est un système bouclé qui demande la prise en compte d'indicateurs de performance sur le poste de travail. On a vu dans la première partie de ce papier que la défaillance pouvait provenir d'un mauvais positionnement dans l'espace des défaillances, mais aussi d'un glissement selon un axe. Cette dernière phase de l'auto maîtrise a pour objectif de prémunir le poste de travail contre un tel glissement.

Données	Exemple d'indicateurs de performance
Qualité	Capabilité Cp, Pp, Ppk, taux de retouches, taux de rebut
Délais	TRS, Taux de service
Coûts	TRS
Sécurité	Nombre d'accidents de travail, de jours d'arrêts
Environnement	Indicateur de propreté, rangement

***Figure 5.8** – Indicateurs de performance*

Pour cela chaque poste de production doit être suivi par un certain nombre d'indicateurs de performance (figure 5.8) permettant de mesurer la situation selon les cinq objectifs (Qualité, Délais, Coûts, Sécurité, Environnement). Certains de ces indicateurs sont suivis à partir des relevés réalisés au poste (exemples : capabilités, retouches), d'autres sont suivis à partir d'audits (exemples : propreté, rangement)

3.1.6 Suivi de l'application par l'audit

La mise en place d'audit de poste est indispensable à la réussite de la mise en place de l'auto maîtrise. Pour réaliser cet audit, nous avons conçu un questionnaire d'audit en auto évaluation reprenant l'ensemble des points des cinq aspects de la performance. Nous donnons à la fin de ce chapitre un exemple de feuille d'audit auto maîtrise

4. LES OUTILS DE L'AUTO MAÎTRISE

L'auto maîtrise est la traduction de nombreuses démarches d'amélioration de la performance industrielle. Aussi, de très nombreux outils sont à disposition de l'auto maîtrise. Il serait fastidieux de les lister tous, nous nous contenterons des éléments les plus spécifiques. La figure 9 montre les éléments que l'on trouve traditionnellement sur un poste en auto maîtrise pour le processus de mesure et le processus de production.

	Processus de mesure	
	Moyen	**4 autres M**
Niveau Atelier	Procédure de Gestion des Moyens de Mesures	Procédure R&R
	Méthodes et outils de suivi de la qualité	
Niveau Poste	Etiquette de vérification	Instruction de contrôle
	Gamme de contrôle Outils de collecte de données	

	Processus de production				
	Matière	**Machine**	**Méthodes**	**Main d'œuvre**	**Milieu**
Niveau Atelier	Assurance qualité fournisseur	Suivi des TRS Suivi des capabilités	Cartographie du processus AMDEC Moyen Capabilités préliminaires Traitement des actions correctives	Procédure générale de traitement de NC Tableau des compétences Suivi des formations	Démarche 5S Procédure générale de nettoyage et de rangement Traitement des déchets collectifs
Niveau Poste	Définition (plan)	Plan de maintenance de 1er niveau Instructions de poste	Feuille de poste Poka Yoke	Méthode de traitement des produits non conformes Check List	Référence de fin de poste

***Figure 5.9** – Les éléments de l'auto maîtrise.*

4.1 L'environnement du poste de travail

La première condition à remplir pour réaliser un travail de qualité sur un poste est d'avoir un environnement propre, rangé et ergonomique. La première opération à réaliser lors de la mise en place de l'auto maîtrise est de mettre à niveau le rangement, la propreté et l'organisation du poste de travail (ISO 9001-6.4).

Pour atteindre cet objectif, la méthode des 5S est d'une grande efficacité. Cette méthode d'origine japonaise permet d'appliquer les principes de base de l'organisation d'un poste de travail. Les cinq S correspondent aux 5 mots essentiels de la démarche. Il s'agit de :

1. Seiri (débarras)
2. Seiton (rangement)
3. Seiso (nettoyage)

} Mise à niveau

4. Seiketsu (ordre)
5. Shitsuke (rigueur)

} Maintien de l'acquis

La méthode est fondée sur une démarche en cinq étapes :

Etapes	Actions
1. Débarras	Inventorier tout ce qui est inutile. S'en débarrasser. Nettoyer à fond le lieu de travail.
2. Rangement	Définir une place pour chaque chose (emplacements fonctionnels, zones, implantation, affichage...). Ranger chaque chose à sa place.
3. Nettoyage	Rechercher les causes de salissures (joints détériorés...). Supprimer ces causes.
4. Ordre	Maintenir propre et en ordre (discipline, règles de travail et de nettoyage).
5. Rigueur	Faire évoluer l'état d'esprit (audits d'ordre et de propreté).

Figure 5.10 *– Les cinq S*

La méthode est simple, mais doit être appliquée avec une grande rigueur si l'on veut obtenir des résultats durables. Pour une plus grande efficacité, il est nécessaire de mettre en place dans l'entreprise une organisation 5 S dans le but de :

- Définir le plan de déploiement du 5S
- Choisir les postes pilotes
- Mettre en œuvre le plan d'action
- Réaliser les audits
- Définir les règles de standardisation

4.2 Les outils pour le processus de mesure

Un poste en auto maîtrise doit garantir qu'un certain nombre de contrôles ont été effectués avec une fréquence déterminée et avec une méthode qui garantit la validité des résultats de mesure.

4.2.1 Capabilité des moyens de mesure

Dans le cas de caractéristiques mesurables comme dans le cas non mesurables, la décision de conformité intervient après la mise en place d'un processus de mesure. Pour garantir la qualité des produits, il faut avoir validé ce processus.

La première étape de cette validation consiste à vérifier les moyens de contrôle (chapitre 13). Dans le cas de contrôle par mesure, l'appareil doit être raccordé à la chaîne d'étalonnage (chapitre 12). Dans le cas de contrôle non mesurable (défaut d'aspect par exemple) on s'assure de la cohérence de la décision avec les produits qui font référence, ou à la décision d'experts.

La seconde étape consiste à vérifier que le processus de contrôle est adapté et qu'il ne provoque pas de dispersion de répétabilité et de reproductibilité. La répétabilité est la dispersion d'une mesure répétée dans les mêmes conditions (même opérateur par exemple) la reproductibilité représente la dispersion observée due à la répétition de la mesure dans différentes conditions (différents opérateurs par exemple). Cette seconde étape nécessite la réalisation d'un test R&R (Voir chapitre 13)

4.2.2 Figer les contrôles – Le plan de contrôle local

Le plan de contrôle du poste permet de formaliser tous les contrôles qui doivent être réalisés sur le poste de travail. Ce document précise :

- L'opération concernée (par rapport à la fiche de poste).
- Les points à contrôler.
- Les outillages de contrôle à utiliser.
- Les modes opératoires qui documentent le contrôle s'il y a lieu.
- Les fréquences de contrôle à respecter.
- Qui réalise le contrôle ?
- Le suivi qualité demandé sur la caractéristique.
- La réaction en cas de non-conformité.

La figure 5.11 donne un exemple d'un plan de contrôle dans le cas de la découpe d'une paille.

Plan de surveillance local								
Op	Critère à surveiller	Valeur	Moyen de contrôle	Quant & Fréq	Qui ? Où ?	mode opérat	Suivi	Réaction si non-conforme
1	Conformité des outillages	_	Visuel	1/jour	Opérateur		–	Mise en conformité
2	Epaisseur du trait	Suivant référentiel	Visuel	100 %	Opérateur		–	Changer stylo
3	Aspect paille	Suivant référentiel	Visuel	100 %	Opérateur		Non conforme sur feuille de relevé	Affûtage ciseaux
3	Perpendicularité de la coupe	90°	Visuel	100 %	Opérateur	MO25	Non conforme sur feuille de relevé	Régler l'angle des ciseaux
4	Longueur	10 ± 0,5	Pied à Coulisse	3/H	Opérateur		Graphique SPC	Réglage Tri de la dernière heure

***Figure 5.11** – Exemple de plan de contrôle local*

Dans le cas de processus de mesure délicat, on écrit un **mode opératoire** figeant le processus qui a été validé. Dans les cas simples, le plan de contrôle est intégré à la fiche de poste.

4.2.3 Les points zéro défaut (poka-yoke)

Pour garantir le zéro défaut, il est également souhaitable d'introduire des points « zéro défaut » garantissant la qualité des produits sur le point à contrôler. Cette recherche de points « zéro défaut » doit être un réflexe dans la conception d'un poste en auto maîtrise. Plutôt que de chercher à éliminer le défaut par un contrôle, il faut rechercher un dispositif qui évite de produire le défaut. C'est le but des points « zéro défaut » appelés également poka yoke.

Il existe plusieurs types de points « zéro défaut » que l'on peut classer en quatre grandes catégories (figure 12)

Type	Fonction	Exemples
Par contact	Détecter les défauts de formes et de dimensions en utilisant le contact entre les éléments.	Présence d'un détrompeur qui garantit que l'on a posé la bonne pièce dans la bonne position. Forme de la prise de connexion d'une souris d'ordinateur.
Valeur	Compter ou détecter une valeur préalablement fixée.	Détection automatique du niveau de remplissage d'une cartouche d'encre, redondant avec une pompe doseuse.
Contrôle de mouvement	Détecter si toutes les étapes du procédé ont été effectuées.	Une caméra vérifie si les pièces ont toutes été déposées. Un automatisme n'autorise la réalisation d'une opération que si l'opération précédente a été réalisée.
Alerte sensorielle	Utiliser les sens de l'opérateur pour rendre presque impossible l'apparition d'erreurs (code de couleurs, formes particulières, symbole...)	Un signal sonore est émis si l'opérateur exerce une pression trop forte au montage. Un signal sonore est émis si le conducteur oublie ses phares.

***Figure 5.12** – Les poka yoke*

Lorsque l'analyse du poste est réalisée (AMDEC Processus), s'il reste un risque de générer des productions non conformes, on doit systématiquement rechercher un système « zéro défaut » permettant soit d'empêcher la production du défaut, soit de garantir que le produit défectueux ne puisse pas quitter le poste.

Chaque point « zéro défaut » peut également avoir sa propre dérive et ne plus garantir l'absence de non-conformités si on ne réalise pas un plan minimum de maintenance de premier niveau. Pour éviter cela, chaque point « zéro défaut » devrait être identifié, et faire l'objet d'un plan de maintenance préventive au même titre qu'un instrument de contrôle.

4.2.4 La check list

La check list est un outil simple de l'auto maîtrise qui n'est malheureusement pas assez utilisée. Pourtant, son efficacité est très importante, à tel point que les pilotes de ligne l'utilisent à chaque vol.

Le principe est simple, on constitue une liste des tâches à effectuer ou des points à contrôler avant de faire une action. Chaque item de la liste est ainsi vérifié de manière systématique.

Par exemple, pour garantir la qualité et le bon déroulement d'un soudage laser, on établit une *check list* de vérification :

- de l'utilisation des bons outillages ;
- des réglages des paramètres machine ;
- de validation du plan de maintenance de premier niveau.

4.2 Les outils pour le processus de production

Le processus de production retenu pour un poste en auto maîtrise doit garantir la bonne réalisation des opérations nécessaires et la qualité des produits. Il est donc très important de vérifier l'adaptation du processus à la tache à réaliser. C'est le but des capabilités préliminaires. Mais il faut de plus garantir qu'au fil du temps, on ne dérive pas par rapport au processus défini initialement. Cette stabilité dans la manière de faire est garantie par des audits de poste s'appuyant sur des documents formalisant le processus tels que :

- la fiche de poste ;
- le plan de contrôle local ;
- les modes opératoires, les fiches d'instruction ;
- les plans de maintenance de premier niveau ;
- ...

4.3.1 Les capabilités préliminaires

Lorsque le processus de production est défini en fin d'industrialisation, il faut valider cette fin d'étape. En quelque sorte, on doit formaliser le passage de témoin entre le travail de l'industrialisation et le travail de la production. La question à laquelle on doit répondre est la suivante : le processus de production répond-il aux exigences qualité du produit ?

Pour effectuer cette vérification, dans le cas de production en série, on suit avec une fréquence très élevée le processus pendant une demi-journée au moins. Par exemple, on prélève toutes les demi-heures cinq pièces qui seront alors mesurées. A partir de ces données, on calcule un indicateur de capabilité préliminaire nommé PPpk qui doit être supérieur au minimum requis (souvent 1,33)[1].

Dans le cas de processus non mesurables, comme les postes de montage, on réalise comme dans le cas mesurable une production d'une demi-journée au moins qui sera contrôlée à 100 %. Un procédé est alors généralement déclaré capable si le ratio DPO (Défauts par opportunités) est inférieur à une limite définie acceptable par le client.

$$DPO = \frac{\text{Nombre total de défauts}}{(\text{Nombre de produits contrôlés}) \times (\text{Nombre de défauts possibles})}$$

4.3.2 Garantir la stabilité du processus – la documentation

Une fois le processus de production accepté, on doit mettre en œuvre les procédures pour garantir que le processus ne dérive pas. Pour cela, il faut écrire ou mieux encore **dessiner** le mode opératoire retenu.

Plusieurs documents (qui peuvent être sous forme numérique) sont utiles pour formaliser les pratiques d'un poste de travail. On trouve notamment des fiches de postes, des instructions d'utilisation...

La **fiche de poste** (on trouvera en figure 5.13 un exemple didactique de fiche de poste) est un des exemples de ce type de documents. La construction d'une fiche de poste n'est pas facile. Il faut la juste information nécessaire. Afin de décider de ce qui est nécessaire, il faut se souvenir que la fiche de poste est surtout utile à trois moments :

- Comme support de formation lorsqu'un nouvel opérateur arrive sur le poste.
- Comme aide mémoire.
- Comme référant lors d'un audit de poste afin de vérifier qu'il n'y a pas de dérive dans le processus opératoire.

1. Le lecteur souhaitant plus d'information sur ce calcul des capabilités préliminaires pourra utilement lire l'ouvrage « Appliquer la Maîtrise Statistique des Processus », M. Pillet, Éditions d'organisation, 2005.

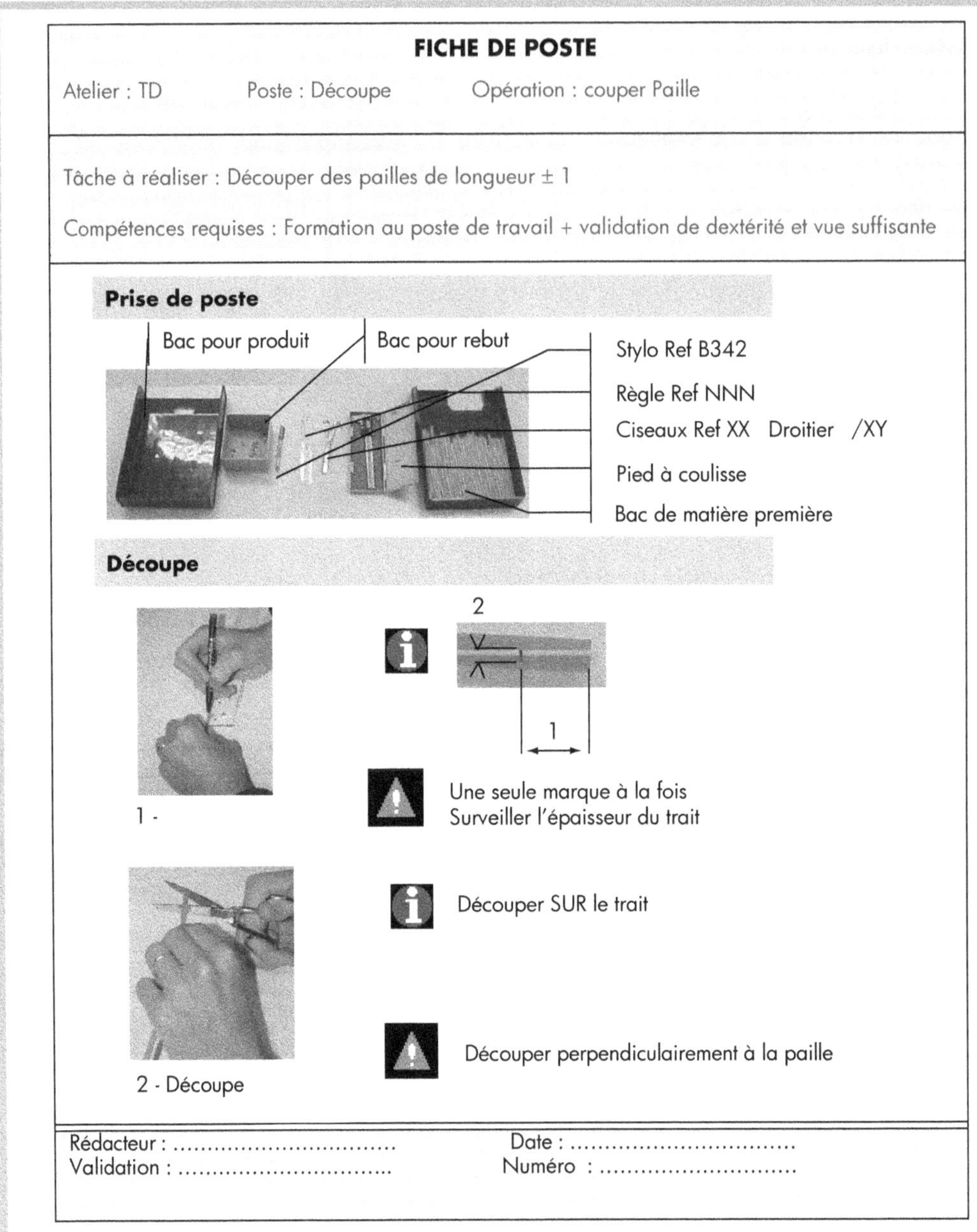

***Figure 5.13** – Exemple de fiche de poste*

Les éléments essentiels que l'on doit trouver sur la fiche de poste sont les suivants :

- l'identification du poste ;
- l'identification de la tâche ;
- les compétences requises pour accomplir la tâche ;

- la description de la tâche (graphique de préférence au texte) ;
- la description des outillages de production et de contrôle à utiliser ;
- les étapes sensibles du poste ;
- ...

La fiche de poste ne doit pas être un document lourd, elle doit comporter un minimum d'écriture. Parfois quelques schémas ou photos bien adaptés sont plus efficaces qu'un long discours. Enfin, il faut veiller à mettre en place les processus nécessaires pour faire vivre l'ensemble de ces documents. Pour cela un progiciel de gestion documentaire capable de gérer les liens entre l'ensemble des documents produits/processus s'avère très utile.

4.4 Les travaux de maintenance à réaliser

Un poste n'est déclaré en auto maîtrise que lorsque la capabilité du poste a été démontrée. Mais il faut garantir que dans le temps, cette capabilité ne se dégrade pas. Pour cela, la mise en place d'un plan de maintenance préventive est indispensable.

La fiche de maintenance premier niveau est le document qui résume les opérations de maintenance nécessaires sur le poste de travail et qui incombent à l'opérateur. Il s'agit généralement d'opérations simples telles que des surveillances de niveaux, des étalonnages, des graissages... Dans les cas simples, cette fiche de maintenance est intégrée à la fiche de poste.

4.5 Les compétences nécessaires

Bien que le processus de production soit formalisé au travers des différents documents que nous avons décrits, il est indispensable pour garantir la qualité des productions de s'assurer de la compétence des opérateurs qui doivent remplir la tâche (ISO9001 –6.2). C'est pourquoi, un des éléments importants de la fiche de poste est la définition des compétences nécessaires. Peu de postes ne nécessitent pas de formation. Au minimum, on devrait trouver une formation aux tâches spécifiques du poste.

Afin de pouvoir gérer la polyvalence dans un atelier, il est utile de disposer d'un tableau de compétences précisant pour chaque opérateur :

- les formations fonctionnelles suivies ;
- l'aptitude à travailler sur les différents postes.

4.6 Le traitement des non-conformités

Sur un poste, avec ou sans auto maîtrise, il est bien sûr possible de trouver des produits défectueux. L'origine de ces défectueux peut être de deux types :

- défectueux sur des pièces provenant des opérations précédentes et identifiés par l'opérateur du poste ;
- défectueux sur des produits réalisés sur le poste.

Quelle que soit l'origine de cette non-conformité, il est absolument indispensable de disposer d'une procédure claire de gestion des non-conformités (ISO 9001 8.3).

Le but de cette procédure est double :

- figer la façon dont seront isolés les produits non conformes afin d'interdire un mélange accidentel avec des produits conformes ;
- figer la façon dont seront comptabilisées les non-conformités afin d'enrichir l'indicateur du coût de la non qualité.

Pour simplifier ce traitement des produits non conformes sur les postes de travail, le plus simple consiste à créer des habitudes visuelles telles que l'utilisation systématique de **boîtes rouges** pour placer les produits non conformes. Rien n'est plus dangereux que de laisser chaque opérateur avoir sa propre méthode pour écarter les produits non conformes. Le premier les met sur le coin droit de sa table de travail alors que le second les met lui sur le coin gauche. Il est évident que dans ces conditions, on ne peut pas éviter qu'une manipulation accidentelle réintègre les produits défectueux avec les produits conformes.

La comptabilisation des coûts de non-conformité se fait généralement par le biais de la feuille de relevé.

4.7 La saisie des informations qualité

La mise en place de l'auto maîtrise se traduit par une délégation de la décision de conformité au niveau de l'opérateur. C'est l'opérateur qui prend la décision de classer un produit conforme ou non conforme. Si l'on veut suivre l'évolution de la non-qualité dans l'entreprise, il est absolument indispensable de relever à la source les informations sur la qualité produite. C'est le rôle de la feuille de saisie. Un poste en auto maîtrise doit nécessairement disposer d'une feuille de saisie.

Pour être efficace, celle-ci doit être le plus visuel possible. Il est plus facile d'interpréter un graphique qu'une liste de chiffre. Plusieurs modèles de feuilles de relevés peuvent être conçus à partir des critères de conception suivants :

- la facilité de relevé par l'opérateur ;
- la facilité de lecture des relevés ;
- la facilité d'archivage.

La figure 5.14 donne un exemple de feuille de relevé, combinant un suivi de défauts visuels et un suivi par carte de contrôle aux médianes d'une caractéristique mesurable.

Type de circuit : ....X22C64............	*Date : ...12.01.1995.............................*	
Numéro du lot : ....22602............	*Atelier :......B12....................................*	
Taille de l'échantillon ....1025 cartes...	*Contrôleur : ....M. Deront........................*	
Type de défauts	***Nombre de non-conformités***	
Test pointes	~~IIII~~ III	8
Test fonctionnel	~~IIII~~ ~~IIII~~ ~~IIII~~ ~~IIII~~ II	22
Défaut soudure	~~IIII~~ I	6
Autres	~~IIII~~	5
Total		**41**

Figure 5.14 – *Feuille de relevé*

L'utilisation de l'informatique est désormais de plus en plus courante pour la réalisation des feuilles de relevés. Elle facilite la mise en forme graphique des résultats et soulage le travail des opérateurs.

4.8 Le retour des informations qualité

Pour faire vivre le système, il est indispensable que les informations qualité saisies sur les postes de travail soient traitées afin de constituer des indicateurs de performance (ISO 9001 8.4).

Ces indicateurs qualité doivent être affichés dans l'atelier. Pour cela, on crée généralement un point d'affichage qualité où les opérateurs auront le retour du traitement des informations saisies et pourront le comparer aux objectifs qualité (Politique qualité).

Exemple d'indicateurs :

- Suivi dans le temps des % de NC.
- Suivi des indicateurs de capabilité Cp, Pp, Ppk.

Le plus efficace est de créer un retour d'information en temps réel. Les cartes de contrôle jouent parfaitement ce rôle puisque dès que l'opérateur trace son point, il peut interpréter les évolutions de sont processus.

Le lieu d'affichage doit être un lieu de vie. Il est tout à fait souhaitable d'organiser une fois par semaine une petite réunion autour du lieu d'affichage pour discuter :

- des performances des postes de travails ;
- des difficultés rencontrées pour maintenir cette performance ;
- des évolutions nécessaires pour adapter la formalisation existante ;
- ...

5. L'AUDIT DES POSTES EN AUTO MAÎTRISE

Comme on l'a dit au début de ce chapitre, l'auto maîtrise a pour but de formaliser les processus opératoires et de valider si ce processus ne dérive pas. Pour atteindre cet objectif, nous avons vu qu'il y a un certain nombre d'étapes à franchir pour pouvoir déclarer le poste en auto maîtrise.

Lors de la situation de vie du poste, il faut également garantir la stabilité du processus opératoire par le respect de ce qui est écrit.

Pour valider ces points, on utilise un questionnaire d'audit comme celui donné en exemple ci-dessous. Ce questionnaire en 20 questions permet de faire l'évaluation d'un poste en auto maîtrise. L'évaluation se fait suivant la méthode IEMSE :

I (Inexistence) : Ce point n'est pas traité sur le poste audité ;
E (Existence) : Il existe une réponse montrant que le poste a pris en compte le point ;
M (Méthode) : La réponse à la question est traitée selon une méthode susceptible d'être généralisée ;
S (Systématique) : La réponse est traitée avec méthode, et l'application terrain est effective et systématique (pérennité dans le temps) ;
E (Exemplarité) : La méthode, son application et ses résultats méritent d'être communiqués à l'extérieur parce qu'efficace, efficient, simple ...

Pour pouvoir être déclaré en auto maîtrise, un poste doit au moins être caractérisé par « **Méthode** » à tous les points de l'audit ci-après. Cependant, ce questionnaire ne prend pas en compte l'aspect dynamique de l'auto maîtrise qu'il faut bien entendu maîtriser également.

Audit d'un poste en auto maîtrise							
	5 M	**Questions**	**I**	**E**	**M**	**S**	**E**
Maîtrise de la mesure	**Moyens de mesure**	Une gestion des moyens de mesure garanti le rattachement des moyens à un étalon de référence.					
		Les moyens de contrôle présents sur le poste sont à jour de vérification.					
		Les procédures de mesure ont été validées par un test R&R.					
	Procédures de contrôle	Un mode opératoire des moyens de mesure est rédigé lorsque c'est nécessaire.					
		Un plan de surveillance récapitulant l'ensemble des contrôles à réaliser, les fréquences... est rédigé, disponible sur le poste de travail et respecté.					
		Un descriptif de la procédure de mesure retenue a été rédigé lorsque nécessaire.					
Maîtrise du processus de production	**Environnement et sécurité**	L'environnement du poste est adapté à la tâche à effectuer, l'ergonomie du poste est adaptée.					
		Le poste de travail est propre et rangé.					
		Les procédures de rigueur et de maintien de l'ordre existent et sont bien respectées.					
		Des fiches de sécurité (FDS) sont rédigées et présentes sur chaque poste ou il y a un risque identifié.					
	Formalisation Moyens/méthodes	L'utilisation des moyens de production délicats a fait l'objet d'une rédaction d'un mode opératoire.					
		Le plan de maintenance de premier niveau a été établi, il est connu et respecté.					
		La maîtrise statistique des processus est utilisée sur le poste.					
		Le processus opératoire a été validé, les capabilités préliminaires ont été calculées.					
		Le mode opératoire est décrit sur une fiche de poste, l'opération réalisée correspond à ce qui est écrit.					
		Le traitement des produits non conformes a été défini et ne peut être sujet à ambiguïté.					
		L'identification des produits non conformes est réalisée de manière visuelle. Elle est conforme aux règles générales de l'entreprise.					
	Main d'œuvre	Les compétences et les formations nécessaires ont été définies et sont en accord avec les faits.					
		L'opérateur respecte les procédures de mise en marche, d'arrêt machine, et pratique la maintenance de premier niveau.					
		Un tableau de polyvalences des opérateurs permettant de savoir qui peut travailler et où, a été réalisé et est mis à jour dans chaque atelier.					
		Des points zéro défaut *(Poka Yoké)* sont utilisés,					
		Des VOM *(Visual Opération Management)* qui consistent à utiliser des symboles plutôt que des mots sont intensivement utilisés.					
		Des check list sont utilisées pour se prémunir d'éventuels oublis sur les séquences d'opérations compliquées.					
Enregistrement et suivi		Les caractéristiques devant faire l'objet d'un suivi sont correctement identifiées.					
		Les fiches de suivi sont correctement remplies, les fréquences et les quantités à contrôler sont respectées.					
		Les données saisies sur le poste font l'objet d'un traitement afin de suivre des indicateurs de performance.					
		Le retour d'information est affiché dans le local de production. Les documents sont à jour					

Figure 5.15 – *Tableau d'audit d'auto maîtrise*

Deuxième partie

Les outils de la qualité

Après avoir passé en revue les éléments du système qualité, nous abordons les principaux outils d'amélioration de la qualité des produits depuis la définition des spécifications jusqu'à la production.

Nous présentons dans le chapitre 6 les outils de base de la résolution de problèmes qui facilitent le travail de groupe et qui sont indispensables à tous les cercles de qualité, groupes de progrès ou autres.

Pour améliorer la qualité des produits et des processus, nous développons dans le chapitre 7 les principes du QFD, outil qui permet de mieux tenir compte de la volonté des clients.

Les plans d'expériences aident les entreprises à progresser dans la maîtrise de la conception de produits nouveaux et dans la maîtrise des procédés de fabrication. La mise en œuvre, illustrée d'exemples pratiques est traitée au chapitre 8.

L'AMDEC dont le but est de prévenir les défaillances potentielles d'un produit, d'un processus de fabrication ou encore d'une organisation sera abordée au chapitre 9.

Le chapitre 10 sera consacré à l'étude détaillée de la MSP ou SPC (*Statistical Process Control*) où nous développerons les aspects tels que les cartes de contrôle et les études de capabilité.

Un autre aspect du contrôle concerne le contrôle de réception sous deux formes : le contrôle par attributs et le contrôle aux mesures. Ces deux formes seront développées au chapitre 11.

Nous nous intéresserons ensuite à un aspect fondamental de la qualité : la mesure. Deux chapitres (12 et 13) seront consacrés à ce point.

Enfin, nous étudierons « Six Sigma » qui permet une approche globale de l'amélioration de la qualité du produit par l'utilisation de l'ensemble des outils de la qualité, mais aussi par un management par projet et qui conclura ce tour d'horizon des méthodes et outils de la qualité en production.

CHAPITRE 6

Les outils de base de la résolution de problèmes

Comme nous avons pu le constater dans les chapitres précédents, la qualité en production demande une organisation rigoureuse basée sur un modèle. Cependant, le système qualité n'est pas suffisant pour obtenir seul des produits de bonne qualité. Il faut également des outils, souvent très simples, connus de tous, qui permettent la résolution des problèmes quotidiens de l'entreprise. Nous présenterons dans ce chapitre les outils de base de la résolution de problèmes qui facilitent le travail de groupe et qui sont indispensables à tous les groupes de progrès. Ces outils doivent naturellement être complétés par d'autres outils plus sophistiqués tels que les plans d'expériences, l'AMDEC ou le QFD pour donner toute leur efficacité. Ces outils plus complexes seront présentés individuellement dans les chapitres suivants. D'une façon plus globale, la mise en place des méthodes de résolution de problème doit être intégrée dans une approche globale de la performance industrielle telle que Six Sigma que nous présenterons ultérieurement dans cet ouvrage.

1. LES SEPT OUTILS DE BASE

1.1 Objectif des sept outils

L'emploi de ces sept outils nous vient du Japon. L'objectif principal était de donner un nombre limité d'outils de résolution de problèmes à l'ensemble du personnel. Ces sept outils sont à la base du travail de groupe. Connus de tous dans l'entreprise, ils forment les fondations d'une culture d'entreprise pour l'approche formelle d'une solution. On les a longtemps appelés « les sept outils des cercles de qualité ».

Bien que largement diffusés dans toutes les entreprises qui pratiquent le travail de groupe, les sept outils de base de la qualité ne sont à notre avis pas encore assez utilisés. Pourtant, ce sont tous des outils graphiques, simples, applicables par l'ensemble du personnel d'une entreprise. Leur objectif est de résoudre facilement la plupart des petits problèmes de production. Ces outils sont souvent anciens. L'originalité de la présentation en sept outils est d'en montrer l'unité et de solliciter leur utilisation dans un cadre de production. Il existe plusieurs variantes dans l'identification des sept outils de base, généralement on trouve :

- la feuille de relevés ;
- le diagramme de concentration de défauts ;
- l'histogramme ;
- le diagramme en arête de poisson ;
- le diagramme de corrélation ;
- le diagramme de Pareto ;
- la carte de contrôle.

Le principe de base est simple, pour comprendre, il faut voir. C'est pour cela que tous les outils sont des outils graphiques.

Ces outils ont pour but de :

- donner des moyens simples à tous les membres de l'entreprise pour résoudre les problèmes ;
- pouvoir être utilisés par l'ensemble du personnel de l'entreprise ;
- être adaptés au travail de groupe, car ils sont visuels et consensuels.

Bien sûr, il ne faut pas avoir la religion des sept outils et ne pas hésiter à en utiliser d'autres. Cependant l'utilisation intensive de ces représentations graphiques permet aux entreprises de progresser très rapidement vers des produits de qualité. Chaque outil a une fonction bien définie qu'on peut résumer de la façon suivante :

Fonctions	**Outils**
Collecter les données	la feuille de relevés
Faire apparaître les faiblesses	le diagramme de concentration de défaut
Illustrer les variations	l'histogramme
Identifier l'origine du problème	le diagramme en arête de poisson
Montrer les corrélations	le diagramme de corrélation
Hiérarchiser les faits	le diagramme de Pareto
Maîtriser le procédé	la carte de contrôle

1.2 La feuille de relevés

Toute action d'amélioration doit être engagée sur des données – si possible – chiffrées. Cela permet de raisonner sur des faits objectifs et non des impressions. La feuille de relevés permet de faciliter et de formaliser la saisie des informations sur le poste de travail. Plusieurs modèles de feuilles de relevés peuvent être conçus à partir des critères de conception suivants :

- la facilité du relevé pour l'opérateur ;
- la facilité de lecture des relevés ;
- la facilité d'archivage.

Type de circuit : ....X22C64............	*Date : ...12.01.1995.............................*	
Numéro du lot : ....22602............	*Atelier :......B12....................................*	
Taille de l'échantillon ....1025 cartes...	*Contrôleur : ....M. Deront.......................*	
Type de défauts	**Nombre de non-conformités**	
Test pointes	~~IIII~~ III	8
Test fonctionnel	~~IIII~~ ~~IIII~~ ~~IIII~~ ~~IIII~~ II	22
Défaut soudure	~~IIII~~ I	6
Autres	~~IIII~~	5
Total		**41**

***Figure 6.1** – Feuille de relevé*

La figure 6.1 donne un exemple de feuille de relevés utilisée au test final de circuits électroniques. On note la facilité de saisie des informations, en cas de défaut, il suffit de cocher la case prédéterminée correspondante. La collecte des informations à partir de cette feuille est alors évidente.

1.3. Le diagramme de concentration de défauts

Ce diagramme joue un peu le rôle d'une feuille de relevés. Il permet de visualiser rapidement les points faibles d'un produit. Chaque fois qu'une défaillance apparaît sur un produit, on marque l'endroit sur un dessin par un point. Le schéma illustre tout de suite les points faibles du produit. Dans le cas de la figure 6.2, on note les défauts de collage observés après un test de vieillissement accéléré sur des chaussures. Bien que le nombre de défauts soit le même dans les deux cas, on distingue deux situations fort différentes. Dans le premier cas on peut suspecter un paramètre général comme la colle, la température. Dans le second cas, c'est clairement un défaut de pression localisé qui est le principal suspect.

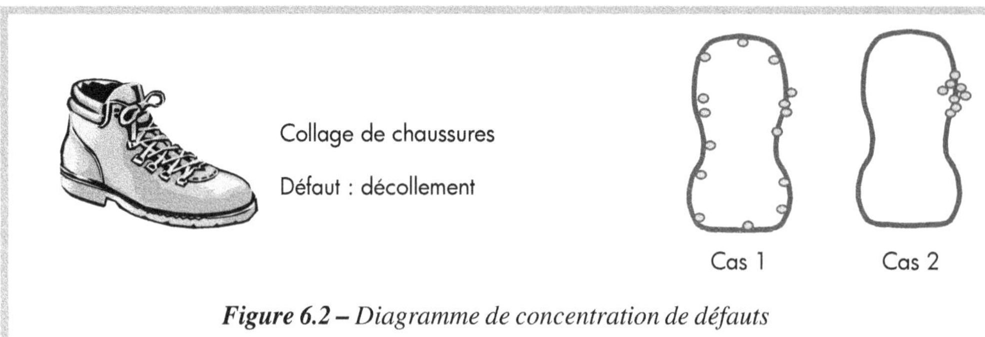

Figure 6.2 – Diagramme de concentration de défauts

1.4 L'histogramme

L'histogramme permet de représenter les données sous forme graphique. Chaque barre est proportionnelle à la fréquence d'apparition d'une valeur à l'intérieur d'une classe. Il permet d'identifier l'existence d'un modèle applicable (loi normale, loi de défaut de forme...). Il illustre également les relations entre les valeurs relevées et les valeurs de référence (cote nominale, mini, maxi).

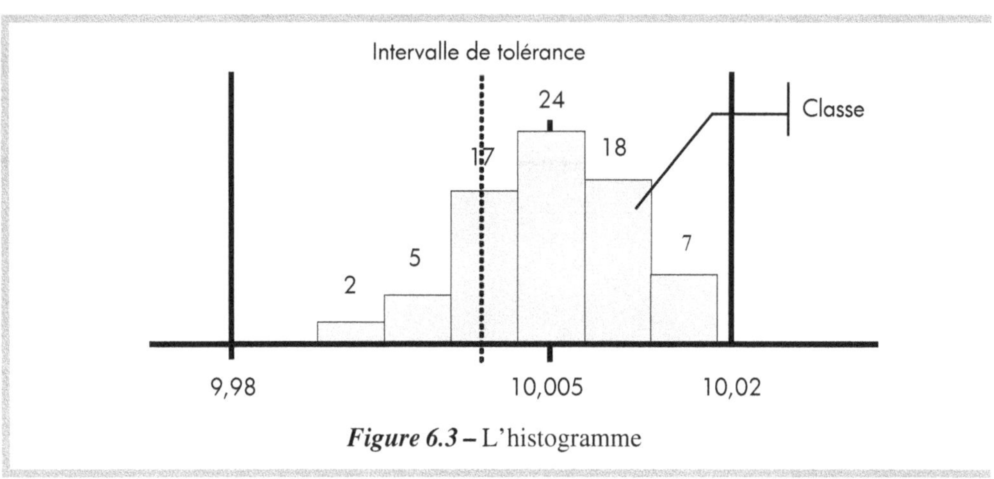

Figure 6.3 – L'histogramme

La construction d'un histogramme demande un minimum d'attention si on ne veut pas conclure à tort sur une distribution. En effet, dans l'exemple de la figure 6.4 on remarque que suivant la mise en classe réalisée (nombre et position), l'interprétation des données peut être très différente.

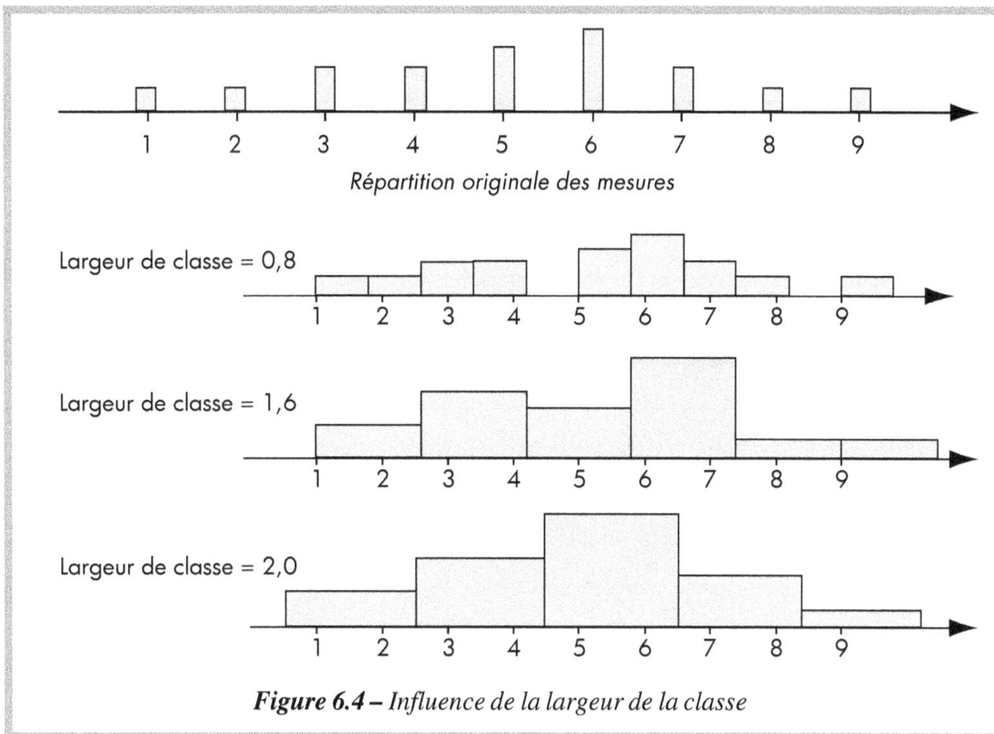

***Figure 6.4** – Influence de la largeur de la classe*

Pour les largeurs de classe égales à 0,8 et 1,6, l'histogramme fait apparaître une population mal équilibrée et dont la loi ne suit pas une loi normale. Dans le cas de la largeur de classe égale à 2 (bonne répartition), la production apparaît comme symétrique, et semble suivre une répartition normale.

Pour construire un histogramme correctement, il faut :

- choisir un nombre de classes en fonction du nombre de mesures. On prend généralement comme nombre de classes la racine carrée du nombre de valeur $Nc = \sqrt{n}$;
- choisir une largeur de classe égale à un multiple de la résolution des valeurs. Ainsi, dans l'exemple de la figure 6.4, la définition des valeurs étant l'unité, il fallait prendre comme largeur de classe un multiple de l'unité. Si les valeurs sont définies en micromètre, la largeur de classe doit être un multiple du micron. Ainsi, la largeur de classe de 2 microns, a donné la meilleure représentation de la distribution.

1.5 Le diagramme de Pareto

Le diagramme de Pareto (du nom de son inventeur) permet de classer les données de la plus importante à la moins importante. Il permet de hiérarchiser les informations, afin de se consacrer à l'essentiel.

Causes d'arrêt	Durée (Heure)	% du temps total
Absence opérateur	34,9	15,5 %
Défaut matière	49,5	22,0 %
Réglage	7,2	03,2 %
Arrêt pour maintenance préventive	7,4	03,3 %
Pannes machine	36,0	16,0 %
Défauts sur pièces	83,2	37,0 %
Divers non identifiés	6,8	03,0 %
Total	**225**	**100,0 %**

Il est en effet indispensable d'ordonner ce qui a été relevé pour révéler la signification des faits. Ainsi dans l'exemple de la figure 6.5, nous avons classé les causes d'arrêt d'une machine de production de la plus importante à la plus faible, en nombre d'heures d'immobilisation.

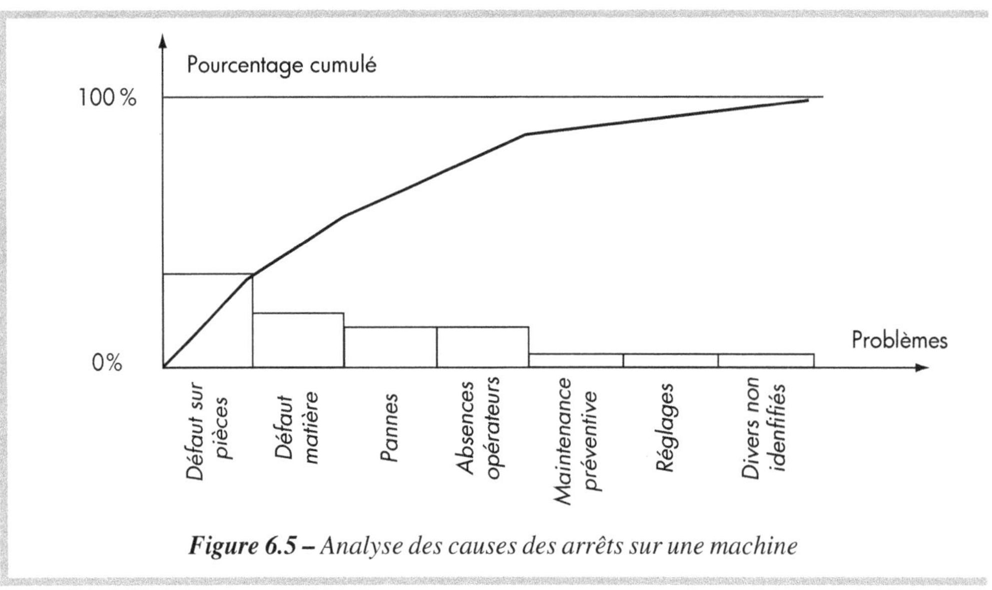

Figure 6.5 *– Analyse des causes des arrêts sur une machine*

Le diagramme fait clairement apparaître que les deux éléments sur lesquels le groupe doit travailler en priorité sont les défauts sur pièces ainsi que les défauts matière.

La construction d'un diagramme de Pareto est simple :

- on ordonne les causes de la plus importante à la moins importante ;

Causes d'arrêt	Durée (H)	% du temps total	Cumul du %
Défauts sur pièces	83,2	37,0 %	37,0 %
Défauts matière	49,5	22,0 %	59,0 %
Pannes machine	36,0	16,0 %	75,0 %
Absences opérateurs	34,9	15,5 %	90,5 %
Arrêt pour maintenance préventive	7,4	03,3 %	93,8 %
Réglages	7,2	03,2 %	97,0 %
Divers non identifiés	6,8	03,0 %	100,0 %
Total	**225 H**	**100,0 %**	

• on trace la courbe du cumul des effets.

1.6 Le diagramme en arête de poisson

L'analyse de Pareto a permis de connaître les problèmes les plus importants. Il faut maintenant identifier les causes. Le diagramme en arête de poisson s'appelle aussi diagramme causes-effets ou diagramme d'Ishikawa.

Le diagramme en arête de poisson se construit – en règle générale – après un « déballage d'idées » (brainstorming) qui permet de collecter un maximum d'idées. On regroupe sur une figure en forme d'arête de poisson (figure 6.6) l'ensemble des familles de causes possibles de l'effet étudié. Sur chaque ramification, on note les causes, les sous-causes, etc.

Ce schéma permet au groupe de se construire une représentation collective des relations entre les causes et l'effet engendré. Il permet également d'en faire une classification. Cet outil doit être largement utilisé après une phase de déballage d'idées pendant laquelle on a nécessairement quelques redondances. Ce type de schéma permet de classer les idées du groupe, de faire disparaître les redondances et de faire apparaître les éventuels oublis. Nous reviendrons plus en détail sur l'articulation nécessaire entre les sept outils.

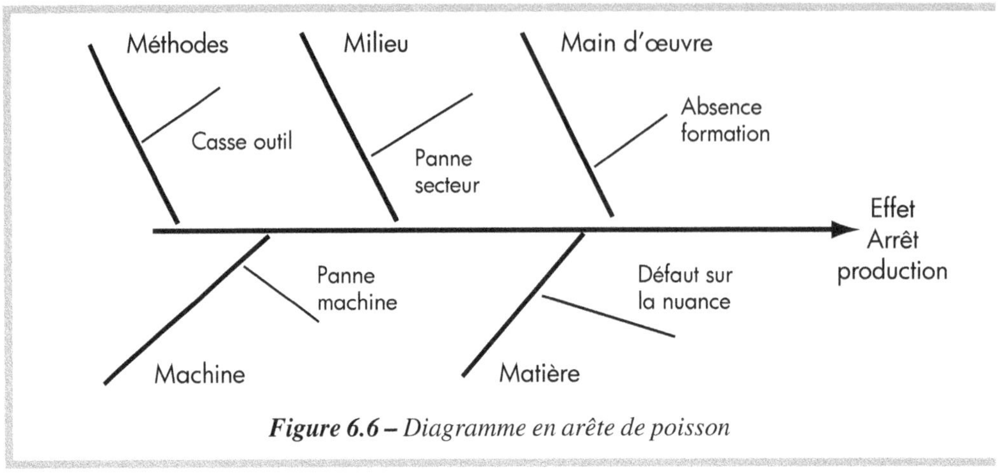

Figure 6.6 *– Diagramme en arête de poisson*

1.7 La carte de contrôle

La carte de contrôle est l'élément de base de la maîtrise statistique des procédés (MSP). Le principe de base est de considérer que tout système est soumis à des variations aléatoires qui génèrent une répartition de la caractéristique qui suit une loi normale. Tant que les variations de la sortie peuvent être admises comme des variations statistiques, il n'est pas nécessaire d'intervenir. Dès que ces variations sont supérieures à la limite admissible, on considère que le système n'est plus sous contrôle, il faut intervenir.

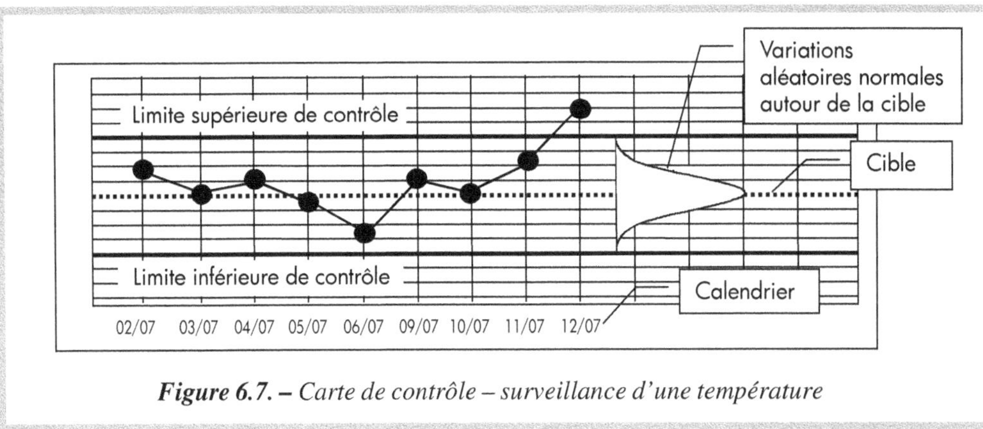

Figure 6.7. *– Carte de contrôle – surveillance d'une température*

Dans cet exemple, le dernier point est hors contrôle, l'écart entre ce point et la valeur cible n'est plus expliqué par les variations aléatoires. On dit qu'il y a présence d'une cause spéciale.

Exemple d'application : pour un marathonien, un des critères du « procédé » à surveiller est le poids s'il veut pouvoir maintenir une performance. On dit en général qu'un kilo de trop correspond à une perte de 5 minutes sur un marathon. Pourtant, comme chacun le sait, le poids d'une personne est soumis à d'importantes fluctuations aléatoires. Pour savoir si les variations de poids observées s'expliquent par les fluctuations aléatoires ou si c'est le signe d'une dérive du « procédé », il faut utiliser une carte de contrôle. Après une période d'observation d'un mois par exemple pendant laquelle le marathonien se pèsera tous les matins, il pourra facilement calculer les fluctuations aléatoires en limitant celles-ci à plus ou moins trois écarts types. La cible devient la moyenne des poids de la période d'observation. Par la suite, il lui suffira de dessiner son poids du matin sur le graphique pour suivre ce paramètre. Cette carte extrêmement simple à mettre en œuvre permettra :

- de visualiser les tendances difficiles à suivre sur une série de chiffres non enregistrés ;
- de détecter et de mieux comprendre les causes spéciales telles qu'un repas bien arrosé (vers le haut) ou un surentraînement (vers le bas) et de pouvoir les prévenir ;
- de dissocier les fluctuations aléatoires qui ne nécessitent aucune action corrective des fluctuations affectées directement à une cause qui doit être traitée.

Nous reviendrons en détail sur cet outil dans le chapitre sur la Maîtrise Statistique des Procédés.

1.8 Le diagramme de corrélation

Le diagramme de corrélation est également un outil connu mais trop peu utilisé. Il permet de savoir si deux variables évoluent de façon commune. Le principe du diagramme est le suivant :

- on représente les mesures sur un diagramme dont les axes représentent les deux variables ;
- chaque mesure représente un point, le relevé de plusieurs mesures forme un nuage de points ;
- la corrélation apparaîtra si le nuage est orienté suivant une droite.

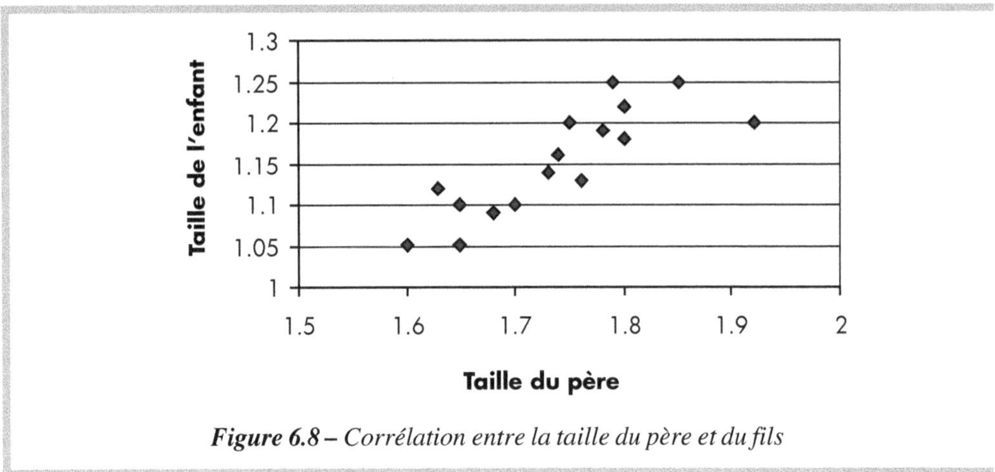

Figure 6.8 *– Corrélation entre la taille du père et du fils*

Dans l'exemple figure 6.8, une corrélation apparaît entre la taille du père et celle de l'enfant, car le nuage de point est orienté. Cette corrélation est positive, les deux variables évoluent dans le même sens.

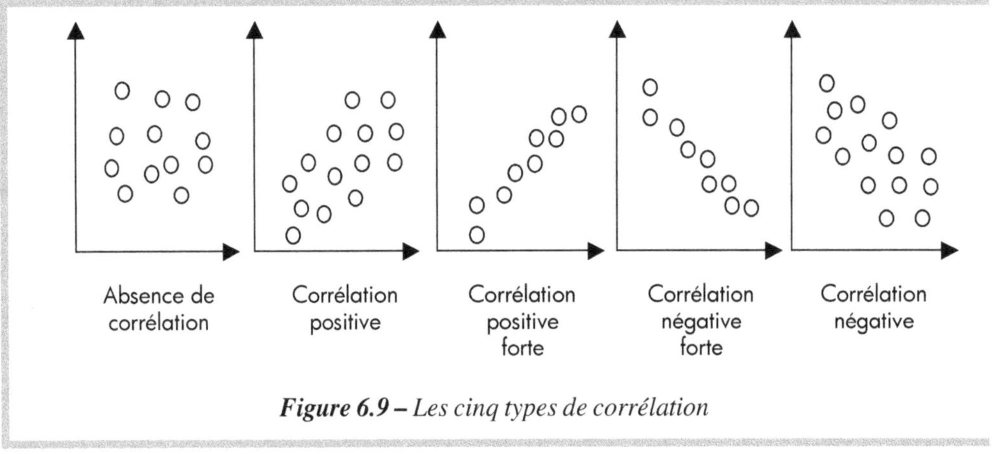

Figure 6.9 *– Les cinq types de corrélation*

On peut classer les diagrammes de corrélation en cinq types selon le nuage de points comme l'indique la figure 6.9. De plus, les résultats graphiques peuvent être utilement enrichis par :

- L'équation de la droite de régression qui permet de connaître la pente et l'ordonnée à l'origine de la droite qui passe « au mieux » des points.
- Le coefficient r^2 qui indique le pourcentage des variations de Y que l'on peut imputer aux variations de X.

Attention cependant à ne pas mélanger corrélation et cause/effet. En effet, si dans l'exemple qui précède, la corrélation et due à une relation de cause à effet, il n'en est pas toujours de même. En effet, prenons le graphe figure 6.10, il indique une corrélation entre le poste « automobile » dans le budget familial et le volume moyen de déchets ménagers par foyer. Ce n'est pas pour autant que les voitures génèrent des déchets ménagers, mais ces deux facteurs ont une même cause, non étudiée ici : « Le pouvoir d'achat ».

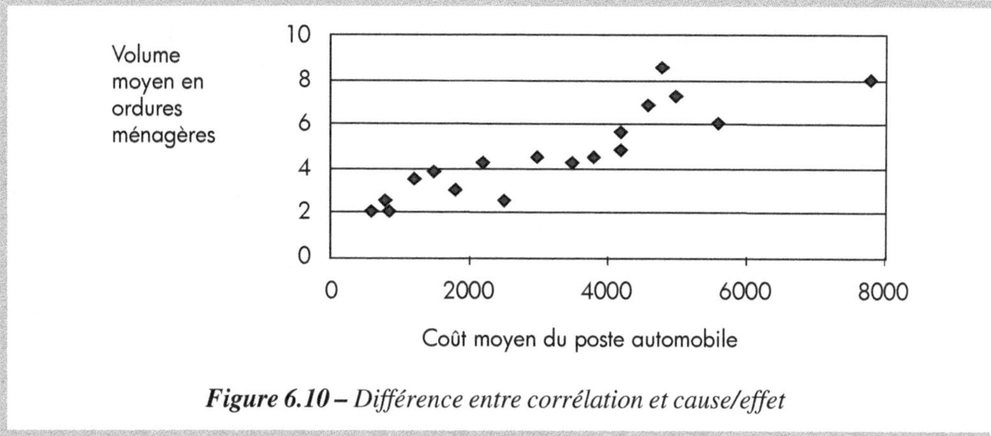

Figure 6.10 *– Différence entre corrélation et cause/effet*

2. D'AUTRES OUTILS DU TRAVAIL DE GROUPE

Évidemment, le travail de groupe et la résolution de problèmes utilisent d'autres outils que les sept outils que nous venons de décrire. Nous développons dans ce paragraphe les outils les plus utilisés.

2.1 Le déballage d'idées

Le déballage d'idées (brainstromimg) ne fait pas partie des sept outils traditionnels, il a pourtant un rôle essentiel dans la résolution de problème. Le travail de groupe coûte cher, il faut donc qu'il soit efficace pour être rentable. Un déballage d'idées bien animé permet de gagner un temps précieux. Le principe de base du déballage d'idées est de réunir un groupe pluridisciplinaire, afin de provoquer la créativité par l'émulation mutuelle.

Le déballage d'idées doit toujours commencer par l'écriture claire de l'objectif de l'étude. Cet objectif devant être accepté consensuellement.

Pendant le déballage d'idées, chaque membre du groupe évoque tous les éléments concernant le sujet qui lui passent par la tête. La critique des idées est interdite pendant le déballage, elle viendra en son temps. Pour être efficace, un animateur doit inscrire sur des papiers les éléments au fur et à mesure qu'ils sortent, et les afficher sur un mur à l'aide d'un adhésif repositionnable. Il est très important d'éviter la manie des tableaux papier, qui ne permettent pas de structurer efficacement le travail après le déballage. Dans un premier temps, les papiers sont collés en désordre sur le mur et énoncés clairement afin de donner des idées aux autres membres du groupe.

En général, il n'est pas très utile de poursuivre pendant très longtemps le déballage. Souvent, bien conduit, une demi-heure à une heure suffit largement.

De récentes études ont montrées qu'on pouvait grandement améliorer l'efficacité d'un déballage d'idées en le faisant précéder d'une première étape où chaque membre du groupe produit de façon individuelle les idées qu'il a sur le sujet. La phase de mise en commun s'appuie ensuite sur cette production individuelle pour l'enrichir.

Cependant, le déballage n'est qu'une première étape. Après, il faut classer les données qui sont en vrac au tableau. Pour cela, on utilise les outils tels que le diagramme d'Ishikawa autour des cinq M, ou un diagramme des affinités que nous développerons dans le paragraphe suivant. C'est au cours de ce classement que l'utilisation d'adhésifs repositionnables est appréciée. On élimine les redondances, parfois on démultiplie une idée qui était comprise différemment par deux personnes et enfin on regroupe sous la forme de macro-idées les éléments les plus proches.

2.2 Le diagramme des affinités

Le but du diagramme des affinités est d'effectuer des regroupements après un déballage d'idées. En effet, les idées émises sont parfois redondantes, parfois mal comprises par le groupe. Pour pouvoir utilement utiliser toutes les idées, il faut en quelque sorte faire un « nettoyage des idées ».

Pour cela, on relie chaque idée en vérifiant que chaque participant comprend bien la même chose que ce qui est écrit. On positionne alors l'idée à proximité des idées de nature similaires. Ce travail de classement permet :

- d'éliminer les redondances ;
- de clarifier les idées émises ;
- d'organiser et de hiérarchiser la collecte.

Pour chaque groupement réalisé, on recherchera un titre qui permet de synthétiser les idées du groupe. Lorsque le nombre d'idées est important, on peut réaliser un second niveau de regroupement.

La figure 6.11 montre un exemple, un peu élagué, de diagramme des affinités pour résoudre un problème de facettes en rectification.

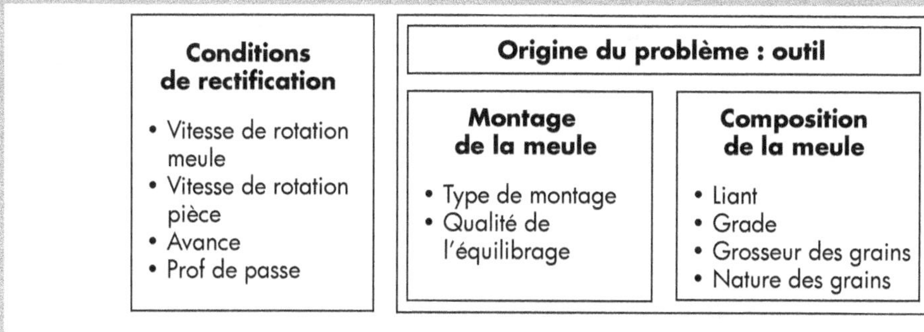

Figure 6.11 – Diagramme des affinités

2.3 Le vote pondéré

Le vote pondéré permet de faire un choix parmi les différents éléments qui apparaissent après un déballage d'idées.

Supposons que lors d'un déballage d'idées entre 5 personnes, 15 solutions potentielles aient été évoquées. Comme il n'est pas possible de mettre en place les 15 solutions, il faut choisir celles qui paraissent le plus efficace. Afin d'éviter de longues et stériles discussions, on donne par exemple 5 droits de vote à chaque membre du groupe. Les cinq personnes réfléchissent individuellement et choisissent les cinq solutions qui leurs semblent le plus efficace. Après réflexion, chacun note au tableau les cinq solutions qu'il a retenues.

En général, à l'issue de ce vote, on trouve trois catégories de solutions :

- Celles qui ont eu l'unanimité ou presque des votes. Ces solutions seront alors retenues, il n'est pas utile de perdre son temps à discuter.
- Celles qui n'ont pas eu ou très peu de votes. Ces solutions ne seront pas retenues au moins dans un premier temps. Il n'est pas non plus utile de perdre son temps à discuter sur ces solutions.
- Celles qui obtiennent des avis partagés. Elles sont en général peu nombreuses, et font l'objet de discussions du groupe pour savoir s'il faut ou non les retenir.

Dans sa forme la plus simple telle que nous venons de l'exposer, le vote ne prend que quelques minutes au groupe. Il lui permet par contre de gagner parfois quelques heures de discussions ! On peut cependant avoir recours à un vote plus sophistiqué en incluant plusieurs critères. La figure 6.11 montre le résultat d'un vote dans lequel on a demandé à chaque membre du groupe de noter les idées de 1 à 5 selon trois critères : l'efficacité, le coût et le délai de réalisation. Chaque critère n'ayant pas la même importance, on affecte d'un poids différent l'efficacité (9), le coût (3) et le délai de réalisation (1). Les notes, qui apparaissent dans le tableau, sont les moyennes des notes données par chaque individu.

La note globale est obtenue en additionnant chaque note pondérée par le poids du critère correspondant.

Solutions	Efficacité Poids (5)	Coût (Poids 3)	Délai (Poids 1)	Note Globale
Changer le type de joint	4,2	1,2	2,5	27,1
Diminuer la rugosité	2,1	1,7	3,6	19,2
Changer de type de fluide	1,3	1,3	1,2	11,6
Rajouter une gorge	3,5	2,5	2,1	27,1
Modifier le diamètre de gorge	2,8	4,6	4,6	32,4

***Figure 6.12** – Résultat d'un vote pondéré*

Ce vote montre que le meilleur compromis entre l'efficacité, le coût et le délai de mise en œuvre de la solution est réalisé par la solution « modifier le diamètre de gorge ». Bien sûr, dans ce type de vote, le choix des poids affectés à chaque critère reste le problème le plus délicat.

2.4 Le diagramme forces/faiblesses

Le diagramme forces/faiblesses est l'outil que nous utilisons pour comparer deux solutions. Chaque solution fait l'objet d'un compromis, et possède des forces, mais aussi des faiblesses. Le diagramme forces/faiblesses permet de comparer de manière la plus objective possible les deux compromis et de choisir la meilleure des solutions.

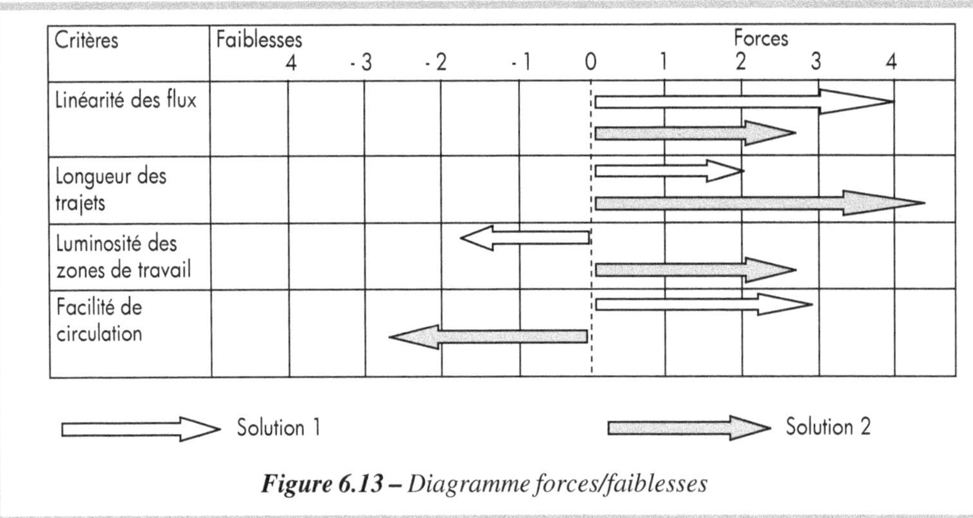

***Figure 6.13** – Diagramme forces/faiblesses*

La figure 6.13 montre un diagramme forces/faiblesses qui compare deux solutions d'implantation de machines dans un atelier. Le diagramme fait clairement apparaître les avantages et les inconvénients des deux solutions.

2.5 Le QQOQCP

Le QQOQCP est un outil qui permet de se poser les bonnes questions avant d'aborder un problème. Il n'est en effet pas rare des se jeter tête baissée sur une solution sans avoir fait le tour de la question. C'est une fois la solution mise en œuvre que l'on s'aperçoit que l'on avait oublier un élément important qui remet en cause la solution choisie.

Pour être sûr d'appréhender le plus complètement possible un problème, il faut se poser les questions QQOQCP (Qui ? Quoi ? Où ? Quand ? Comment ? Pourquoi ?). La réponse à ces questions permet d'identifier les aspects essentiels d'un problème.

QUI : Qui est concerné, par le problème, quelles sont les personnes impliquées ?
QUOI : Quel est le problème ?
OÙ : En quel lieu le problème se pose t-il ?
QUAND : À quel moment le problème apparaît-il ?
COMMENT : Sous quelle forme le problème apparaît-il ?
POURQUOI : Quelles sont les raisons qui poussent à résoudre ce problème ?

Enfin, ces questions peuvent chacune être utilement complétées par un **COMBIEN ?** qui permet de donner une réponse chiffrée.

Par exemple, la figure 6.14 donne le résultat que QQOQCP pour un problème de mauvaise soudure sur un emballage.

Questions	Réponses	Combien
QUI ?	Services production & qualité	
QUOI ?	Mauvaise étanchéité des sachets	Environ 0,1 % de la production
OÙ ?	Au niveau de la soudure	
QUAND ?	Sur la machine de thermosoudure de la ligne 24 (nouvelle machine)	
COMMENT ?	Retour client après constatation de moisissures sur le produit	2 retours à ce jour
POURQUOI ?	Non-qualité critique pour le client nécessité de résoudre le problème en urgence	Délai 3 semaines

***Figure 6.14** – Exemple de QQOQCP*

2.6 Les autres outils...

On pourrait continuer encore longtemps l'énumération des outils utiles pour faciliter le travail de groupe car il en existe plus d'une centaine. Nous nous sommes limités ici à ceux que nous pratiquons couramment. Bien entendu, en fonction de la personnalité de chacun, on utilisera un outil plutôt qu'un autre. Mais l'important n'est pas d'avoir une panoplie pleine d'outils. Il est préférable de maîtriser simplement quelques outils et surtout de les utiliser !

3. LA MISE EN ŒUVRE D'UNE DÉMARCHE DE RÉSOLUTION DE PROBLÈME

Une démarche de résolution de problème ne doit pas correspondre à l'utilisation désordonnée de tous les outils que nous venons de décrire. Au contraire, c'est au travers d'une démarche rigoureuse, balisée par des étapes, que ces outils donneront toute leur efficacité.

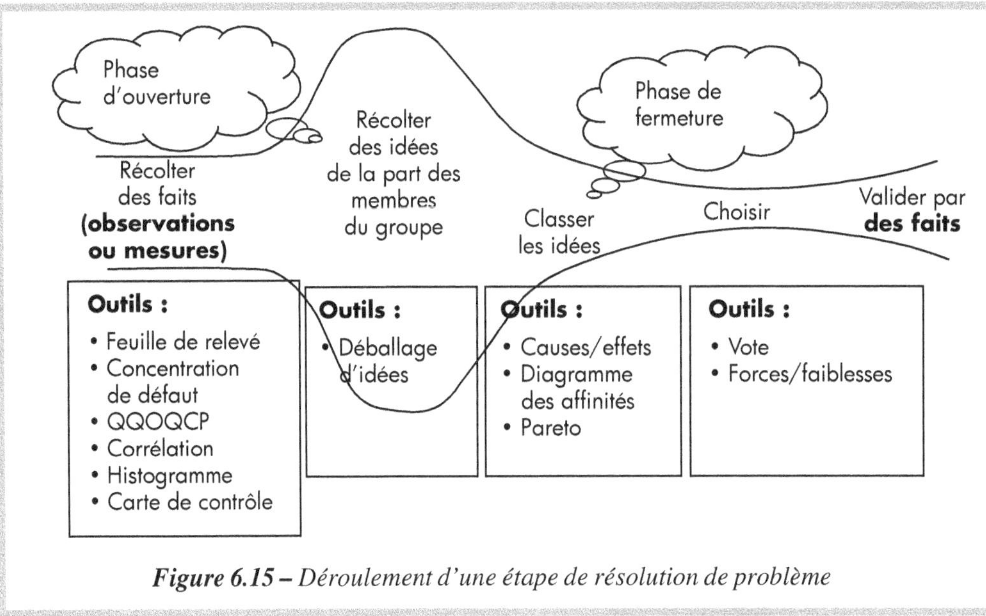

***Figure 6.15** – Déroulement d'une étape de résolution de problème*

Les quatre grandes étapes d'une démarche de résolution de problème sont les suivantes :

1. identifier et caractériser le problème ;
2. analyser les causes ;
3. rechercher les solutions ;
4. définir la mise en œuvre des solutions.

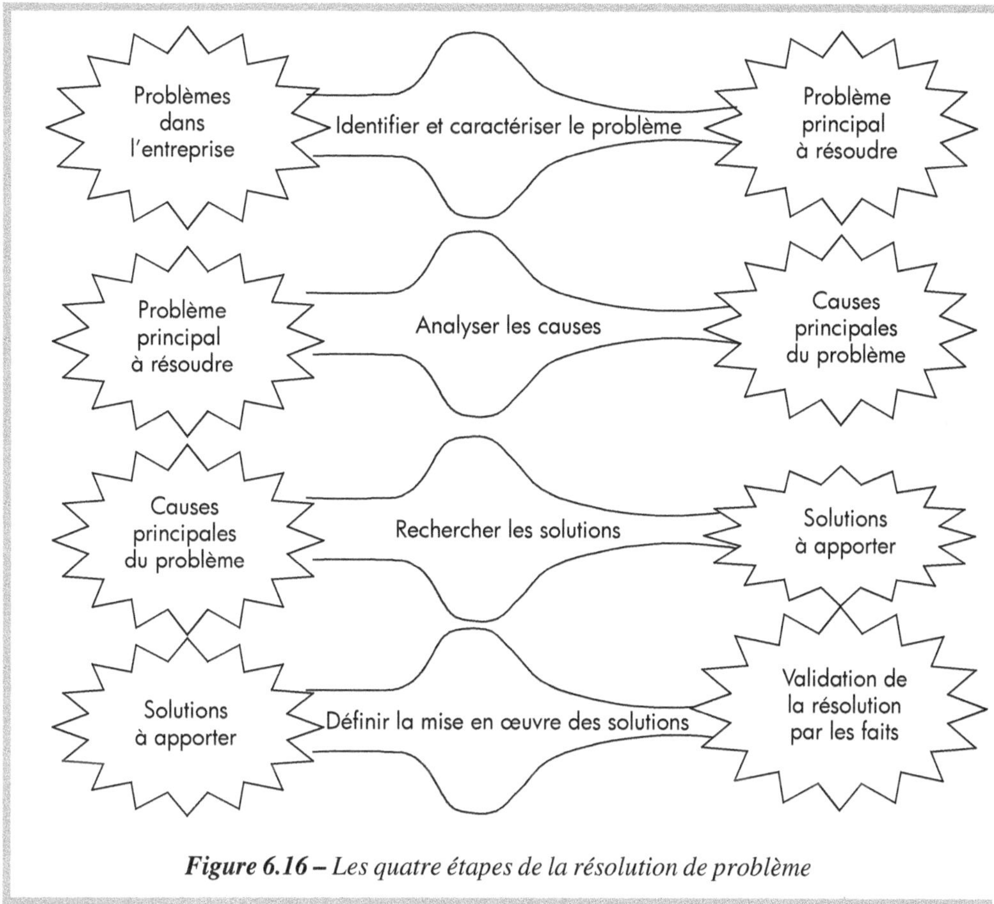

***Figure 6.16** – Les quatre étapes de la résolution de problème*

On verra dans le chapitre consacré à Six Sigma que la démarche DMAIC (Définir, Mesurer, Analyser, Innover/Améliorer, Contrôler) reprend notamment cette structure de résolution de problème.

3.1 Déroulement d'une étape

La figure 6.16 montre les différentes étapes d'une phase dans la démarche de résolution de problème. On note sur cette figure l'importance des faits.

C'est à partir de faits que le groupe doit commencer sa recherche d'idée. On a alors une phase d'ouverture pendant laquelle on s'interdira toute critique.

Suivra alors une phase de fermeture qui a pour objectif de classer les idées et de les hiérarchiser. Un classement des différentes idées permettra alors au groupe de faire des choix selon des critères objectifs. La validation des choix du groupe doit également se faire sur des faits à partir des mêmes outils que la récolte des faits.

3.2 La démarche de résolution de problème

La démarche de résolution de problème consiste à mettre en œuvre la démarche exposée au paragraphe 3.1. pour les quatre étapes.

3.2.1 Identifier et caractériser le problème

Le but de cette étape consiste à identifier le problème principal à résoudre pour le groupe qui possède le plus grand potentiel de gain pour l'entreprise. Ce choix devra également tenir compte des compétences du groupe de travail.

À la sortie de cette étape, le problème sera identifié, mais aussi les limites que le groupe doit s'imposer dans la remise en cause du produit ou du processus étudié.

3.2.2 Analyser les causes

C'est une étape très importante qui est malheureusement souvent réalisée trop rapidement. Les groupes ont toujours tendance à rechercher des solutions avant d'avoir identifié parfaitement les causes du problème.

Pour cette étape, le travail du groupe est indispensable, mais cette étape est utilement préparée par des études de corrélation, des analyses de données et éventuellement la réalisation de plans d'expériences.

3.2.3 Rechercher les solutions

Dans cette étape, on recherchera à supprimer la cause identifiée dans l'étape précédente. Si la cause est interne à l'entreprise (exemple, une mauvaise maîtrise d'une machine), on cherchera une solution qui élimine la cause. Si la cause est externe à l'entreprise (exemple, variation dans la qualité des matières premières) on trouvera une solution corrective qui annule l'effet de cette cause.

Illustrons ce propos par un exemple. Dans une entreprise, l'origine d'un problème d'oxydation est le type de matériau utilisé. Il est facile de choisir un type de matériau plus résistant si ce choix dépend de l'entreprise. Cependant, si le choix du matériau est imposé en raison de normes ou de compatibilité avec d'autres matériaux, il faut alors trouver une solution de protection de la zone oxydée qui permettra de contourner le problème.

3.2.4 Définir la mise en œuvre des solutions

Dans cette étape, on précisera comment les solutions seront mises en œuvre, ainsi que le calendrier et les personnes impliquées. On définira les conditions de validation de la démarche en fixant les objectifs qui devront être atteints par les faits après mise en œuvre des solutions.

Cette étape est résumée dans un tableau figure 6.17.

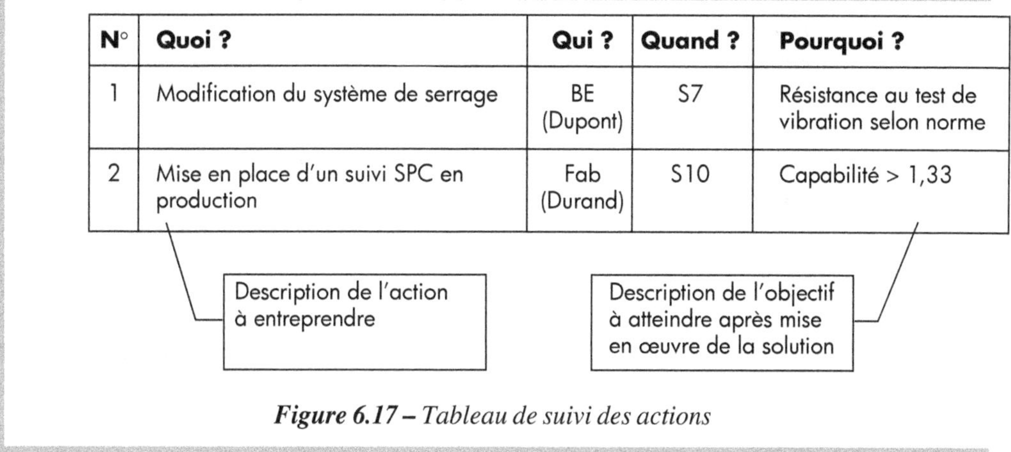

N°	Quoi ?	Qui ?	Quand ?	Pourquoi ?
1	Modification du système de serrage	BE (Dupont)	S7	Résistance au test de vibration selon norme
2	Mise en place d'un suivi SPC en production	Fab (Durand)	S10	Capabilité > 1,33

Figure 6.17 – Tableau de suivi des actions

3.3 Exemple de démarche : la démarche 8D

La démarche 8D (8 Disciplines) est une démarche qui est très souvent utilisée dans les entreprises comme démarche de résolution de problème courant. Le fondement de la démarche consiste à créer un petit groupe de travail chaque fois qu'un problème apparaît. Le groupe est dissout à la fin du projet. Elle est organisée en 8 étapes :

1. **Identifier l'équipe de travail**
   Etablissez un petit groupe de personnes ayant les connaissances, les compétences, l'autorité et le temps de résoudre le problème et de mettre en application les actions correctives. Le groupe doit se choisir un pilote.

2. **Décrire le problème**
   Le problème doit être décrit de façon non ambiguë (un produit, un défaut) et en termes mesurables. Spécifiez les clients internes et externes.

3. **Actions de confinement temporaire**
   Mettez en œuvre des actions de confinement qui protègent le client jusqu'à ce que les actions correctives permanentes soient identifiées et mises en application. Vérifiez l'efficacité de ces actions

4. **Identifier et vérifier les causes racines**
   Identifiez toutes les causes racines potentielles qui pourraient expliquer l'origine du problème. Examinez chaque cause potentielle au regard des données du problème.

5. **Identifier les actions correctives long terme**
   Identifiez les actions correctives permettant de supprimer la cause racine.

Confirmez que les actions correctives sélectionnées résolvent le problème pour le client et ne causent pas d'effets indésirables.

6. **Implémenter les actions correctives permanentes**
Mettez en application les actions correctives permanentes requises. Sur les productions en cours, assurez-vous que la cause racine est éliminée.
Si besoin retournez à l'identification des causes racines
Une fois en production, surveillez les effets à long terme et mettez en application les actions additionnelles si besoin.

7. **Prévenir la récurrence**
Déterminez quelles améliorations des systèmes et des processus empêcheraient le problème de se reproduire. Assurez-vous que l'action corrective retenue reste en place et reste efficace. Identifiez les systèmes similaires qui pourraient bénéficier des actions correctives.

8. **Féliciter l'équipe**
Faites preuve de reconnaissance pour les efforts de l'équipe, partagez votre nouvelle connaissance et dissoudre officiellement l'équipe de travail.

Pour documenter la résolution de problème, on remplit une feuille de travail « résolution de problèmes » comme celle de la figure 6.18

Feuille de résolution de problème – 8D		
Numéro :	Problème :	Date d'ouverture : Date de fin souhaitée :

Étape	1	2	3	4	5	6	7	8
Actions	Créer l'équipe	Décrire le problème	Mettre en place les actions de confinement	Identifier et vérifier les causes racines	Identifier les actions correctives permanentes (ACP)	Implémenter et valider les ACP	Prévenir la récurrence	Reconnaître les efforts de l'équipe

Étape 1 : Créer l'équipe

Département	Nom	Compétence	Responsabilité	✆ Contact

Étape 2 : Définir le problème

Produit :	Défaut :
Situation actuelle	Situation souhaitée
Outils suggérés : Cartographie, Est/N'est pas	

Étape 3 : Action de confinement temporaire

Actions	Impacts

Étape 4 : **Identifier et vérifier les causes racines**

Causes	Impacts
Outils suggérés : Diagramme des 5M ; 5 Pourquoi ; Déballage d'idées	

Étape 5 : **Identifier les actions correctives long terme**

Quoi	Qui	Quand	Impact

Étape 6 : **Implémenter les actions correctives permanentes**

Résultats obtenus :
Actions indésirables détectées ?

Étape 7 : **Prévenir la récurrence. Pérenniser le résultat**

Actions sur la contrepartie	Actions sur la facilitation	Actions sur l'état organique
Processus ou produits similaires concernés ?		
Documentation et processus impactés		

Étape 8 : **Féliciter l'équipe**

Cette feuille de travail de résolution des problèmes était-elle efficace ?		
Oui/non	Signature Titre	Date

CHAPITRE 7

Le QFD
Déploiement de la fonction qualité

Parmi l'ensemble des outils qualité, le QFD est un des plus récents et reste utilisé de façon marginale dans les entreprises européennes. Pourtant, cet outil est d'une remarquable efficacité pour la définition et la fabrication de produits ou de services orientés vers la satisfaction des clients.

Contrairement aux autres outils qui ont souvent été inventés aux États-Unis et développés au Japon, cette méthode a été inventée chez Mitsubishi au Japon dans les années 60. Son but est d'aider les ingénieurs à prendre en considération la qualité des produits le plus tôt possible dans le processus de conception. QFD signifie *Quality Function Deployment* ce que l'on traduit généralement par Déploiement de la Fonction Qualité.

Nous développerons dans ce chapitre, les principes du QFD, ainsi que les aspects pratiques de la mise en œuvre de cet outil.

1. PRÉSENTATION DE LA MÉTHODE

1.1 Objectifs du QFD

L'objectif du QFD se trouve dans sa définition :

> *« Le QFD est une méthode permettant de traduire de façon appropriée les attentes du consommateur en spécifications internes à l'entreprise et ceci tout au long du développement d'un produit, c'est-à-dire :*
> - *dans les phases de recherche et de développement ;*
> - *dans les phases d'études, de méthodes et de réalisation ;*
> - *dans les phases commerciales et de distribution. »*

Dans le contexte actuel de vive compétitivité, il devient primordial de ne pas disperser nos efforts et de s'intéresser à l'essentiel, les besoins des clients. Ce qui est le plus essentiel n'est pas ce qui **nous** (les concepteurs, les fabricants) apparaît important, mais ce qui apparaît important **au client**. Les concepteurs et plus encore les fabricants, sont souvent éloignés physiquement des clients. Il est indispensable d'utiliser une méthode qui permette de leur transmettre la « voix du client » dans leur langage avec le moins de déformation possible. De plus, il est capital dès lors que nous nous focalisons sur l'essentiel pour le client, de comparer les performances de notre entreprise avec les concurrents.

La méthode QFD permet de réaliser ces deux étapes primordiales pour devenir plus compétitif. C'est une méthode préventive qui permettra d'éviter de coûteuses actions correctives. Les principaux avantages que les utilisateurs de la méthode évoquent le plus fréquemment sont :

- moins de modifications après la mise sur le marché du produit ;
- diminution des coûts de garantie ;
- augmentation de la satisfaction du client ;
- amélioration de la communication entre services ;
- diminution du délai de développement.

Plusieurs écoles se réclament du QFD, mais toutes ont en commun l'outil graphique qui permet de formaliser la démarche. Nous présenterons dans ce chapitre l'approche la plus courante du QFD.

1.2 La boucle de l'information

Nous l'avons noté, ce qui est important dans un cycle de développement, c'est de traduire les attentes des clients tout au long du processus pour que ceux-ci soient finalement satisfaits par le produit proposé. Il y a donc une boucle de communication (figure 7.1) exprimant les besoins qui part du client pour donner corps à un projet par le biais du marketing et du bureau d'études. Cette boucle passera par tous les services de l'entreprise pour aboutir au client qui appréciera si ses exigences sont satisfaites. Cette boucle est largement décrite dans la série des normes ISO 9000.

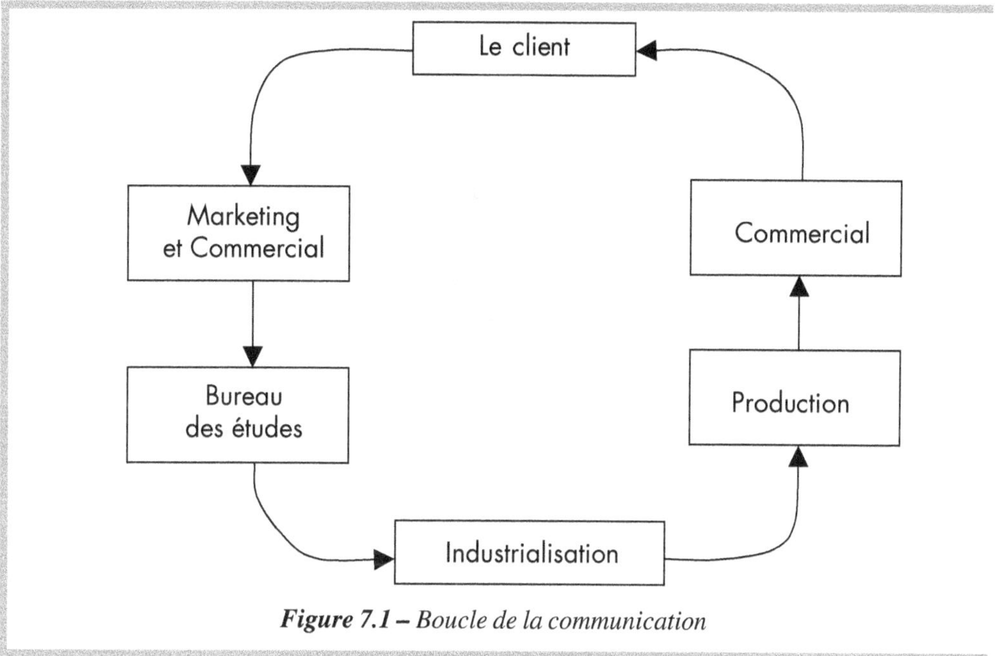

***Figure 7.1** – Boucle de la communication*

Chaque étape de cette boucle nécessite une traduction, et il importe de ne pas perdre des informations ni de transformer ces informations au cours de ces différentes traductions. Chaque service a tendance à avoir son propre langage.

- le client exprime de façon plus ou moins claire, plus ou moins explicite ses besoins ;
- le service marketing traduira ces attentes en fonction de sa propre perception du marché vers le bureau d'études ;
- le bureau d'études fera également évoluer le projet en fonction des contraintes techniques qui influeront sur la conception ;
- le bureau des méthodes et la production introduiront également d'autres contraintes liées à la fabrication ;
- enfin, le produit arrivera vers le client au travers d'un réseau de distribution censé lui fournir le service attendu.

Cette boucle de l'information est telle qu'il n'est pas improbable que le client n'ait pas ce qu'il désire. Pour formaliser ce dialogue entre les différents services et limiter les pertes et les déformations d'informations, on utilisera efficacement le QFD.

1.3 Principe de base de la démarche QFD

L'objectif du QFD est de faire entrer d'une façon formelle les attentes des clients dans l'entreprise. Pour atteindre cet objectif, le QFD va traduire en différentes étapes ces attentes jusqu'aux spécifications de production. Nous pouvons schématiser cette démarche par la figure 7.2 en prenant l'exemple d'un client demandant un café.

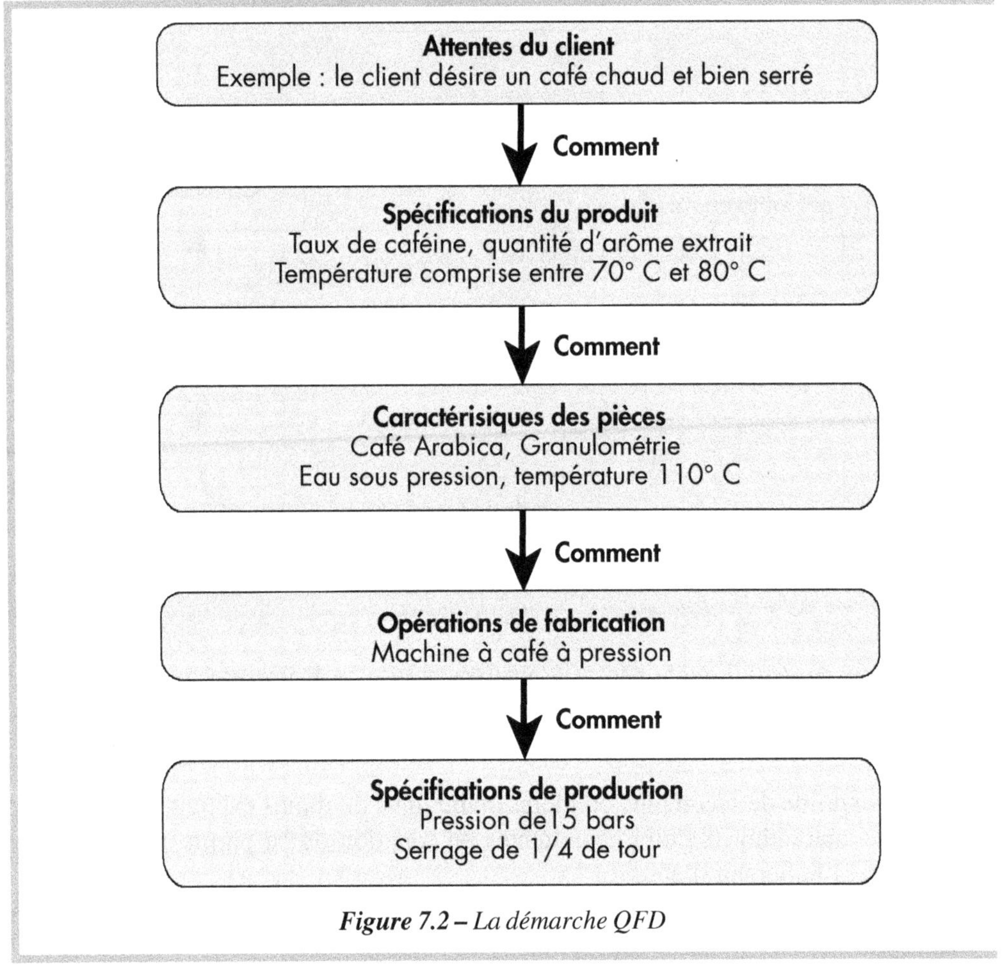

***Figure 7.2** – La démarche QFD*

Les attentes du client sont souvent imprécises et exprimées d'une manière qualitative (café chaud, bien serré). Il est donc nécessaire de traduire ces attentes sur le produit fini en spécifications précises, si possible exprimées d'une manière quantitative (température comprise entre 70 et 80°C). C'est la première phase du déploiement de la fonction qualité qui s'opère lors de la réalisation du cahier des charges fonctionnel.

Pour obtenir ces spécifications finales, il est nécessaire de donner aux pièces (ou éléments constitutifs) un certain nombre de caractéristiques, c'est le rôle du bureau d'études. Dans cette étape, les attentes des clients seront traduites en caractéristiques sur les constituants comme par exemple le type de poudre de café à utiliser.

Une fois les caractéristiques des pièces définies, le bureau des méthodes doit s'assurer que les opérations de fabrication permettent de réaliser ces caractéristiques. Cette étape permet de traduire les attentes des clients en opérations de fabrication. On choisit ainsi une machine à pression pour extraire davantage d'arômes.

Enfin, il faudra traduire les opérations de fabrication en spécifications de production (pression d'utilisation). Ainsi, il est possible de remonter la chaîne, et de savoir pour chaque spécification de production, l'attente du client qui est à l'origine de cette spécification.

La déclinaison des QUOI en COMMENT se réalise grâce à un tableau (figure 7.3) habituellement appelé « maison de la qualité » en raison de sa forme qui permet principalement :

- de montrer les corrélations entre les QUOI et les COMMENT ;
- d'évaluer les QUOI et les COMMENT par rapport à la concurrence ;
- de gérer les corrélations entre les COMMENT ;
- de fixer des objectifs de coûts en fonction de l'importance du COMMENT.

Chaque passage d'un QUOI à un COMMENT, c'est-à-dire chaque étape de la démarche du QFD donne lieu à la réalisation d'une matrice « maison de la qualité ».

2. L'OUTIL GRAPHIQUE : LA MAISON DE LA QUALITÉ

2.1 Les éléments de la maison de la qualité

La figure 7.3 représente l'outil graphique de base du QFD. On l'appelle souvent « *maison de la qualité* » du fait de sa forme : une maison avec son toit.

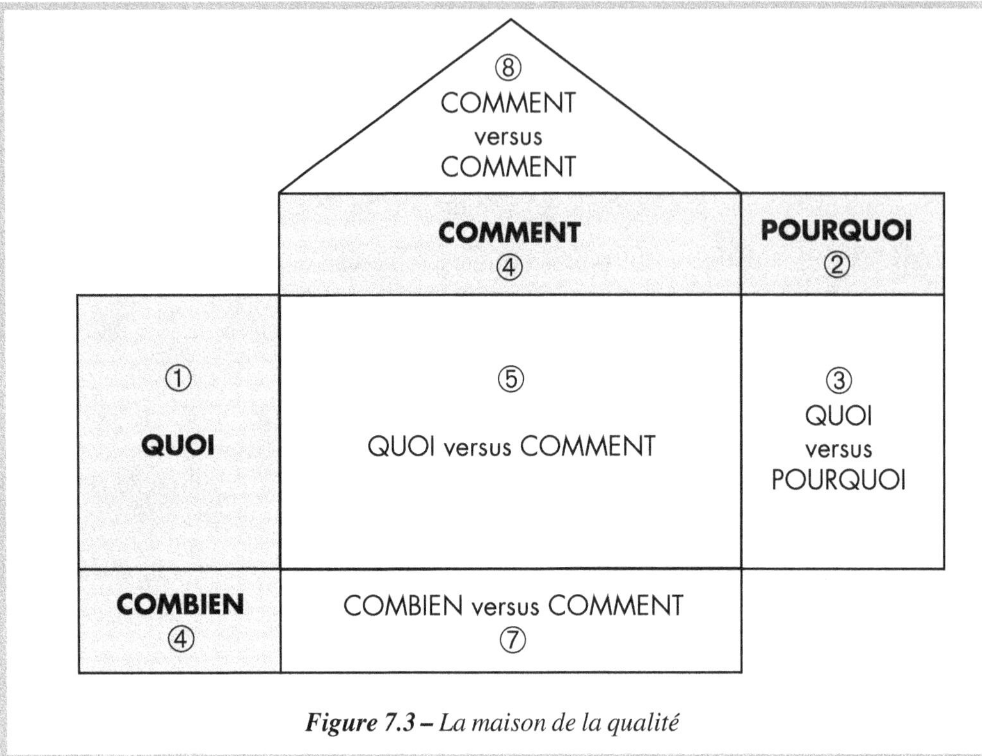

Figure 7.3 *– La maison de la qualité*

La maison de la qualité permet de traduire les attentes du client (les QUOI), écrites en lignes, en spécifications du produit (les COMMENT), écrites en colonnes. Le principe de base du passage de l'un vers l'autre est la réponse à la question QUOI/COMMENT tout en assurant d'avoir répondu aux questions essentielles POURQUOI et COMBIEN.

La figure 7.3 donne un exemple de matrice QFD simple qui nous permettra de mieux détailler les différentes zones. L'exemple concerne le développement d'un nouveau stylo à bille très bon marché. Seules quelques lignes et colonnes ont été maintenues pour alléger la présentation.

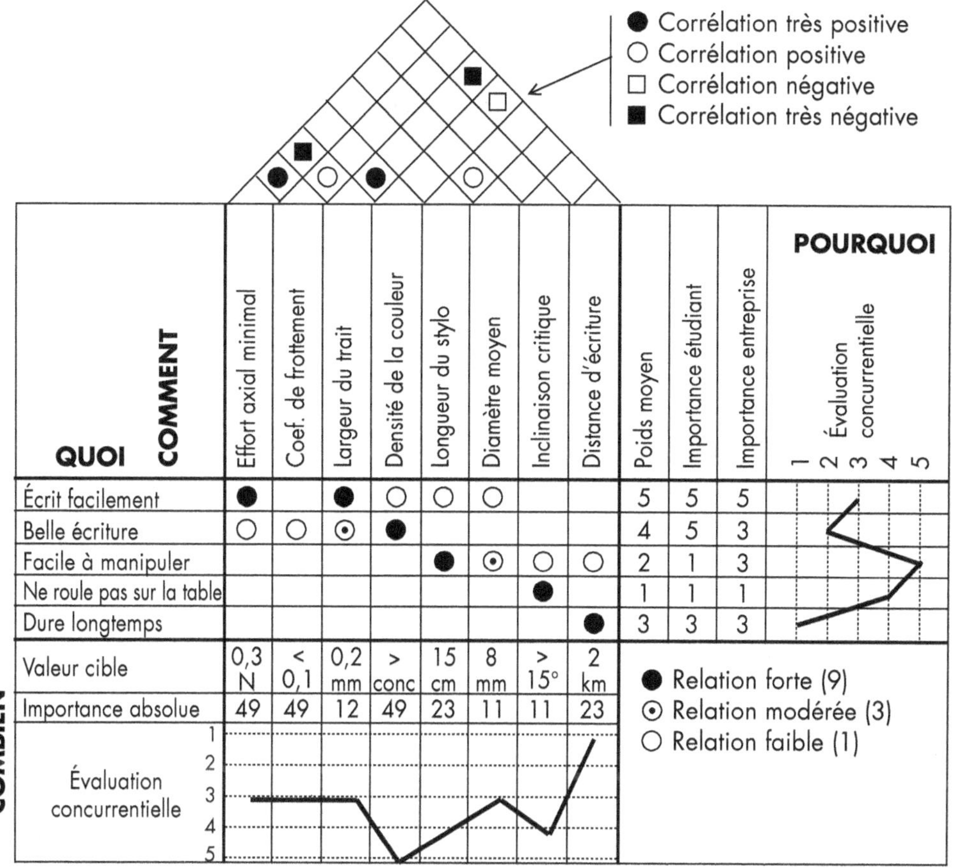

Figure 7.4 – Exemple de matrice QFD sur un stylo bille

2.2 Les différentes zones de la maison de la qualité

Pour bien comprendre le principe de construction de la matrice, il faut parfaitement définir les différentes zones. Le détail des calculs qui apparaissent sur la figure 7.4 sera abordé dans les paragraphes suivants.

1) Les QUOI : Cette zone contient la liste des attentes et des exigences explicites ou implicites des clients sur le produit. Cette liste peut être à un seul niveau pour des produits simples ou hiérarchisée pour des produits plus complexes.

2) Les POURQUOI : Cette zone a comme objectif de décrire le marché actuel. Elle comprend au moins deux éléments :

- la liste des catégories de clients que le produit doit satisfaire, ainsi qu'une évaluation de l'importance de chaque QUOI pour la catégorie concernée. Le poids moyen représente la moyenne des importances ;

• la liste des produits concurrents ou une évaluation par rapport à la concurrence.

Comme dans le cas des QUOI, cette liste peut être à un ou plusieurs niveaux. Dans le cas de l'exemple, on peut hiérarchiser les POURQUOI de la façon suivante :

✓ Importance
  ◆ Étudiants
  ◆ Industriels
  ◆ Familial

✓ Concurrence
  ◆ Concurrent 1
  ◆ Concurrent 2

3) Les QUOI *versus* POURQUOI : Cette zone comporte les relations entre les QUOI et les POURQUOI. Le but de cette zone est d'établir une hiérarchie parmi l'ensemble des QUOI en fonction des données du marketing. On trouve notamment l'importance relative de chaque QUOI en fonction du type de client. On trouve également l'évaluation comparative des concurrents sur chaque QUOI.

Ces trois premières zones sont évidemment le point de départ de la démarche. On ne peut pas remplir correctement ces trois zones si l'étude de marché n'a pas été faite de façon approfondie. Le but de cette première étape n'est pas bien sûr de remplir une matrice mais de formaliser au travers de la matrice la « voix du client ». Cette étude de marché est dans la plupart des cas la partie la plus importante de toute la démarche.

4) Les COMMENT : sachant les besoins exprimés par les clients, il faut analyser la façon de les satisfaire. Quels critères d'évaluation du produit peut-on apporter pour répondre aux besoins ?

5) Les QUOI *vs* COMMENT : permet de mesurer les relations entre les besoins des utilisateurs et les moyens envisagés pour les satisfaire. Cette relation matricielle QUOI/COMMENT représente la base et l'originalité de toute méthode QFD. En règle générale, les relations QUOI/COMMENT sont hiérarchisées en fonction de l'importance de la relation. On utilise souvent une pondération 1, 3, 9 pour des relations faibles, moyennes et fortes.

6) Les COMBIEN : la liste des COMBIEN sert à caractériser les COMMENT un peu de la même manière que les POURQUOI caractérisent les QUOI. On trouve en général dans cette liste :

• une note d'importance ;
• la cible à atteindre ;
• la liste des concurrents et l'évaluation par rapport à ceux-ci.

7) Les COMMENT *vs* COMBIEN : cette matrice relationnelle permet de caractériser les COMMENT en fonction des COMBIEN

- une évaluation calculée de l'importance des COMMENT en fonction des QUOI qu'ils satisfont et de leur importance respective ;
- un objectif chiffré pour le COMMENT garantissant la satisfaction du client ;
- une évaluation comparative des COMMENT par rapport à la concurrence.

8) Les COMMENT *vs* COMMENT : les solutions apportées pour satisfaire les clients sont parfois contradictoires. Par exemple dans un stylo bille, on souhaite qu'il glisse facilement sur la feuille et qu'il ne coule pas. Or le jeu entre la bille et le corps permet un meilleur glissement, mais une fuite plus importante. On identifiera donc dans cette partie toutes les relations positives (vont dans le même sens en terme de qualité) et négatives (vont dans le sens opposé).

3. LA DÉMARCHE QFD

Le but du QFD n'est pas de remplir une matrice, mais d'améliorer la qualité des produits conçus suivant cette méthode. La matrice représente le support qui formalise la démarche. Ainsi, en remplissant correctement tous les éléments de cette matrice, on s'oblige à valider successivement toutes les étapes qui mènent au succès. Les étapes pour la construction de la matrice sont les suivantes :

3.1 Définition des objectifs et des moyens

Dans cette première étape, on définit parfaitement :

- les objectifs et les limites de l'étude ;
- la composition de l'équipe responsable ;
- le balisage et les différentes validations qui seront effectuées au cours de l'étude.

L'équipe responsable du projet doit être formée de professionnels compétents et capables de communiquer. Le QFD étant un travail d'équipe, le sens de la communication est un impératif.

3.2 Définition de la voix du client

C'est sans doute l'étape la plus importante du QFD. En effet, l'objectif du QFD est de parfaitement traduire dans le produit qui sera conçu la voix du client. Il est donc indispensable d'avoir réalisé une étude de marché la plus complète possible pour bien identifier les besoins.

L'étude de la voix du client se traduit dans la maison de la qualité par les zones **QUOI / POURQUOI / QUOI *versus* POURQUOI.**

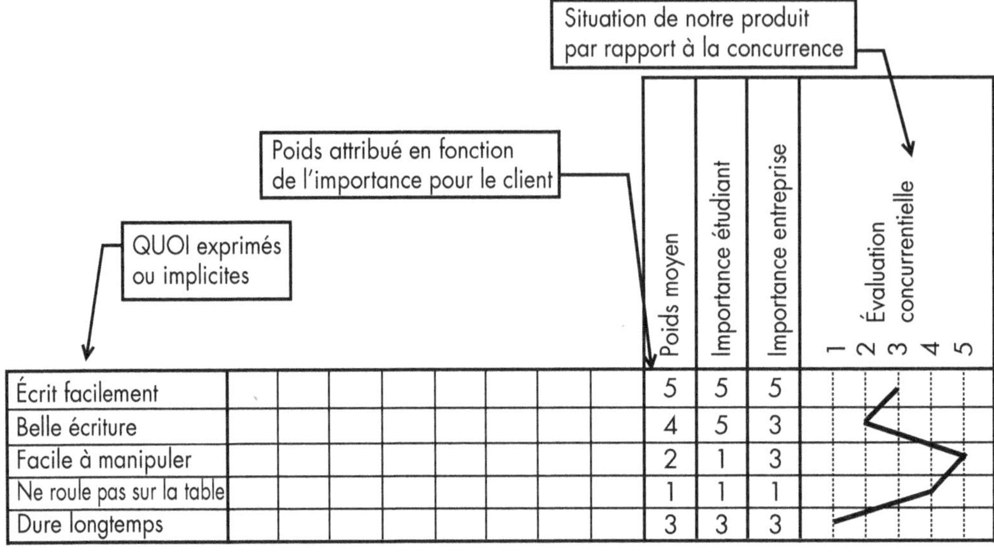

Figure 7.5 – Étude de marché

Pour cela, il faut :

- **Identifier les différentes catégories de clients potentiels ;**
- **Analyser les produits :**
  Les produits vendus par l'entreprise,
  Les produits concurrents ;
- **Ecouter la voix des personnes intéressées directement ou indirectement par le produit :**
  Les clients,
  Les propriétaires,
  Ceux qui ont acheté vos produits,
  Ceux qui ont acheté les produits concurrents,
  Ceux qui sont passés aux produits de la concurrence,
  Ceux qui sont satisfaits,
  Ceux qui ne sont pas satisfaits ;
- **Identifier toutes les attentes clients par rapport au produit :**
  les innovations souhaitées,
  la hiérarchie entre les différentes attentes,
  les fonctions essentielles ou facultatives,
  tous les produits concurrents et l'appréciation des clients sur ces produits,
  la listes des améliorations potentielles à apporter.

Cette étude qui doit couvrir les aspects techniques et émotionnels est conduite par le marketing et peut prendre plusieurs mois. Cette enquête se fait en recourant à différentes méthodes :

- sondage : courrier, téléphone ;
- cliniques (les clients viennent avec leur produit et discutent du produit) ;
- groupes de discussion (une heure ou deux avec des personnes représentatives) ;

- interviews individuelles (pour faire ressortir les attentes des personnes silencieuses) ;
- écoute dans les structures de vente, les foires, salons, expositions, etc. ;
- Information existante au sein des archives.

3.3 Définition des relations QUOI/COMMENT

A partir de l'étude de marché, il faut se poser la question : « comment satisfaire les besoins des clients ? ». Ainsi, pour chaque QUOI, il faut définir le (ou les) COMMENT. Le client exprime son besoin dans son vocabulaire (il veut un café chaud, il veut un stylo qui glisse sur le papier) le technicien doit traduire ce vocabulaire en spécification technique quantifiable (température, coefficient de frottement).

Cependant, un QUOI peut être résolu par plusieurs COMMENT, et un COMMENT peut résoudre plusieurs QUOI, avec des degrés divers de relations. Pour imager ces relations entre les QUOI et les COMMENT, le QFD propose d'utiliser un tableau rectangulaire (figure 7.6) dans lequel on symbolisera les relations entre les QUOI et les COMMENT par une petite icone symbolisant l'importance de la relation entre le QUOI et le COMMENT.

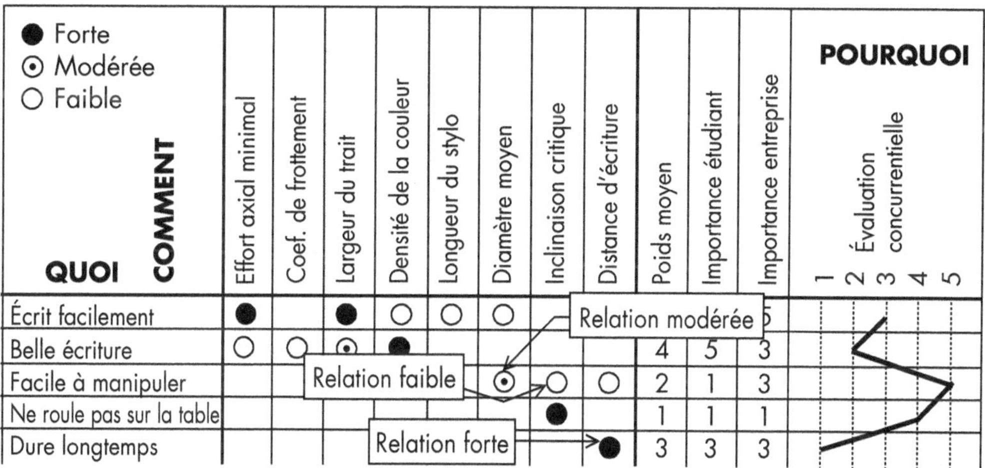

Figure 7.6 – Relation QUOI/COMMENT

3.4 Définition des COMBIEN

Pour compléter le tableau précédent, il faut préciser le COMMENT par un COMBIEN, c'est-à-dire donner une valeur quantitative (la cible) au COMMENT. Pour cela, on rajoute sous le tableau une grille permettant cette évaluation (figure 7.7). Pour illustrer cette étape, l'attente d'un client concernant notre stylo :

QUOI : Écrit facilement.
COMMENT : Effort axial minimal pour permettre l'écriture.
COMBIEN : Inférieur à 0,3 N pour une largeur de trait de 0,15 mm.

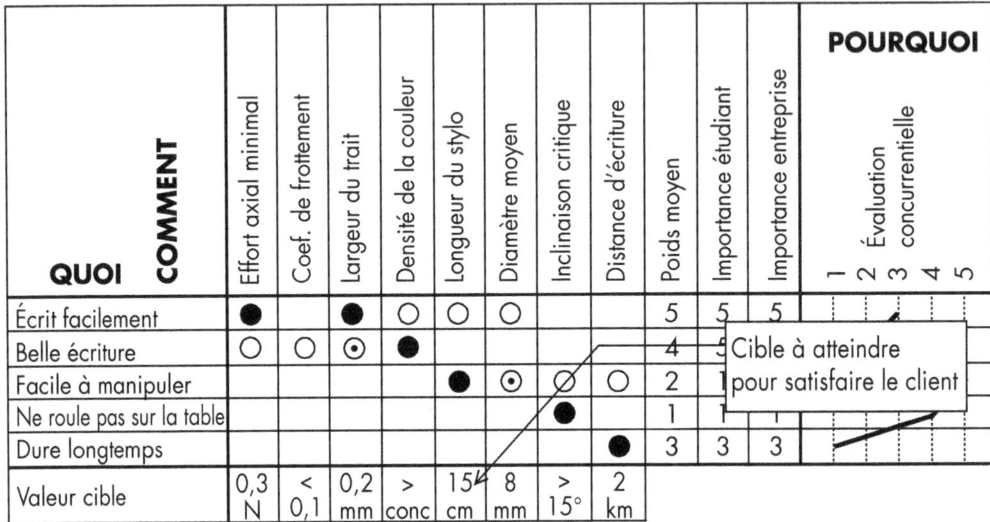

QUOI / COMMENT	Effort axial minimal	Coef. de frottement	Largeur du trait	Densité de la couleur	Longueur du stylo	Diamètre moyen	Inclinaison critique	Distance d'écriture	Poids moyen	Importance étudiant	Importance entreprise	POURQUOI Évaluation concurrentielle 1 2 3 4 5
Écrit facilement	●		●	○	○	○			5	5	5	
Belle écriture	○	○	⊙	●					4	5		
Facile à manipuler					●	⊙	○	○	2	1		
Ne roule pas sur la table							●		1	1		
Dure longtemps								●	3	3	3	
Valeur cible	0,3 N	< 0,1	0,2 mm	> conc	15 cm	8 mm	> 15°	2 km				

Figure 7.7 – La valorisation par COMBIEN

Pour chaque COMMENT, les techniciens devront donc préciser :

- la valeur cible idéale ou la limite d'acceptation ;
- une évaluation de chacun des concurrents par rapport à cet idéal ;
- la direction des améliorations à apporter par rapport au produit existant.

La cible peut s'exprimer de quatre façons différentes :

- une valeur idéale à atteindre (largeur du trait) ;
- une valeur maximale à ne pas dépasser (effort d'écriture) ;
- une valeur minimale à atteindre (distance d'écriture) ;
- un état (présence ou non de capuchon).

La maison de la qualité est alors complétée en hiérarchisant les COMMENT. Pour cela, lors de l'étude de marché, on affecte une note de 1 à 5 à chacun des QUOI. Chaque type de relation QUOI/COMMENT est pondéré par un coefficient 1, 3 ou 9. En fonction de l'importance des relations, on calcule alors l'évaluation de chacun des COMMENT en multipliant la note du QUOI par le coefficient de la relation. (Voir figure 7.8).

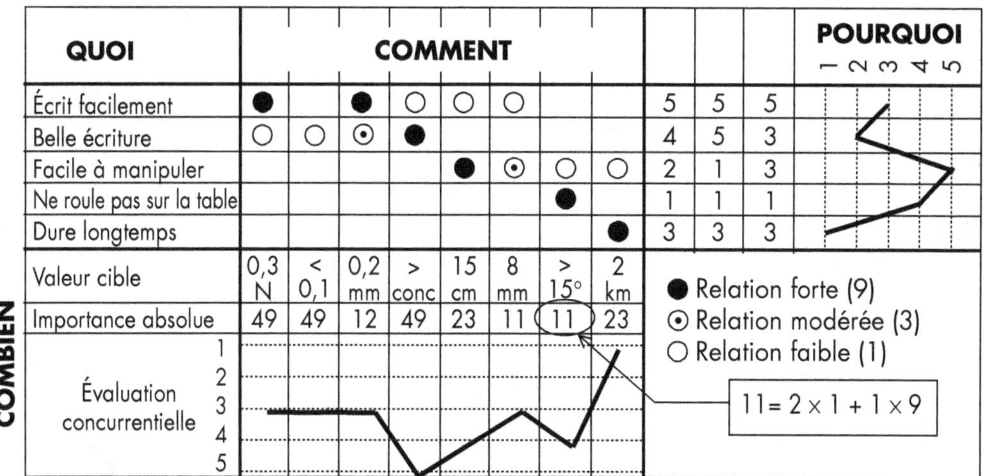

Figure 7.8 – Évaluations pondérées

Cette évaluation permet de bien définir quelles seront les caractéristiques essentielles du produit vis-à-vis du client.

3.5 Evaluation concurrentielle des COMMENT

Comme dans le cas des QUOI, pour chaque COMMENT, on doit évaluer comment on se situe par rapport au concurrent. Dans le cas du coefficient de frottement par exemple, la valeur mesurée sur notre stylo est de 0,07 alors que la concurrence va de 0,063 à 0,095. Le maxi étant fixé à 0,01 on a mis une note de 3/5. On fait de même pour tous les COMMENT de la matrice.

3.6 Analyse concurrentielle QUOI/COMMENT de la matrice

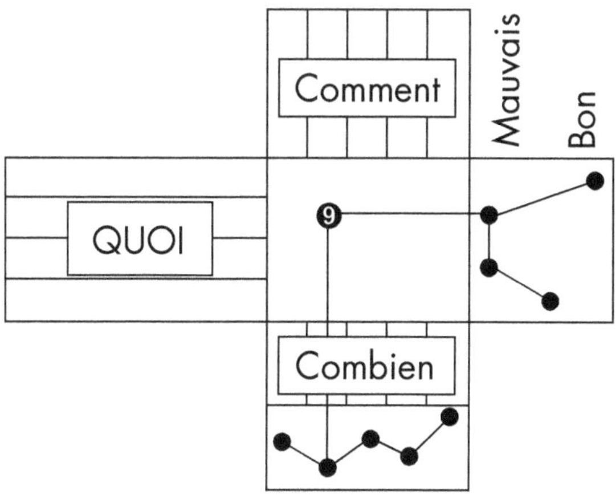

Figure 7.9 – Confrontation à la concurrence

L'étape suivante dans le QFD, consiste à confronter l'évaluation des QUOI et des COMMENT par rapport à la concurrence. Cette confrontation se fait généralement en utilisant un simple graphique précisant le niveau dans une échelle BON/MAUVAIS. En règle générale, si une fonction, n'est pas bien réalisée vis-à-vis de la concurrence, les COMMENT correspondants ne sont pas très bons non plus. Dans le cas contraire, cela signifie que nous sommes bien placés sur le plan technique, sans être bien évalués sur le plan de la satisfaction du client. Il y a un conflit qu'il est nécessaire d'éclairer.

QUOI	COMMENT											POURQUOI 1 2 3 4 5
Écrit facilement	●		●	○	○	○			5	5	5	
Belle écriture	○	○	⊙	●					4	5	3	
Facile à manipuler					●	⊙	○	○	2	1	3	
Ne roule pas sur la table							●		1	1	1	
Dure longtemps								●	3	3	3	
Valeur cible	0,3 N	< 0,1	0,2 mm	> conc	15 cm	8 mm	> 15°	2 km				
Importance absolue	49	49	12	49	23	11	11	23				
Évaluation concurrentielle 1 2 3 4 5												

COMBIEN

● Relation forte (9)
⊙ Relation modérée (3)
○ Relation faible (1)

Figure 7.10 – *Cas d'un conflit*

Dans l'exemple du stylo, les clients ont jugé sévèrement la qualité de l'écriture. Or ce QUOI est fortement corrélé avec la densité de la couleur qui est très bien notée. Il y a conflit, cela signifie que les clients attendent autre chose que la densité de la couleur lorsqu'ils parlent d'une « belle écriture ». Le besoin du client a mal été compris.

3.7 Étude des relations entre les COMMENT

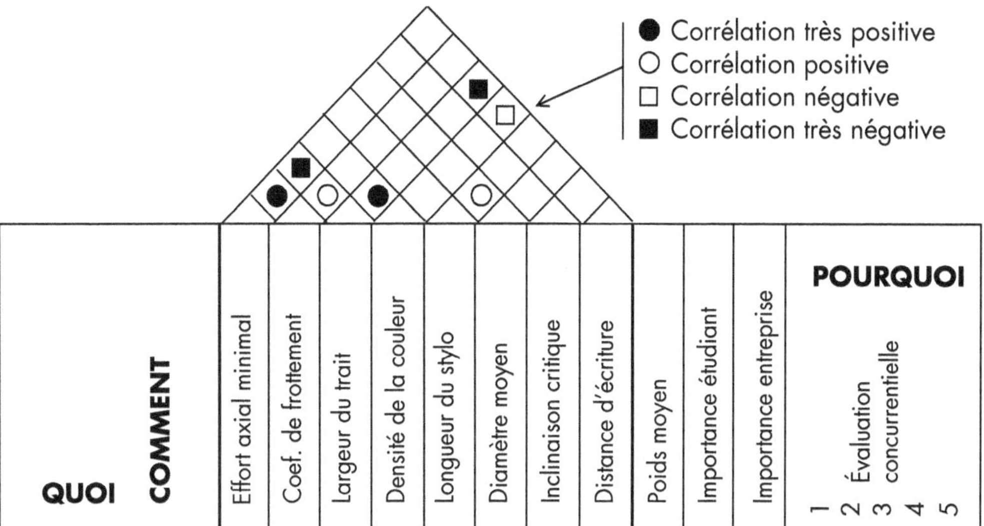

Figure 7.11 – Le toit de la maison

Les COMMENT peuvent se compléter, mais malheureusement, il arrive parfois qu'il y ait conflit entre deux COMMENT qui s'opposent. Par exemple, pour diminuer l'effort d'ouverture d'une vitre de véhicule il faut une manivelle avec un grand bras de levier, ce qui s'oppose à un encombrement minimum. Il faudra donc établir un compromis entre les deux COMMENT. Pour illustrer ces relations, nous allons placer un « toit » sur la maison. Ce toit permettra de noter les relations entre tous les COMMENT pris deux à deux (figure 7.11). Nous dissocierons les corrélations positives (celles qui vont dans le même sens d'un point de vue de la satisfaction du client) des corrélations négatives (celles qui s'opposent).

Par exemple, pour un stylo à bille, les COMMENT « coefficient de frottement stylo/feuille » et « effort minimum d'écriture » ont une corrélation positive. Plus le coefficient de frottement sera faible, plus l'effort minimum sera faible. Par contre « Effort axial mimimum » et « largeur de trait » ont une corrélation négative. En effet, la taille du trait augmente avec la force exercée.

3.8 Compléter la matrice

Il n'existe pas de version figée de matrice QFD. Nous avons défini les grandes étapes indispensables à la réalisation d'une matrice QFD. Cependant, le graphique peut être complété par un certain nombre d'informations portant sur les QUOI et les COMMENT comme par exemple :

- l'historique des réclamations clients répertoriées sur un produit similaire ;
- une pondération des QUOI différente selon le type de client ;
- un taux d'amélioration par rapport à un produit idéal.

Tous les éléments nécessaires à la satisfaction du client doivent être répertoriés, tout en ayant le souci de ne pas surcharger inutilement la matrice.

3.9 L'analyse de la matrice

L'analyse de la matrice permet de dénicher les insatisfactions potentielles ainsi que les incohérences. On notera par exemple :

- un QUOI n'ayant pas de relation forte avec un COMMENT ; cela signifie qu'il n'est pas satisfait ;
- un COMMENT n'ayant pas de relation forte avec un QUOI ; cette spécification est-elle vraiment utile ?
- les incohérences entre l'évaluation par les clients des QUOI et des COMMENT.

Un certain nombre de questions doivent également se poser telles que :

- les compromis réalisés entre des corrélations négatives sont-elles optimales ?
- toutes les questions qui se sont posées au cours du processus ont-elles eu une réponse ?
- quels seront les points forts et les points faibles du produit final ?

L'analyse de la matrice permet de valider la démarche QFD. Si la matrice est complète, une grosse partie du savoir-faire de l'entreprise se trouve dans cette matrice. En effet, on y trouve toute l'étude de marché et les réponses techniques apportées par l'entreprise.

C'est donc un excellent outil pour formaliser ce savoir-faire, le communiquer au sein de l'entreprise, et le faire progresser. C'est un document qui doit rester confidentiel.

4. LE DÉPLOIEMENT DES MATRICES

4.1 Principe du déploiement

Dans le paragraphe 3, nous avons développé les principes généraux de la construction de la maison de la qualité. La construction de la première matrice permet de passer des attentes du client aux spécifications des produits. Mais pour satisfaire le client, il faut parcourir toute la boucle de l'information (figure 7.1).

Il faut maintenant passer des spécifications du produit aux caractéristiques des pièces. Le principe de la construction de cette seconde matrice est le même que le principe de la construction de la première, les COMMENT de la matrice 1 devenant les QUOI de la matrice 2. Le nouveau client est un client interne.

Ce déploiement continuera encore entre les caractéristiques des pièces et les opérations de fabrication, puis entre les opérations de fabrication et les spécifications de production. Les figures 7.12 et 7.13 indiquent les 4 phases de déploiement de la fonction qualité, depuis les attentes des clients jusqu'aux spécifications de production.

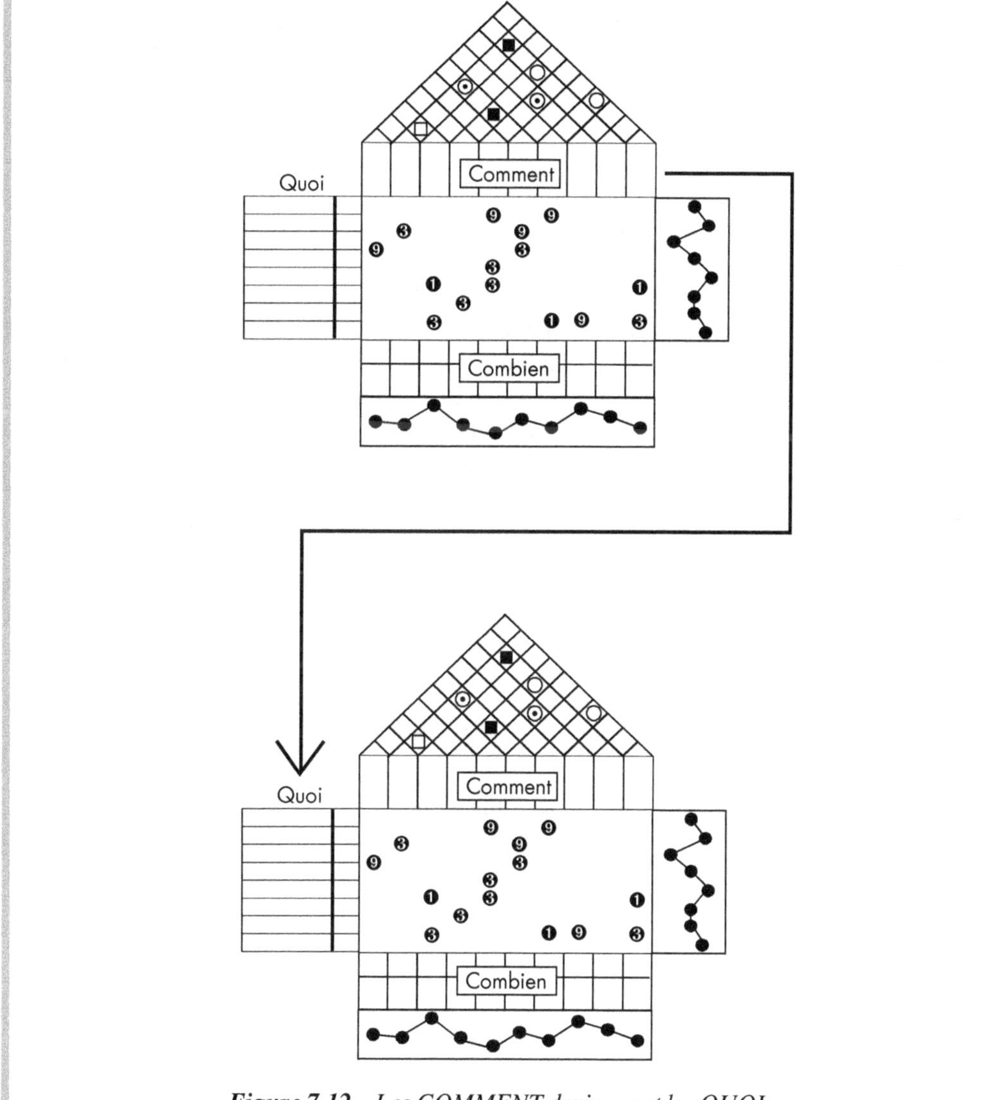

***Figure 7.12** – Les COMMENT deviennent les QUOI*

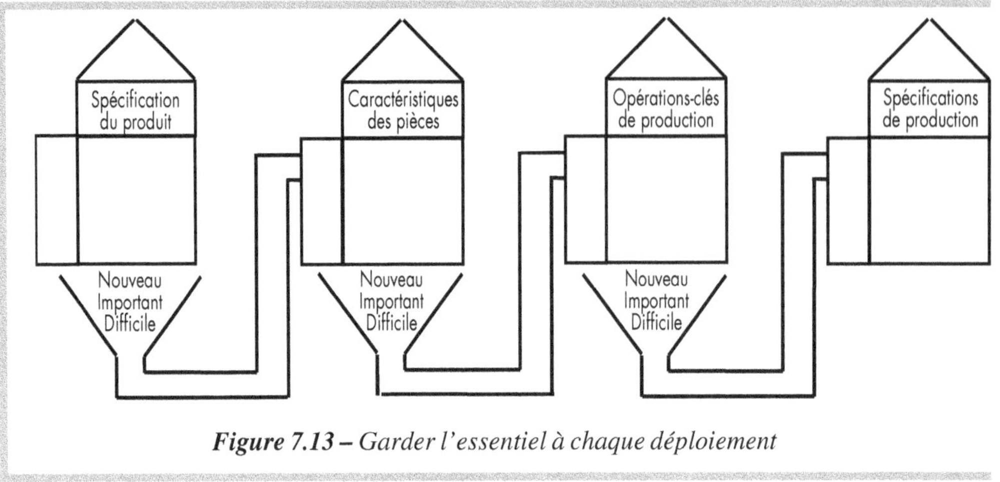

Figure 7.13 *– Garder l'essentiel à chaque déploiement*

Lors du déploiement de la fonction qualité, il faut être prudent. A partir de quelques attentes des clients, on peut rapidement se retrouver avec des centaines de spécifications de production si on ne prend pas soin d'élaguer ce qui n'est pas essentiel à chaque déploiement. Le QFD ne prétend pas être exhaustif dans son analyse, mais veut permettre d'obtenir la satisfaction totale du client. Lorsqu'un COMMENT est parfaitement maîtrisé, que sa réalisation ne pose aucun problème, il est inutile de transformer ce COMMENT en QUOI de la matrice aval. Cette précaution permettra d'alléger considérablement les matrices suivantes. Si ce travail d'élagage n'est pas fait, le QFD se transforme en un outil d'une extrême lourdeur qui sera difficile à utiliser.

Cependant, le QFD prend une importance grandissante dans le développement de nouveaux produits. Le simple fait de créer les deux premières matrices, permet aux techniciens et aux commerciaux de bien s'entendre sur le vrai besoin du client. Cela permet également de se donner des objectifs chiffrés en matière de qualité à atteindre dès les premières étapes de la conception.

4.2 Matrice Spécifications produits/Caractéristiques

Les objectifs de ce déploiement sont les suivants :

- sélectionner la meilleure conception ;
- déterminer les pièces critiques ;
- déterminer les caractéristiques des pièces critiques ;
- déterminer ce qui doit être déployé ultérieurement.

La seconde matrice diffère légèrement de la première matrice dans sa présentation, mais le principe reste le même.

● Relation forte (9) ⊙ Relation modérée (3) ○ Relation faible (1)	Système		Point d'écriture								…	
	Pièces		Bille			Encre		Support			…	…
	Caractéristiques critiques des pièces											
Spécifications d'études	Valeurs cibles	Importance	Rugosité	Diamètre	Sphéricité	Fluidité	Densité	Diamètre	Matière	Sphéricité	…	…
			1	2	3	4	5	6	7	8	9	10
Effort axial minimal	3 N	5	⊙	●	●			●	○	●		
Largeur du trait	0,2 mm	2		●		○	●	⊙				
……												
Valeur cible sur la caractéristique			< 0,2	1,25 ± 0,03	< 0,02	25 ± 1	132 ± 5	1,29 ± 0,03	PP 22	< 0,02		
Note d'importance			15	63	45	2	18	51	5	45		

***Figure 7.14** – Seconde matrice du QFD*

On retrouve les spécifications d'étude qui ont été fixées pour satisfaire les exigences des clients dans les QUOI. Les COMMENT sont constitués des différentes pièces du produit déclinées dans les principales spécifications. Les COMBIEN permettent d'inscrire les cibles et les tolérances de chacune des caractéristiques.

4.3 Matrice Caractéristiques/Opérations

Les objectifs de ce déploiement sont les suivants :

- sélectionner les meilleures combinaisons conception/procédé ;
- déterminer les paramètres critiques des procédés ;
- déterminer les cibles des paramètres procédés ;
- déterminer ce qui doit être déployé ultérieurement.

La matrice Caratéristiques/Opérations permet pour chaque pièce avec ses caractéristiques critiques de déployer l'ensemble des opérations de fabrication et de préciser les principales spécifications permettant l'obtention de ces caractéristiques.

Macro gamme			Bille					Assemblage		
	Opérations		Mise au point			Rectification		...		
● Relation forte (9) ⊙ Relation modérée (3) ○ Relation faible (1)	Paramètres critiques du procédé		Volume coupé	Pression matrice	Usure matrice	Vitesse rotation	Temps cycle			
Pièces et leurs caractéristiques critiques	Valeurs cibles	Importance	1	2	3	4	5	6	7	8
Diamètre bille	1,25 ± 0,03	5	●		⊙		●			
Sphéricité	< 0,02	3		●	●	○				
......										
Cible et tolérance			1,25 ± 0,03	150 daN	< 25 cycles	2500 tr/mn	25 mn			
Capacité du procédé (Cp)			1,65	☹	☺	☺	☺			
Note d'importance			45	27	42	3	45			

***Figure 7.15** – Troisième matrice du QFD*

4.4 Matrice Opérations/Spécifications de production

Les objectifs de ce déploiement sont les suivants :

- finaliser les gammes de fabrication ;
- établir le plan de surveillance ;
- établir le calendrier d'entretien préventif.

Cette dernière matrice est extrêmement importante. Son lien avec l'autocontrôle et l'AMDEC processus est très important. On retrouve pour chaque paramètre critique l'analyse de l'AMDEC en fréquence / gravité / détection et l'ensemble des procédures mises en place pour assurer la qualité requise. On y retrouve également les informations nécessaires à la gestion du poste de travail.

1 = Non critique 3 = Très critique						Évaluation de l'opération					Procédures requises pour l'opération				Information sur l'opération				Remarques
Opérations du procédé		Paramètres critiques	Valeurs cibles des paramètres	Capabilité du procédé	Facteur d'importance	Difficulté à contrôler	Fréquence des problèmes	Sévérité des problèmes	Habilité à détecter	**Multiplication**	Contrôle de qualité	Entretien préventif	Mécanisme Poka yoke	Éducation et formation	N° de contrôle	Main-d'œuvre Directe	Main-d'œuvre Indirecte	Temps de cyle	
Billes	Mise au point	Volume coupé	2,5 ± 0,1	1,65	5	1	2	1	3	**6**									
		Pression	150 daN	☹	5	3	3	2	3	**54**									
		Usure matrice	< 25 cycles	☺	3	1	2	1	1	**2**									
	Rectif	Vitesse rot	2500 tr/mn	☺	1	1	3	1	1	**3**									
		Temps de cycle	25 mn	☺	5	1	2	1	1	**2**									

***Figure 7.16** – Quatrième matrice du QFD*

5. LA MISE EN ŒUVRE DU QFD

5.1 Choix d'un projet QFD

Le choix du projet QFD est une étape importante pour sa réussite. Cette remarque sera encore plus vraie si l'introduction de la démarche dans l'entreprise est une démarche récente. Comme toujours, le projet ne peut réussir que s'il a le soutien de la direction. Il devra également satisfaire un certain nombre de conditions.

La première condition est de s'assurer qu'il est possible d'obtenir des résultats. Le projet doit posséder un potentiel d'amélioration attendu par l'entreprise. Il doit être simple, surtout s'il s'agit d'un premier projet, mais pas trivial. En cas de problème trop simple le QFD apparaît comme un rouleau compresseur pour écraser une fourmi. La seconde condition portera sur les compétences de l'entreprise. Ces compétences seront des compétences humaines, mais aussi d'extraction d'informations. Le remplissage des matrices du QFD nécessite de nombreuses informations, sont-elles disponibles ?

5.2 Création d'un groupe de travail

Le groupe de travail pour le QFD est un groupe de 6 à 8 personnes représentant les différents services concernés de l'entreprise. Les acteurs devront être des personnes motivées et compétentes. Leur position hiérarchique n'est pas importante pour le fonctionnement du groupe car comme dans tous travaux de groupe, chacun doit être sur le même pied d'égalité.

Les membres du groupe doivent également être disponibles pour participer aux réunions, mais surtout en dehors de ces réunions car le QFD demande beaucoup de travail.

5.3 Mise en œuvre

La mise en œuvre du QFD, reprend les différentes étapes décrites dans le paragraphe 3. Elle s'appuie sur l'outil graphique de la maison de la qualité. Selon les auteurs, plusieurs variantes peuvent être utilisées. Ainsi, Gregg D. Stocker[1] retient les 14 étapes suivantes :

1. Établir et communiquer les objectifs du projet.
2. Établir les limites du projet, et le niveau de remise en cause.
3. Rechercher les besoins des clients (les QUOI).
4. Organiser et catégoriser les besoins des clients.
5. Hiérarchiser les besoins des clients.
6. Se positionner par rapport à la concurrence sur les attentes des clients (avec le point de vue du client).
7. Développer les spécifications du produit (les COMMENT) pour satisfaire les besoins du client.
8. Établir les relations entre les QUOI et les COMMENT.
9. Se positionner par rapport à la concurrence sur les spécifications du produit.
10. Calculer l'importance des spécifications du produit.
11. Établir un objectif chiffré pour les spécifications du produit.
12. Déterminer les corrélations entre les spécifications du client.
13. Finaliser par des compromis les objectifs sur les spécifications du produit.
14. Déployer les autres matrices.

1. Gregg D. Stocker – *Quality Function Deployement : Listening to the Voice of the Customer*, APICS, 1991.

5.4 Les outils d'aide à la réalisation de QFD

On l'a dit à de nombreuses reprises, le QFD est une démarche relativement lourde à mettre en œuvre. Pour simplifier le travail administratif, quelques logiciels sont proposés tels que QFD/Capture qui servent de guide à la méthode, et qui permettent une bonne interactivité en cas de modifications.

6. LES BÉNÉFICES À ATTENDRE DU QFD

Le QFD, par la rigueur de sa démarche offre de nombreux avantages. Les principaux sont les suivants :

- **Le QFD est un support de communication**
  Les graphiques du QFD représentent un support très utile à la communication dans le groupe. Ainsi, il permet d'obtenir très rapidement des consensus sur des informations précises. Une fois la matrice remplie, quelle que soit l'étape, elle représente une mine d'informations. C'est vraiment le type de document à ne pas laisser entre les mains du concurrent car une grande partie du savoir-faire de l'entreprise est intégrée dans les différentes matrices. Lorsque le produit sera repris par une autre équipe, la transmission des connaissances par le QFD deviendra très aisée.
- **Le QFD diminue les délais de lancement des produits**
  En prenant en compte de façon formelle l'ensemble des besoins des clients, le QFD évite les coûteuses modifications de dernière minute. Les modifications interviennent plus tôt dans le processus de développement, et améliorent ainsi les délais de développement, les coûts de développement ainsi que les problèmes lors du lancement.
- **Le QFD améliore la satisfaction du client**
  C'est bien là le plus gros bénéfice. De par la nature du QFD, centré sur les besoins des clients, il aboutit nécessairement à la prise en compte de toutes les étapes de ces attentes et ainsi à leur satisfaction.

Tous ces points positifs invitent de plus en plus d'entreprises à franchir le pas entre la connaissance de cet outil et son utilisation effective pour un meilleur service au client.

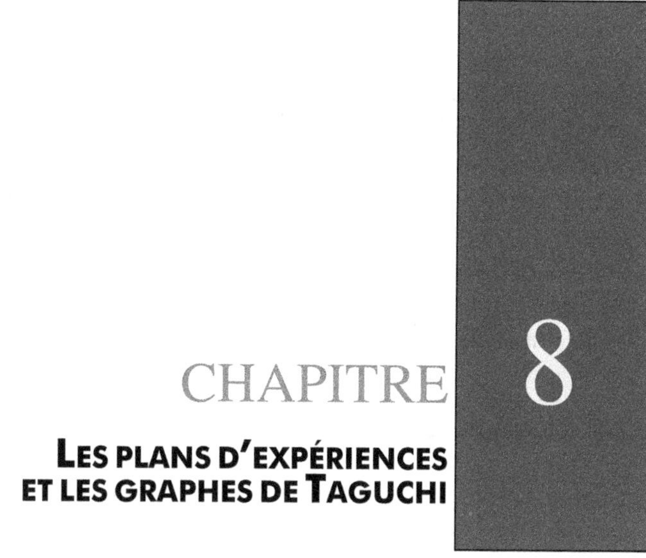

CHAPITRE 8

LES PLANS D'EXPÉRIENCES ET LES GRAPHES DE TAGUCHI

Les plans d'expériences font partie de l'ensemble des outils de la qualité qui permettent aux entreprises de progresser dans la maîtrise de la conception de produits nouveaux et dans la maîtrise des procédés de fabrication. Ils forment avec d'autres outils statistiques tels que le SPC et l'analyse de régression multiple, un ensemble cohérent d'une redoutable efficacité pour résoudre de nombreux problèmes de qualité. Ignorer ces méthodes aujourd'hui, serait se priver d'un potentiel important d'amélioration pour l'entreprise.

1. HISTORIQUE DES PLANS D'EXPÉRIENCES

1.1 Les origines

La méthode des plans d'expériences n'est pas une technique nouvelle. Elle date en fait du début du siècle avec les travaux de FISHER (1925). Les premiers utilisateurs de ces méthodes furent des agronomes qui ont vite compris l'intérêt des plans d'expériences et notamment la réduction du nombre d'essais lorsqu'on étudie de nombreux paramètres. En effet, les essais en agronomie sont consommateurs de paramètres et très longs, l'étude du rendement d'un blé nécessite la prise en compte du type de terrain, des différents traitements, de l'ensoleillement, etc... Il était donc indispensable de réduire le nombre d'essais sans perdre en précision. Mais cette technique est restée relativement confidentielle et n'a pas réussi à pénétrer de façon significative les industries occidentales avant les années soixante-dix. Une des raisons de ce manque d'intérêt des industriels pour la méthode était probablement l'aspect trop théorique de l'approche proposée. Il a fallu les travaux du docteur Taguchi dans les années soixante au Japon pour que les plans d'expériences pénètrent nos usines. Taguchi avec le pragmatisme qui caractérise les Japonais a su simplifier et clarifier l'utilisation des plans d'expériences. Son apport est considérable et la diffusion à grande échelle de ses travaux aux États-Unis date de la fin des années soixante-dix. Aujourd'hui, les plans d'expériences représentent un outil indispensable à tout industriel, du plus petit au plus grand, soucieux d'améliorer la qualité de ses produits.

1.2 Les plans d'expériences dans l'industrie

Quel que soit le secteur d'activité et quel que soit l'industriel, ce dernier est toujours amené à procéder à des essais. Or ces essais sont malheureusement trop souvent conduits sans méthode. On procède par tâtonnements successifs, sans planifier de façon rigoureuse les essais pour obtenir une pléthore de résultats que l'on ne sait pas toujours très bien exploiter.

Et pourtant, la méthode des plans d'expériences permet de conduire de façon rigoureuse les essais en vue d'un objectif parfaitement défini. Elle permettra, en outre, une diminution considérable du nombre d'essais par rapport aux techniques traditionnelles. Mais plus encore, elle permettra une interprétation rapide et sans équivoque des résultats des essais en fournissant un modèle expérimental du système étudié.

En fait, c'est exactement ce que recherche le technicien confronté à un problème. La méthode, une fois comprise, constitue une étape irréversible dans la carrière de celui-ci qui ne pourra plus envisager de réaliser des essais sans utiliser un plan d'expériences.

2. ÉTUDE D'UN PHÉNOMÈNE

2.1 La démarche d'acquisition des connaissances

La démarche industrielle d'acquisition des connaissances reposant souvent sur l'expérimentation, il est important de considérer les trois critères suivants dans la mise en œuvre des essais :

- elle doit faciliter l'acquisition progressive des connaissances ;
- elle doit minimiser le nombre d'expériences ;
- elle doit fournir la meilleure précision possible.

La première difficulté que rencontre le technicien qui souhaite réaliser des essais est de trouver les expériences à réaliser qui lui apporteront le plus d'informations. Cependant, les difficultés de l'expérimentateur ne s'arrêtent pas là, car, une fois les essais réalisés, il faut interpréter les résultats, ce qui n'est pas toujours le plus simple !

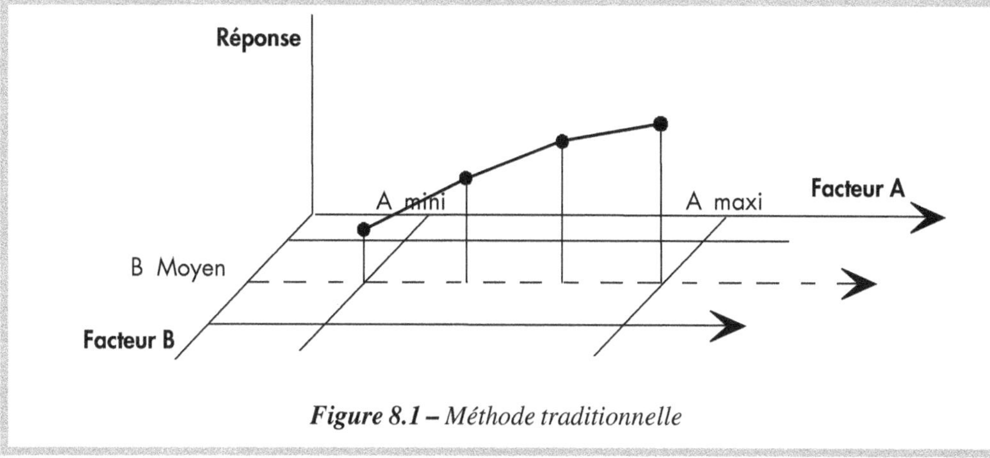

***Figure 8.1** – Méthode traditionnelle*

La démarche traditionnellement retenue pour faire des essais consiste à faire varier un seul facteur à la fois. Ainsi, dans le cas de la figure 8.1, pour étudier deux facteurs, on fixe successivement A et B au niveau moyen pour faire varier l'autre facteur du mini au maxi. Cette méthode, est-elle la méthode optimale ? En effet, le problème se complique lorsque le phénomène étudié comporte des interactions.

2.2 Étude des interactions

Une interaction existe lorsque le système ne réagit pas à un facteur de façon identique selon la configuration d'un autre facteur. Il existe un lien entre les deux facteurs.

La figure 8.2 représente le phénomène des interactions. Le premier schéma montre un phénomène sans interaction. On constate que l'effet sur la réponse lorsque le facteur A passe du mini au maxi est de (-1). Et ceci indépendamment de l'état du facteur B. Le deuxième schéma montre un phénomène avec interaction. Dans ce cas, l'effet du facteur A sur la réponse n'est pas le même selon que le facteur B est au mini ou au maxi. En effet, lorsque A passe du mini au maxi alors que B est au mini, la variation de la réponse est de (-2). Par contre la même variation de A alors que B est au maxi ne provoque qu'une variation de réponse de (-1). Il y a interaction entre les facteurs A et B.

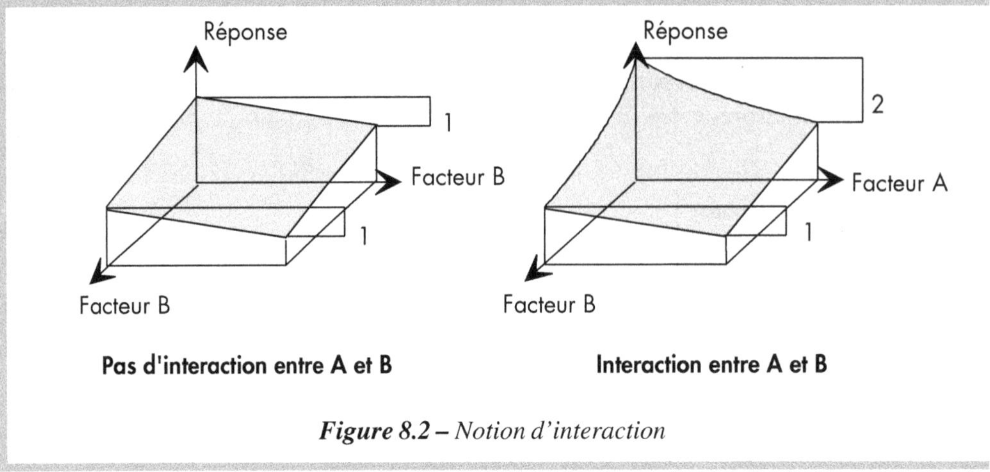

Figure 8.2 – Notion d'interaction

Évidemment, en ne faisant varier qu'un facteur à la fois de façon classique, l'étude des interactions est impossible.

2.3 Précision sur les résultats

La seconde limite de la démarche traditionnelle concerne la précision sur les résultats d'une campagne d'essai.

Pour comprendre l'amélioration de la précision apportée par les plans d'expériences, nous allons reprendre le cas de l'étude de deux facteurs A et B.

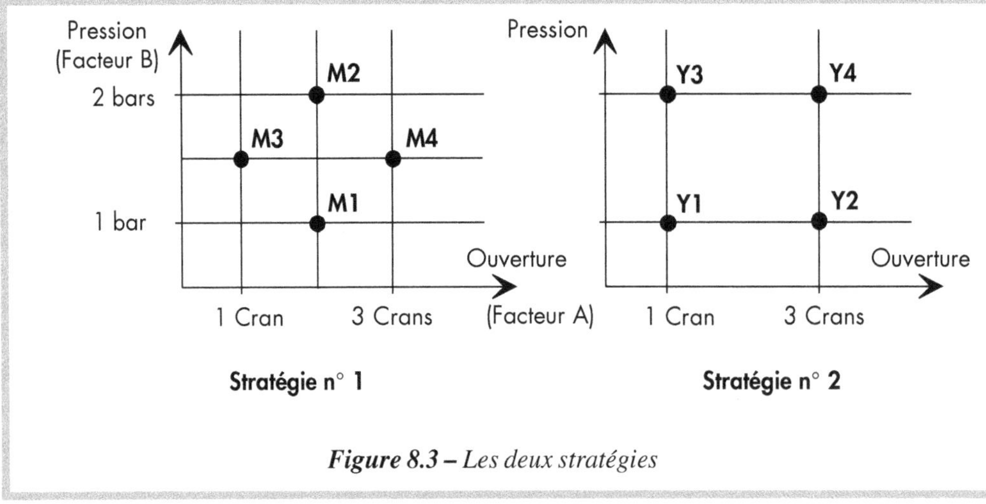

Figure 8.3 – Les deux stratégies

Dans ce plan, la stratégie classique (n° 1) consiste à étudier un facteur à la fois, le second étant placé au niveau moyen (figure 8.3). La stratégie des plans d'expériences (n° 2) consiste à se placer aux quatre coins du domaine d'étude.

Dans la stratégie classique l'effet du facteur A sera évalué en faisant la différence entre l'essai 2 et l'essai 1 : $E_A = M4 - M3$

Dans la stratégie des plans d'expériences, l'effet du facteur A sera évalué en faisant la différence entre le résultat moyen lorsque A est au maxi (2 bars) et le résultat moyen lorsque A est au mini (1 bar). On a donc :

$$EA = 1/2(Y2 + Y4) - 1/2(Y1 + Y3)$$

La stratégie des plans d'expériences calcule l'effet moyen à partir de moyennes alors que la stratégie classique le calcule à partir d'une seule valeur. Or, la théorie de l'échantillonnage nous dit que lorsqu'une population est distribuée avec un écart-type σ la moyenne d'un échantillon de n valeurs est distribuée selon un écart-type $\sigma / \sqrt{n}$.

La figure 8.4 illustre le gain en précision entre la stratégie classique et la stratégie des plans d'expériences. Dans le premier cas, on ne raisonne que sur des valeurs individuelles, le cône d'erreur est important. Il peut même conduire à une inversion dans le sens des effets.

Dans le second cas, l'effet de la moyenne diminue le cône d'erreur, et dans le cas de la figure 8.4, supprime le risque d'inverser le sens des effets.

On peut démontrer, que, compte tenu d'un nombre d'essais donné, la méthode des plans d'expériences est la méthode la plus précise et qu'on ne peut pas faire plus précis.

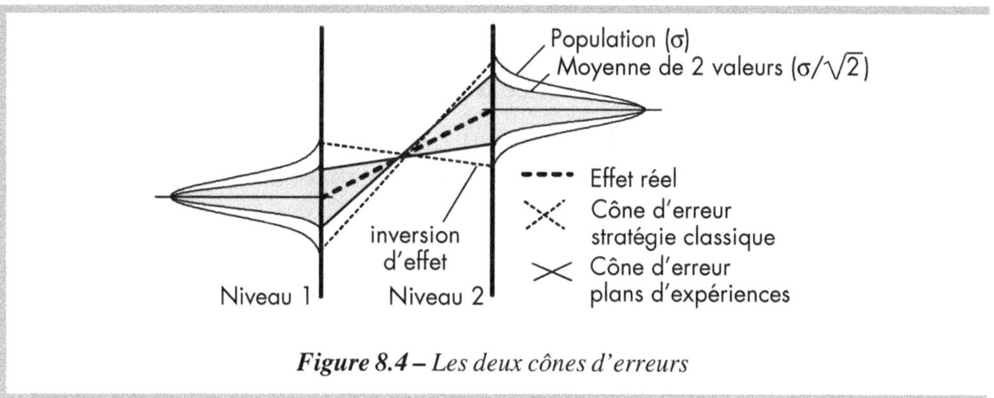

***Figure 8.4** – Les deux cônes d'erreurs*

2.4 Application sur un plan d'expérience complet

Réaliser un plan d'expérience complet consiste à réaliser tous les essais à chaque nœud du maillage. Prenons le cas où le nombre de niveaux par facteur est différent d'un facteur à l'autre. Pour illustrer ceci, nous allons étudier un problème d'amélioration d'une rugosité sur une rectifieuse.

Les facteurs étudiés sont les suivants :

Symbole	**Facteur**	**Niveau 1**	**Niveau 2**	**Niveau 3**
A	Type de meule	Meule 1	Meule 2	
B	Rotation pièce	Vitesse 1	Vitesse 2	Vitesse 3
C	Vitesse meule	Vitesse 1	Vitesse 2	

La réponse mesurée est le critère de rugosité Ra.

Le plan complet comporte donc 2 x 3 x 2 = 12 essais. On vérifie facilement que le plan ci-dessous comporte tous les essais du maillage.

Essais	A	B	C	Y
1	1	1	1	0,36
2	1	2	1	0,39
3	1	3	1	0,46
4	1	1	2	0,47
5	1	2	2	0,53
6	1	3	2	0,74
7	2	1	1	0,37
8	2	2	1	0,41
9	2	3	1	0,48
10	2	1	2	0,49
11	2	2	2	0,55
12	2	3	2	0,76

La moyenne générale des 12 essais est de M = 0,50 µm.

Pour faciliter l'interprétation, on représente l'ensemble des effets et des interactions de façon graphique. Ce graphe permet de visualiser l'effet des facteurs et l'influence des interactions.

◆ Effet des facteurs étudiés

Pour illustrer cet effet, on établit le ***tableau des moyennes*** :

Niv/fact	**A**	**B**	**C**
1	0,49	0,42	0,41
2	0,51	0,47	0,59
3		0,61	

Moyenne des essais 1, 2, 3, 7, 8, 9 où le facteur C est à 1

Ce tableau se met facilement sous forme graphique (voir figure 8.5).

Pour les interactions on réalise pour chaque interaction un tableau qui précise la valeur moyenne obtenue dans chaque configuration.

Interaction AB			
A/B	B = 1	B = 2	B = 3
A = 1	0,415	0,46	0,6
A = 2	0,43	0,48	0,62

Moyenne des essais 3 et 6 où
le facteur A est à 1
le facteur B est à 3

Interaction BC			
C/B	B = 1	B = 2	B = 3
C = 1	0,36	0,40	0,47
C = 2	0,48	0,54	0,75

Moyenne des essais 3 et 9 où
le facteur C est à 1
le facteur B est à 3

Interaction AC		
C/A	A = 1	A = 2
C = 1	0,40	0,42
C = 2	0,58	0,60

Moyenne des essais 7, 8 et 9 où
le facteur C est à 1
le facteur A est à 2

Ces graphes se mettent également sous forme de graphique. On note que dans le cas d'une interaction nulle (exemple AC), les deux droites obtenues sont parallèles. On montre facilement que seule l'interaction BC est significative.

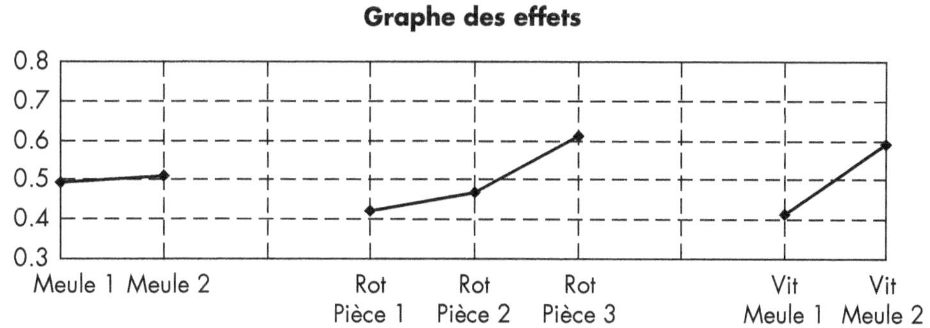

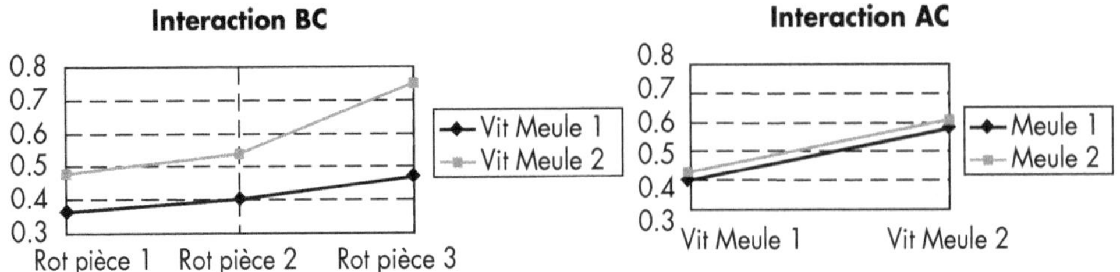

***Figure 8.5** – Graphe des effets et des interactions*

La figure 8.5 représente pour les trois premières courbes les effets moyens des facteurs A, B et C. Le quatrième graphique visualise l'interaction non nulle BC. Le cinquième graphique visualise l'interaction nulle AC, les segments de droites sont parallèles.

Pour représenter l'interaction BC, nous avons placé en abscisse le facteur « *Rotation pièces* », et en ordonnée la réponse du système. Les deux courbes représentent les effets pour les deux configurations de vitesse de meule.

Sur ce graphe, on note clairement que l'effet de la « *Rotation de la pièce* » est faible lorsque la vitesse de la meule est au niveau 1. Il est par contre très important lorsque celle-ci est égale à 2.

On note le point qui minimise la rugosité :

- Type de meule : indifférent.
- Rotation pièce : rotation 1.
- Vitesse de meule : vitesse 1.

3. LE PROBLÈME DES PLANS COMPLETS

La stratégie « plan d'expériences » proposée dans la figure 8.3 (notée stratégie n° 2) nécessite 4 essais (22) car on étudie deux facteurs à deux niveaux (mini et maxi).

Si on veut étudier trois facteurs avec cette stratégie, il faudrait 8 essais (23). Ces 8 essais nous permettraient d'étudier les 4 interactions possibles entre les trois facteurs (AB, AC, BC, ABC).

Si on veut étudier huit facteurs avec cette stratégie, il faudrait 256 essais (28). Ces 256 essais nous permettraient d'étudier les 247 interactions possibles entre les 8 facteurs (AB, ...GH, ABC, ...FGH, ..., ABCDEFGH). C'est bien mais c'est un peu cher de réaliser 256 essais. De plus les interactions d'ordre supérieur à 2 sont pratiquement toujours nulles.

Aussi, plutôt que de faire les 256 essais, ne peut-on pas ne se contenter que de 16 essais par exemple et sélectionner quelques interactions intéressantes à étudier parmi les 247 possibles. C'est ce que proposent les plans d'expériences grâce à l'utilisation de plans spéciaux dits fractionnaires orthogonaux.

- Ils sont fractionnaires car on ne fait qu'une fraction de l'ensemble des essais possibles.
- Ils sont orthogonaux car ils ne sont pas quelconques, mais choisis en fonction de la propriété d'orthogonalité que nous introduirons par la suite.

4. LES PLANS D'EXPÉRIENCES FRACTIONNAIRES

La méthode des plans d'expériences apporte une solution à ces problèmes. Elle permet :

- de déterminer de façon optimale la liste des essais à réaliser ;
- d'interpréter de façon très rapide les résultats des expériences ;
- de fournir un modèle prédictif permettant de trouver les configurations optimales ;
- d'étudier des phénomènes comportant des interactions (ou couplage d'effets).

Cette méthodologie, sans équivalent, permet d'atteindre une meilleure connaissance du système observé par un minimum d'essais avec un maximum de précision. A titre d'exemple, elle permettra d'étudier un problème comportant 7 facteurs prenant chacun deux valeurs différentes à partir de 8 essais en l'absence d'interactions. De plus, chaque essai servira à apprécier l'effet de tous les facteurs, ce qui contribue à améliorer la précision des résultats.

La méthode des plans d'expériences consiste à établir un plan d'expérimentation comportant le minimum d'expériences compte tenu des résultats souhaités. L'ensemble des paramètres sera modifié lors de ces essais. Aussi pour présenter la méthode, nous allons nous appuyer sur un exemple et réaliser le plan correspondant afin d'en tirer les conclusions.

5. ÉTUDE SUR L'EXEMPLE D'UN PISTOLET À PEINTURE

Le problème que nous cherchons à résoudre concerne une installation de vernissage. Les produits à vernir défilent devant un pistolet à peinture alimenté par un pot.

Nous désirons comprendre le fonctionnement de ce système et connaître l'influence des différents facteurs sur la quantité de vernis déposé. Pour mesurer l'épaisseur de la couche de vernis, il suffit de mesurer la couleur obtenue à l'aide d'un appareil qui nous donne une valeur numérique pouvant aller de 0 à 60 sur l'échelle de couleur jaune.

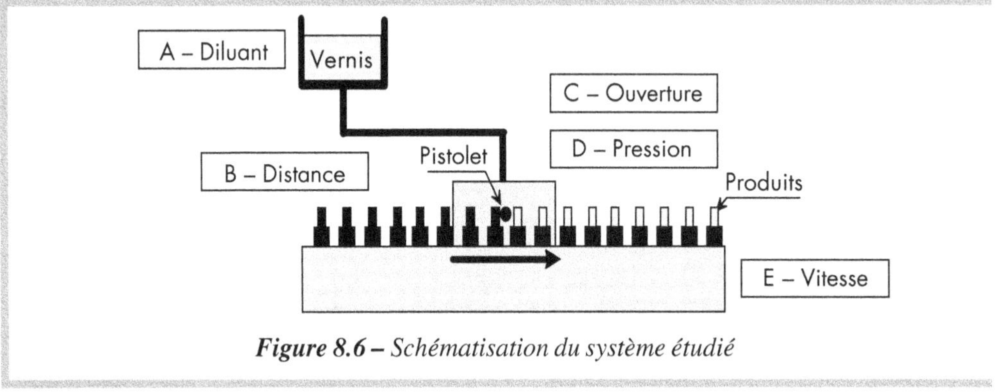

Figure 8.6 *– Schématisation du système étudié*

5.1 Synthèse du savoir-faire

La première étape à conduire dans une étude « plan d'expériences » consiste à faire la synthèse du savoir-faire de l'entreprise sur le domaine étudié. Pour cela, on réunit l'ensemble des acteurs concernés par le problème, afin de connaître :

- les facteurs agissant sur le système ;
- le domaine de variation de ces facteurs ;
- les interactions supposées entre les facteurs.

Nous passerons assez vite sur cette phase dans notre exposé. Il faut cependant bien garder à l'esprit que cette étape est une étape-clé pour la réussite de la méthode. Après cette étape de synthèse, les « hommes de l'art » ont pu établir le tableau figure 8.7 résumant leurs connaissances sur l'installation de vernissage. On choisit de faire varier chaque facteur sur deux niveaux. Nous noterons le minimun raisonnable de la variation du facteur le niveau 1, le maximun raisonnable du facteur le niveau 2.

Facteurs influant sur la quantité de vernis	**Mini raisonnable (Niveau 1)**	**Maxi raisonnable (Niveau 2)**
A Pourcentage de diluant	10 %	20 %
B Distance pistolet/objet	20 cm	40 cm
C Ouverture de la buse	1 cran	3 crans
D Pression du pistolet	2 bars	3 bars
E Vitesse d'avancement des produits	0,2 m/s	0,3 m/s

Figure 8.7 *– Recencement des facteurs*

Les interactions supposées par les experts sont les suivantes :

- interaction entre la pression et l'ouverture (CD) ;
- interaction entre le diluant et l'ouverture (AC).

De plus, parmi les facteurs, certains se modifient facilement, d'autres plus difficilement. Ainsi, le diluant est difficile à modifier car il nécessite une vidange complète de l'installation. Les autres facteurs sont faciles à passer du mini au maxi.

5.2 Modélisation par les graphes de TAGUCHI

Pour résoudre ce problème, le docteur TAGUCHI propose de le mettre sous forme de graphe en suivant certaines règles de représentation.

5.2.1 Les facteurs

Ils sont représentés par des ronds différents selon la difficulté de modification d'un niveau à un autre. TAGUCHI distingue parmi les facteurs quatre groupes qui seront représentés de façon différente.

- Groupe 1 : Groupe des facteurs les plus difficiles à modifier. Ils seront notés par un cercle ○.
- Groupe 4 : Groupe des facteurs les plus faciles à modifier. Ils seront notés par un rond noir ●.

Entre ces deux groupes, TAGUCHI insère deux niveaux intermédiaires de difficultés de modification, le groupe 2 noté (◎) et le groupe 3 noté (◉).

5.2.2 Les interactions

Les interactions entre deux facteurs seront représentées par un trait entre deux facteurs. Ainsi, si on souhaite représenter une interaction entre un facteur A du groupe 1 et un facteur B du groupe 4, nous dessinerons :

5.2.3 Application à notre cas

Le facteur A étant difficile à modifier, nous le modéliserons par un rond blanc. Les autres facteurs, faciles à modifier, seront du groupe 4 et modélisés par un rond noir.

Les deux interactions supposées par les spécialistes seront modélisées par un trait, ce qui nous donne le graphe :

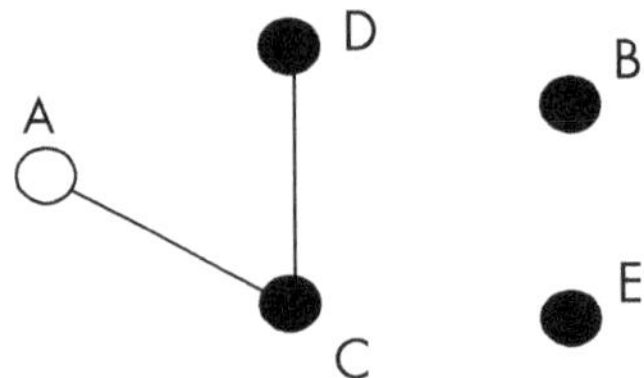

5.3 Recherche du plan d'expériences correspondant

Nous recherchons maintenant les expériences nécessaires pour mesurer l'effet de chacun des facteurs énumérés et de chacune des interactions. Nous souhaitons faire le moins d'expériences possibles et avoir la meilleure précision possible sur les résultats. Nous allons pour cela, utiliser les tables orthogonales de Taguchi. Celui-ci a proposé des tables d'expérimentations associées à des graphes facilitant la mise en œuvre des tables. Les tables existent, nous l'avons dit, depuis le début de siècle, mais les graphes linéaires représentent un apport original de Taguchi.

N°	1	2	3	4	5	6	7
1	1	1	1	1	1	1	1
2	1	1	1	2	2	2	2
3	1	2	2	1	1	2	2
4	1	2	2	2	2	1	1
5	2	1	2	1	2	1	2
6	2	1	2	2	1	2	1
7	2	2	1	1	2	2	1
8	2	2	1	2	1	1	2
Groupe	1	2	2	3	3	3	3

Figure 8.8 – *Table $L_8(2^7)$*

Examinons à titre d'exemple la table $L_8(2^7)$. Rappelons que L_8 signifie que cette table comporte 8 lignes, c'est-à-dire 8 expériences. 2^7 signifie que cette table est tirée d'un plan complet de 7 facteurs à 2 niveaux. Cette table ne pourra pas être utilisée pour étudier plus de 7 facteurs, ceux-ci étant à deux niveaux. Chaque ligne de la table représente une expérience et chaque colonne permet de mettre un facteur. Lorsqu'un facteur est à 1, on le placera au mini, lorsqu'il est à 2 on le placera au maxi. On peut également étudier des facteurs qualitatifs, par exemple deux fournisseurs différents. Le niveau 1 représente alors le premier fournisseur, le niveau 2 le second.

On remarque que la colonne 1 est du groupe 1, le niveau ne change qu'une fois dans la table. Les colonnes 2 et 3 (groupe 2) changent de niveaux respectivement 3 et 2 fois. Les colonnes suivantes changent pratiquement à chaque essai.

Ces tables ne sont pas quelconques, elles ont la propriété d'orthogonalité. Cette propriété est à la base de leur construction. L'objet de ce chapitre n'est pas de détailler cette propriété, aussi nous dirons simplement que cette propriété se traduit de la façon suivante :

« Lorsqu'une colonne est à un niveau, toutes les autres colonnes sont autant de fois au niveau 1 qu'au niveau 2. »

5.3.1 Graphe linéaire de la table L_8

Deux graphes linéaires accompagnent la table L_8.

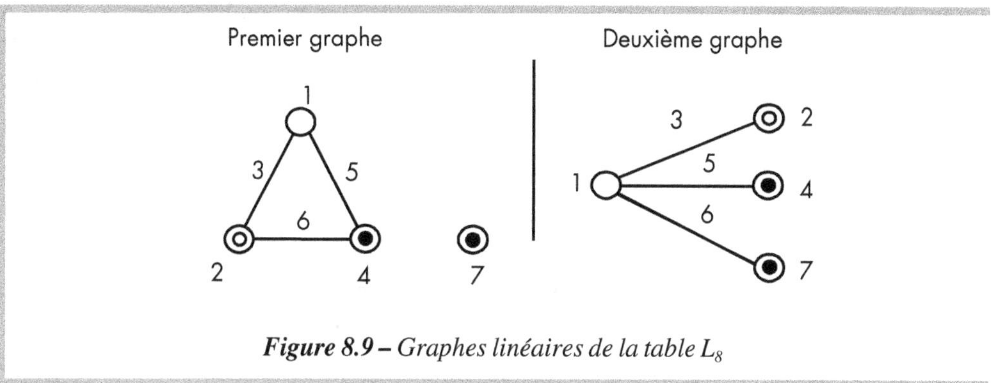

Figure 8.9 *– Graphes linéaires de la table L_8*

Ces deux graphes indiquent, sous forme graphique, les modèles que l'on peut étudier à partir de la table $L_8(2^7)$.

5.3.2 Utilisation de cette table

Pour utiliser cette table, il faut rapprocher le graphe de notre application d'un des graphes de TAGUCHI. Ainsi, si nous comparons le premier graphe de TAGUCHI et le graphe de notre application, nous constatons une certaine similitude.

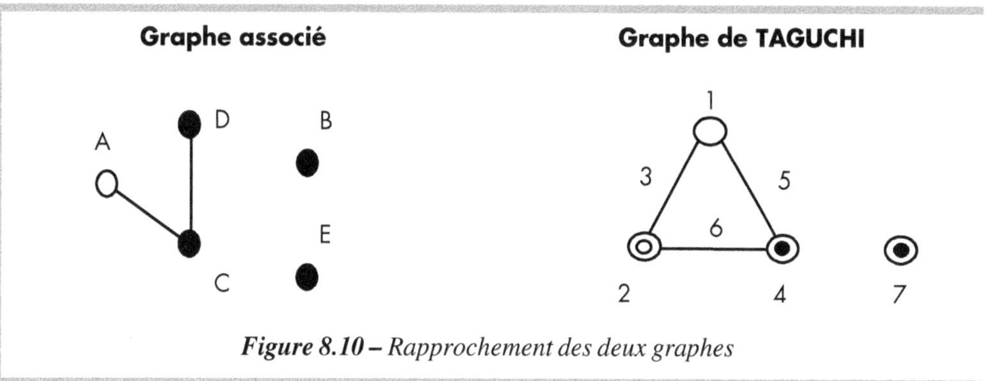

Figure 8.10 *– Rapprochement des deux graphes*

Le rapprochement des deux graphes (figure 8.10) nous permet de placer les facteurs dans les colonnes adaptées. Ainsi, le placement des facteurs A, B, C, D, est immédiat, il suffit de placer A en colonne 1, C en colonne 2, D en colonne 4 et B en colonne 7. Ce choix n'est pas unique, on aurait pu également inverser C et D.

Comme on souhaite étudier l'interaction AC, la colonne 3 est réservée pour cette interaction. Nous dirons pour une première approche que nous ne pouvons pas placer de facteur dans cette colonne. Il en est de même pour la colonne 6. Par contre, la colonne 5 est disponible, les spécialistes ont considéré que l'interaction AD était nulle ou presque. Nous en profiterons pour placer le facteur restant E.

Ici encore nous ferons une petite remarque qui pourrait nous entraîner fort loin. Nous avons placé le facteur E en colonne 5 parce que nous supposons l'interaction entre A et D nulle. Mais si ce n'est pas le cas, nous ferons une erreur dans l'estimation de l'effet du facteur E. On dit que E est « alias » de l'interaction AD. Le résultat que nous affecterons à E sera en fait la somme de l'effet de E et de l'interaction AD. Le plan d'expériences à réaliser est obtenu en ne retenant que les colonnes 1, 2, 4, 5 et 7 ce qui nous donne le plan en figure 8.11.

N°	A (1) Diluant	B (7) Distance	C (2) Ouvert	D (4) Pression	E (5) Vitesse	Réponse Couleur
1	1	1	1	1	1	**26,8**
2	1	2	1	2	2	**11,8**
3	1	2	2	1	1	**31,0**
4	1	1	2	2	2	**30,9**
5	2	2	1	1	2	**23,8**
6	2	1	1	2	1	**20,4**
7	2	1	2	1	2	**27,1**
8	2	2	2	2	1	**28,9**

***Figure 8.11** – Réalisation du plan d'expériences*

Le plan d'expériences établi, il suffit de réaliser les expériences et de mesurer les résultats de chacun des essais.

5.4 Interprétation des résultats

L'interprétation des résultats est fondée sur une représentation graphique des effets de chacun des facteurs.

5.4.1 Graphe des effets

Etudions l'effet du facteur A. Lorsque A est au niveau 1 (essais 1, 2, 3, 4) les autres facteurs sont autant de fois au niveau 1 qu'au niveau 2. Il n'influe donc pas sur la moyenne des résultats de ces quatre essais. La même remarque peut être faite lorsque A est au niveau 2. Ainsi la différence, entre la moyenne des quatre premiers essais et les quatre suivants, représente l'effet du facteur A.

Pour calculer l'effet du facteur E par exemple, on prendra la moyenne des essais 1, 3, 6, 8 pour le niveau 1 et 2, 4, 5, 7 pour le niveau 2.

Pour simplifier l'interprétation, on représente ces résultats sous forme graphique. La figure 8.12 représente l'effet du facteur C.

Le point 1 représente la moyenne des essais 1, 2, 5, 6, et le point 2 la moyenne des essais 3, 4, 7, 8. La droite reliant les deux points représente l'effet du facteur C (ouverture de la buse). Nous avons tracé en pointillé, la moyenne générale des huit essais (25,08). Ce graphe indique clairement que lorsque l'ouverture augmente, la quantité de vernis augmente également.

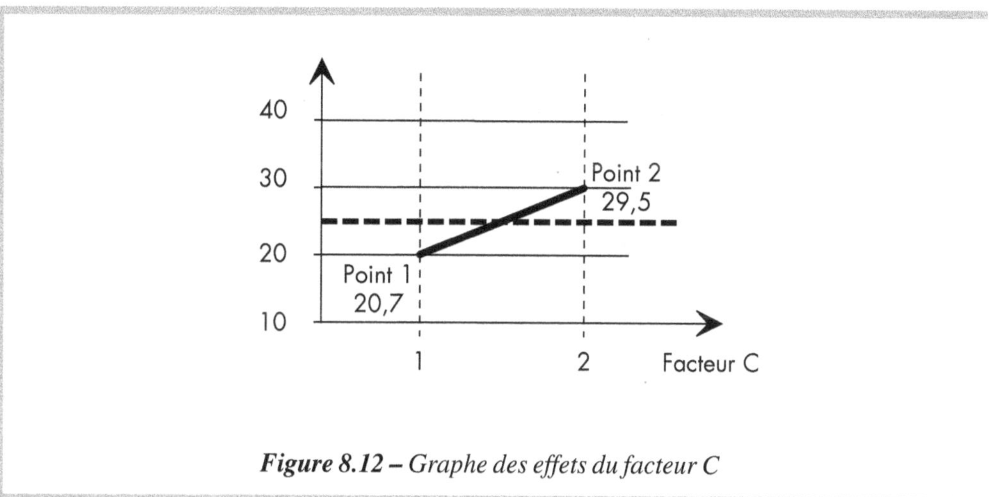

***Figure 8.12** – Graphe des effets du facteur C*

5.4.2 Graphe des interactions

Pour représenter une interaction il faut deux droites reliant les quatre configurations possibles. Cela évite de dessiner en perspective (3 dimensions). Le point 1 est obtenu en faisant la moyenne des essais lorsque C = 1 et D = 1, soit la moyenne des essais 1 et 5.

		C	
		1	2
D	1	C1D1 (Point 1) Essais 1 et 5	C2D1 (Point 3) Essais 3 et 7
	2	C1D2 (Point 2) Essais 2 et 6	C2D2 (Point 4) Essais 4 et 8

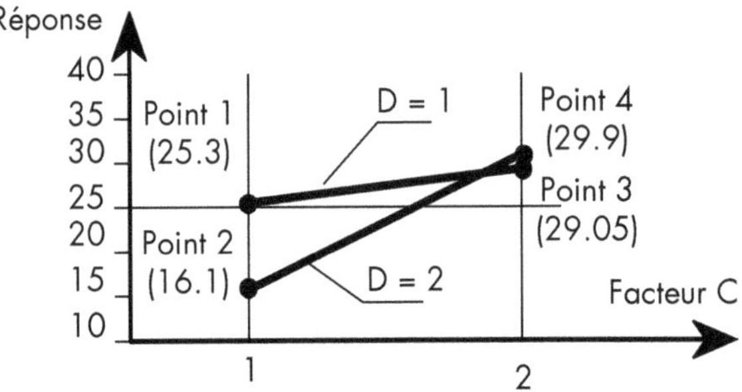

Figure 8.13 *– Graphe de l'interaction CD*

On constate sur ce graphe que lorsque D (pression) est au niveau 1, l'effet du facteur C (ouverture) est faible, par contre, une pression élevée (D = 2) favorise l'effet de l'ouverture.

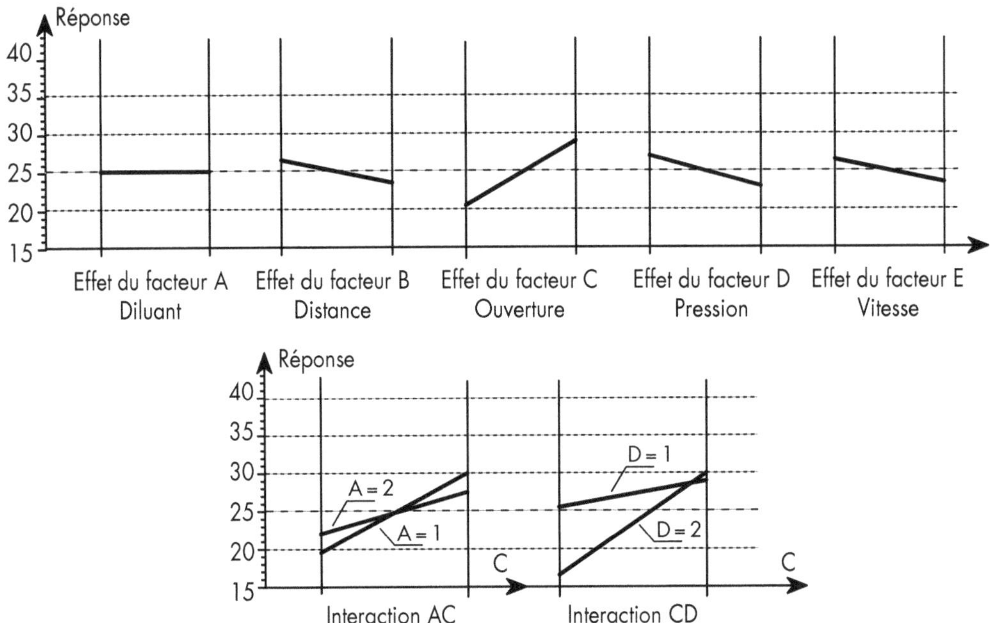

Figure 8.14 *– Graphe des effets et des interactions*

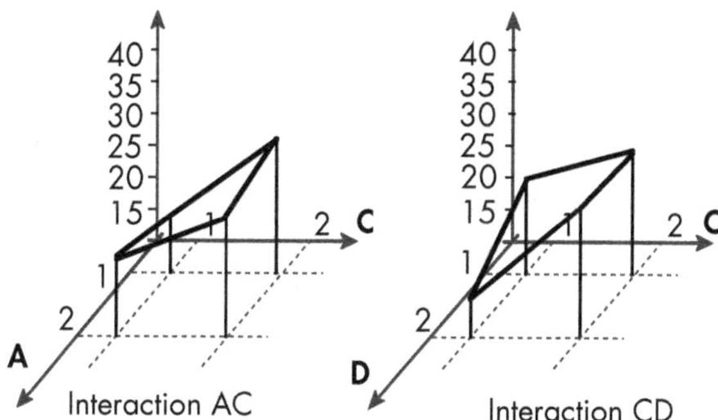

***Figure 8.15** – Représentation tridimensionnelle*

La figure 8.14 représente l'ensemble des effets et des interactions présents dans le système. L'interprétation de ces graphes est assez facile, on constate par exemple que le diluant (facteur A) n'a pas d'effet principal, mais par contre, il intervient par le biais d'une interaction avec le facteur C (ouverture). Une autre représentation tridimensionnelle des interactions peut être donnée comme le montre la figure 8.15.

5.4.3 Recherche des extremums

A partir du graphe des effets, la recherche des extremums est assez aisée, il suffit de retenir les points les plus hauts ou les points les plus bas en fonction de l'extremum recherché.

Le maximum sera obtenu pour :

- B placé au niveau 1 (Graphe de l'effet de B) ;
- E placé au niveau 1 (Graphe de l'effet de E) ;
- C niveau 2 et D niveau 2 (Graphe des interactions CD) ;
- C niveau 2 et A niveau 1 (Graphe des interactions AC).

Le minimum sera obtenu pour :

- B placé au niveau 2 (Graphe de l'effet de B) ;
- E placé au niveau 2 (Graphe de l'effet de E) ;
- C niveau 1 et D niveau 2 (Graphe des interactions CD) ;
- C niveau 1 et A niveau 1 (Graphe des interactions AC).

Bien sûr il faut confirmer ces résultats par des essais sur le site. Pour le minimum, il se trouve que la configuration a déjà été testée dans le plan d'expériences (essai n° 2), or cet essai avait donné un résultat particulièrement faible. Mais on ne peut pas vérifier un modèle sur un des essais qui a permis d'établir ce modèle !

Pour le maximum, il faut réaliser un essai complémentaire, ce qui a été fait pour trouver comme maximum **34,4**. Cette valeur maximale n'a jamais été atteinte au cours des essais. Le plan d'expériences a donc permis de trouver très rapidement le résultat recherché.

Un essai au centre du domaine permet de vérifier la linéarité. On doit trouver comme réponse la moyenne des huit essais. En cas de non linéarité, il faut augmenter le nombre de niveaux étudiés pour les facteurs.

Bien sûr, il arrive parfois de trouver un écart entre la réalité et la prévision par les plans d'expériences. Dans ce cas deux explications principales peuvent être retenues :

- il y a présence d'un ou d'autres facteurs importants non pris en compte dans le plan qui perturbent les résultats ;
- il y a présence d'interactions fortes non étudiées dans le plan.

Aussi sommes-nous tentés dans ces cas de conclure que le plan d'expériences n'a pas marché. Notre expérience dans le domaine nous amène à croire le contraire. En effet, lorsque les spécialistes de l'entreprise ne sont pas capables de prévoir un effet d'un facteur ou d'une interaction au départ de l'étude, c'est que leur connaissance du sujet n'est pas suffisante. Le plan d'expériences révélera alors ce manque de connaissance et permettra aux spécialistes de faire progresser leurs compétences.

6. CONCLUSIONS

Bien sûr, nous n'avons pas abordé la totalité des concepts nécessaires à la mise en œuvre des plans d'expériences dans ce chapitre. Nous conseillons au lecteur de se référer à la bibliographie pour plus de détails[1]. Nous avons néanmoins montré comment les plans d'expériences permettent assez facilement d'introduire de la rigueur dans les campagnes d'essais. Le choix des expériences à réaliser est guidé par les graphes linéaires et l'interprétation des résultats est très facile même par des non-spécialistes grâce à la représentation graphique proposée par Taguchi.

Attention cependant dans l'utilisation de cette technique qui peut conduire à des résultats erronés si l'utilisateur de la méthode n'est pas compétent. Aussi, il ne faut pas faire l'impasse sur une formation solide dans le domaine avant de réaliser ses premiers essais.

Quel que soit le secteur d'activité d'une entreprise, elle est toujours amenée à réaliser des essais. A l'époque où il faut optimiser très vite les produits et les processus, l'heure n'est plus au « bricolage », à la « bidouille » mais à une démarche rigoureuse et efficace. Gageons que de plus en plus d'industriels imiteront ceux qui utilisent ces outils avec efficacité pour mieux maîtriser leur processus.

1. *Les plans d'expériences par la méthode Taguchi*, Maurice Pillet, Éditions d'Organisation.

7. LES TABLES DE TAGUCHI L_4 ET L_8

Taguchi a proposé un ensemble de tables très simples, souvent suffisantes pour résoudre les problèmes en production. Nous reproduisons ci-dessous les deux premières : la table L_4 et la table L_8 utilisée dans l'exemple du paragraphe 5.

Table L_4 (2^3)

	1	2	3
1	1	1	1
2	1	2	2
3	2	1	2
4	2	2	1

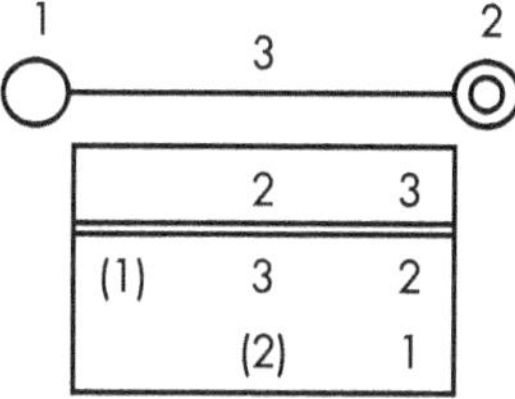

	2	3
(1)	3	2
	(2)	1

Table L_8 (2^7)

N°	1	2	3	4	5	6	7
1	1	1	1	1	1	1	1
2	1	1	1	2	2	2	2
3	1	2	2	1	1	2	2
4	1	2	2	2	2	1	1
5	2	1	2	1	2	1	2
6	2	1	2	2	1	2	1
7	2	2	1	1	2	2	1
8	2	2	1	2	1	1	2

Triangle des interactions entre deux colonnes

	2	3	4	5	6	7
(1)	3	2	5	4	7	6
	(2)	1	6	7	4	5
		(3)	7	6	5	4
			(4)	1	2	3
				(5)	3	2
					(6)	1

Graphe des effets

CHAPITRE 9

L'AMDEC
ANALYSE DES MODES DE DÉFAILLANCE, DE LEURS EFFETS ET DE LEUR CRITICITÉ

Parmi les différents outils de la qualité, l'AMDEC tient une place de choix. D'abord largement utilisée par les constructeurs automobiles et leurs sous-traitants, elle est aujourd'hui pratiquée dans tous les secteurs d'activité. Son but est de prévenir les défaillances potentielles d'un produit, d'un processus de fabrication ou encore d'une organisation. La méthode s'appuie sur une analyse méthodique des risques potentiels qui permet de les hiérarchiser afin de traiter les plus importants de manière préventive. Son utilisation est aisée, relativement rapide à mettre en œuvre et d'une efficacité redoutable lorsque son application est maîtrisée.

1. LE PRINCIPE DE BASE

1.1 L'idée de départ

L'AMDEC est une méthode *d'Analyse des Modes de Défaillance, de leurs Effets et de leur Criticité*. Cette méthode est quelquefois présentée sous le vocable anglais FMECA : *Failure Mode, Effect and Criticality Analysis*.

L'AMDEC est une méthode qui permet d'obtenir la qualité par une action préventive plutôt que curative. Comme l'indique la figure 9.1, plus les décisions concernant la qualité sont prises tôt, moins elles seront coûteuses.

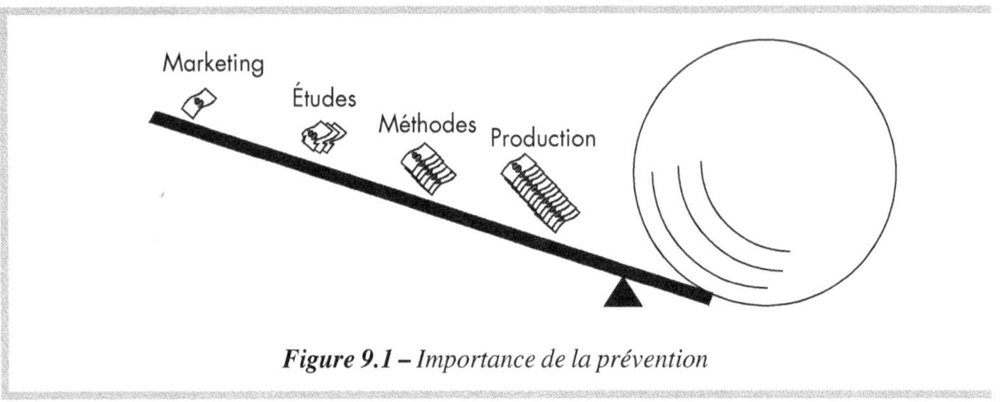

Figure 9.1 *– Importance de la prévention*

Le principe de base de l'AMDEC est de réaliser une étude fondée sur le travail de groupe, destinée à mettre en évidence le plus tôt possible les défaillances potentielles sous-jacentes d'une étude. La notion d'étude dans une AMDEC peut être très large, ce peut être la conception d'un produit, un processus de production ou l'organisation d'un service.

En s'appuyant sur les compétences de l'entreprise, l'AMDEC propose de réaliser une revue de projet dont le but est de déterminer sur le papier les risques de défaillances encourus si on lance le projet dans l'état.

Pour cela, on cherchera à :

- identifier les causes de défaillances ;
- identifier leurs effets ;
- hiérarchiser les défaillances par une notation ;
- apporter des actions correctives en prévention.

1.2 Notion de mode de défaillance

Le concept de « **mode de défaillance** » est particulièrement important dans l'AMDEC. Il représente la manière dont un système peut venir à mal fonctionner. On considère que la défaillance intervient avec la combinaison de trois éléments indépendants qui sont :

- la probabilité de présence d'une **cause** de défaillance ;
- l'absence de **détection** de la défaillance ;
- la façon dont est atteint l'utilisateur par cette défaillance, c'est-à-dire la **gravité**.

Si on élimine les cas où la sécurité de l'utilisateur est gravement mise en danger, on peut considérer que si un de ces trois éléments est nul, la défaillance n'atteindra pas le client.

En effet, dans le cas ou la gravité de la défaillance est très faible, même si la défaillance est quasi certaine et qu'il est impossible de la détecter, on peut accepter l'étude car le client ne sentira aucune gêne. On peut citer comme exemple un défaut d'aspect sur une face cachée d'un élément de décoration.

De même, si la gravité de la défaillance est importante et quasi certaine, mais que la détection est fiable à 100 %, on peut accepter l'étude car le client ne sentira aucune gêne puisque le produit défectueux ne pourra pas l'atteindre. Par exemple un système anti-erreurs qui détecterait dans tous les cas l'absence d'un perçage.

Enfin, si la gravité de la défaillance est importante (mais sans danger) avec une détection impossible, et si la probabilité d'apparition de cette défaillance est quasiment nulle on peut accepter l'étude. On peut citer comme exemple la rupture de la pédale d'accélérateur sur un véhicule qui est peu probable compte tenu de sa conception.

Pour illustrer cette notion de mode de défaillance, prenons l'exemple d'une brosse à dents et comme défaillance la rupture du manche. Cette défaillance peut être déclinée comme l'indique la figure 9.2.

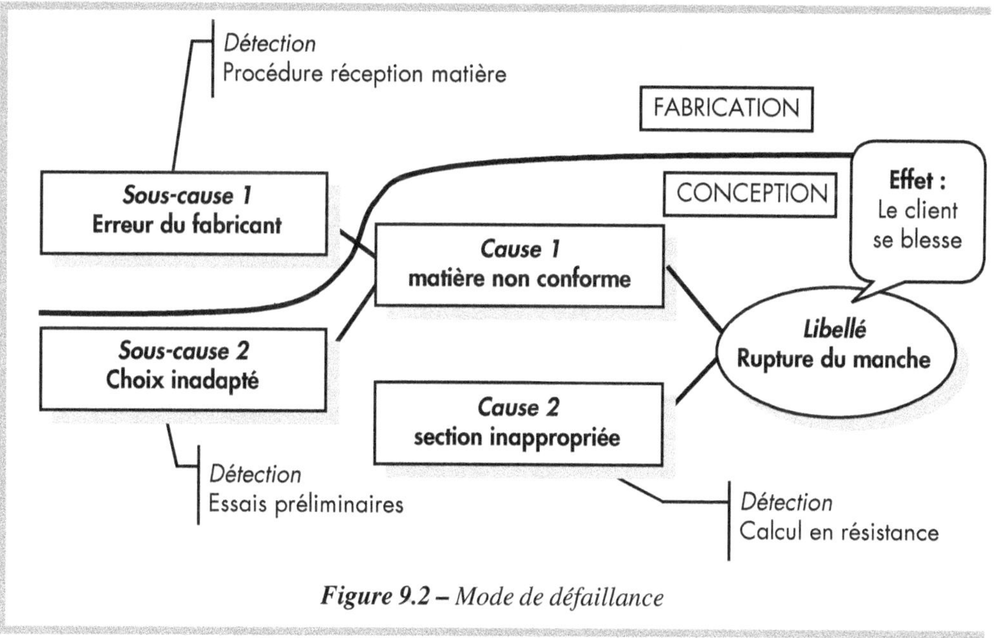

Figure 9.2 – Mode de défaillance

La rupture du manche peut avoir plusieurs causes. Chaque cause peut également avoir une sous-cause dont la détection peut être réalisée soit en conception, soit en fabrication.

Pour assurer le blocage de cette défaillance, il faut que le produit soit bien conçu (AMDEC Produit) et que les spécifications soient respectées (AMDEC Process).

La défaillance « casse du manche » peut avoir plusieurs modes de défaillances que nous résumons dans le tableau ci-dessous.

Libellé : Casse du manche			
N°	Effet	Cause	Détection
1	Le client se blesse	Mauvais choix de matière	Calculs en résistance Essais en fiabilité
2	Le client se blesse	Section insuffisante, Forme de la section (moment quadratique)	Calculs en résistance Essais en fiabilité
3	Le client se blesse	Erreur de matière du fabricant	Procédure réception des matières premières

Comme on le constate sur cet exemple, la même défaillance pour le client peut être déclinée en plusieurs modes de défaillances. Pour que cette défaillance atteigne le client, il faut une combinaison des trois éléments :

- l'apparition de la cause ;
- l'insuffisance de la détection chez le fournisseur ;
- l'importance de l'effet.

On notera la nuance entre l'effet potentiel de défaillance qui considère la **conséquence** pour le client aval ou final et le mode de défaillance potentiel qui s'intéresse à la **manière** dont le système vient à ne pas satisfaire le client.

1.3 Notion de cotation d'un mode de défaillance

Cotation	**F – Fréquence**	**G – Gravité**	**D – Détection**
1 à 3	Jamais ou presque	Sans conséquences	100 % ou presque
4 à 6	Possible	Mécontentement	Non optimal
7 à 9	Souvent	Très mécontent Panne critique	Inexistante incertaine
10	Toujours	Problème de sécurité	Impossible

***Figure 9.3** – Evaluation des défaillances*

L'originalité de la méthode AMDEC consiste à noter chaque mode de défaillance identifié selon trois axes :

- fréquence d'apparition ;
- gravité de l'effet pour le client ;
- probabilité de la détection.

On définit alors un « **niveau de priorité de risque** » (NPR)[1] qui sera le produit de ces trois notes. D'une manière un peu synthétique, on peut donner une échelle pour les notes avec le tableau figure 9.3.

$$\boxed{NPR = F \times G \times D}$$

Pour illustrer la notation d'un mode de défaillance, reprenons l'exemple : Le client se blesse / Matière non-conforme / Erreur du fabricant :

- fréquence d'apparition du défaut possible F = 5 ;
- gravité de l'effet très importante car problème de sécurité G = 10 ;
- détection de l'erreur possible mais non optimale D = 5.

On calcule alors facilement le Niveau de Priorité de Risque :

$$NPR = 5 \times 10 \times 5 = 250.$$

Dès que le niveau de priorité de risque dépasse 100, il faut déclencher une action corrective afin de ramener le NPR en dessous de la limite. Comme il est souvent difficile de modifier la gravité de l'effet sans une modification de la conception, on cherchera à agir prioritairement sur les deux autres notes en diminuant la fréquence d'apparition de la cause et en améliorant les possibilités de détection. Chaque action corrective doit préciser :

- quel est le type d'action envisagée ;
- qui a la responsabilité de l'action ;
- les notes espérées à l'issue de cette action.

1.4 Le support graphique de l'AMDEC

La difficulté, souvent rencontrée dans l'application des outils méthodologiques comme l'AMDEC, réside dans le suivi d'un fil conducteur.

Pour résoudre ce problème, l'ensemble de l'étude est synthétisé sur une feuille d'analyse qui jouera le rôle de guide pour les participants de l'AMDEC. Ce modèle graphique, dans le cas d'une AMDEC processus, est souvent celui représenté figure 9.4. On retrouve pour chaque défaut potentiel les trois éléments d'un mode de défaillance, la notation, les éléments d'une action corrective éventuelle ainsi que la nouvelle notation résultante.

1. Le NPR se nomme différemment selon les sociétés. On trouve par exemple les termes IPR (Indice de Priorité de Risques) ou plus simplement S (Sévérité).

	Produit		Processus	Prévu/Existant					Actions			Résultat			
OP	Défaut potentiel	Effet défaut	Cause défaut	Plan de surveillance	Note				Responsable	Délai	Mesures	Note			
					F	G	D	NPR				D'	F'	G	NPR
10	Vis non montée	Fixation fragilisée	Alimentation bol vibrant	Néant	3	9	10	270	M. Dupont	S 8	Mise en place d'une détection de couple	2	3	9	54

Figure 9.4 *– Feuille d'analyse pour une AMDEC Process*

L'exemple présenté correspond à l'analyse d'un système d'assemblage automatique. Le groupe a remarqué que si une vis n'était pas montée à cause d'un défaut d'alimentation du bol vibrant, rien n'était prévu pour éviter que le défaut n'atteigne pas le client. Le NPR s'élève à 270, ce qui est inacceptable. Il y a donc une action corrective prévue qui consiste à mettre en place une détection de couple sur la visseuse. La responsabilité de l'action incombe à M. Dupont qui devra rendre ses conclusions pour la semaine 8.

Le groupe a également évalué le niveau de priorité de risque (NPR) résultant de cette action corrective :

- la gravité reste inchangée (9) ;
- la probabilité d'apparition reste inchangée (3) ;
- la détection a diminué (2) car si la cause se produit, le détecteur de couple alertera le mécanicien qui pourra isoler le produit.

2. HISTORIQUE DE L'AMDEC

L'origine de cette méthode remonte aux années 1950 aux États-Unis. Cependant, la véritable mise en application en Europe à un niveau important n'a débuté que dans les années 80. Ce sont principalement les constructeurs automobiles qui ont permis le développement de cette technique en Europe en raison de leur puissance d'achat auprès des sous-traitants et par leurs exigences en matière de qualité.

Aujourd'hui, cette méthode est largement répandue dans tous les secteurs d'activité, et pour toutes les tailles de sociétés. Autrefois centrée sur les produits manufacturés, on la retrouve aujourd'hui dans de nombreuses entreprises de services pour valider un produit immatériel. On peut citer par exemple des organisations telles que les Jeux olympiques ou la Coupe du monde de football qui peuvent utilement avoir recours à l'AMDEC pour valider les différents scénarios mis en place.

La méthode a été créée à partir de la nécessité de valider toutes les étapes de la vie du produit pour obtenir en fin de compte la satisfaction du client. Les différentes étapes à valider sont les suivantes :

Définition du concept du produit
Il faut vérifier que toutes les attentes du client seront satisfaites.

Définition du produit
Il faut vérifier que la conception du produit garantira les attentes du client.

Définition du procédé de fabrication
Il faut vérifier que les spécifications Bureau d'études pourront être réalisées à 100 % par le procédé de fabrication.

Définition de la gamme de montage
Le procédé de montage doit garantir les conditions de fonctionnement BE.

Définition d'une organisation ou d'un service
Dans le cas d'un service, il faut vérifier que le « procédé » (tertiaire) corresponde aux attentes du client et que l'organisation n'engendre pas de défaut.

Pour toutes ces étapes, on trouve différents types d'AMDEC dont les plus répandus sont :

AMDEC Produit qui permet de verrouiller la conception des produits lorsqu'ils sont encore au stade de la conception. Elle consiste à étudier les plans d'un produit afin de détecter préventivement les situations qui peuvent conduire à une fonction non réalisée ou mal réalisée.

AMDEC Process qui permet de valider la gamme de fabrication d'un produit afin qu'elle satisfasse les caractéristiques définies par le bureau d'études. Elle consiste à rechercher dans une gamme de fabrication l'ensemble des situations qui peuvent engendrer des produits défectueux.

AMDEC Moyen ou Machine qui se focalise sur un moyen de production afin de :

- diminuer le nombre de rebuts ;
- diminuer le taux de panne ;
- augmenter la capabilité.

AMDEC Organisation qui permet de valider l'organisation qui doit fournir un service.

AMDEC Sécurité qui est sensiblement la même que l'AMDEC Moyen, mais la gravité des défaillances sera alors centrée sur l'opérateur et non sur le produit.

3. LE GROUPE PROJET AMDEC

Le principe de base de l'AMDEC est le travail de groupe. En effet, pour rechercher les défaillances potentielles d'un système, il faut avoir recours à la créativité des spécialistes du système. On pourra également utilement avoir recours à la présence d'un novice. Le groupe devra apporter :

- la créativité nécessaire pour dénicher les défaillances possibles, c'est le travail de fond ;
- la rigueur pour mettre en forme les fruits du travail créatif et se focaliser sur les points importants.

Deux personnes jouent un rôle fondamental :

- **l'animateur** qui est le garant de la méthode AMDEC. Il n'est pas forcément spécialiste du domaine, mais doit au moins être parfaitement familiarisé avec le vocabulaire de la profession. Son rôle est de dérouler la procédure de l'AMDEC, et d'animer le travail de groupe ;
- **le pilote** qui est le garant de l'analyse. Spécialiste du domaine, il connaît parfaitement le sujet traité. Il est capable de mettre les notes d'évaluation et de trancher les conflits.

Le groupe retenu pour l'AMDEC est un groupe pluridisciplinaire regroupant l'ensemble des fonctions intéressées par l'AMDEC. Par exemple, pour l'AMDEC Process dans le cas du décolletage on trouvera les fonctions suivantes :

- la production (niveau management et opérationnel) ;
- les méthodes ;
- les achats et les sous-traitants si une partie de la pièce est sous-traitée ;
- les approvisionnements et la logistique.

Outre les compétences techniques nécessaires, le groupe devra être sensibilisé aux techniques de travail en groupe. Il devra également comporter une ou plusieurs personnes ayant l'habitude de la méthode pour garantir l'efficacité de l'étude.

L'expérience montre qu'un nombre de cinq à six personnes est un bon compromis. Si le groupe est trop restreint, la créativité est trop faible, si le groupe est trop important, le risque de dispersion devient trop important.

La composition du groupe type varie selon le type d'AMDEC que l'on veut réaliser. Citons par exemple pour l'AMDEC Produit et Process le groupe idéal (figure 9.5).

Rôle	AMDEC Produit	AMDEC Process
Animateur	Technicien Qualité	Technicien Qualité
Pilote	Concepteur	Technicien industrialisation
Représentant le client final	Service Après-vente	Conception
Représentant le client Aval	Service Industrialisation	Service Fabrication

***Figure 9.5** – Exemple de composition du groupe AMDEC Process*

Dans l'exemple de la figure 9.5 dans le cas de l'AMDEC process, le technicien qualité joue le rôle d'animateur et le technicien méthode celui de pilote. Le concepteur du produit étudié est là surtout pour évaluer le risque lié à chaque mode de défaillance. Il représente le client final. Sa présence physique n'est pas nécessaire, mais il doit y avoir une collaboration étroite entre le concepteur et le pilote pour la notation de la gravité. Il est souvent fort judicieux d'associer au groupe un opérateur compétent sur le processus étudié qui apportera un vécu intéressant. Il représentera le client aval. Un sous-traitant peut être ajouté pour une intervention ponctuelle lorsque les défaillances liées à sa partie sont évoquées.

4. LA DÉMARCHE AMDEC

Il n'existe pas de normalisation internationale de la démarche AMDEC, la seule chose sur laquelle les grands donneurs d'ordres sont d'accord reste le nom AMDEC. Pour la démarche, il existe plusieurs variantes qui convergent vers l'organisation suivante en sept points.

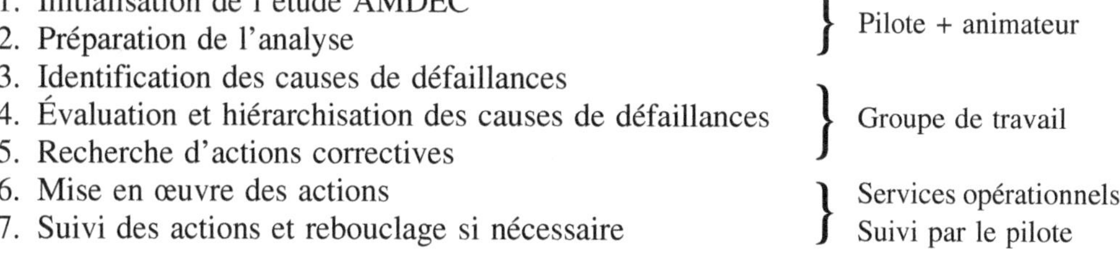

1. Initialisation de l'étude AMDEC
2. Préparation de l'analyse

} Pilote + animateur

3. Identification des causes de défaillances
4. Évaluation et hiérarchisation des causes de défaillances
5. Recherche d'actions correctives

} Groupe de travail

6. Mise en œuvre des actions
7. Suivi des actions et rebouclage si nécessaire

} Services opérationnels
Suivi par le pilote

Tous les types d'AMDEC suivent globalement les mêmes étapes. Cependant, le contenu de chacune des étapes diffère selon le type d'AMDEC. Nous détaillerons dans la suite les différentes étapes pour les deux principales AMDEC, l'AMDEC Produit et l'AMDEC Process.

4.1 Initialisation de l'étude AMDEC

Souvent négligée, cette première étape est pourtant primordiale. Son but est de bien préciser :

- le sujet étudié : produit, sous-ensemble ;
- l'objectif, les causes, les limites de l'étude ;
- la planification à respecter ;
- le groupe de travail.

La définition des limites de l'étude est très importante. En effet, si on veut remettre en question l'ensemble du produit, on risque de déclencher une AMDEC beaucoup trop importante qui mobilisera le groupe de très nombreuses demi-journées au contenu dilué. Au contraire, si le sujet est parfaitement limité aux parties nouvelles, difficiles et importantes, l'AMDEC pourra être condensée en quelques demi-journées extrêmement concentrées et efficaces. Par exemple dans une entreprise qui fabrique des roulements pour l'industrie automobile, il ne faut pas étudier l'ensemble du produit à chaque conception d'un nouveau roulement. De nombreuses parties sont communes aux roulements standards et parfaitement maîtrisées. On se limitera aux nouveautés apportées par le produit et aux parties qui traditionnellement posent des difficultés à l'entreprise.

4.2 La préparation de l'analyse

Dans cette étape, le pilote et l'animateur vont préparer le dossier nécessaire pour le travail de groupe qui va suivre. Cette étape de l'AMDEC est différente dans le cas de l'AMDEC Produit et dans le cas de l'AMDEC Process.

4.2.1 Cas de l'AMDEC Produit

Pour l'AMDEC Produit, cette étape consiste principalement à rechercher l'ensemble des fonctions du produit étudié. On doit définir **le cahier des charges fonctionnel**. Cette analyse peut avoir été déjà réalisée lorsqu'une analyse de la valeur a été faite. Une entreprise qui utilise l'analyse fonctionnelle dans le cadre de l'analyse de la valeur pourra réutiliser cette étude dans le cadre de l'AMDEC.

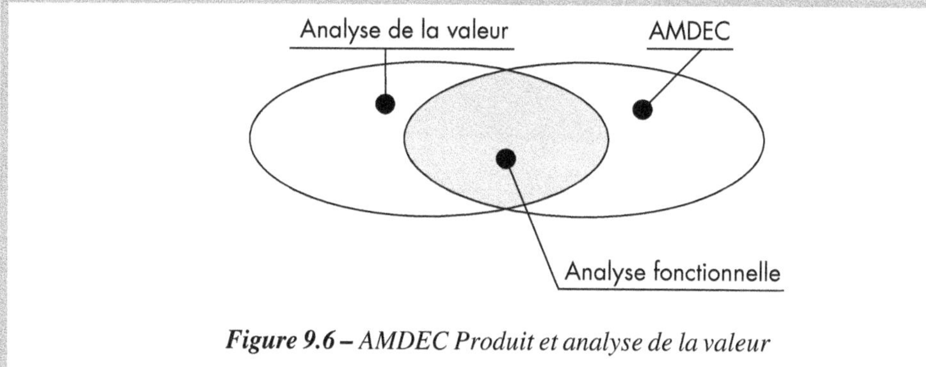

***Figure 9.6** – AMDEC Produit et analyse de la valeur*

Le but de l'analyse fonctionnelle est de connaître parfaitement le produit en termes de fonctions à réaliser. Chaque fonction doit être chiffrée par un ou plusieurs critères de valeur pour caractériser la cible visée.

4.2.2 Analyse fonctionnelle d'un produit (AMDEC Produit)

La place de l'analyse fonctionnelle n'est pas dans l'AMDEC. Une conception bien conduite devrait commencer par l'analyse fonctionnelle. Malheureusement, il arrive parfois qu'il soit nécessaire de réaliser cette étude au moment de l'AMDEC. Nous allons décrire brièvement les grands principes de l'analyse fonctionnelle après avoir donné quelques définitions.

Fp : Fonctions principales
Une fonction principale est une fonction qui donne l'utilité au produit. Si une fonction principale est défaillante, le produit perd sa raison d'être.

✓ Exemple pour un véhicule : « permettre à l'utilisateur de se déplacer sur une route. »

Fc : Fonctions contraintes
Les fonctions contraintes sont des fonctions imposées du produit. Elles peuvent provenir :

- des réglementations ;
- des normes ;
- du milieu (eau, air...) ;
- ...

Remarques

- Une fonction est indépendante de la solution technologique retenue ;
- Une fonction est exprimée de manière brute (sans quantifications, ni qualificatifs) ;
- Une fonction s'exprime par un verbe à l'infinitif associé aux éléments du milieu extérieur concernés.

✔ Exemple : « Permettre à l'utilisateur de se déplacer sur une route. »

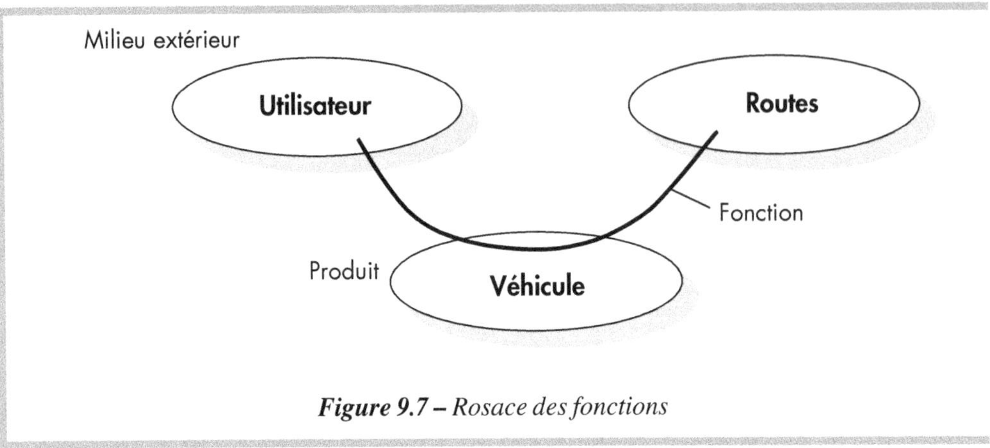

***Figure 9.7** – Rosace des fonctions*

CV : Critères de valeurs
Les critères de valeurs expriment :

- les caractéristiques des éléments extérieurs (Qui, Quoi, Comment ?) ;
- les performances ou les propriétés du verbe (De quelle manière ? ; Quand ? ; Où ? ; Combien de fois ?).

Cahier des charges fonctionnelles

Fonctions + Critères de valeurs = Cahier des charges fonctionnelles

Fp 1 Permettre à	l'utilisateur	de se déplacer	sur la route
Critères de valeurs	Ergonomie Nombre Etc.	Vitesse Durée de vie Etc.	Type de route Dimensions Etc.

Recherche des fonctions

Pour cette analyse, on utilise la rosace des fonctions (Méthode APTE®) qui permet de trouver l'ensemble des fonctions principales, et des contraintes fonctionnelles. Cette rosace des fonctions permet de visualiser le cahier des charges fonctionnelles. Il permet au groupe de travail de bien se détacher des solutions technologiques pour se consacrer à l'essentiel : la fonction.

Pour cette étude, on ne considérera le produit que dans sa phase utilisation. On ne considère pas les étapes intermédiaires de sa fabrication.

La construction d'une rosace des fonctions se réalise en 5 étapes (figure 9.8).

Méthode

1. Inscrire le produit dans un ovale.
2. Recenser les éléments extérieurs ayant une influence sur le produit.
3. Replacer le produit dans son milieu extérieur d'utilisation en plaçant chaque élément retenu du milieu extérieur dans un ovale.
4. Chercher les relations principales Fp (mise en relation de deux éléments du milieu par le produit) et les fonctions contraintes Fc (adaptation du produit à un élément du milieu environnant).
5. Exprimer les fonctions
Verbe + Milieu(x) extérieur(s).
6. Définir des critères de valeurs
Qualifier et quantifier.

Exemple : véhicule

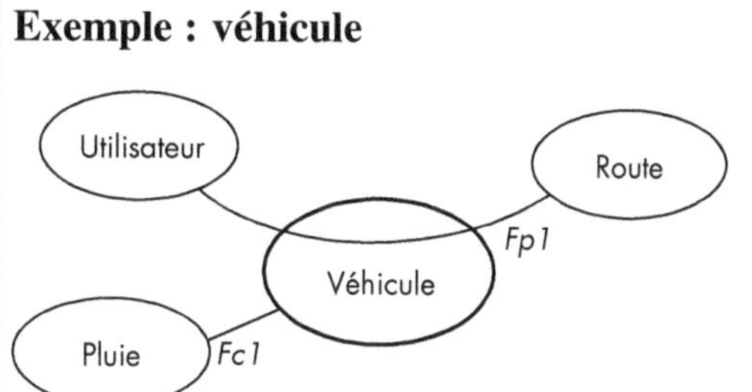

Fp1 : Permettre à l'utilisateur de se déplacer sur la route.
Fc1 : Résister à la pluie.

Fp1 Permettre à	l'utilisateur	de se déplacer	sur la route
Critères de valeurs	Ergonomie Nombre Etc.	Vitesse Durée de vie Etc.	Type de route Dimensions Etc.

Fc1 : Résister	à la pluie
Durée types (écaillage corrosion...) ...	Intensité Acidité ...

Figure 9.8 – Rosace des fonctions

Remarque

Il existe de nombreuses autres méthodes pour déterminer les fonctions d'un produit et compléter l'analyse fonctionnelle technique telles que le bloc diagramme, le diagramme FAST..., mais l'étude de ces méthodes sort du cadre de cet ouvrage. Nous aborderons cependant rapidement le bloc diagramme qui peut être d'une aide précieuse pour imaginer des modes de défaillance.

L'analyse fonctionnelle permet ainsi de déterminer l'ensemble des fonctions que doit satisfaire le produit, ainsi que les niveaux de satisfaction de celles-ci. Il y aura défaillance si la fonction n'est pas remplie de manière satisfaisante ou si un critère de valeur n'est pas atteint.

On distingue 4 modes de défaillance pour une fonction. Pour illustrer ces quatre modes de défaillance, prenons le cas d'une balance pèse-personne.

Fonction : Permettre à l'utilisateur de connaître sa masse

Mode 1 : la fonction ne se réalise pas (impossible de se peser)

Mode 2 : la fonction se réalise, mais les critères de valeur ne sont pas atteints (fonctionnement dégradé) : (la pesée est fausse)

Mode 3 : Arrêt intempestif de la fonction (l'affichage s'éteint avant la fin du cycle de pesée)

Mode 4 : déclenchement intempestif de la fonction (la balance s'allume sans sollicitation de pesée).

Le Bloc Diagramme

Le Bloc Diagramme est important pour l'AMDEC produit. En effet, contrairement à la rosace des fonctions qui fait abstraction de la solution technique retenue, le bloc diagramme permet d'étudier les relations entre les composants de la solution technique. Ces relations sont des conditions de fonctionnement. Pour étudier les défaillances potentielles, il est très utile de décrire toutes les relations entre les composants, afin de déterminer les modes de défaillances qui peuvent conduire à la rupture d'une de ces relations. On note « EMU » les Eléments du Milieu extérieur d'Utilisation. Pour clarifier les relations, on établit le tableau des conditions de fonctionnement.

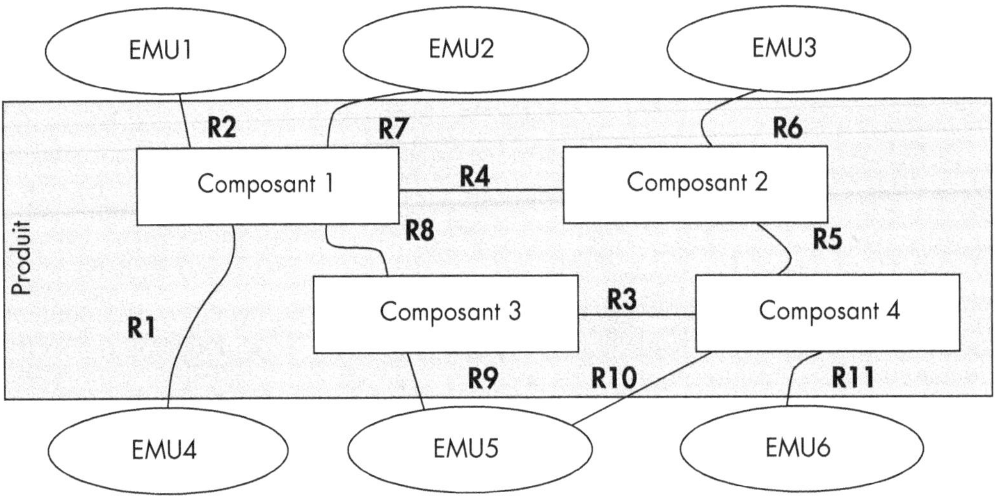

Tableau des conditions de fonctionnement				
N°	Composants	Conditions de fonctionnement	Critères	Niveau
R3	Vis/Bati	Toujours serrée	Couple de serrage	150 Nm

Figure 9.9 – Bloc Diagramme

4.2.3 Cas de l'AMDEC Process

La préparation de l'analyse dans le cas d'une AMDEC Process consiste principalement à élaborer le dossier pour l'animation de l'AMDEC. Ce dossier est constitué principalement :

- des dessins du produit à fabriquer ;
- de la gamme de fabrication ;
- du schéma opératoire détaillé du processus ;
- des contrats de phase ;
- du plan de surveillance et des gammes de contrôle ;
- des capabilités des moyens de production sur des productions similaires.

Le schéma opératoire

Le schéma opératoire permet de bien visualiser le cheminement de la production ainsi que les contrôles, opérations et documents utilisés pour produire l'objet.

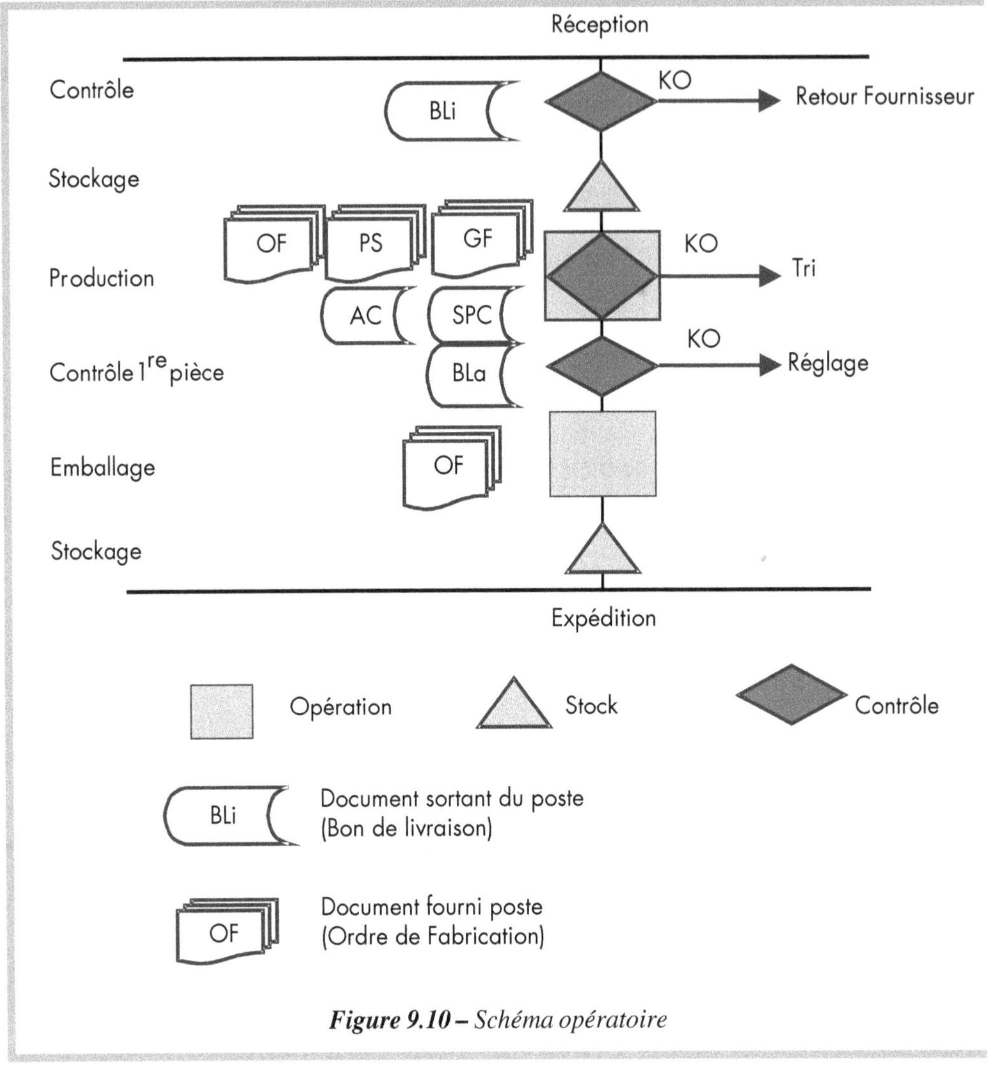

***Figure 9.10** – Schéma opératoire*

Le plan de surveillance (AMDEC Process)

Dans le cas d'une AMDEC Produit/Processus, le plan de surveillance permet de formaliser à partir d'un diagramme de processus l'ensemble des opérations qui conduisent à la fabrication du produit. Le plan de surveillance regroupe :

- l'ensemble des étapes du processus de fabrication ;
- les contrôles prévus ;
- les opérations d'étalonnage ;
- les documents émis ou reçus ;
- ...

Pour créer ce plan on utilise généralement une feuille qui regroupe toutes les informations (figure 9.11)

1	2	3	4	5	6	7	8	9	10	11	12			13	14
Synoptique	Composant	N° Opé	Désignation	Paramètres	Valeur	Moyen	Maintenance	Verrou	Documents	Type de suivi Enregistrement des résultats	Type surveillance par niveau			Réaction produit	Archivage
											1	2	3		
	Masse filtrante	20	Décolletage	Diam 5,8	5,8 ± 0,02	Calibre				Feuille suivi	1/H	Audit		Ch^{t} foret	18 mois
				Longueur	38	PaC				Feuille suivi	1/H			Réglage	18 mois

***Figure 9.11** – Support du plan de surveillance*

Le plan de surveillance comme l'indique la figure 9.11 résume tous les éléments nécessaires à la réflexion pour réaliser l'AMDEC. Son élaboration est en principe réalisée par les services méthodes et qualité préalablement à l'AMDEC.

4.3 Identification des causes de défaillances

4.3.1 Le principe

Le but de cette étape est d'identifier les modes de défaillances potentiels du produit ou du processus étudié. La méthode retenue est de faire un « déballage d'idées » afin de permettre au groupe de développer au maximum sa créativité. En fonction du type d'AMDEC réalisé, cette recherche des modes de défaillances n'est pas abordée de la même manière.

Cas d'une **AMDEC Produit** : on recherche pour chaque fonction du produit les défaillances possibles selon les quatre modes possibles.

- **Mode 1** : la fonction ne se réalise pas (une lampe ne s'allume pas).
- **Mode 2** : la fonction cesse de se réaliser (la lampe ne reste pas allumée).
- **Mode 3** : la fonction se réalise mais de manière dégradée ou les critères de valeurs ne sont pas atteints (la lampe ne donne pas la puissance nominale).
- **Mode 4** : la fonction se réalise de manière intempestive (la lampe s'allume sans volonté du client).

Cas d'une AMDEC Process : on prend le procédé étape par étape et on recherche les défaillances pour chaque caractéristique du produit étudié. Ainsi pour une pièce usinée dont la gamme de fabrication serait : réception, décolletage, reprise, expédition, on étudierait d'abord la réception des matières et le stockage, puis l'opération de décolletage, etc. Dans chaque étape, on rechercherait les défaillances possibles qui conduiraient au non-respect des caractéristiques. Les défaillances peuvent être également classées en quatre modes.

- **Mode 1** : l'opération n'est pas réalisée (un trou n'a pas été percé).
- **Mode 2** : l'opération n'est pas réalisée complètement (le trou qui devait déboucher ne débouche pas).
- **Mode 3** : L'opération n'a pas atteint le niveau de qualité requis (un diamètre est supérieur à la tolérance supérieure).
- **Mode 4** : l'opération s'est réalisée alors qu'il ne fallait pas la réaliser (dans un produit à option, on a percé un trou de trop).

Quel que soit le type d'AMDEC, chaque mode de défaillance sera décliné en :

- **Effet :** quelle est la conséquence pour le client ? une simple gêne, un coût, une panne...
- **Causes :** l'existence d'un mode peut être produit par plusieurs causes, et chaque cause par plusieurs sous-causes... Il faut identifier l'arbre de défaillance jusqu'à la cause sur laquelle l'entreprise ne peut rien faire.
- **Détection :** c'est l'aptitude de l'entreprise à ne pas livrer une cause de défaillance lorsque celle-ci existe. C'est-à-dire détecter et arrêter un mode potentiel de défaillance à travers les contrôles, les mesures, les calculs, mais aussi par la maîtrise des processus et la formation des hommes.

L'identification des causes de défaillances constitue l'ossature de la méthode AMDEC. Pour bien la mener, on utilise comme support la feuille d'analyse (figure 9.12 et exemple en fin de chapitre).

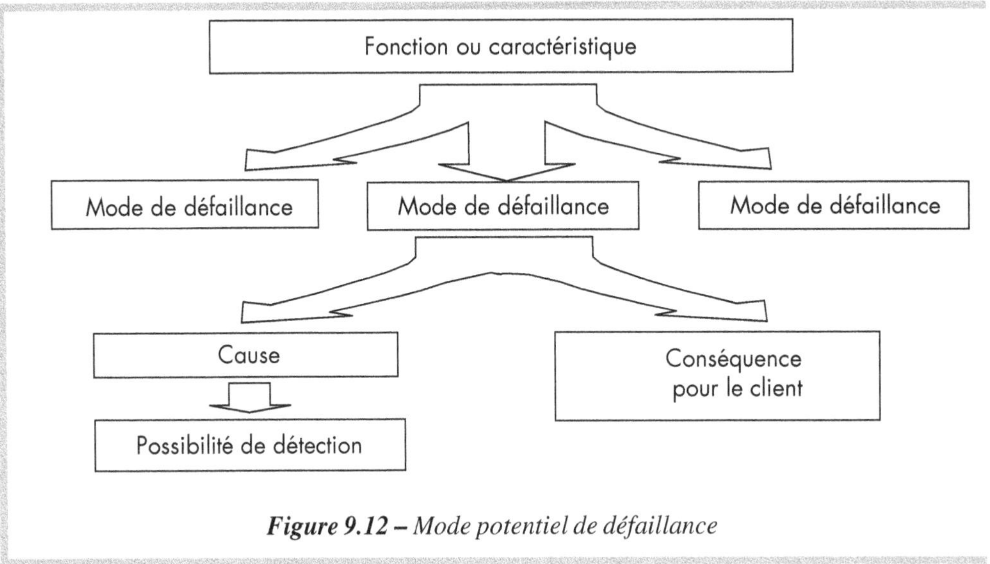

***Figure 9.12** – Mode potentiel de défaillance*

Les modes de défaillances se caractérisent par la manière dont une fonction ou une caractéristique peut ne pas être réalisée. La recherche de la cause consiste à mettre en évidence les causes, sous-causes... (chaîne causale) qui entraînent le défaut jusqu'à la cause maîtrisable.

La possibilité de détection consiste à considérer les chances de détecter la défaillance avant qu'elle n'atteigne le client. Attention, détection n'est pas synonyme de contrôle. Un contrôle à 100 % ne signifie pas une détection à 100 %.

On doit suivre le schéma suivant :

Mode de défaillance ⇨ Effet pour le client
➧ Pourquoi ⇨ cause
  ➧ Pourquoi ⇨ sous-cause
    ➧ ...
      ➧ Pourquoi ⇨ sous-cause origine ⇨ Possibilité de détection.

Si nous reprenons l'exemple de la brosse à dents :

Mode de défaillance : Rupture du manche (figure 9.2)
⇨ *Cause 1* – matière non conforme
  ⇨ *Sous-cause 1.1* – Choix inadapté
    ⇨ *Possibilité de détection* : essais préliminaires
⇨ *Cause 2* – Section insuffisante
  ⇨ *Possibilité de détection* : calcul en résistance des matériaux

Dans le cas d'une AMDEC process on a le même schéma :

Mode de défaillance : traitement de surface non-conforme
⇨ *Cause 1* – Erreur de traitement par le sous-traitant
  ⇨ *Sous-cause 1.1* – Erreur dans le bon de commande
    ⇨ *Possibilité de détection* : procédure « commande sous-traitants ».

4.4 Evaluation et hiérarchisation des causes de défaillances

Afin de hiérarchiser les défaillances, il faut évaluer chaque mode de défaillance en terme de criticité suivant trois critères.

- **La fréquence d'apparition**, c'est-à-dire la probabilité que la cause existe multipliée par la probabilité que cette cause crée une défaillance. Dans le cas de la brosse à dents, on jugera comme faible la probabilité de mélanger les lots de matière.
- **La gravité**, c'est-à-dire l'évaluation de l'effet non-qualité ressenti par le client. Dans une AMDEC Process, on considérera les deux clients. Le client final du produit et le client (atelier) aval ou l'usine cliente.
- **La détection**, c'est-à-dire la probabilité de ne pas livrer une défaillance potentielle quand la cause existe. On juge les moyens qui ont été mis en œuvre pour empêcher la défaillance, par exemple un code de couleur sur les matières.

Pour coter les défaillances, on utilise une grille de défaillance qui diffère d'une société à l'autre. Généralement, on utilise une grille à 10 niveaux comme celle donnée en fin de chapitre pour l'AMDEC Process. Cette notation donne parfois lieu à quelques discussions. Le rôle de l'animateur est alors de veiller à une bonne homogénéité de la notation.

Le produit de ces trois critères F x G x D donne le Niveau de Priorité de Risque (NPR ou IPR) qui permet de hiérarchiser les causes.

Hiérarchisation des NPR

Pour hiérarchiser les causes de défaillances, on établit un diagramme comme indiqué en figure 9.13. Ce diagramme permet de faire apparaître les risques de défaillances détectés au cours de cette étape.

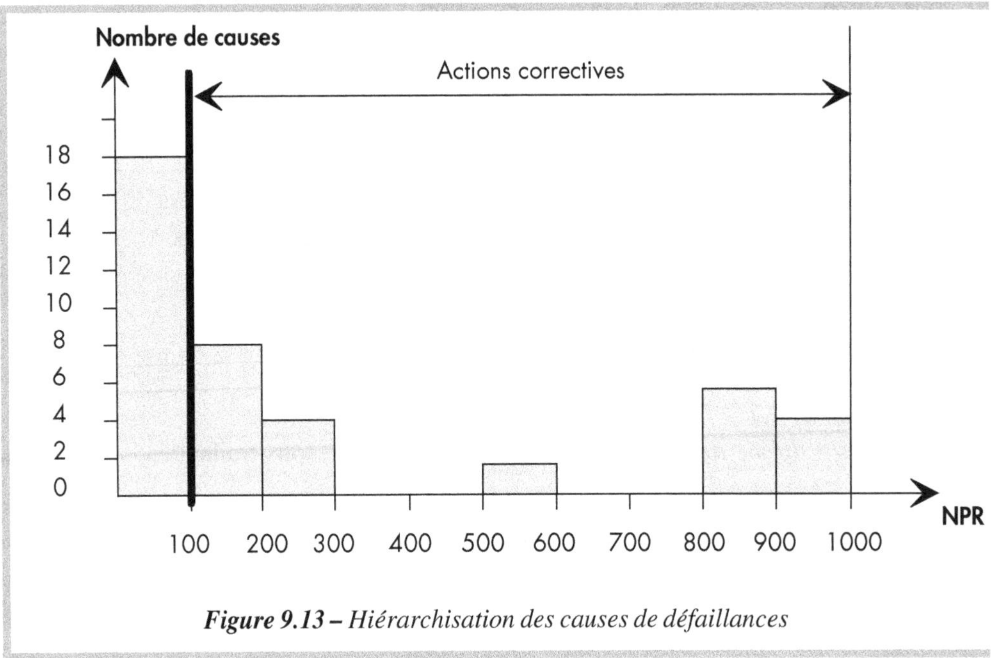

***Figure 9.13** – Hiérarchisation des causes de défaillances*

4.5 Recherche d'actions correctives

Après l'évaluation, on se fixe une limite d'acceptation pour le NPR. Toutes les causes de défaillances dont le NPR dépasse cette limite doivent être traitées par le groupe afin d'éliminer la cause ou d'abaisser le NPR en dessous de la limite acceptable. On considère le plus souvent qu'un mode de défaillance peut être accepté si son NPR est inférieur à 100.

En règle générale, tout risque supérieur à 100 fait l'objet d'une action corrective. De même si une gravité est cotée 10, c'est-à-dire qu'elle met en péril la sécurité des utilisateurs, il doit y avoir modification de la conception pour diminuer le risque.

Pour chaque action corrective, il faut compléter la feuille d'analyse en précisant le triplet : une action, une personne, un délai.

Après avoir précisé l'action corrective envisagée, le groupe évalue le NPR prévisionnel après correction. Le niveau de risque ne change pas, cependant l'action corrective doit avoir pour but de diminuer la probabilité d'apparition de la cause ou de mettre en place un contrôle pour diminuer le risque lié à la détection.

4.6 Mise en œuvre des solutions

L'analyse étant terminée, il faut alors faire le bilan des propositions d'actions. La décision finale est prise par le décideur au cours d'une réunion bilan.

Pour être efficace, cette réunion doit être préparée. On aura pris soin de documenter les solutions préventives, en terme de faisabilité, de coût, de délais de mise en œuvre.

Les décisions sont prises en tenant compte :

- de l'analyse AMDEC ;
- des orientations stratégiques du produit ;
- des orientations économiques du produit ;
- du coût des différentes solutions ;
- des délais.

A l'issue de cette réunion, on établit un calendrier des actions à réaliser et on programme une réunion de rebouclage pour valider le résultat des actions. La mise en œuvre des actions correctives est réalisée par les services opérationnels.

4.7 Suivi des actions et rebouclage si nécessaire

A l'issue des étapes précédentes, on a établi une planification des actions à entreprendre. Il faut alors passer à la réalisation par les différents services de l'entreprise. Tout au long de la réalisation, l'animateur AMDEC veille au respect du calendrier. Il peut alors reformer une réunion au cas où un problème important viendrait à surgir.

Après mise en œuvre des solutions, il est impératif de vérifier si les objectifs visés sont bien atteints, notamment en ce qui concerne les indices NPR. Dans le cas contraire, il faut reboucler sur l'étude AMDEC.

5. PLANIFICATION D'UNE AMDEC

Une AMDEC doit rassembler l'ensemble des étapes que nous avons vues au paragraphe 4. L'ensemble d'une grosse étude AMDEC se déroule en principe sur 2 à 3 mois maximum à partir de 5 à 7 réunions d'une demi-journée.

Notre expérience nous a montré qu'il était impératif de limiter dans le temps et en nombre de réunions les études AMDEC. Une AMDEC trop longue lasse les participants et rend difficile l'organisation d'une prochaine AMDEC sur un autre sujet. Une AMDEC faite trop rapidement ne fait apparaître que les modes de défaillances évidents.

Pour trouver le bon compromis, il est impératif de limiter le champ de l'étude. En règle générale, nous préconisons de ne s'intéresser qu'aux parties nouvelles par rapport aux produits déjà maîtrisés dans l'entreprise. On peut éventuellement adjoindre à l'étude les parties qui traditionnellement posent des problèmes. Mais il faut prendre garde à ne pas noyer l'AMDEC en redécouvrant « le fil à couper le beurre ».

Une des grandes difficultés de l'animateur est la gestion du temps. Il est inutile de laisser le groupe discuter pendant dix minutes sur une note 5 ou 6 alors que visiblement le mode de défaillance étudié aura un NPR inférieur à 100. L'animateur doit être capable d'accélérer sur les parties visiblement maîtrisées par l'entreprise et de se focaliser sur les points plus nouveaux et plus délicats.

6. EXEMPLE D'AMDEC PROCESS

Pour illustrer ce chapitre, nous utiliserons un produit relativement simple : une masse filtrante montée serrée sur le câble de débrayage d'une automobile. Le but de ce produit est de filtrer les vibrations qui pourraient remonter dans l'habitacle. Deux éléments sont particulièrement importants dans ce produit : la masse et le diamètre de 5,8 ± 0,02.

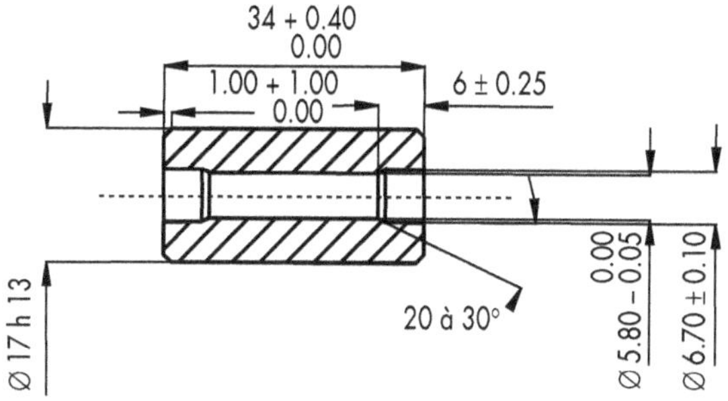

Figure 9.14 – Dessin du produit

Les opérations principales de la gamme sont :

Etape 1 : Réception matière

Etape 2 : Décolletage ⇨

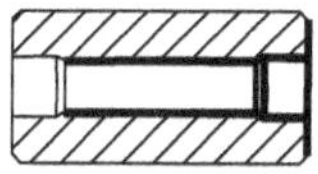

Etape 3 : Lavage

Etape 4 : Reprise ⇨

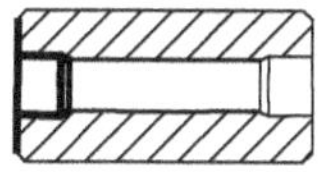

Etape 5 : Lavage

Etape 6 : Traitement

La figure 9.15 donne un extrait du plan de surveillance tel qu'il était prévu avant l'AMDEC. La figure 9.16 donne le résultat de l'AMDEC avec ses actions correctives qui ont été mises en œuvre.

1	3	4	5	6	7	9	12	13
Synoptique	N° Opé	Désignation	Paramètres	Valeur	Moyen	Verrou	Type surveillance par niveau 1 2 3	Réaction produit
□	10	Réception	–	–	–	–	– – –	–
◇	20	Contrôle	Matière	XC12	Visuel Peinture	–		Refus Réception
▽	30	Stockage						
◈	40	Décolletage	Longueur Diamètre Diamètre Longueur	34 5,8 6,7 6	PaC Piges Piges Projecteur	– – – –	1/H 5/H 1/H 1/Jour	Tri Tri Tri –
□	50	Lavage	Propreté	–	Visuel	–	10/ lot	Nouveau Lavage
◈	60	Reprise	Diamètre Longueur	6,7 6	Piges Projecteur	– –	1/H 1/Jour	Tri –
□	70	Lavage	Propreté	–	Visuel	–	10/ lot	Nouveau Lavage
◈	80	Traitement de surface (sous-traitance)	Certificat de conformité				A chaque lot	
◇	90	Contrôle	Présence traitement		Visuel		10/lot	
□	100	Emballage expédition	Mélanges étiquetage		Procédure non écrite			

Figure 9.15 – Extrait du plan de surveillance

O	PRODUIT		PROCESSUS	PREVU/EXISTANT					NOUVELLES MESURES						
P	Défauts Potentiels	Effets défauts	Causes Défauts	Plan de Surveillance	D	F	G	NPR	Responsable	Délai	Mesures prises	D	F	G	NPR'
1	Erreur matière	Poids non conforme	Fournisseur	Vérif certif matière	3	2	7	42							
	Pas de contrôle	Diam 17 NC	Fournisseur	Proc récept matière	1	2	7	14							
	Diam 17 NC	Poids NC	Fournisseur	Proc récept matière	1	1	7	7							
	Mélange de lots	Poids NC	Fournisseur	Proc récept matière											
	Présence de criques	Poids + serrage	Fournisseur		5	2	7	**70**	**Commercial**	**S7**	**Contrôle US Contact client**	**2**	**2**	**7**	**28**
2	D 5,8 hors mini	Goupille n'entre pas	Mèche	Pige 5P/H	4	2	5	40							
	D 5,8 hors maxi	Goupille ne serre pas	Nuance métal	Récept mat + pige	8	3	9	**216**	**Qualité**	**S8**	**Mise en place SPC**	**2**	**2**	**9**	**36**
			Affûtage	Pige 5/H	4	4	9	144							
	Angle 20 à 30°	Mont goup difficile	Affûtage Casse	1 pièce coupée par jour + visuel	3	3	5	45							
	D 6,7 hors mini	Mont goup difficile	Mèche	Pige 1pièce/H	3	1	5	15							
	D 6,7 hors maxi	Mauvais guidage	Mèche	Pige 1pièce /H	3	1	5	15							
	Longueur 34 NC	Poids NC Encombrement	Réglage	PaC 1pièce/H	3	1	7	21							
	Long 6 hors maxi	Serrage insuffisant	Réglage	1 Pièce coupée/jour	7	2	9	**126**	**Qualité reprise**	**S9**	**Réalisation outillage de contrôle**	**2**	**2**	**9**	**36**
	Chanfrein NC	Pièces agressives	Réglage	Proj Prof 1P/J	1	3	5	15							
3	Angle 20 à 30°	Montage goup difficile	Affûtage Casse	1 pièce coupée par jour + visuel	3	3	5	45							
	D 6,7 hors mini	Montage goup difficile	Mèche	Pige 1pièce/H	3	1	5	15							
	D6,7 hors maxi	Mauvais guidage	Mèche	Pige 1pièce/H	3	1	5	15							
	Absence reprise	Montage goupille impossible	Erreur humaine	Contrôle final 30/lot	7	5	9	**315**	**Reprise**	**S9**	**Verrou sur reprise perçeuse**	**7**	**1**	**9**	**63**
4	Absence de lavage	Pièces sales, copeaux	Erreur Humaine	Contrôle visuel final	1	3	7	21							
	Lavage mal fait	Pièces sales, copeaux	Gamme non respectée	Contrôle visuel final	5	2	5	50							

***Figure 9.16** – Extrait de l'AMDEC Processus*

7. GRILLE POUR L'ÉVALUATION DE L'AMDEC PROCEDE

Probabilité de non-détection			Fréquence d'apparition			Niveau de gravité		
Critère	Note D	Risque de laisser passer un produit défectueux (à titre indicatif)	Critère	Note F	Risque que le défaut se produise (à titre indicatif)	Critère Client final	Note G	Critère Client ou atelier aval
Très faible probabilité de ne pas détecter le défaut avant que le produit ne quitte l'opération concernée. Contrôle automatique à 100 % des pièces à l'opération, Poka Yoké.	1 ou 2	1/20000 1/10000	**Probabilité très faible** Défaut inexistant sur processus analogue. Capabilité estimée du processus Cp > 1,66.	1 ou 2	1/20 000 1/10 000	Défaillance minime, le client ne s'en aperçoit pas.	1	Aucune influence sur les opérations de fabrications suivantes ou dans l'usine cliente.
Faible probabilité de ne pas détecter le défaut avant que le produit ne quitte l'opération concernée. Le défaut est évident (exemple présence d'un trou) quelques défauts échapperont à la détection (contrôle unitaire).	3 ou 4	1/2000 1/1000	**Probabilité faible** Très peu de défauts sur processus analogue ou processus sous contrôle statistique. Capabilité estimée du processus 1,33 < Cp < 1,66.	3 ou 4	1/2000 1/1000	Défaillance mineure que le client peut déceler, mais ne provoquant qu'une gêne légère et aucune dégradation notable des performances du produit.	2 ou 3	Effet mineur que l'opérateur aval ou l'usine cliente peut déceler mais ne provoquant qu'une gêne légère sans perturbation de flux.
Probabilité modérée de ne pas détecter le défaut avant que le produit ne quitte l'opération concernée. Contrôle manuel difficile.	5 ou 6	1/500 1/200	**Probabilité modérée** Défauts apparus occasionnellement sur processus analogue. Capabilité estimée du processus 1 < Cp < 1,33.	5 ou 6	1/500 1/200	Défaillance avec signe avant coureur qui mécontente le client. Elle indispose le client ou le met mal à l'aise.	4 ou 5	Effet avec signes avant-coureurs qui mécontente l'opérateur aval ou l'usine cliente. Légère perturbation du flux de production.
Probabilité élevée de ne pas détecter le défaut avant que le produit ne quitte l'opération concernée. • Le contrôle est subjectif. • Echantillonnage mal adapté.	7 ou 8	1/100 1/50	**Probabilité élevée** Défauts fréquents sur processus analogue. Capabilité estimée du processus 0,83 < Cp < 1.	7 ou 8	1/100 1/50	Défaillance entraînant une dégradation notable des performances du sous-ensemble ou du produit. Elle mécontente le client.	6 ou 7	Effet sans signe avant-coureur qui mécontente l'opérateur aval ou l'usine cliente. Perturbation modérée du flux. Peut provoquer quelques rebuts ou retouches sur le produit. Frais de remise en état du processus modérés.
Probabilité très élevée de ne pas détecter le défaut avant que le produit ne quitte l'opération concernée. • Le point n'est pas contrôlé ou pas contrôlable. • Le défaut n'est pas apparent.	9 ou 10	1/20 >1/10	**Probabilité très élevée** Il est certain que le défaut se produira souvent.	9 ou 10	1/20 > 1/10	Défaillance **avec signes avant-coureurs** qui provoque un grand mécontentement du client et/ou des frais de réparations élevés.	8	Effet avec signe avant-coureur qui provoque un grand mécontentement de l'opérateur aval ou l'usine cliente. Importante perturbation du flux. Rebuts ou retouches importants sur le produit. Frais de remise en état du processus élevés.
						Défaillance **sans signes avant-coureurs** qui provoque un grand mécontentement du client et/ou des frais de réparations élevés. Produit en panne ou hors service.	9	Effet sans signe avant-coureur qui provoque un grand mécontentement de l'opérateur aval ou l'usine cliente. Importante perturbation du flux. Rebuts ou retouches importants sur le produit. Frais de remise en état du processus élevés.
						Défaillance sans signe avant-coureur impliquant des problèmes de sécurité.	10	Effet impliquant des problèmes de sécurité pour l'opérateur aval ou l'usine cliente. Arrêt du processus de fabrication.

CHAPITRE 10

La Maîtrise Statistique des Processus (MSP/SPC)

Dans la démarche qualité des entreprises manufacturières, la Maîtrise Statistique des Procédés (MSP) ou SPC (*Statistical Process Control*) représente un élément très important de la qualité des productions industrielles. Au-delà du simple outil, la MSP intègre une nouvelle culture d'entreprise. C'est sur ce point que de nombreuses entreprises ont échoué dans la mise en place de la MSP. En voulant mettre en place des « cartes de contrôle » pour faire plaisir à leurs clients, elles sont passées à coté de l'essentiel sans forcément convaincre le client.

Nous développerons dans ce chapitre deux aspects de la MSP. Nous aborderons d'abord l'aspect culturel avec la nouvelle façon de voir l'intervalle de tolérance et la cotation des systèmes qui est sous-jacente dans la MSP, mais trop souvent passée sous silence. Nous développerons, ensuite, les outils qui permettent la mise en place de cette nouvelle culture.

1. LES NOTIONS FONDAMENTALES

1.1 Les causes communes et les causes spéciales

1.1.1 Les cinq M du procédé

Tous les procédés, quels qu'ils soient, sont incapables de produire toujours exactement le même produit. Cela tous les opérateurs le savent bien et c'est d'ailleurs un des problèmes principaux auquel les régleurs sont confrontés tous les jours.

Une cote sur un lot de pièces ne fera jamais exactement 10 mm, mais sera répartie entre 9,97 et 10,03 mm par exemple. Un lot de résistances électriques dont la valeur nominale est de 10 ohms, aura en fait des valeurs comprises entre 9,9 et 10,1 ohms. Cette variabilité est incontournable et il faut être capable de « vivre avec ». Quelle que soit la machine étudiée, la caractéristique observée, on note toujours une dispersion dans la répartition de la caractéristique.

Ces variations proviennent de l'ensemble du procédé de production. L'analyse des procédés de fabrication permet de dissocier 5 éléments élémentaires source de cette dispersion. On désigne généralement par les 5 M ces 5 causes fondamentales responsables de dispersion et donc de non-qualité :

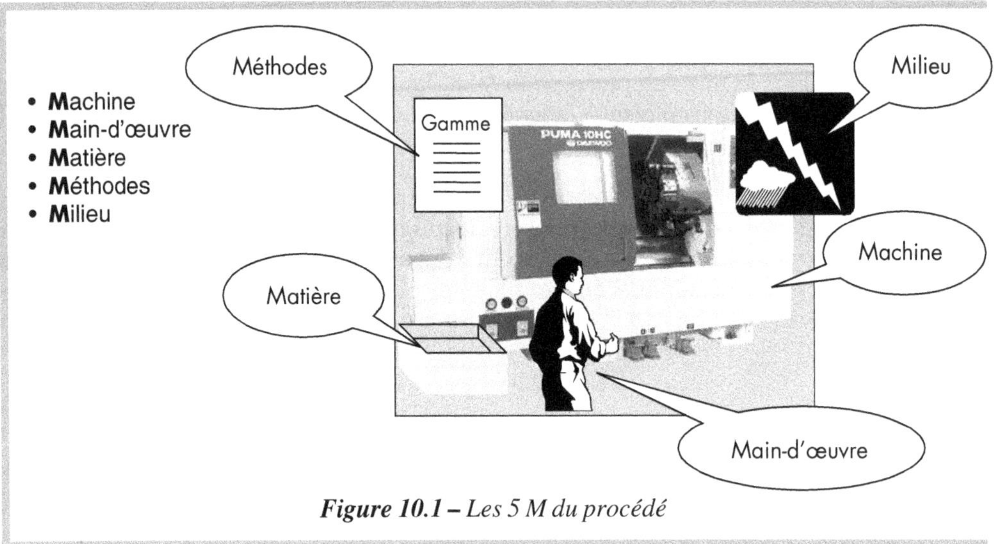

Figure 10.1 *– Les 5 M du procédé*

Les variations aléatoires d'une caractéristique suivent très souvent une courbe en cloche : la loi normale. On trouve quelques cas ou cela n'est pas vrai comme les caractéristiques de forme (circularité) mais ces cas sortent du cadre de cet ouvrage. Nous prendrons l'hypothèse que la machine a une dispersion qui suit une loi de Gauss (loi normale).

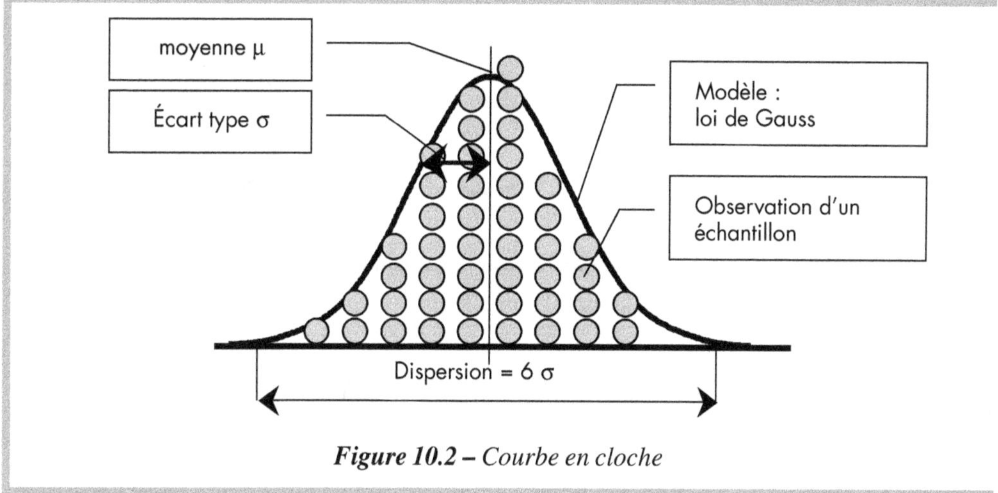

***Figure 10.2** – Courbe en cloche*

Désormais, lorsque nous parlerons de la production d'une machine, nous la modéliserons par une courbe en cloche, dont les deux caractéristiques importantes seront la moyenne et la dispersion.

- La position moyenne (notée $\overline{x}$) des pièces donne une bonne indication de la position μ de réglage de la machine à l'instant *t*.
- La dispersion (fixée le plus souvent à six écarts types) donne une bonne indication de l'importance des variations observées sur la caractéristique.

1.1.2 Causes communes – Causes spéciales

On sait que dans une production, deux pièces ne sont jamais parfaitement identiques. Les dimensions d'une pièce usinée sur une machine-outil dépendent de nombreux facteurs. Il s'ensuit une dispersion sur la cote que l'on peut séparer en deux catégories :

- les dispersions dues aux causes communes,
- les dispersions dues aux causes spéciales.

Cette dichotomie entre les causes de dispersions est une des bases fondamentales de la méthode MSP. Il convient donc de les expliciter davantage.

Les causes communes : ce sont les nombreuses sources de variations difficilement maîtrisables qui sont toujours présentes à des degrés divers dans différents procédés. Ces causes étant toujours présentes et de plus en grand nombre, il faudra « vivre avec ». L'ensemble de ces causes communes forme la variabilité intrinsèque du procédé. Cette variabilité suit généralement une loi de Gauss.

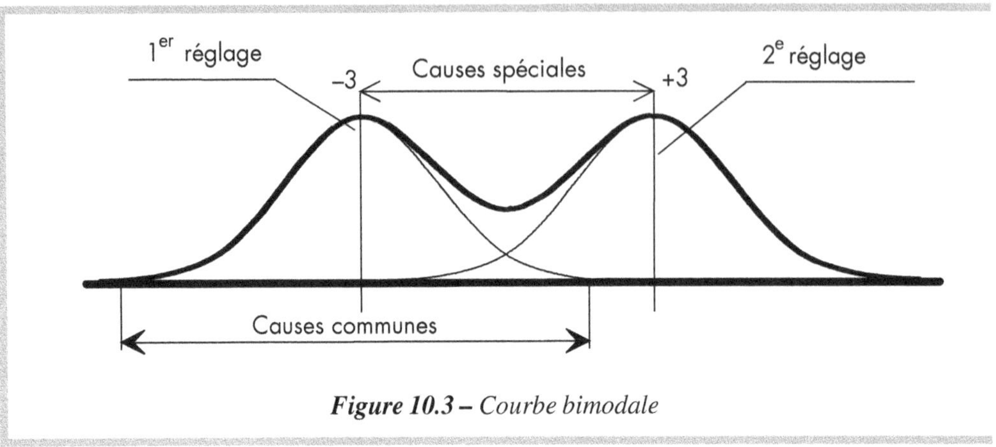

Figure 10.3 – Courbe bimodale

Les causes spéciales : ce sont les causes de dispersion identifiables, souvent irrégulières et instables, et par conséquent difficiles à prévoir. L'apparition d'une cause spéciale nécessite une intervention sur le procédé. Contrairement aux causes communes, les causes spéciales sont en général peu nombreuses. Un déréglage dû à une usure d'outil est une cause spéciale.

1.2 Qualité produit *versus* Qualité d'une caractéristique

Pour appliquer correctement la MSP, il faut avoir préalablement assimilé un certain nombre de notions. La notion la plus importante sur laquelle il est utile de passer un peu de temps est la différence entre la qualité d'un produit et la qualité associée à une caractéristique élémentaire.

Qualité d'un produit : la notion de qualité est assez claire lorsqu'on parle de produits finis livrés aux clients. Il faut que le produit satisfasse les exigences ... longtemps.

Qualité associée à une caractéristique élémentaire : lorsque l'on réfléchit à la notion de qualité d'une caractéristique élémentaire, par exemple une cote tolérancée sur un produit mécanique, la première idée consiste à dire « le produit est de qualité si la caractéristique est conforme au plan ». Les choses sont pourtant plus complexes, comme nous le verrons plus loin. Souvent, pour « simplifier », nous contournons le problème en mettant des tolérances de plus en plus serrées qui conduisent inévitablement à des coûts de production toujours plus élevés.

Pour illustrer ce propos, prenons deux exemples simples en mécanique (assemblage d'un arbre et d'un alésage) et en électronique (loi d'Ohm U = RI).

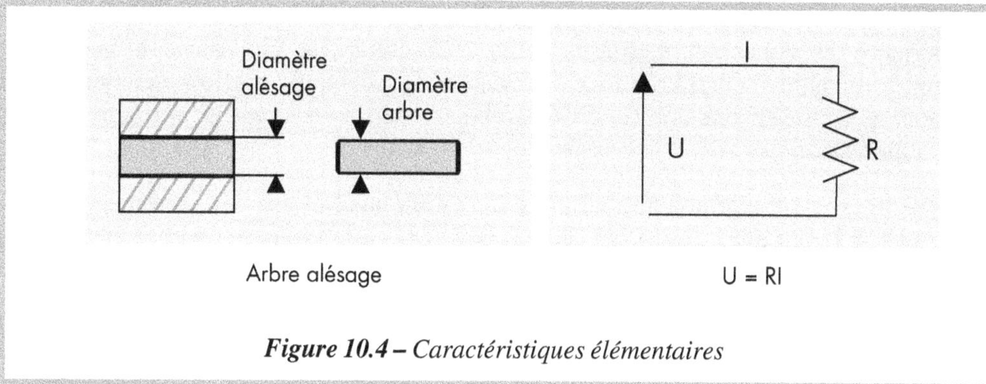

Figure 10.4 – Caractéristiques élémentaires

- Que souhaite le client final ? Que le produit fonctionne.
- Quelles sont toutes les caractéristiques élémentaires qui participent au bon fonctionnement du produit ? De très nombreuses, on peut citer entre autres :

Le diamètre de l'alésage
Le diamètre de l'arbre
La cylindricité
La rugosité des surfaces
La dureté

La valeur de la résistance
La résistance du fil
La température extérieure
L'intensité
La qualité des soudures

Quels que soient les systèmes industriels, même pour les plus simples, on retrouve toujours cet invariant : la qualité finale du produit résulte de la combinaison plus ou moins complexe d'un nombre important de paramètres élémentaires gigognes que nous pouvons classer de la façon suivante :

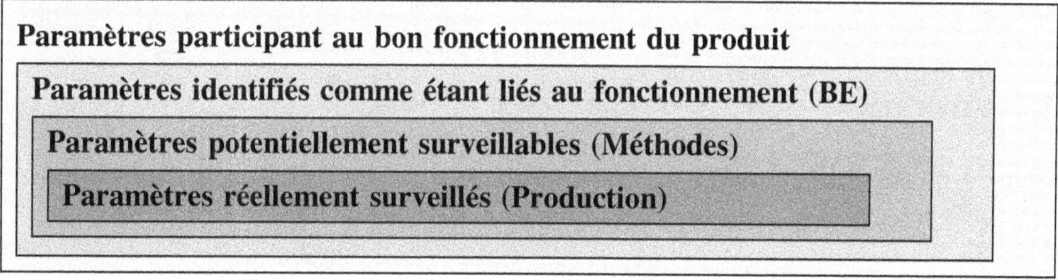

Pour assurer le fonctionnement idéal, il faudrait contrôler tous les paramètres participant au bon fonctionnement. Mais ces paramètres ne sont pas tous identifiés. Parmi les paramètres identifiés, certains ne peuvent être surveillés en production pour des problèmes de faisabilité (contrôle destructif par exemple) ou de coûts. On se limite donc en règle générale au suivi de quelques paramètres considérés comme critiques afin d'assurer la qualité finale du produit qui doit bien sûr être notre seul objectif.

Dans ces conditions, quelles doivent être les bonnes tolérances de fabrication sur ces quelques caractéristiques surveillées ? Comment interpréter ces tolérances ?

La démarche traditionnelle consiste à fixer des tolérances à partir de normes ou de l'expérience des concepteurs et de la culture de l'entreprise. On considère la caractéristique acceptable si elle est dans ces tolérances, inacceptable si elle est en dehors des tolérances. Nous pensons que cette démarche est restrictive et qu'il faut faire évoluer cette approche.

Prenons le cas de l'assemblage de l'arbre avec l'alésage. Le produit fonctionnera correctement si le jeu entre l'arbre et l'alésage est égal à la cible recherchée (jeu idéal). Pour obtenir cette cible, on fixe sur l'arbre et sur l'alésage des diamètres tolérancés, calculés en fonction de l'intervalle de tolérance souhaité sur le jeu. Mais ce fonctionnement ne sera idéal que si les autres critères non surveillés comme la rugosité, la cylindricité reste dans des limites raisonnables.

Considérons maintenant trois situations :

- Lorsque l'arbre est au maxi et l'alésage au mini, ces caractéristiques sont acceptables. Pourtant, supposons que des paramètres non surveillés comme la cylindricité, la rugosité ou la dureté soient également en limite, le fonctionnement du produit fini sera dégradé, la qualité ne sera plus assurée.
- Considérons dans un second cas, l'alésage placé sur la cible. Le jeu est plus proche du jeu idéal, et la qualité du produit pourra être assurée même si les caractéristiques non surveillées sont défavorables.
- Supposons maintenant que l'arbre et l'alésage soient tous les deux sur leurs cotes cibles. Le jeu serait alors idéal, et le produit pourrait alors « encaisser » des paramètres non surveillés en limite.

La qualité des produits est souvent (pour ne pas dire toujours) une combinaison de plusieurs caractéristiques élémentaires. Si on veut se concentrer sur la qualité des produits, il faut se concentrer sur cette combinatoire qui amène naturellement la notion de cible.

1.3 Un principe incontournable : viser la cible

Dans la plupart des entreprises, nous considérons qu'un produit est bon à l'intérieur des tolérances, mauvais à l'extérieur, sans différence de nuance. En suivant ce raisonnement, un système de tri automatique éliminant systématiquement les pièces hors tolérance permettrait d'obtenir une production considérée comme parfaite.

Sur la figure 10.5, nous avons représenté trois pièces : 1, 2 et 3. Les pièces 2 et 3 sont dans l'intervalle de tolérance. La pièce 1 est hors intervalle de tolérance. Or, d'un point de vue fonctionnel, il y a probablement peu d'écart entre la pièce 1 et la pièce 2.

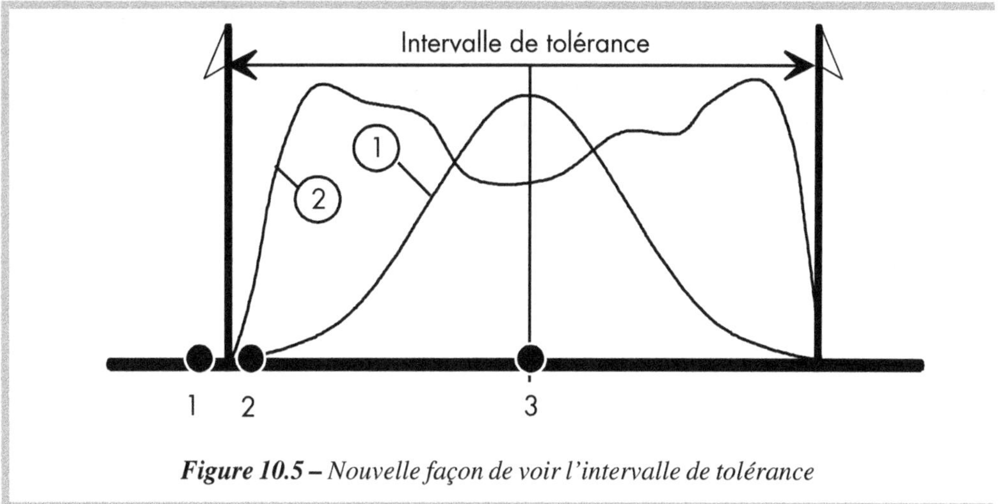

Figure 10.5 – Nouvelle façon de voir l'intervalle de tolérance

Considérons maintenant, les deux répartitions ① et ②. La répartition ① bien centrée, en forme de cloche, génère un certain pourcentage de pièces non conformes. La répartition ② répartie sur l'ensemble de l'intervalle de tolérance ne génère pas de pièces non conformes grâce à un système de tri efficace.

Dans le cas de l'assemblage précédent, quelle est la répartition préférable pour l'arbre et l'alésage ?

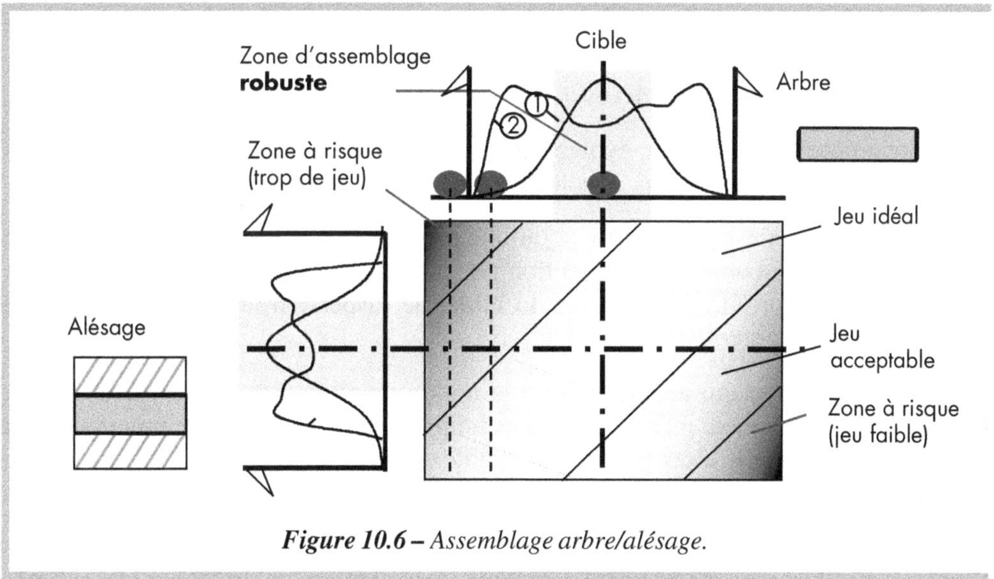

Figure 10.6 – Assemblage arbre/alésage.

Le raisonnement traditionnel conduit à choisir la répartition ② car toutes les pièces sont conformes. Le raisonnement statistique conduit à choisir la répartition ① pour l'alésage et l'arbre. En effet, si l'arbre et l'alésage sont produits selon la répartition ①, la probabilité d'assembler un arbre fort avec un alésage faible est presque nulle (multiplication de deux probabilités faibles). En revanche, dans le cas de la répartition ②, la probabilité d'assembler un arbre fort avec un alésage faible est très importante.

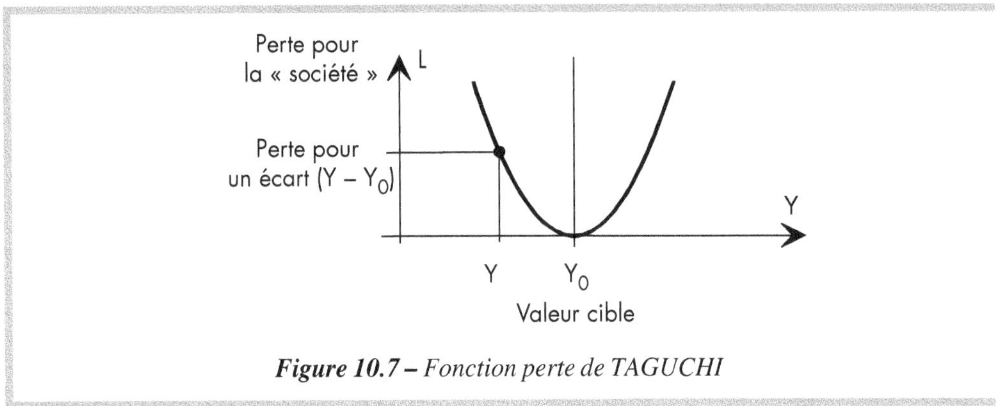

***Figure 10.7** – Fonction perte de TAGUCHI*

En fait, la « perte » due à l'écart d'une caractéristique par rapport à une valeur nominale n'est pas nulle à l'intérieur de la tolérance et totale à l'extérieure. TAGUCHI définit la fonction perte comme étant une fonction du second degré de l'écart par rapport à la valeur cible.

La fonction perte s'exprime par $L = K\ (Y - Y0)^2$ avec :

- K : une constante qui dépend du problème posé ;
- Y0 : valeur cible recherchée ;
- Y : valeur prise par la caractéristique.

Il est donc nécessaire de faire évoluer notre raisonnement en matière d'intervalle de tolérance et nous pouvons déjà conclure :

- L'important, ce n'est pas seulement qu'une pièce soit dans l'intervalle de tolérance, mais c'est aussi et surtout la répartition des pièces à l'intérieur de cet intervalle.
- La répartition doit être **centrée sur la cible**, de dispersion la plus faible possible compte tenu du processus disponible.

La notion importante qui apparaît ici est la notion de **cible**. La cible est très souvent le milieu de la tolérance, mais ce n'est pas toujours le cas. Ce qui est important c'est que tout le monde soit d'accord sur cette cible. Il n'est pas normal de mettre sur un plan simplement un mini et un maxi. Un plan d'atelier devrait comporter en gros la cible qui a été définie consensuellement entre tous les services concernés.

En visant la cible pour chaque caractéristique surveillée, on rendra le produit **robuste** par rapport à toutes les caractéristiques non surveillées mais qui fluctuent quand même. Nous pouvons résumer les principes essentiels de la cible par :

- Chaque caractéristique surveillée en production doit avoir une cible définie consensuellement entre tous les services concernés.
- La cible représente le niveau idéal de la caractéristique. Tous les opérateurs doivent s'efforcer de centrer le procédé sur cette cible.
- La cible doit apparaître clairement sur les plans de fabrication.
- Les services de production doivent utiliser les outils de la Maîtrise Statistique des Procédés pour satisfaire le centrage du procédé sur cette cible.

1.4 Étude de la combinatoire de plusieurs caractéristiques

1.4.1 Cas de deux caractéristiques

Pour bien montrer l'importance fondamentale de la cible, étudions la façon dont ces deux caractéristiques se combinent lorsque $Y = X1 + X2$ dans différents cas de figure de même moyenne (valeur = 0) et de même écart type (Valeur = 1).

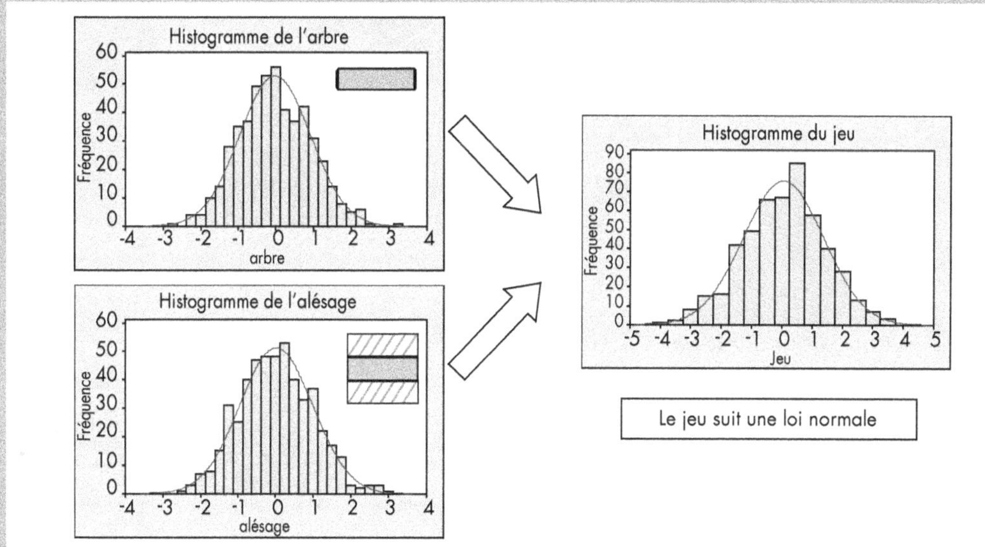

Répartition suivant une **loi de Gauss**

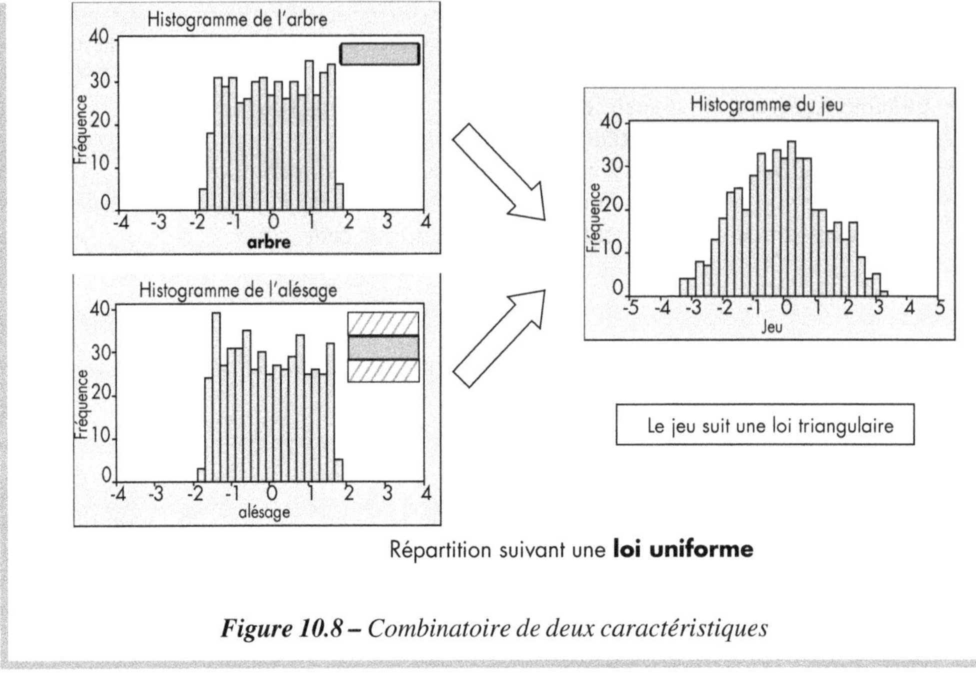

***Figure 10.8** – Combinatoire de deux caractéristiques*

En assemblant au hasard un arbre et un alésage, on constate que le résultat sur le jeu (triangulaire et gaussienne) est sensiblement identique alors que les répartitions initiales (uniforme et gaussienne) sur les caractéristiques élémentaires sont très différentes. **Conclusion :** la répartition finale sur la caractéristique produit dépend principalement de la moyenne et de l'écart type des caractéristiques élémentaires, et dans une moindre mesure de leur répartition.

1.4.2 Étude de la combinatoire dans le cas de cinq caractéristiques

En fait, il faudrait considérer non seulement les caractéristiques surveillées, mais également les caractéristiques non prises en compte. Pour cela observons la combinaison de cinq caractéristiques indépendantes centrées sur leur cible dans deux cas de répartition :

- la première où tous les éléments ont une répartition uniforme ;
- la seconde où tous les éléments ont une répartition de Gauss.

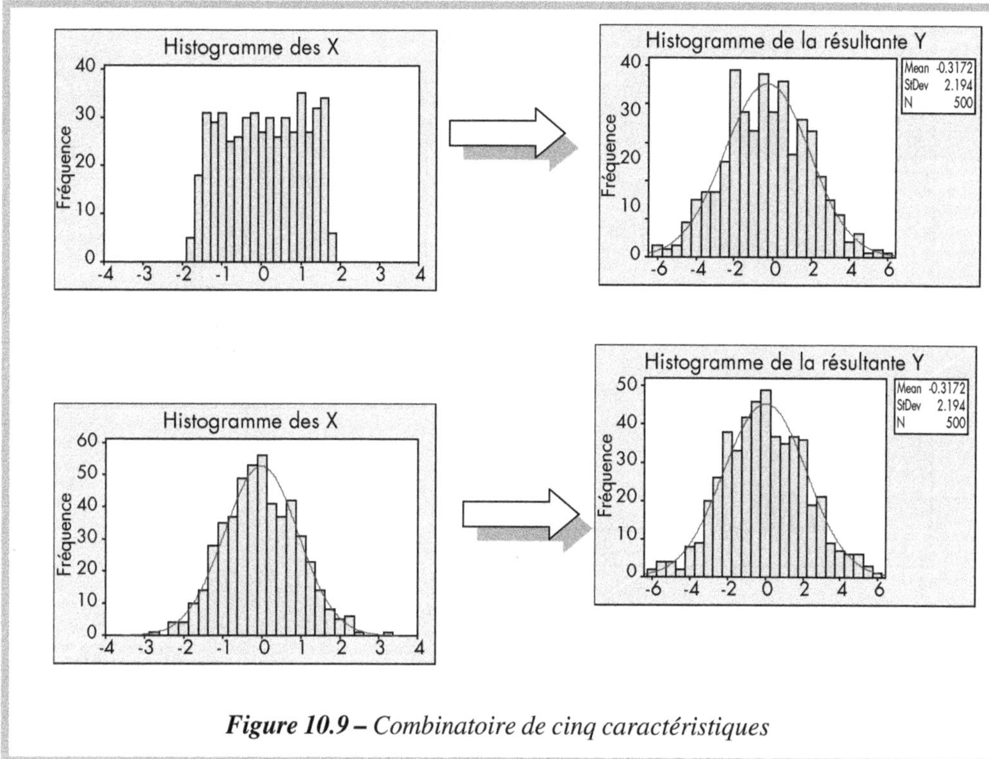

***Figure 10.9** – Combinatoire de cinq caractéristiques*

Le jeu résultant est pratiquement identique dans les deux cas.

Conclusion : la répartition finale sur la caractéristique produit dépend principalement de la moyenne et de l'écart type des caractéristiques élémentaires et **très peu de leur répartition.**

1.4.3 Étude de l'influence du décentrage

Dans tous les cas précédents, nous avons considéré que chaque caractéristique était centrée sur la cible. Dans le cas où une des caractéristiques élémentaires est décentrée, la caractéristique « produit » résultante subit de plein fouet ce décentrage. La figure 10.10 montre l'importance d'un décentrage d'une caractéristique.

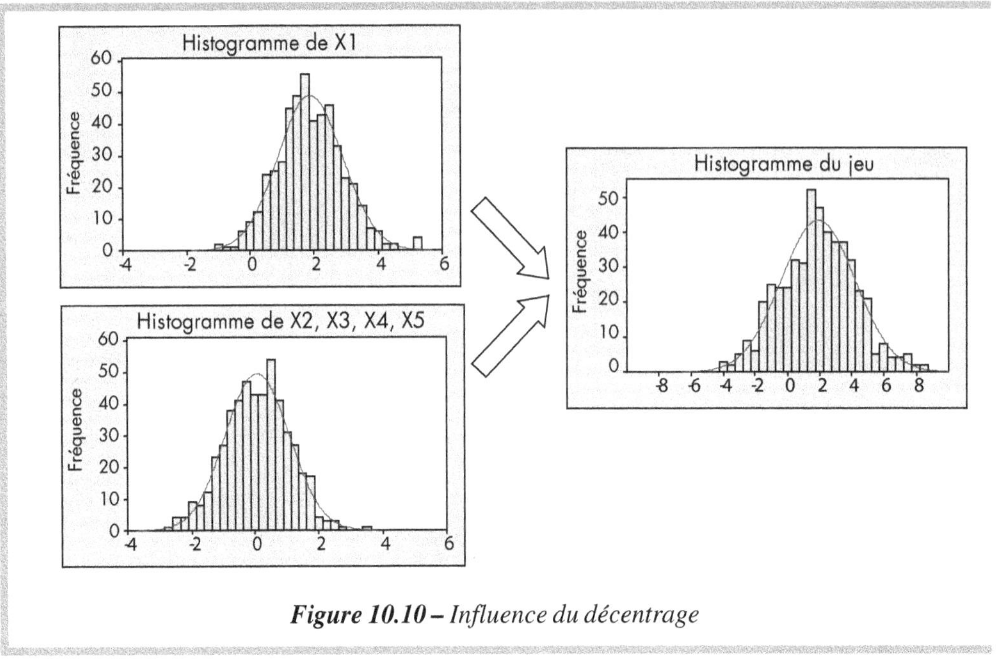

Figure 10.10 – Influence du décentrage

Conclusion : la qualité finale du produit exige un centrage absolu des caractéristiques élémentaires.

1.5 En conclusion

L'objectif final de tout industriel est de livrer des produits de qualité pour un prix minimum. On a vu par cette petite étude que pour atteindre cet objectif, il fallait s'intéresser à la combinatoire des caractéristiques élémentaires. Cette étude a montré l'importance du centrage des caractéristiques sur une valeur cible, et la pertinence de deux critères fondamentaux : la moyenne et l'écart type des répartitions. Ces deux critères sont plus importants que la loi de répartition suivie. La Maîtrise Statistique des procédés permet à partir de deux outils fondamentaux (la carte de contrôle, l'étude des capabilités) de suivre ces objectifs. Ces outils ne seront appliqués correctement que si les notions que nous venons d'exposer sont parfaitement comprises par l'ensemble du personnel.

2. SURVEILLER UN PROCÉDÉ PAR CARTES DE CONTRÔLE

2.1 Le principe de la carte de contrôle

2.1. Les limites naturelles d'un procédé

On a vu au paragraphe précédent, que les processus de production et même tous les systèmes étaient soumis à des variations naturelles aléatoires. Ces variations ont pour origines de très nombreuses causes que nous avons appelées les causes communes.

Ces causes communes non identifiées agissent de manière aléatoire sur le processus de fabrication. La combinaison de ces causes donne une distribution qui peut être modélisée par une loi de Gauss (théorème central limite).

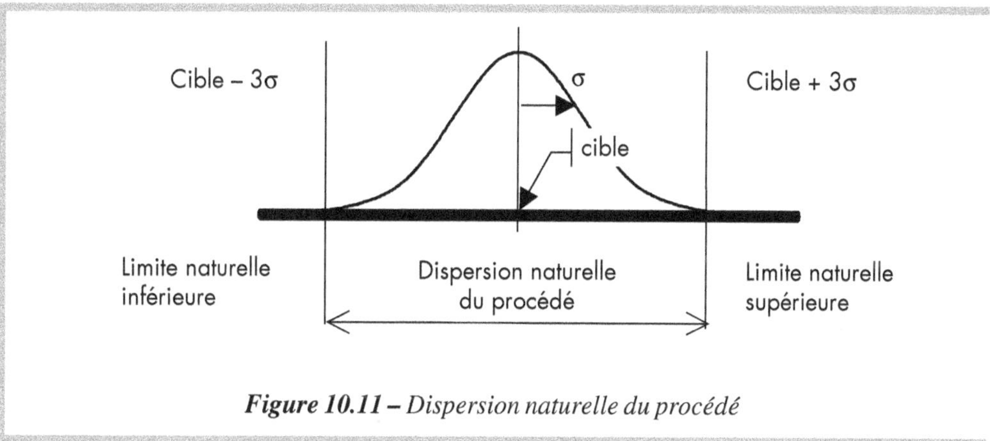

***Figure 10.11** – Dispersion naturelle du procédé*

Si la moyenne de la production est centrée sur la cible, il est donc naturel de trouver des valeurs comprises entre ± trois écarts types (σ) de cette cible. Les valeurs « cible + 3.σ » et « cible - 3.σ » représentent les limites naturelles du procédé. Tant qu'une valeur est dans ces limites, il n'y a pas de raison d'agir sur le procédé, on risquerait de décentrer un procédé bien centré. Si une valeur sort de ces limites, on a une forte probabilité que le procédé ne soit plus centré sur la cible, il faut alors le recentrer.

2.1.2 Le pilotage par les limites naturelles

Souvent, les opérateurs pilotent les procédés à partir des limites de tolérance plutôt que d'utiliser les limites naturelles. Cela peut conduire à deux types d'erreurs illustrées par la figure 10.12.

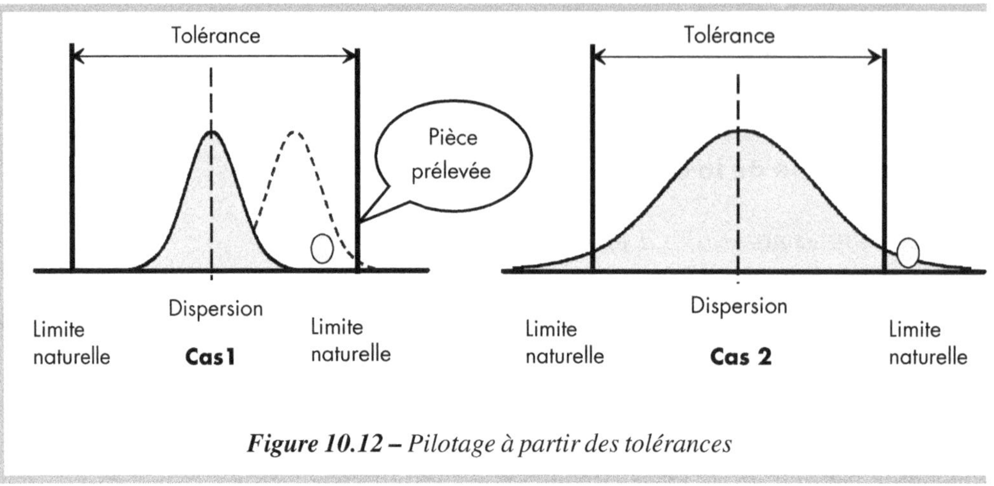

Figure 10.12 *– Pilotage à partir des tolérances*

Dans le cas 1, procédé capable, l'opérateur prélève une pièce qui se situe à l'intérieur des tolérances. Traditionnellement, cette pièce étant « bonne », il continue sa production. Pourtant, la pièce était en dehors des limites naturelles. Le procédé n'était pas centré sur la cible, il fallait régler.

Dans le cas 2, procédé non capable, l'opérateur prélève une pièce qui se situe à l'extérieur des tolérances. Traditionnellement, cette pièce étant « mauvaise », il règle le procédé. Pourtant, la pièce était dans les limites naturelles. Il est possible que le procédé soit parfaitement centré et qu'il ne faille surtout pas toucher le procédé.

Comme le montre les deux exemples précédents, il faut dissocier l'action sur le procédé (réglage) et l'action sur le produit (acceptation, tri, contrôle...).

- Les tolérances servent à déterminer si les pièces qu'on vient de faire sont bonnes ou mauvaises (conformité). Elles servent à décider de l'acceptation ou du refus des pièces que l'on a fabriquées. On regarde en arrière.
- Les limites naturelles servent à déterminer si le processus de fabrication est toujours centré sur la cible. Elles servent à agir sur le procédé pour que les prochaines pièces à réaliser restent bonnes. On regarde en avant.

La figure 10.13 montre clairement l'avantage à utiliser les limites naturelles pour piloter un procédé plutôt que les limites de tolérance. Et ceci même dans le cas de toutes petites séries avec un contrôle à 100 %.

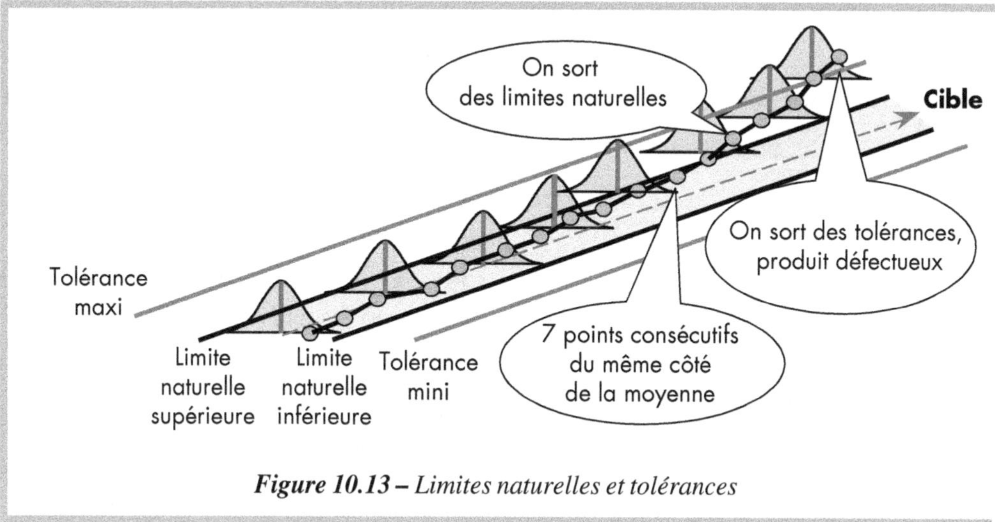

***Figure 10.13** – Limites naturelles et tolérances*

Considérons un procédé qui fabrique un produit par heure. Chaque produit est contrôlé. Si on pilote le procédé à partir des tolérances, on attend de trouver un produit hors tolérance (ou au voisinage) avant d'intervenir. Si on fait un raisonnement statistique, on note beaucoup plus rapidement le décentrage du procédé (hors des limites naturelles) et les produits fabriqués seront plus proches de la cible, de meilleure qualité.

Ainsi, même dans le cas d'un contrôle à 100 % en toutes petites séries, on a intérêt d'utiliser un raisonnement statistique.

2.1.3 Pourquoi prélever des échantillons ?

Le travail d'un régleur consiste principalement à bien régler sa machine, puis à veiller à ce que celle-ci ne se dérègle pas. Pour surveiller la position, les régleurs ont l'habitude de prélever une pièce de temps en temps et de régler la machine en fonction de la mesure réalisée.

Lorsque les capabilités ne sont pas excellentes, cette méthode conduit généralement à des erreurs de jugement, car on confond la dispersion de la machine avec son décentrage.

L'origine de ces erreurs de jugement provient de la dispersion. En fait une mesure effectuée représente la somme de deux effets (figure 10.14) :

- un effet d'écart de réglage de la machine (déréglage) ;
- un effet de la dispersion.

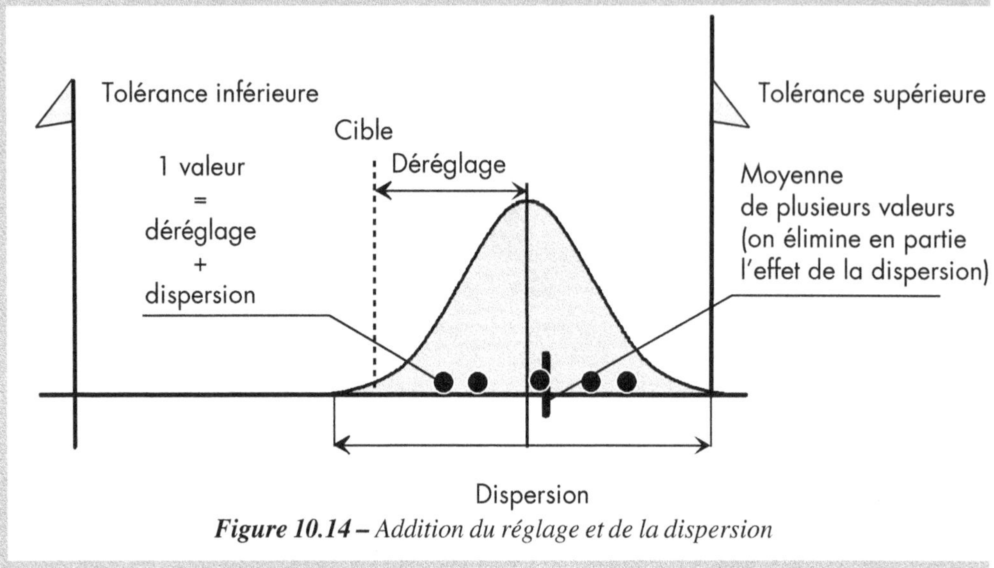

Figure 10.14 – Addition du réglage et de la dispersion

Pour être capable de piloter une machine, il faut arriver à éliminer l'effet de la dispersion afin de déterminer où se trouve le réglage de la machine. La seule solution est de ne pas raisonner sur une seule valeur, mais sur la moyenne de plusieurs valeurs. Le fait de faire une moyenne élimine en grande partie l'effet de la dispersion.

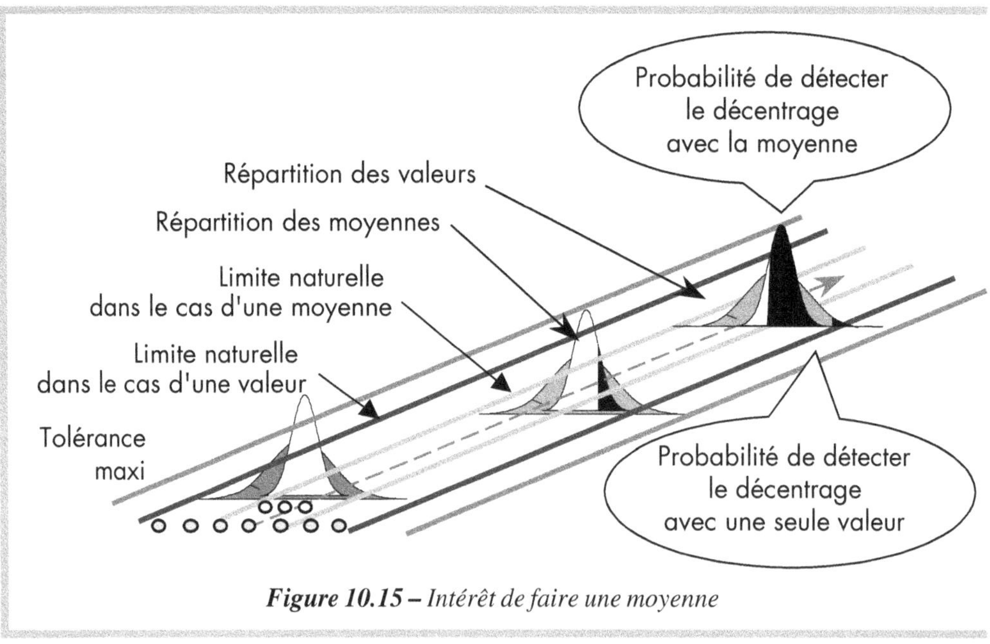

Figure 10.15 – Intérêt de faire une moyenne

La figure 10.15 illustre l'efficacité d'une moyenne par rapport à une valeur individuelle pour détecter un petit décentrage. En effet, la dispersion sur les moyennes est plus faible que la dispersion sur les valeurs individuelles dans un rapport de $\sqrt{n}$ avec n le nombre de valeurs de l'échantillon). Ainsi, lorsque le procédé se décentre, comme dans le cas de la figure 10.15, on note que la probabilité de sortir des limites naturelles est supérieure à 50 % dans le cas de la moyenne, alors qu'elle n'est que de quelques pour cent dans le cas des valeurs individuelles. On privilégiera donc systématiquement un prélèvement d'échantillons par rapport à un prélèvement de valeurs individuelles.

2.2 La carte de pilotage (de contrôle) moyenne/étendue

2.2.1 Principe de remplissage

Date	**23/02**								
Heure	6 h 00	6 h 30	7 h 00	7 h 30	8 h 00	8 h 30	8 h 35	9 h 00	9 h 30
Mesure 1	1	- 1	1	0	1	0	- 2	- 1	- 2
Mesure 2	1	0	0	0	1	2	1	1	- 1
Mesure 3	- 2	- 2	- 1	- 3	0	3	- 1	1	- 1
Mesure 4	1	0	- 1	- 1	1	2	- 1	- 1	0
Mesure 5	0	0	0	0	0	3	2	0	0
Total	1	- 3	- 1	- 4	3	10	- 1	0	- 4
Moyenne	0,2	- 0,6	- 0,2	- 0,8	0,6	2,0	- 0,2	0	- 0,8
Étendue	3	2	2	3	1	3	4	2	2

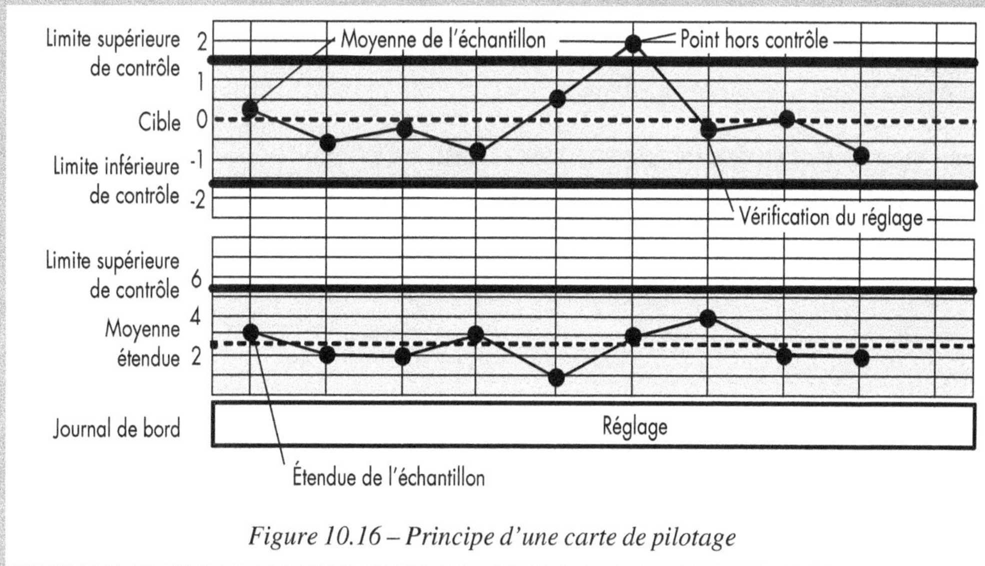

Figure 10.16 – Principe d'une carte de pilotage

La figure 10.16 montre un exemple de carte de contrôle. Pour suivre l'évolution du procédé, on prélève régulièrement (par exemple toutes les heures) un échantillon (par exemple 5 pièces consécutives) de la production. Dans l'exemple, 10.16, on note sur la carte les écarts par rapport à la cible.

On calcule la moyenne (notée $\overline{X}$) de la caractéristique à surveiller et on porte cette moyenne sur le graphique (les points dans l'exemple). De même, on calcule l'étendue sur l'échantillon, c'est-à-dire la distance entre la plus forte valeur et la plus faible. On porte également cette valeur (notée R = *Range* en anglais) sur le graphique. A mesure que l'on prélève des échantillons, la carte va se remplir et donner une image de l'évolution du processus.

Sur la carte des moyennes, la ligne en pointillé matérialise la valeur sur laquelle on souhaite être réglé (la cible). La ligne supérieure est appelée limite supérieure de contrôle des moyennes ($LSC_{\overline{X}}$), la ligne inférieure est appelée limite inférieure de contrôle des moyennes ($LIC_{\overline{X}}$). Les limites de contrôle inférieures et supérieures (limites naturelles du procédé) déterminent une zone dans laquelle doivent se situer les valeurs portées sur la carte.

Un procédé sera dit « sous contrôle » lorsque les points seront répartis en forme de courbe en cloche à l'intérieur des limites de contrôle. Si un point sort de la carte de contrôle, il faut intervenir et noter cette intervention dans le journal de bord.

Sur la carte des étendues, c'est le même principe de fonctionnement.

2.2.2 Moyenne et étendue, deux fonctions différentes

Sur la carte de contrôle on ne note pas seulement la moyenne, mais également l'étendue. Les deux graphiques ont une fonction très différente car ils ne détectent pas le même type de causes spéciales. La figure 10.17 illustre les deux fonctions. Dans le cas 1, on note une dérive de la position du procédé, il faut détecter cette dérive pour ne pas fabriquer des pièces mauvaises. La carte des moyennes détectera les dérives de position du procédé. Dans le cas 2, le procédé reste centré sur la cible, mais la dispersion se dégrade (par exemple un butée se desserre et prend du jeu). Il faut également détecter ce type de dérive car il conduit également à une production de mauvaise qualité. C'est l'objectif de la carte de contrôle des étendues.

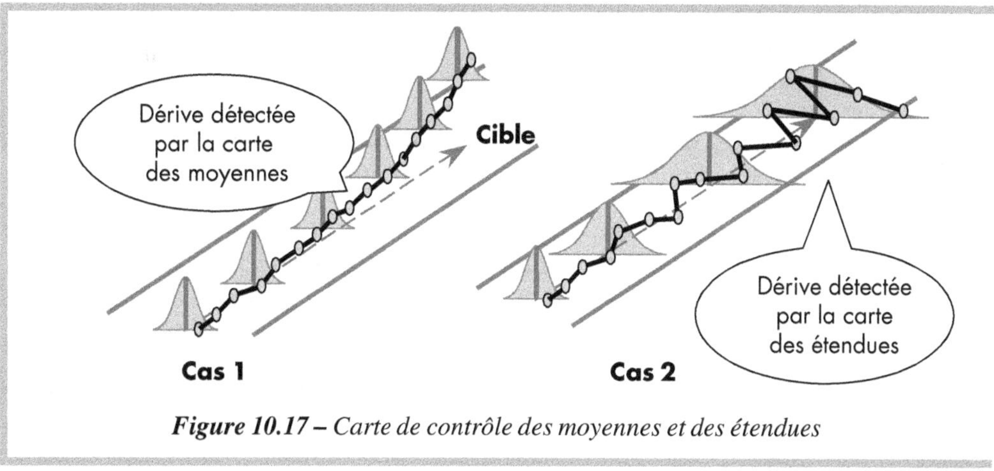

Figure 10.17 – Carte de contrôle des moyennes et des étendues

2.2.3 *Mise en place des cartes de contrôle*

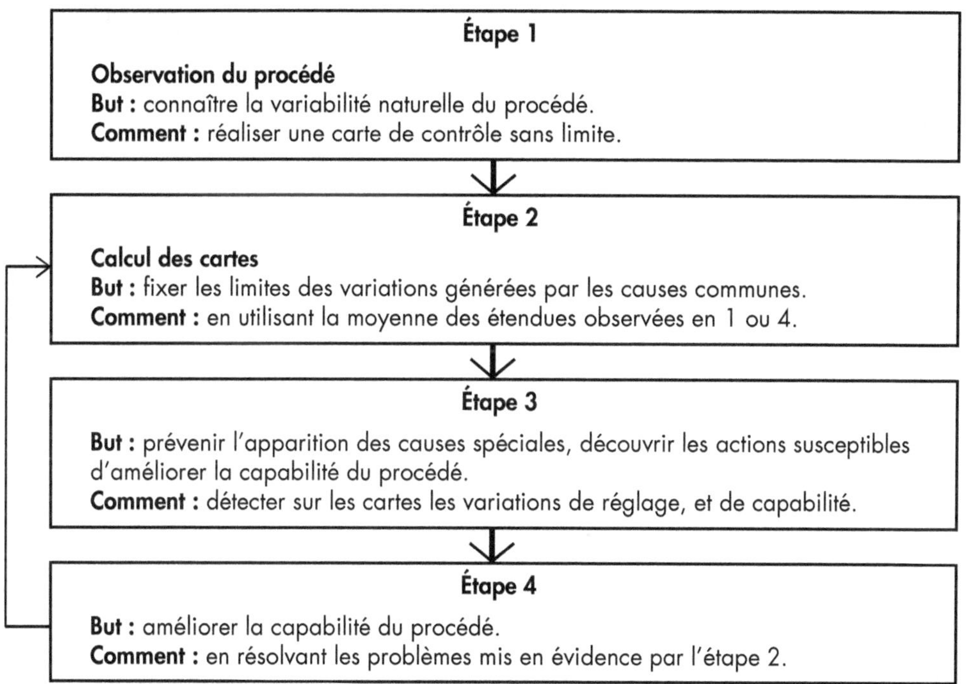

Figure 10.18 – Mise en place des cartes de contrôle

Les cartes de contrôle ont pour objectif de surveiller que les variations observées sur le procédé ne sont pas supérieures aux variations « normales » générées par les causes communes. Il faut donc connaître, avant de mettre en place une carte de contrôle, quelles sont ces variations. Cette phase d'observation du procédé sera donc la première démarche de la mise en place d'une carte de contrôle.

Connaissant la variabilité naturelle du procédé, nous pourrons alors calculer les cartes de contrôle adaptées à la caractéristique suivie. Ce calcul sera donc la deuxième phase de la mise en place.

Les cartes étant en place, il faudra interpréter celles-ci afin de détecter l'apparition des causes spéciales. Nous serons alors dans la phase d'utilisation des cartes de contrôle.

L'utilisation des cartes de contrôle motive les opérateurs et l'encadrement à améliorer le procédé et ainsi, à diminuer la variabilité naturelle de celui-ci. Lorsque cette variabilité aura diminué, il faudra alors recalculer les cartes... et continuer à améliorer. Nous entrons alors dans la phase d'amélioration continue qui est en fait l'objectif de la MSP.

Nous pouvons schématiser ces différentes phases par la figure 10.18 sur laquelle nous soulignons la boucle d'amélioration continue.

2.2.4 Calcul des cartes de contrôle

Après avoir réalisé la phase d'observation du procédé, nous devons fixer les limites dans lesquelles il est naturel, du fait des causes communes, que le procédé varie. Il faut établir deux cartes de contrôle :

- carte des moyennes pour surveiller le réglage de la consigne ;
- carte des étendues pour surveiller la capabilité de la machine.

Pour chaque carte de contrôle, nous devons calculer les valeurs moyennes ainsi que les limites de contrôle, inférieure et supérieure.

Calcul de l'étendue moyenne sur les échantillons

À partir des valeurs recueillies durant la phase d'observation, nous pouvons calculer la moyenne des étendues :

$$\overline{R} = \frac{R_1 + R_2 + ... + R_i + ... + R_k}{k}$$

Avec :

- Ri : étendue du sous-groupe i
- k : nombre de sous-groupes

La moyenne des étendues est indispensable car elle indique l'importance de la variabilité naturelle du procédé.

Calcul des limites de contrôle

Les limites de contrôle sont fixées à ± 3σ et se calculent en utilisant les formules suivantes :

Pour la carte des moyennes (cible ± $3\sigma_{\overline{X}}$)

– Limite supérieure de contrôle : $LSC_{\overline{X}}$ = Cible + $A_2.\overline{R}$
– Limite inférieure de contrôle : $LIC_{\overline{X}}$ = Cible – $A_2.\overline{R}$

Pour la carte de contrôle des étendues ($\overline{R} \pm 3\sigma_R$)
– Limite supérieure de contrôle : $LSC_R = D_4.\overline{R}$
– Limite inférieure de contrôle : $LIC_R = D_3.\overline{R}$

La cible est la valeur sur laquelle il faut se centrer. Elle est souvent fixée égale au milieu de l'intervalle de tolérance. Pour les procédés qui ne peuvent être centrés sur la cible idéale (cote résultant d'un moule par exemple), on fixe la cible sur la moyenne des moyennes ($\overline{\overline{X}}$) de la carte d'observation.

Les coefficients A_2, D_3, D_4 sont fonction de la taille des échantillons.

n	2	3	4	5	6	7	8	9	10
A_2	1,88	1,02	0,73	0,58	0,48	0,42	0,37	0,34	0,31
D_3	–	–	–	–	–	0,07	0,14	0,18	0,22
D_4	3,27	2,57	2,28	2,11	2,00	1,92	1,86	1,82	1,78

Figure 10.19 *– Tableau des coefficients pour le calcul des cartes*

Exemple de calcul d'une carte de contrôle

Soit une cote, obtenue sur machine-outil, de valeur nominale 10 mm et d'intervalle de tolérance ± 0,1 mm. Les échantillons prélevés sont des groupes de 5 pièces.

À l'issue de la phase d'observation du procédé, nous avons calculé la moyenne des étendues de chaque sous-groupe $\overline{R} = 0,04$.

La cible est le milieu de l'intervalle de tolérance soit 10,00.

Choix des coefficients

Les groupes étant de 5 pièces, nous prenons les coefficients A_2, D_3, D_4 dans la colonne 5 : $A_2 = 0,577$ $D_3 = –$ $D_4 = 2,11$.

En appliquant les formules nous trouvons :

Limite supérieure de contrôle des moyennes
$LSC_{\overline{X}} = 10,00 + 0,577 \text{ x } 0,04 = 10,023$

Limite inférieure de contrôle des moyennes
$LSC_{\overline{X}} = 10,00 - 0,577 \text{ x } 0,04 = 9,977$

Limite supérieure de contrôle des étendues
$LSC_R = 2,114 \text{ x } 0,04 = 0,085.$

Il n'y a pas de limite inférieure pour des groupes de 5 pièces.

2.3 Pilotage du procédé par cartes de contrôle

Lors de cette phase, le procédé est piloté en observant les cartes de contrôle. Pour une efficacité maximale des cartes de contrôle, il est indispensable que les décisions d'actions sur le procédé soient dictées par les cartes. Le pilotage par cartes de contrôle doit se substituer et non s'additionner aux méthodes empiriques de pilotage. Cette remarque préalable peut sembler anodine, elle est pourtant fondamentale. De très nombreuses applications des cartes de contrôle ont échoué faute d'avoir mis en pratique cette remarque.

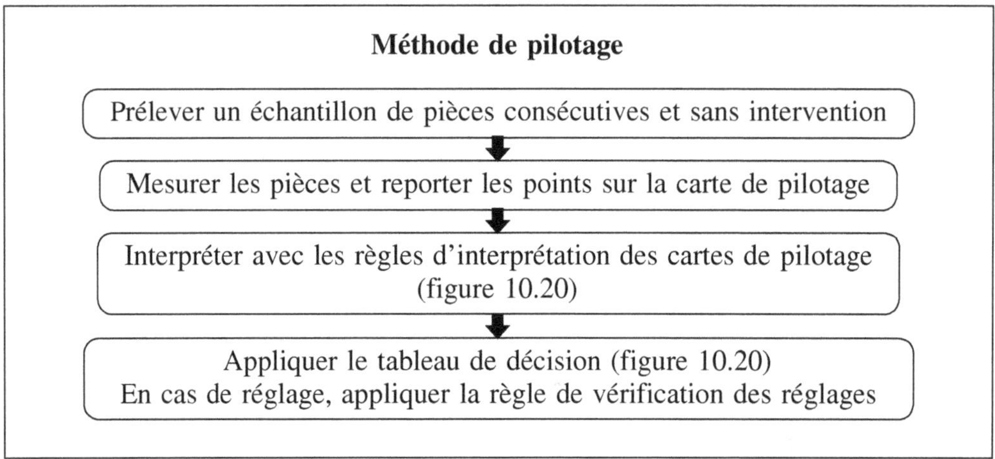

La phase de pilotage consiste donc à observer les cartes, les interpréter afin de détecter l'apparition de causes spéciales et de réagir avant de générer des produits hors spécification. Les interprétations des cartes de contrôle sont relativement simples, il suffit de connaître les quelques situations de base.

L'interprétation de la carte des étendues est différente de la carte des moyennes. L'une surveille le réglage du procédé, l'autre surveille la dispersion de la machine.

Lorsqu'on analyse des cartes de contrôle, il faut toujours commencer par la carte de surveillance du paramètre de dispersion. En effet, si la dispersion du procédé augmente, il faut arrêter tout de suite la machine, car la capabilité machine est en train de chuter. Par contre, une variation sur la carte des moyennes se résoudra souvent par un réglage.

Règles de décision pour le pilotage par cartes de contrôle			
Graphique	**Description**	**Décision carte des moyennes**	**Décision carte des étendues**
LSC LIC 1/3 central	**Procédé sous contrôle** • Les courbes $\overline{X}$ et R oscillent de chaque côté de la moyenne. • 2/3 des points sont dans le tiers central de la carte.	**Production (pas d'intervention)**	
LSC LIC Écart	**Point hors limite** Le dernier point tracé a franchi une limite de contrôle.	**Régler le procédé** de la valeur de l'écart qui sépare le point de la valeur cible.	**Cas limite supérieure** • La capabilité court terme se détériore. Il faut trouver l'origine de cette détérioration et intervenir. • Il y a une erreur de mesure. **Cas limite inférieure** • La capabilité court terme s'améliore. • Le système de mesure est bloqué.
LSC LIC Écart	**Tendance supérieure ou inférieure** 7 points consécutifs sont supérieurs ou inférieurs à la moyenne.	**Régler le procédé** de l'écart moyen qui sépare la tendance à la valeur cible.	**Cas tendance supérieure** • La capabilité court terme se détériore. Il faut trouver l'origine de cette détérioration et intervenir. **Cas tendance inférieure** • La capabilité court terme s'améliore. Il faut trouver l'origine de cette amélioration pour la maintenir.
LSC LIC Écart	**Tendance croissante ou décroissante** 7 points consécutifs sont en augmentation régulière, ou en diminution régulière.	**Régler le procédé** si le dernier point approche les limites de contrôle de l'écart qui sépare le dernier point à la valeur cible.	**Cas série croissante** • La capabilité court terme se détériore. Il faut trouver l'origine de cette détérioration et intervenir. **Cas série décroissante** • La capabilité court terme s'améliore. Il faut trouver l'origine de cette amélioration pour la maintenir.
LSC LIC Écart	**1 point proche des limites** Le dernier point tracé se situe dans le 1/6 au bord de la carte de contrôle. (Appelé parfois limite de surveillance).	**Confirmer** en prélevant immédiatement un autre échantillon. Si le point revient dans le tiers central – production. Si le point est également proche des limites ou hors limite, régler de la valeur moyenne des deux points.	**Cas limite supérieure** **Surveiller la capabilité** Si plusieurs points de la carte sont également proches de la limite supérieure, la capabilité se détériore. Il faut trouver l'origine de cette détérioration et intervenir.
En cas de réglage : un nouvel échantillon est mesuré et marqué sur la carte. Pour être acceptable, le point doit se situer dans le tiers central de la carte des moyennes.			

Figure 10.20 *– Règles de pilotage des cartes de contrôle*

Décision sur la production

En fonction de l'échantillonnage qui a été réalisé, il faut décider si la production peut être acceptée ou si elle doit donner lieu à un tri. Pour prendre cette décision, il faut tenir compte de la capabilité du procédé exprimé par le Cp (voir paragraphe 3 de ce chapitre). Le tableau figure 10.21 donne les règles à appliquer. En cas de mauvaise capabilité court terme (Cp < 1,33), on doit systématiquement trier la production pour obtenir un résultat correct. En cas de très bonne capabilité court terme (Cp > 1.67), on peut produire sans trier même si on constate un point hors contrôle. Dans les cas intermédiaires (1,33 < Cp < 1,67), on ne trie la production que dans les cas où on constate un point hors contrôle.

Tableau de décision

<table>
<tr><td></td><td colspan="3">Valeur du Cp observé sur les cartes précédentes</td></tr>
<tr><td>Le dernier point sur la carte de contrôle indique :</td><td>Cp inférieur à 1,33</td><td>Cp compris entre 1,33 et 1,67</td><td>Cp supérieur à 1,67</td></tr>
<tr><td>Le procédé est « sous contrôle »</td><td>Contrôle unitaire (Tri à 100 %)</td><td>ACCEPTER les pièces</td><td>ACCEPTER les pièces</td></tr>
<tr><td rowspan="2">Le procédé devient « hors contrôle » MAIS toutes les valeurs individuelles du prélèvement sont dans les tolérances</td><td colspan="3">IDENTIFIER et CORRIGER la cause spéciale</td></tr>
<tr><td>Contrôle unitaire (Tri à 100 %)</td><td>TRIER les composants depuis le dernier point « sous contrôle » de la carte de pilotage</td><td>ACCEPTER les pièces</td></tr>
<tr><td rowspan="2">Le procédé devient « hors contrôle » ET une ou plusieurs valeurs individuelles du prélèvement sont hors tolérances</td><td colspan="3">IDENTIFIER et CORRIGER la cause spéciale</td></tr>
<tr><td>Contrôle unitaire (Tri à 100 %)</td><td colspan="2">TRIER les composants depuis le dernier point « sous contrôle » de la carte de pilotage</td></tr>
</table>

***Figure 10.21** – Tableau de décision*

3. LE CONCEPT DE CAPABILITÉ (D'APTITUDE)

3.1 Le besoin de formaliser une notion floue

Le concept de capabilité est certainement la notion la mieux répandue dans les ateliers de production. En effet lorsqu'on analyse la plupart des conversations techniques sur un domaine de production, on s'aperçoit que ces discussions reviennent souvent à des problèmes de capabilité. Les problèmes sont généralement ramenés à la question suivante : ce moyen de production est-il oui ou non adapté aux exigences du produit qu'il est censé fabriquer ? Et pourtant, combien de discussions stériles ont lieu sur le sujet à cause des divergences d'opinion des intervenants sur la capabilité du moyen de production.

Les responsables de production ont toujours une vague idée de la qualité des machines disponibles dans l'atelier, mais ils sont incapables de mettre une valeur numérique derrière cette impression. Or il est fondamental, lorsqu'on parle de qualité, d'être précis et de savoir exactement ce dont est capable le procédé par rapport à ce qu'on lui demande.

La notion de capabilité est trop importante dans une production moderne pour être traitée avec des notions floues. Il est impératif pour toutes les entreprises d'avoir enfin un langage commun en matière de capabilité entre l'ensemble des services et des personnes de l'entreprise. Combien de réunions inutiles pourraient être évitées si toutes les personnes du bureau d'étude, de la production en passant par les agents des méthodes utilisaient les mêmes notions de capabilité et le même vocabulaire.

3.2 Définition de la capabilité

La capabilité se mesure par le rapport entre la performance demandée et la performance réelle d'une machine (ou procédé).

Une capabilité s'exprime par un chiffre

Elle permet de mesurer la capacité d'une machine ou d'un procédé à réaliser des pièces dans l'intervalle de tolérance fixé par le cahier des charges. Le fait d'utiliser un chiffre pour caractériser la capabilité est fondamental. Un chiffre est objectif, il n'est pas sujet à interprétation. Lorsqu'on utilise du vocabulaire pour décrire une situation, celui-ci est toujours sujet à interprétation.

3.3 Pp et Ppk (Performance du processus)

3.3.1 Capabilité intrinsèque du procédé Pp

Pour préciser toutes ces notions un peu floues, la MSP fournit un indicateur précis dans ce domaine, c'est l'indicateur Pp (Performance du Processus). Cet indicateur est également appelé CAP (Coefficient d'Aptitude du Processus).

$$Pp = \frac{\textit{Intervalle de tolérance}}{\textit{Dispersion long terme}} = \frac{IT}{6\sigma_{LT}}$$

Cet indicateur compare la performance attendue du procédé (l'intervalle de tolérance) et la performance obtenue sur celui-ci (la dispersion).

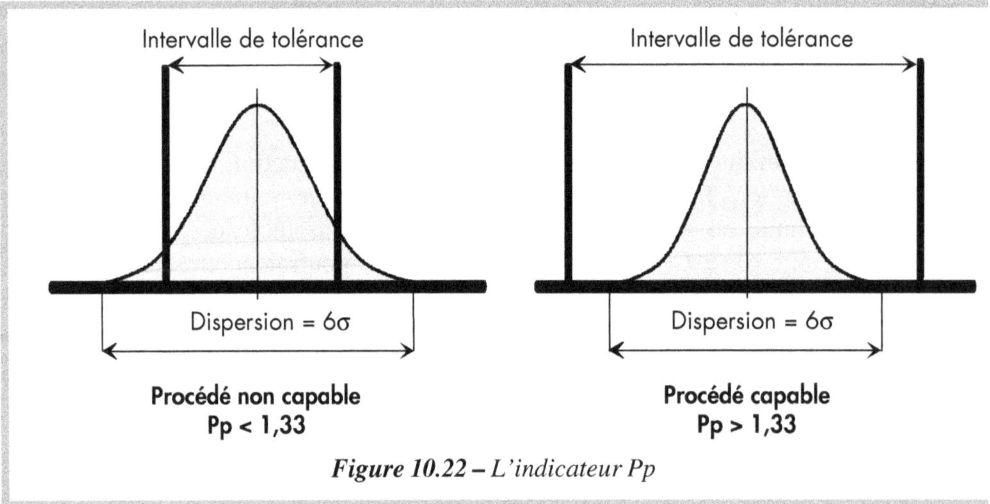

Figure 10.22 *– L'indicateur Pp*

Dans une première approche, un procédé sera dit capable si l'intervalle de tolérance est plus grand que la dispersion aléatoire du procédé avec une petite marge, c'est-à-dire lorsque le Pp est supérieur à 1,33 (8σ/6σ).

La figure 10.22 montre deux situations typiques, la première correspond à un procédé non capable car la dispersion est plus importante que l'intervalle de tolérance, dans la seconde, la dispersion est faible au regard de l'intervalle de tolérance, le procédé est donc capable.

Précisons que la dispersion aléatoire est prise comme étant égale à six fois l'écart type de la dispersion du procédé, c'est-à-dire l'intervalle contenant 99,7 % des pièces fabriquées (dans l'hypothèse d'une distribution de Gauss). Pour calculer cette dispersion, il faut donc un nombre suffisamment élevé de mesures (une centaine) et vérifier que la distribution de ces mesures a bien une forme de cloche. Si ce n'est pas le cas, on peut toujours calculer le Pp, mais on ne peut plus en déduire le pourcentage hors tolérance.

La dispersion utilisée pour le calcul de la performance Pp est la dispersion long terme du processus. En effet, la mesure de la performance doit traduire la capacité à fabriquer des pièces sur le long terme. Il faut donc tenir compte dans le calcul de la dispersion long terme, de l'ensemble des influences qui peuvent perturber le procédé pendant le temps de production. Cette dispersion est constituée des dispersions à court terme et des dispersions consécutives aux variations de consignes (déréglages) incontournables sur le long terme.

Le calcul du Pp sera donc réalisé à partir d'un échantillon représentatif de l'ensemble d'une production. En général, la période retenue pour le calcul d'un Pp est au moins d'une semaine. Ainsi, le Pp calculé donnera une bonne indication de la qualité de la production livrée au client.

3.3.2 Indicateur de déréglage Ppk

Nous venons de voir qu'une des conditions pour qu'un procédé soit adapté sur le long terme est que l'indicateur Pp soit supérieur à 1,33. Cette condition est-elle suffisante ?

Dans la figure 10.23, les deux situations ont un Pp supérieur à 1,33, et pourtant, lorsque la production est décentrée, il existe des pièces hors tolérance. L'indicateur Pp est donc insuffisant et il faut mettre en place un autre indicateur Ppk, qui tiendra compte du déréglage du procédé.

Ainsi, le Pp donnera la performance intrinsèque du procédé et le Ppk la performance réelle.

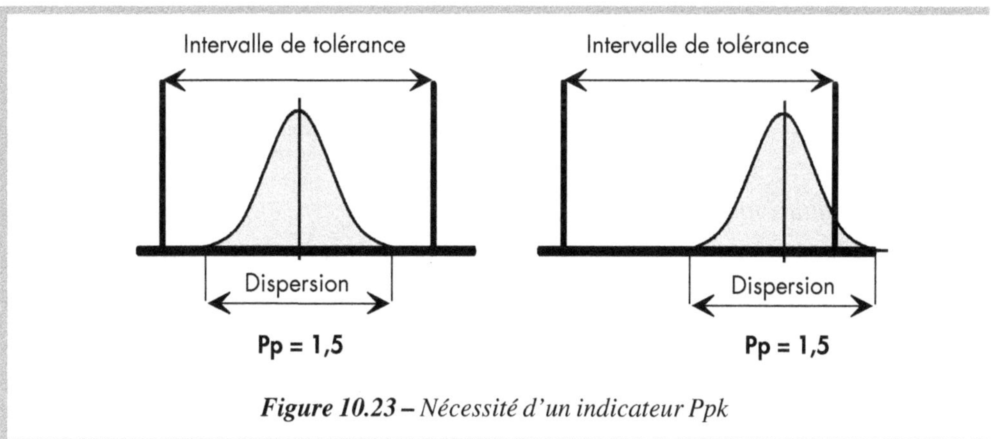

***Figure 10.23** – Nécessité d'un indicateur Ppk*

Cet indicateur devra être aussi simple d'interprétation que le Pp, c'est-à-dire que le procédé sera capable si Ppk est supérieur à 1 (dans un premier temps). Bien sûr, comme pour le Pp, un Ppk de 1 sera trop risqué, nous retiendrons comme limite de capabilité 1,33.

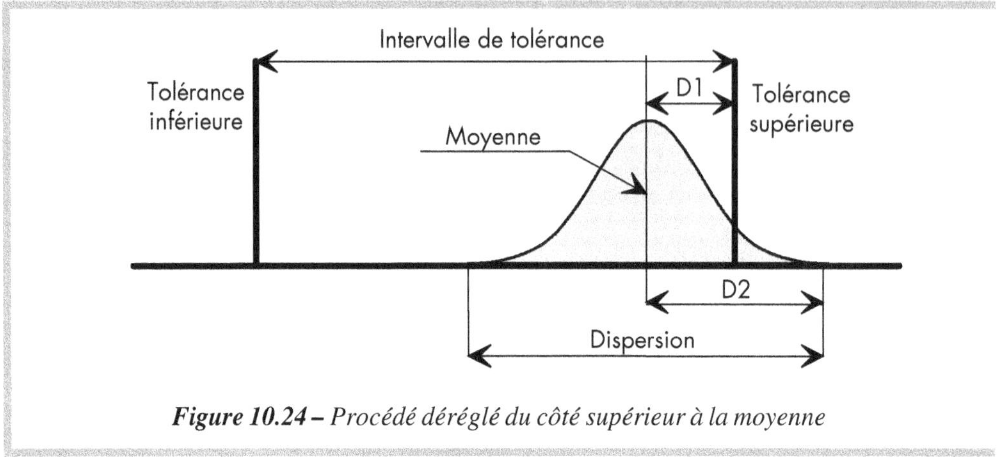

Figure 10.24 *– Procédé déréglé du côté supérieur à la moyenne*

Dans le cas de la figure 10.24, le procédé est déréglé du côté supérieur à la moyenne. Dans ce cas, on note que la production est capable tant que la distance D1 (Tolérance Supérieure – Moyenne) est plus grande que la distance D2 (moitié de la dispersion aléatoire).

Le Ppk est donc un indicateur qui compare les deux distances D1 et D2 en établissant le rapport entre les deux distances. Bien sûr, dans le cas d'un déréglage du côté inférieur à la moyenne, ce n'est plus la distance D1 qu'il faudra considérer, mais une distance D'1 (Moyenne – Tolérance inférieure).

Nous pouvons donc écrire la formule de calcul du Cpk

$$Ppk = \frac{Distance\ (Moyenne/Limite\ la\ plus\ proche)}{1/2.(Dispersion\ globale)} = \frac{Dist(Moy/LlpP)}{3\sigma_{LT}}$$

3.3.3 Interprétation de Pp et Ppk

Un procédé, pour être capable, ne doit pas produire d'articles défectueux. Le critère de base pour la capabilité sera donc le Ppk qui inclut à la fois la capabilité intrinsèque et le déréglage. Nous retiendrons comme limite de capabilité :

Un procédé est capable si son Ppk est supérieur à 1,33

Mais il ne faut pas pour autant négliger le Pp. En effet, en comparant pour un procédé le Pp et le Ppk, nous pouvons obtenir de précieux renseignements.

En cas de réglage parfait, on vérifie aisément que Pp = Ppk. En revanche, plus le déréglage est important et plus la différence entre Pp et Ppk devient importante. L'objectif des opérateurs sera donc d'avoir un Ppk le plus proche possible du Pp.

3.4 Cp et Cpk (Capabilité procédé)

En fait, au cours d'une semaine de production, on dissocie deux types de dispersion : la dispersion court terme, et la dispersion long terme.

La figure 10.25 schématise ces deux dispersions. La dispersion court terme est principalement due à la machine et aux conditions retenues dans la gamme de fabrication. Les cinq M contribuent à cette dispersion court terme. Mais tout au long de la semaine de production, les « M » (température, changement de lot de matière, d'équipe...) créent des variations de réglage. La dispersion mesurée sur une semaine de production est donc plus importante que la dispersion mesurée sur un temps très court. Pour différencier ces deux dispersions, nous parlerons de dispersion court terme et de dispersion long terme. Ce qui est livré au client est donc bien la dispersion long terme qui inclut la dispersion court terme plus ces variations de réglage.

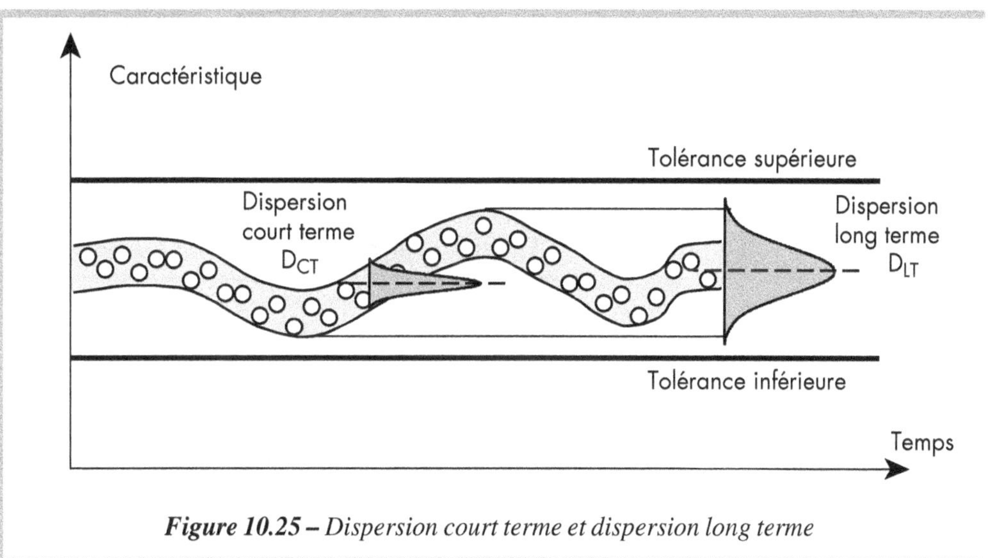

***Figure 10.25** – Dispersion court terme et dispersion long terme*

La **P**erformance **p**rocédé (Pp et Ppk) s'intéressait à la dispersion long terme, la **C**apabilité **p**rocédé (Cp et Cpk) va s'intéresser à la dispersion court terme.

Pour calculer les indicateurs Cp et Cpk, on mène une étude de dispersion sur une courte période (Milieu), dans une Matière uniforme, avec un opérateur averti (Main d'œuvre) et avec les mêmes Méthodes. Cette étude peut s'effectuer de deux manières différentes.

Première méthode

On prélève une cinquantaine de pièces consécutives fabriquées par la machine étudiée et on mesure la dispersion obtenue sur cet échantillon. Cette dispersion nous permet de calculer Cp et Cpk avec les mêmes relations que Pp et Ppk. On aura donc les relations suivantes :

$$Cp = \frac{\text{Intervalle de tolérance}}{\text{Dispersion court terme de la machine}} = \frac{IT}{6\sigma_{CT}}$$

$$Cpk = \frac{\text{Distance (Moyenne/Limite la plus proche)}}{\text{1/2 Dispersion court terme de la machine}} = \frac{Dist(M/LIpP)}{3\sigma_{CT}}$$

Cette méthode n'est possible que si la cadence de la machine est suffisamment rapide pour ne laisser subsister dans cet échantillon que la dispersion court terme. Une machine pour laquelle le cycle de production serait de 5 mn par pièce, nécessiterait plus de 4 heures de production pour réaliser un tel essai. On ne peut plus parler de court terme dans ces conditions, cette méthode ne conviendrait pas dans ce cas.

Deuxième méthode

La deuxième méthode pour mesurer la dispersion court terme, consiste à prélever de petits échantillons (3 pièces consécutives par exemple) à intervalles réguliers ou consécutifs, mais sans action sur le procédé pendant la production de ces trois pièces. En revanche, il peut y avoir des actions de réglage entre deux échantillons. Dans ce cas, la dispersion court terme sera calculée à partir de la moyenne des variances estimées à l'aide des échantillons.

3.5 Des indicateurs liés à la cible : le Cpm et le Ppm

Les indicateurs de capabilité Cp, Cpk, Pp, Ppk sont aujourd'hui couramment admis comme les indicateurs de capabilité de référence. Pourtant, les nouvelles contraintes de la production que nous avons exposées au paragraphe 1 de ce chapitre font apparaître les limites de ces indicateurs.

Nous pensons en effet que, dans certains cas, un Ppk de bon niveau (Ppk = 2) peut donner moins de satisfaction qu'un Ppk considéré comme limite (Ppk de 1,33) (figure 10.26). Dans les relations clients/fournisseurs établies sur le Ppk, les deux productions de la figure 10.26 donnent satisfaction. Pourtant une des productions est centrée avec le maximum de densité de probabilité sur la valeur cible, alors que la seconde est décentrée et la densité de probabilité au voisinage de la valeur cible est pratiquement nulle.

Nous pensons que limiter les exigences en matière de capabilité au seul Ppk peut être dangereux. Le seul respect de l'indicateur de capabilité Ppk > 1,33 peut conduire à des montages impossibles dans le cas d'un tolérancement statistique.

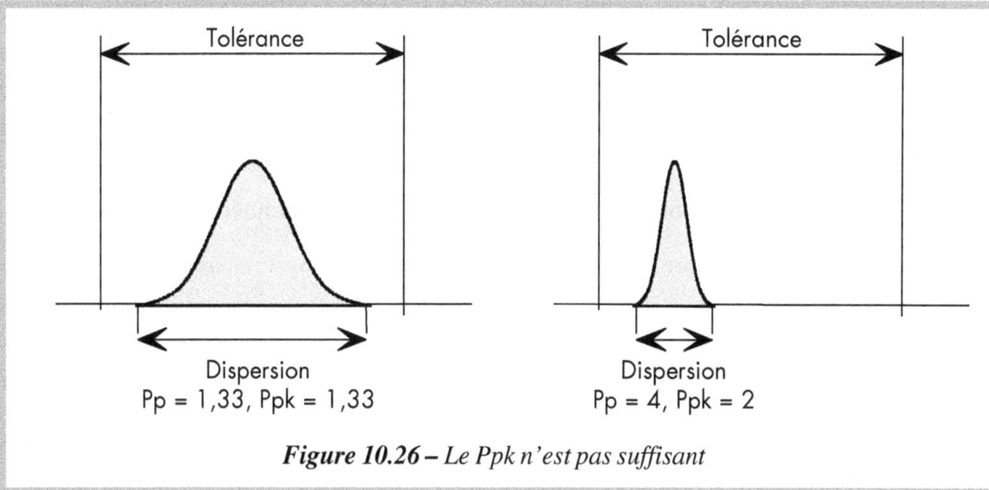

***Figure 10.26** – Le Ppk n'est pas suffisant*

Pour tenir compte de cette évolution dans la façon de voir l'intervalle de tolérance en fabrication, les indicateurs de capabilité Cp, Cpk pour le court terme et Pp, Ppk pour le long terme doivent être complétés. Un autre indicateur commence à être largement utilisé dans les entreprises : l'indicateur Cpm. Cpm tient compte à la fois de la dispersion et du centrage. Son objectif est de donner une image globale du procédé par un seul indicateur. Il assure que les conditions de centrage et de dispersion minimum dont nous avons signalé l'importance, sont respectées. L'indicateur Cpm est basé sur la fonction perte de Taguchi.

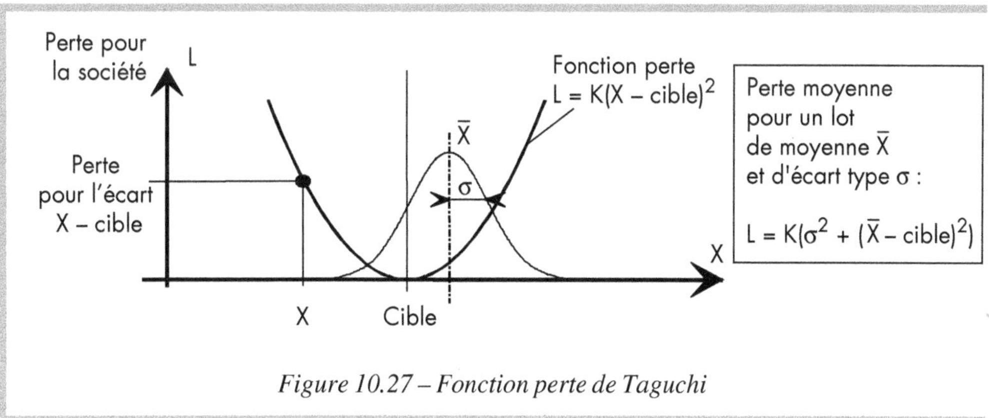

Figure 10.27 – Fonction perte de Taguchi

Le nouvel indicateur Cpm reflète la perte (au sens de Taguchi) due à un déréglage. Cpm est défini par :

$$Cpm = \frac{IT}{6.\sqrt{\sigma_{CT}^2 + (\overline{X} - Cible)^2}} = \frac{Cp}{\sqrt{1 + 9(Cp - Cpk)^2}}$$

La fonction perte intervient au dénominateur. On note que l'indicateur Cpm est égal à Cp lorsque le procédé est parfaitement centré. Cpm décroît lorsque le décentrage augmente. Comme on le constate, Cpm tient compte à la fois du centrage et de la dispersion.

On définit de la même façon l'indicateur Ppm à partir des données long terme.

$$Ppm = \frac{IT}{6.\sqrt{\sigma_{LT}^2 + (\overline{X} - Cible)^2}} = \frac{Pp}{\sqrt{1 + 9(Pp - Ppk)^2}}$$

En garantissant le Ppm, on assure que le procédé est réellement centré sur la cible. La variabilité sur le produit fini sera faible.

3.6 Exemple de calcul de capabilité

Soit l'histogramme figure 10.28 pour une cote de 50 ± 0,05 représentant un échantillon représentatif d'une semaine de production. Nous pouvons calculer à partir de ces données la performance du procédé (Capabilité long terme) avec les indicateurs Pp et Ppk.

Calcul de la moyenne et de l'écart type :

$\overline{X} = 50,0115$ $\sigma = 0,01411$

Calcul des indicateurs de performance Pp et Ppk :

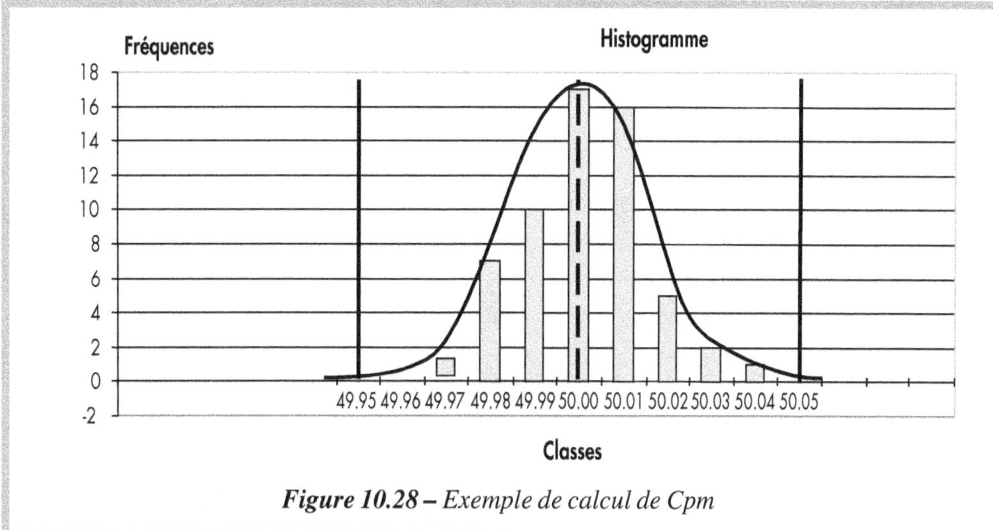

***Figure 10.28** – Exemple de calcul de Cpm*

$$Pp = \frac{0,1}{6 \text{ x } 0,01411} = 1,18 \qquad Ppk = \frac{50,05 - 50,0115}{3 \text{ x } 0,01411} = 0,91$$

Le procédé est jugé non capable selon le critère Ppk (Ppk < 1,33). Le pourcentage hors tolérance est supérieur à 32 ppm.

Calcul du Ppm :

$$Ppm = \frac{IT}{6.\sqrt{\sigma^2 + (\overline{X} - Cible)^2}} = \frac{0,1}{6\sqrt{0,01411^2 + (50,0115 - 50)^2}} = 0,91$$

Le procédé est jugé non capable selon le critère Ppm (Ppm < 1,33). Cela signifie que la perte moyenne générée par les produits de cette population est supérieure à la perte moyenne d'une population centrée ayant Pp = 1,33.

Le Ppm valide une nouvelle façon de voir l'intervalle de tolérance en fabrication. En effet, avoir une cote en limite de tolérance n'est pas grave si cette pièce est isolée. La probabilité d'assemblages défectueux est quasiment nulle. Par contre si plusieurs pièces se situent à cette limite, il y aura des conséquences néfastes sur la qualité. Ainsi, le concepteur a deux solutions pour obtenir l'assurance d'un fonctionnement correct de son mécanisme :

1. réduire l'intervalle de tolérance et imposer que les produits soient tous dans cet intervalle quelle que soit la répartition ;
2. laisser un intervalle de tolérance large, mais en imposant à la fabrication des conditions de centrage et de répartition verrouillées par le Ppm.

Bien que la seconde solution semble plus difficile à respecter *a priori*, nous sommes persuadés qu'à long terme cette solution est de loin la plus économique en matière de moyens de production à mettre en œuvre.

Cependant, si le Ppm offre une vision plus moderne des capabilités que le Pp, Ppk, il ne les remplace pas pour autant, mais plutôt il les complète.

3.7 L'interprétation des chutes de capabilité

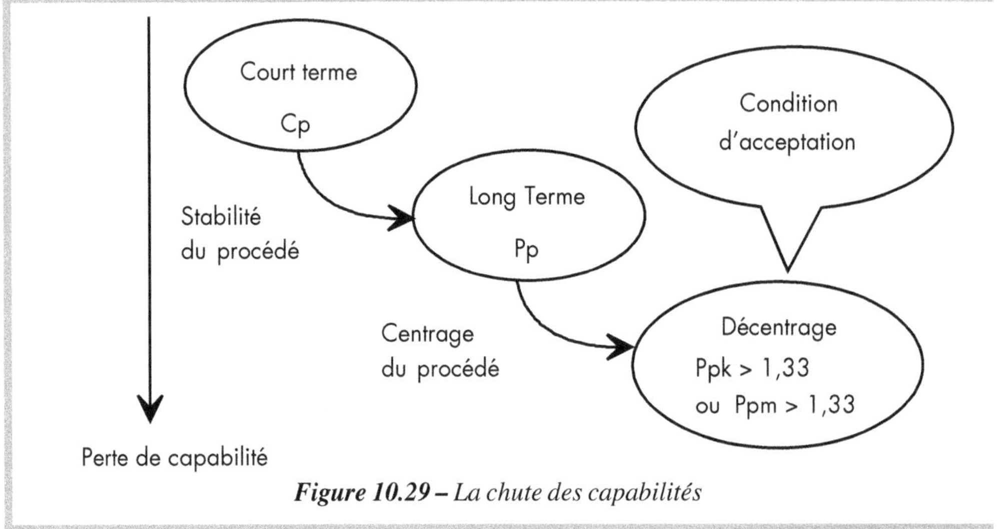

***Figure 10.29** – La chute des capabilités*

L'analyse des chutes de capabilité pour un procédé est souvent très intéressante. En effet, nous partons d'un procédé avec un potentiel de capabilité Cp pour arriver à un produit livré au client avec une capabilité Ppk. L'important est bien entendu d'avoir un Ppk ou un Ppm supérieur à 1,33 selon le critère choisi. Si ce n'est pas le cas, il est fondamental, pour résoudre le problème, de déterminer l'origine de ce manque de capabilité.

La chute de capabilité entre Cp et Pp traduit l'instabilité du procédé. En effet, si on sait stabiliser un procédé, on limite les variations de consigne et la dispersion long terme sera proche de la dispersion court terme.

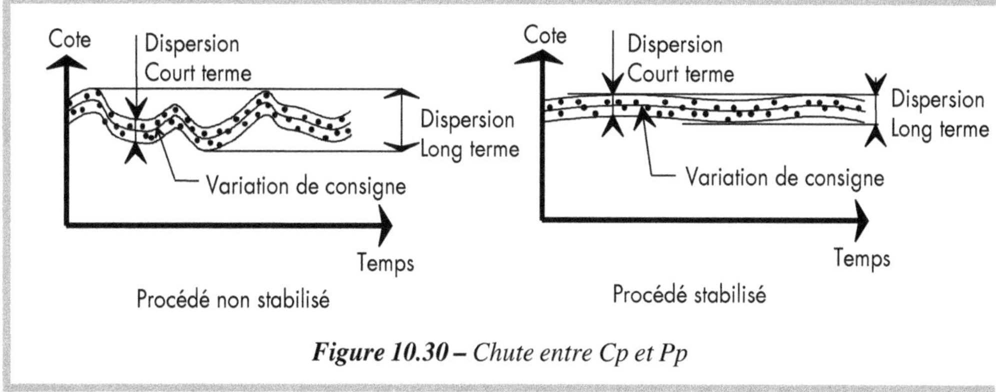

***Figure 10.30** – Chute entre Cp et Pp*

Nous avions vu précédemment que la chute de capabilité entre Pp et Ppk était due au déréglage. Nous pouvons alors interpréter l'ensemble du tableau des capabilités comme dans l'exemple figure 10.31.

Le tableau suivant concerne une pièce de 5 caractéristiques pour lesquelles le centrage est assez facile à obtenir. Dans ce cas, le Cpk n'est pas d'une grande utilité car un déréglage sur le court terme peut très rapidement être compensé.

Ce tableau permet une appréhension immédiate des problèmes de capabilité lors de la réunion pour peu que l'ensemble des personnes concernées aient été formées à la notion de capabilité. Nous avons grisé dans le tableau tous les cas de figure où :

- Le Ppk est inférieur à 1,33.
- Le Ppm est inférieur à 1,33.

Caractéristiques	Cp	Pp	Ppk	**Ppm**
1 – Ø 10 ± 0,05	2,5	2,2	1,9	1,63
2 – Ø 12 ± 0,05	2,5	1,1	**1,0**	**1,05**
3 – Ø 8 ± 0,02	1,1	0,9	**0,8**	**0,86**
4 – L 20 ± 0,06	3,2	2,5	**1,1**	**0,57**
5 – L 10 ± 0,04	2,5	2,2	1,6	**1,07**

***Figure 10.31** – Tableau des capabilités*

Chaque caractéristique ayant une case grisée doit être discutée pour permettre une amélioration. On note l'intérêt du Ppm qui globalise l'ensemble de la chute de capabilité. L'interprétation du tableau figure 10.31 est la suivante :

Caractéristique 1 : aucun problème, Ppm est supérieur à 1,33. Le Ppk est également supérieur à 1,33.

Caractéristique 2 : Ppm est inférieur à 1,33 et il y a une chute entre Cp et Pp. Il faut stabiliser les variations de consigne au cours du temps. Une surveillance du procédé par cartes de contrôle s'impose.

Caractéristique 3 : Ppm est inférieur à 1,33 et le Ppk est médiocre. Au départ, la capabilité court terme est insuffisante. Une action méthode ou maintenance s'impose. Nous ne pouvons probablement pas résoudre le problème dans l'atelier. Il faut, soit modifier la gamme de fabrication, soit réparer la machine dans le cas d'une détérioration de la capabilité court terme par rapport à la capabilité historique.

Caractéristique 4 : Ppm est inférieur à 1,33. Il y a un gros écart entre le Pp et le Ppk dû à un décentrage. Il est souvent aisé de remédier à ce type de problème en maîtrisant mieux le centrage de la caractéristique. Une surveillance par cartes de contrôle s'impose.

Caractéristique 5 : Ppm est inférieur à 1,33 et pourtant Ppk est supérieur à 1,33. Une amélioration est encore possible en centrant mieux le procédé pour être plus sur la cible. Bien que le Ppk soit supérieur à 1,33, ce cas de figure génère une perte supérieure au cas Pp = 1,33 et Ppk = 1,33.

CHAPITRE 11

LE CONTRÔLE DE RÉCEPTION

Dans les chapitres précédents, nous avons largement développé le contrôle en cours de fabrication. Il est bien sûr préférable de bien mettre en place la maîtrise des procédés plutôt que de procéder à un contrôle sur un lot terminé. Cependant, dans de nombreuses situations, comme lorsqu'on fait appel à des fournisseurs, il est difficile d'assurer la conformité du lot. Un contrôle par échantillonnage sur le lot fabriqué apparaît comme une solution suffisante et économique. L'objectif de ce chapitre est de développer ce type de contrôle qui garde une place importante dans la démarche qualité des entreprises.

1. LE RÔLE DU CONTRÔLE DE RÉCEPTION

1.1 Objectifs

Le contrôle de réception est un contrôle qui est effectué sur des lots de pièces, ensembles ou sous-ensembles en provenance des ateliers, de l'usine, des fournisseurs ou des sous-traitants. Il est exécuté sur des lots de pièces dont une opération de fabrication est terminée, c'est-à-dire :

- contrôle avant opération suivante ;
- contrôle avant entrée au magasin ;
- contrôle d'une livraison de fournisseur.

Son rôle est multiple :

- décider de l'acceptation ou du refus d'un lot ;
- juger un procédé de fabrication à partir des résultats trouvés et tirer le maximum d'informations ;
- suivre la qualité obtenue afin d'intervenir avec le maximum d'efficacité ;
- s'assurer de la qualité produite par le fournisseur (politique « d'assurance qualité fournisseur »).

1.2 Principe du contrôle réception

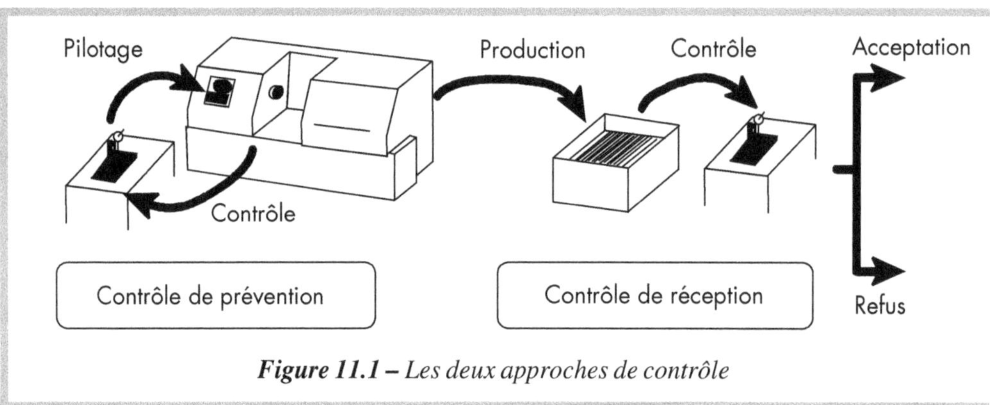

***Figure 11.1** – Les deux approches de contrôle*

Il existe deux types d'approche pour le contrôle. La première est le « contrôle en cours de production » qui consiste à vérifier la conformité d'une production au cours de sa fabrication afin de réagir – si possible – avant de générer des produits non conformes. La MSP est une méthode de contrôle en cours de production. La deuxième approche consiste à fabriquer un produit réputé conforme au cahier des charges et à contrôler le lot réalisé afin de vérifier si l'hypothèse de départ est validée. C'est l'approche contrôle de réception très utilisée avec les fournisseurs.

Pour des raisons évidentes de coût, toutes les pièces d'une production ne peuvent pas toujours être vérifiées. On effectue un prélèvement statistique (un échantillon) et en s'appuyant sur les lois de la statistique, à partir des résultats obtenus à l'aide de l'échantillon prélevé, on établira les résultats probables, applicables à la totalité des pièces fabriquées.

Deux cas peuvent alors se produire :

- le lot contrôlé est déclaré conforme ;
- le lot n'est pas déclaré conforme.

Dans le premier cas aucun problème ne se pose. Dans le deuxième cas, différentes solutions peuvent être envisagées en fonction du rapport entre le coût du contrôle et le coût de la pièce :

- soit le lot complet est rebuté ;
- soit on trie le lot, ce qui entraîne bien entendu le contrôle de l'ensemble de la production.

On constate aisément que cette méthode est très économique lorsque le lot est conforme mais atteint vite des coûts très importants dans le cas contraire. De plus, cette méthode basée sur une approche statistique n'est pas sans risque pour le fournisseur et pour le client. En effet le client court le risque de ne trouver que des pièces conformes dans l'échantillon alors qu'il n'en est pas de même dans le lot, il accepte alors un lot non conforme. C'est le **risque client**. De même, il court le risque de trouver plus de pièces non conformes dans l'échantillon proportionnellement à la qualité réelle du lot et ainsi, de refuser un lot conforme. C'est le **risque fournisseur**.

2. LES NOTIONS DE BASE

Critère qualitatif et quantitatif

Lorsqu'on contrôle une pièce, deux types de contrôle peuvent être effectués : le contrôle quantitatif et le contrôle qualitatif.

Le contrôle d'un critère qualitatif

Par exemple un ski est rayé ou non, il présente des défauts d'aspect ou non, ce type de contrôle est de type qualitatif. En face d'un produit, on ne fixe pas un chiffre, mais on fixe une qualité bonne ou mauvaise exprimée par une expertise (notion de nuancier).

En statistique, on parle d'attribut lorsque le résultat peut se mettre sous forme de modalité et ne s'exprime pas par une valeur chiffrée (conforme/non conforme, passe/ne passe pas, présent/absent). On parle quelquefois et par abus de langage de contrôle au calibre.

Exemple de contrôle par attribut :

- présence ou absence d'un défaut visuel ;
- contrôle au calibre entre/n'entre pas ;
- ...

Le contrôle par attribut peut s'appliquer à de nombreux procédés de fabrication ou de montage. La saisie de données est alors assez simple, donc peu coûteuse.

Le contrôle d'un critère quantitatif

Dans ce cas, on évalue le critère contrôlé par un chiffre émanant d'une mesure. C'est le cas des mesures dimensionnelles. Dans certains cas, pour des raisons de coût, un critère quantitatif est transformé en critère qualitatif.

Exemple : pour mesurer un diamètre, on utilise un calibre « Entre/N'entre » pas au lieu de mesurer le diamètre.

2.2 Risque fournisseur et risque client

Le contrôle de réception consiste à prélever au hasard dans un lot de taille N, un échantillon de taille n, et de décider, à l'issue de ce contrôle, si ce lot est acceptable ou non. Cette décision est déterminée par un nombre maximum de défectueux c, trouvés dans l'échantillon et qui ne doit pas être dépassé pour décider d'accepter le lot.

Lorsque l'on effectue un prélèvement statistique, il y a toujours un risque de trouver un résultat sur le prélèvement qui ne soit pas l'image de la réalité du lot. En fait, on peut faire deux types d'erreur :

Erreur 1 : trouver mauvais un lot qui en fait était bon (Risque α)

Cela revient à trouver une proportion de défectueux plus forte dans l'échantillon, que dans la population totale.

On appelle le risque de faire ce type d'erreur le risque fournisseur (on comprend pourquoi) et on le note « risque α ».

Erreur 2 : trouver bon, un lot qui en fait était mauvais (Risque β)

Cela revient à trouver une proportion de défectueux plus faible dans l'échantillon qu'elle ne l'est dans la population totale.

On appelle le risque de faire ce type d'erreur le risque client et on le note « risque β ».

		Conclusion du contrôle	
		Lot accepté	Lot refusé
Situation réelle	Le lot est conforme	Conclusion juste	Conclusion fausse Risque α
	Le lot n'est pas conforme	Conclusion fausse Risque β	Conclusion juste

***Figure 11.2** – Risque α et risque β*

2.3 Niveau de qualité acceptable (NQA)

Le niveau de qualité acceptable est très important dans le contrôle de réception. En fait, il faudrait plutôt parler de niveau de non-qualité acceptable.

Le choix du NQA était autrefois dicté par la qualité acceptable en fonction du type de pièces choisi. Pour des pièces de décolletage par exemple, on choisit un NQA voisin du pourcentage de défectueux que l'on obtiendrait avec un tour approprié, pour une fabrication à la fois bien conduite et bien surveillée. On prendra un NQA égal par exemple à 0,65 si l'on considère qu'une production normale génère 0,65 % de défauts.

En fait, aujourd'hui, le choix du NQA est plus subi que choisi car nous le verrons plus loin, plus on prend un NQA faible, plus le coût du contrôle devient important (surtout pour des critères qualitatifs).

Les NQA sont généralement pris parmi les termes de la série suivante :

n°	1	2	3	4	5	6	7	8	9	10	11	12	
NQA	0.010	0.015	0.025	0.040	0.065	0.10	0.15	0.25	0.40	0.65	1.0	1.5	...

Figure 11.3 – La série normalisée de NQA

2.4 La courbe d'efficacité

2.4.1 Cas du contrôle à 100 %

Pour comprendre la courbe d'efficacité, nous allons nous intéresser à un contrôle qualitatif. Supposons que nous acceptons les lots comportant au plus, 2 % de non conformes. Supposons également que nous contrôlons toutes les pièces du lot.

Nous allons représenter sur un graphique, la probabilité d'accepter un lot en fonction de sa proportion de pièces non conformes. En abscisse, nous avons porté la non-qualité du lot (% de produits non-conformes) et en ordonnée le pourcentage d'acceptation. Nous obtenons le graphique suivant :

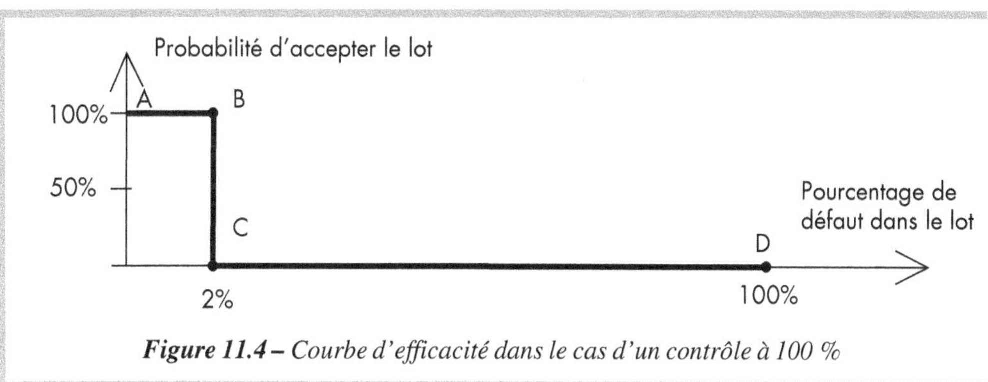

Figure 11.4 – Courbe d'efficacité dans le cas d'un contrôle à 100 %

2.4.2 Interprétation de la courbe

Tant que le pourcentage de défectueux n'excède pas la non-qualité définie (2 %), on a une probabilité de 1 (100 % de chance) d'accepter le lot. Dès que le pourcentage de défectueux excède la non-qualité définie, cette probabilité devient nulle.

Nous venons de tracer la courbe d'efficacité théorique d'un contrôle à 100 %. La courbe d'efficacité est donc la courbe qui donne la probabilité d'acceptation d'un lot en fonction de sa qualité.

2.4.3 *Cas des contrôles par échantillonnage*

Si l'on reste dans le cas d'un critère qualitatif, dans le cas d'un prélèvement par échantillon, la courbe prend la forme de la Figure 11. 5.

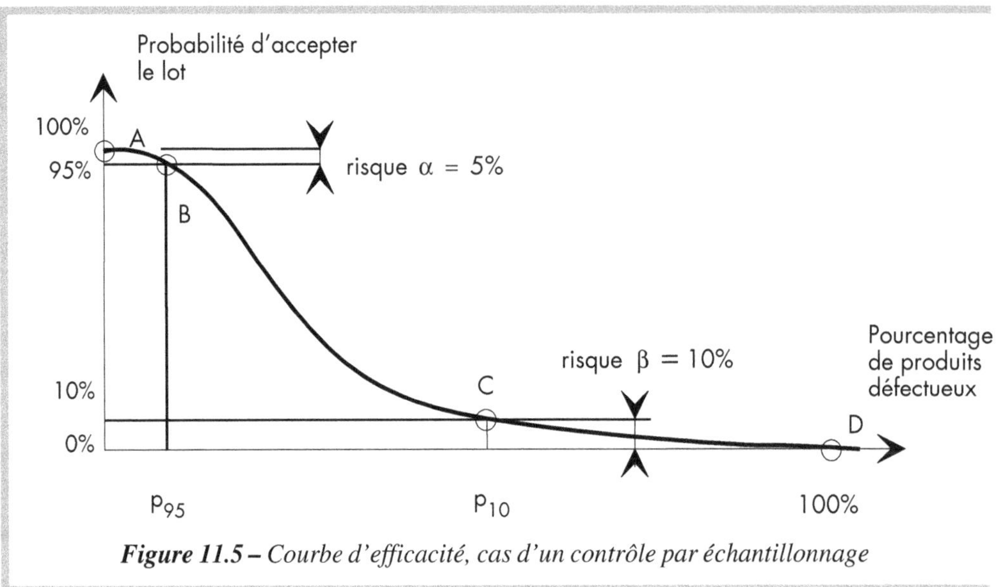

Figure 11.5 – *Courbe d'efficacité, cas d'un contrôle par échantillonnage*

2.4.4 *Interprétation de la courbe*

- Si le lot renferme 0 % de défectueux, il y a 100 % de chance que l'on accepte ce lot. La courbe passe donc par le point A.
- Si le lot renferme 100 % de défectueux, il y a 0 % de chance d'accepter un tel lot. La courbe passe par le point D.

Les points A et D sont donc identiques dans le cas d'un contrôle à 100 % et dans le cas d'un contrôle par échantillonnage. Les deux points qui permettent de caractériser la courbe sont les points B et C.

Le point B est défini par le p_{95}. Le p_{95} est un pourcentage de défectueux tel que le lot qui renferme ce pourcentage de défectueux a 95 % de chances d'être accepté. Pour la plupart des plans de contrôle normalisés, le NQA (Niveau de Qualité Acceptable) est assez proche du p_{95}. On a vu qu'on choisissait le NQA comme égal au pourcentage de défectueux obtenu lors d'une fabrication bien conduite.

Autrement dit, si l'on demande à un fournisseur une qualité définie par la valeur du NQA et si ce fournisseur respecte cette qualité, il risque de se voir refuser des lots dans à peu près 5 % des cas. Ce risque est le risque que nous avons appelé risque α ou risque fournisseur. Autrement dit, si le fournisseur respecte ce niveau de qualité, ses lots seront acceptés dans 95 % des cas.

En contrepartie, le client court également le risque d'accepter un lot normalement inacceptable. Ce risque est défini par le point C, qui correspond à 10 % de chance d'accepter un lot de qualité p_{10} parfois appelé NQT (Niveau de Qualité Toléré).

Si l'on applique à un lot un NQA de 2 %, et si le fournisseur livre des lots dont le pourcentage de défectueux est supérieur à 2 %, on a plus de 10 % de chances de les accepter, bien qu'ils soient de qualité peu acceptable. C'est ainsi que pour un lot comportant 6 % de non conformes, on peut avoir 10 % de chances d'accepter ce lot. Ce risque est le risque que nous avons appelé risque β ou risque client.

2.4.5 *Facteur de discrimination*

Plus la courbe d'efficacité sera proche de « l'escalier » du contrôle à 100 %, plus le contrôle sera efficace. Pour caractériser cette efficacité, on définit un facteur de discrimination par :

$$DS = \frac{p_{10}}{p_{95}}$$

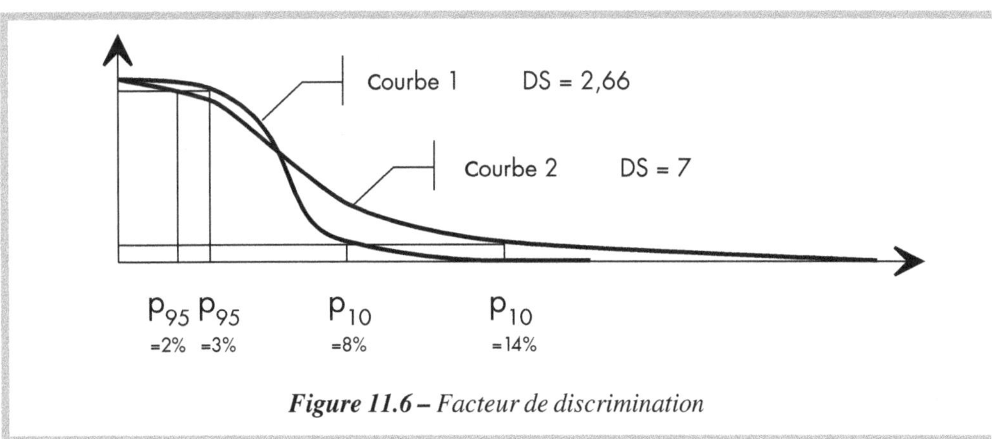

***Figure 11.6** – Facteur de discrimination*

Plus ce rapport tendra vers un, plus le plan de contrôle se rapprochera de l'efficacité du contrôle à 100 % (voir Figure 11.6). Le plan de contrôle correspondant à la courbe

1 possède un facteur discriminant DS plus petit que la courbe 2. Il filtre de façon plus efficace les lots jugés bons de ceux jugés non conformes.

2.5 Individus non-conformes et non-conformités

Un produit contrôlé peut avoir plusieurs caractéristiques à satisfaire comme une cote dimensionnelle associée à un critère d'aspect.

Lorsque qu'une caractéristique est non conforme, on parle de non-conformité, il peut donc éventuellement y avoir plusieurs non-conformités par produit contrôlé.

D'un autre côté, on parlera de produit conforme ou non conforme lorsque l'on considère le produit bon ou non, quel que soit le nombre de non-conformités sur le produit. Il ne peut donc pas y avoir plus de non conformes que de produits contrôlés.

Dans le cas ou il n'y a qu'une non-conformité possible par produit contrôlé, il n'y a pas lieu de faire la différence entre les deux cas.

- Si on souhaite faire la différence, on ne peut pas appliquer les mêmes lois statistiques pour les deux cas.
- En cas de produits non conformes, on applique la loi hypergéométrique ou la loi binomiale.
- En cas de non conformité, le comportement est mieux modélisé par la loi de Poisson.

Le calcul de la proportion de non-conformes se calcule par la formule :

$$\text{Proportion de non-conformes} = \frac{\text{Nombre de non conformes}}{\text{Nombre total d'individus}}$$

Le calcul de la proportion de non-conformités s'obtient par la formule :

$$\text{Proportion de non-conformités} = \frac{\text{Nombre de non-conformités}}{\text{Nombre total d'individus}}$$

3. LES DIFFÉRENTS PLANS DE CONTRÔLE AUX ATTRIBUTS

3.1 L'échantillonnage simple

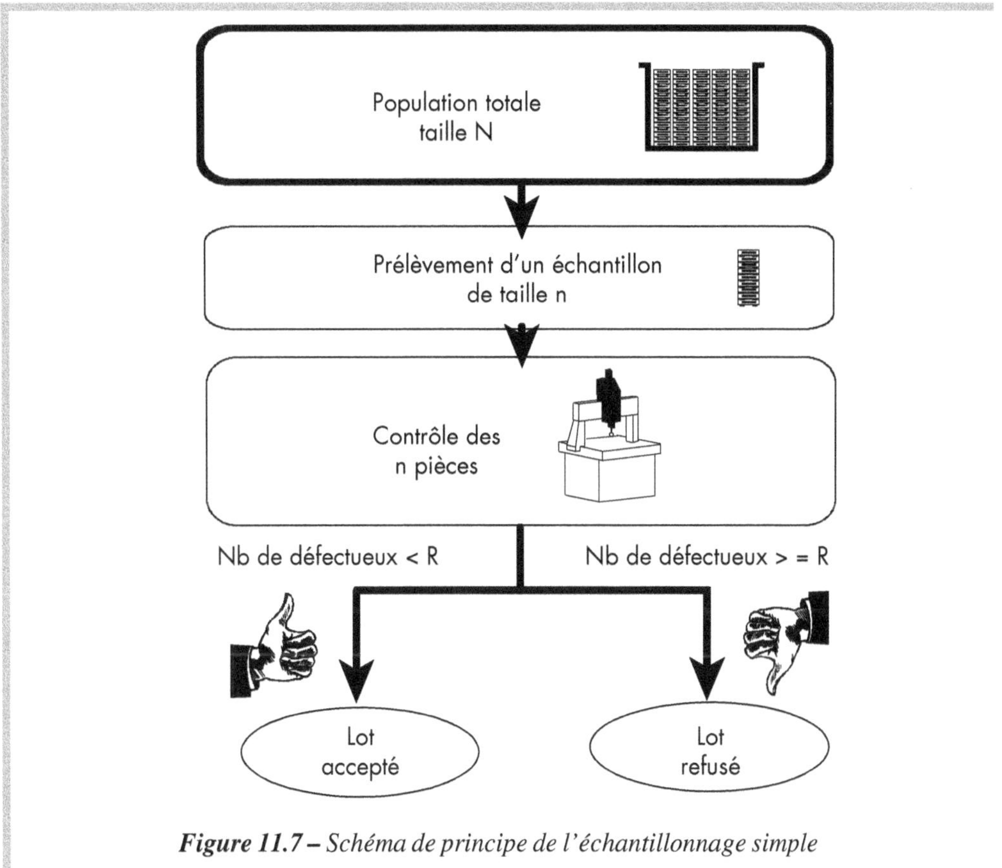

***Figure 11.7** – Schéma de principe de l'échantillonnage simple*

Ce type de contrôle est particulièrement simple, il ne nécessite qu'un seul prélèvement. On prélève un échantillon de n pièces (on verra plus loin comment choisir ce nombre n) et on contrôle cet échantillon.

On détermine un critère de rejet R à ne pas dépasser qui est – dans le cas des critères qualitatifs – le nombre maxi de défectueux. Si la non-qualité du lot (le nombre de défectueux) est supérieure ou égale à R, on refuse le lot, sinon on l'accepte. Le schéma de principe de l'échantillonnage simple est donné en Figure 11.7.

3.2 L'échantillonnage double

Ce type d'échantillonnage est en général plus économique que le premier pour une même efficacité. Il est cependant un peu plus complexe à mettre en œuvre car il peut nécessiter deux prélèvements consécutifs.

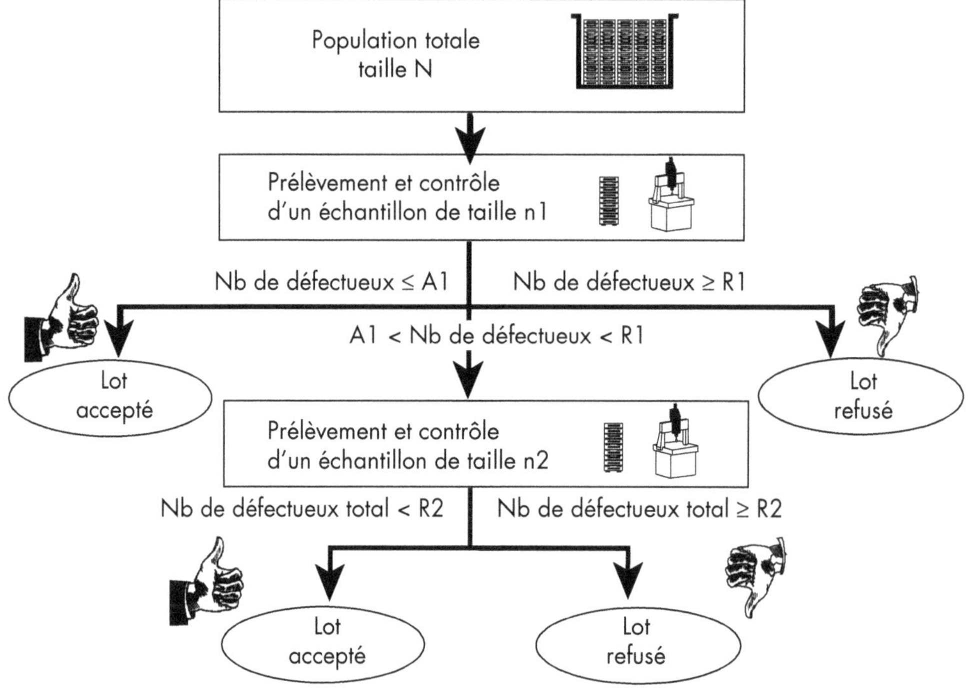

***Figure 11.8** – Schéma de principe de l'échantillonnage double*

Principe

- On prélève un premier échantillon de *n1* pièces (on verra plus loin comment choisir ce nombre *n1*) et on contrôle cet échantillon.
- On détermine un premier critère d'acceptation *A1* et un premier critère de rejet *R1*.
- Si la qualité du lot est meilleure que le critère d'acceptation *A1*, on l'accepte.
- Si la qualité du lot est plus médiocre que le critère de rejet *R1*, on le refuse.
- Si la qualité du lot est comprise entre les deux critères, il y a incertitude, on est donc conduit à prélever un deuxième lot de taille *n2*, avec de nouvelles limites d'acceptation et de refus (en pratique *n2* = *n1*).

Ce type de contrôle est plus économique que le simple échantillonnage, en effet :

- si le lot est excellent dès le premier prélèvement, on aboutira à l'acceptation ;
- si le lot est très médiocre dès le premier prélèvement, on aboutira au refus ;

- dans le cas d'un lot de qualité proche du niveau acceptable, cela nous conduira à prélever un lot plus important et donc à améliorer la fiabilité du prélèvement.

3.3 L'échantillonnage multiple

Le principe est le même que pour l'échantillonnage double, sauf que dans le cas de l'échantillonnage multiple, les prélèvements peuvent aller jusqu'à sept prélèvements consécutifs (le prélèvement multiple à sept niveaux est le plus courant). Généralement, dans les tables standard, les échantillons ont le même effectif pour les différents prélèvements.

Le plan d'échantillonnage multiple exige en moyenne moins d'individus à contrôler que les plans d'échantillonnages simples ou doubles de même efficacité. Cependant, on note la lourdeur de mise en œuvre d'un tel procédé de contrôle. On réserve donc ce type de contrôle lorsque les contrôles sont destructifs, afin d'économiser un maximum de pièces.

3.4 Echantillonnage progressif

Un plan de contrôle progressif se différencie des plans de contrôle classiques en ce que les pièces sont prélevées UNE à UNE. En fait, cela revient à faire un échantillonnage multiple pour lequel la taille de l'échantillon serait égale à 1. Après chaque prélèvement, l'une des trois décisions est prise :

- accepter le lot ;
- refuser le lot ;
- prélever une autre pièce.

En pratique, la mise en œuvre d'un contrôle progressif consiste à dessiner sur le graphique une ligne brisée. On se déplace de 1 sur l'abscisse chaque fois que l'on contrôle une pièce et de 1 en ordonnée chaque fois qu'une pièce est trouvée défectueuse :

- on accepte le lot si on franchit la droite d'acceptation ;
- on le refuse si on franchit la droite de refus ;
- on continue tant que l'on se situe dans la zone d'incertitude.

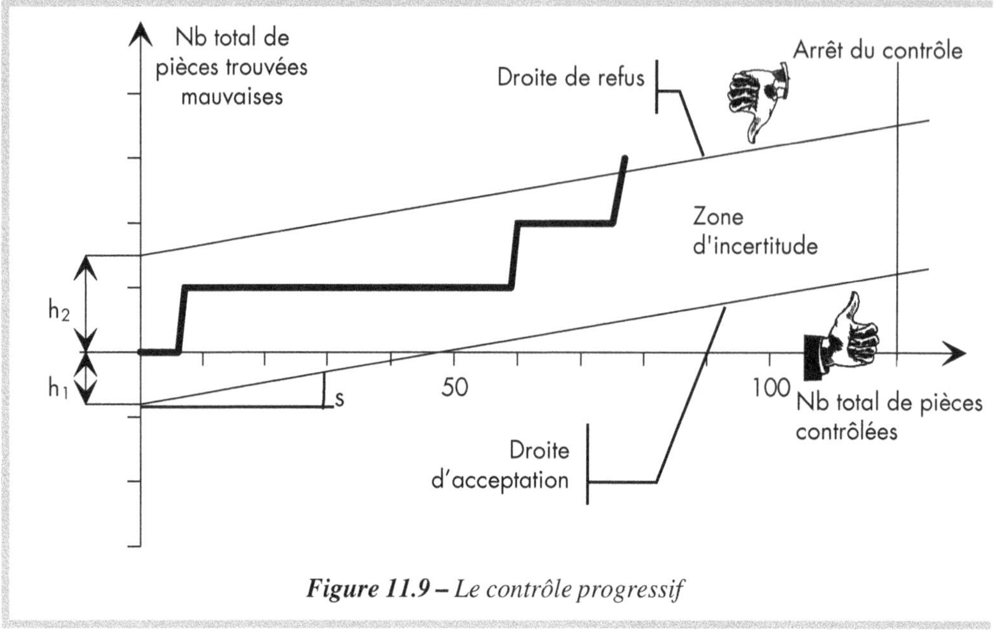

***Figure 11.9** – Le contrôle progressif*

Dans l'exemple de la figure 11.9, le plan a conduit au refus du lot après 78 prélèvements. La 6e pièce était mauvaise, la 60e et la 78e également.

4. CONTRÔLE DE RÉCEPTION AUX ATTRIBUTS, CAS DES PRODUITS NON CONFORMES

4.1 Les règles de prélèvement

La norme définit trois types de contrôle :

- le contrôle normal ;
- le contrôle renforcé ;
- le contrôle réduit.

Le contrôle normal suppose que le lot est d'une qualité moyenne supérieure à la valeur du NQA. Un contrôle normal doit logiquement conduire à l'acceptation du lot.

4.1.1 Passage du contrôle normal au contrôle renforcé

Si une forte proportion de lots est refusée, cela signifie que la qualité des lots est moins bonne que celle définie par le NQA. En règle générale, si **deux lots parmi cinq lots successifs ont été refusés**, on passe au contrôle renforcé. On doit bien évidemment prendre des mesures pour mettre en œuvre des actions correctives.

4.1.2 Passage du contrôle renforcé au contrôle normal

Le passage au contrôle normal suppose que la qualité des lots est en moyenne meilleure que le NQA. Si **cinq lots successifs** ont été acceptés, on repasse au contrôle normal.

4.1.3 Passage du contrôle normal au contrôle réduit

Si au cours des contrôles, il apparaît que la qualité des lots est notablement **meilleure** que le NQA **et** que ce niveau de qualité a toutes les chances de se maintenir, il est alors possible de diminuer les coûts de contrôle en passant au contrôle réduit. On retourne au contrôle normal en cas de refus d'un lot ou en cas d'augmentation de la proportion d'individus non conformes.

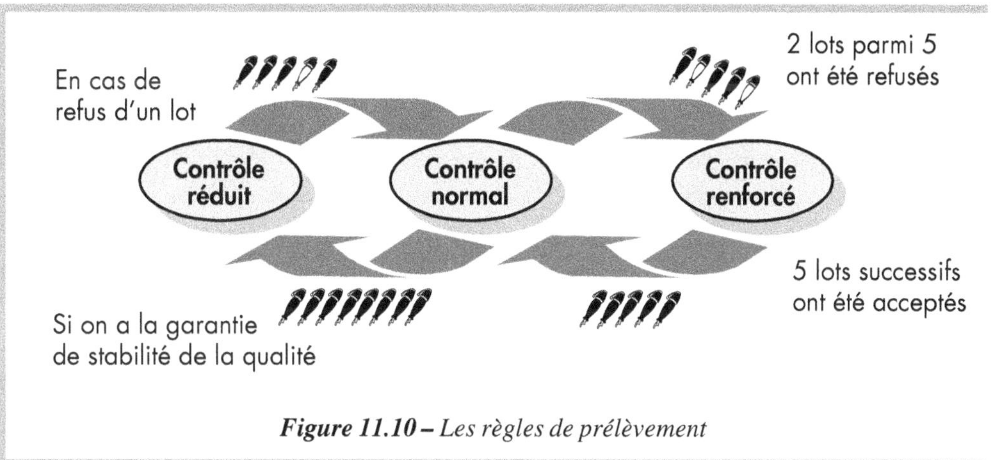

Figure 11.10 *– Les règles de prélèvement*

4.1.4 Niveaux de prélèvement

La norme définit également trois niveaux de prélèvement (I faible, II normal ou III élevé). Le niveau II est le niveau standard, c'est celui généralement choisi. Le niveau I est réservé aux critères particulièrement difficiles à contrôler, le niveau III pour les critères particulièrement faciles à contrôler.

En plus des niveaux de prélèvement pour usage généraux, la norme prévoit 5 niveaux de contrôle pour usage spéciaux qui doivent être réservés pour des cas particuliers comme le contrôle destructif. Les quantités contrôlées sont faibles, mais l'efficacité de ce contrôle est médiocre avec un facteur de discrimination très important.

4.1.5 Taille des lots à prélever

Pour déterminer la quantité de produits à livrer en fonction de la taille du lot, on choisit un niveau de prélèvement (en principe le niveau II), puis en fonction de l'importance de l'échantillon, on trouve une lettre code. Le lecteur pourra se reporter à la table donnée au paragraphe 8 de ce chapitre.

Exemple

Pour un niveau II, la lettre code pour un lot de 1 000 pièces est J.

4.2 Échantillonnage simple

4.2.1 Principe

Dans le cas de la norme NF X 06-022[1], le critère d'acceptation est un nombre de pièces non conformes. Le choix du plan est simple à partir de la lettre code.

Pour trouver le critère d'acceptation et le niveau du prélèvement, il suffit donc de se reporter à la table concernée. Le niveau de prélèvement est lu à côté de la lettre code, le critère d'acceptation est lu dans la colonne du NQA retenu.

Exemple

Pour un NQA de 0,65, avec un lot de 1 000 pièces, le niveau de prélèvement est de 80 pièces avec A = 1 et R = 2.

Ce plan de contrôle correspond au schéma de la Figure 11.11.

---

1. Cet indice de classement correspond aux normes suivantes :
X 06-022-1 : NF ISO 2859-1 (Avril 2000) Règles d'échantillonnage pour les contrôles par attributs – Partie 1 : procédures d'échantillonnage pour les contrôles lot par lot, indexés d'après le niveau de qualité acceptable.
X 06-022-4 : NF ISO 2859-4 (Mai 2000) Règles d'échantillonnage pour les contrôles par attributs – Partie 4 : procédures pour l'élaboration des niveaux spécifiés de qualité.

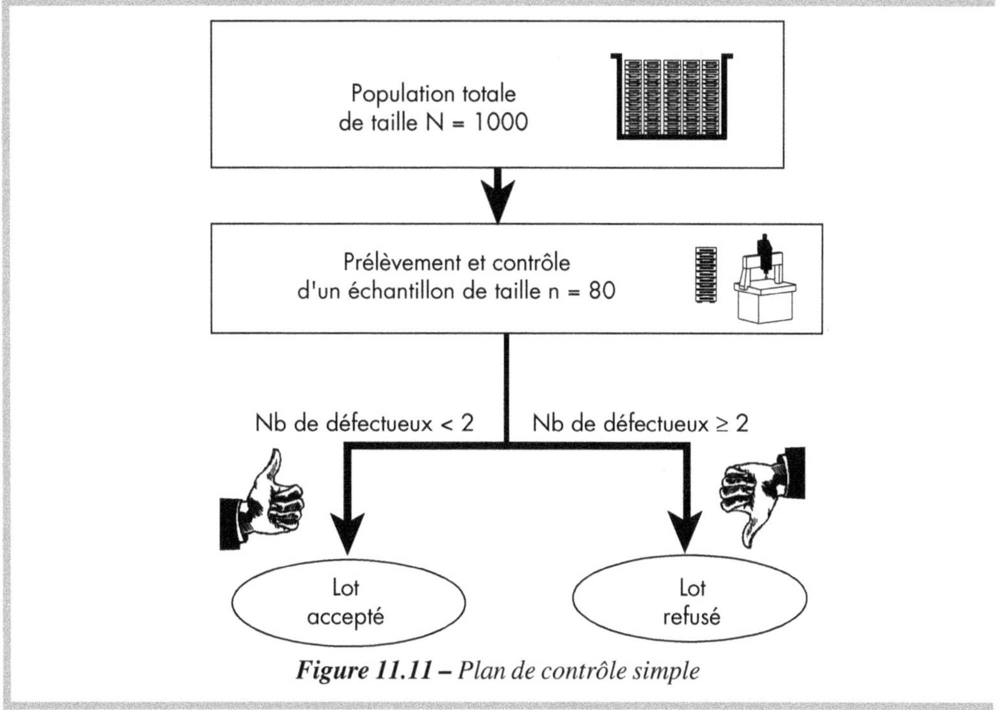

***Figure 11.11** – Plan de contrôle simple*

4.2.2 Courbe d'efficacité du contrôle simple

La courbe d'efficacité représente la probabilité pour un lot, de proportion *p* de non conformes, d'être acceptée. C'est donc la probabilité de tirer dans un lot de taille *n*, contenant une proportion *p* de non conformes, moins de *R* (critère de refus) produits non conformes.

C'est donc la loi binomiale qui s'applique. La courbe d'efficacité a donc comme équation :

$$P_A = \sum_{k=0}^{k=A} C_n^k \, p^k \, (1-p)^{n-k} \qquad \text{Avec} \qquad C_n^k = \frac{n!}{k!(n-k)!}$$

Nous pouvons donc construire la courbe d'efficacité du plan précédent. Nous accepterons un lot contenant une proportion *p* de non conformes à condition de trouver 0 ou 1 pièce défectueuse parmi le prélèvement de 80 pièces. L'équation de la courbe d'efficacité est donc :

$$P_A = P_0 + P_1 = C_{80}^0 \, p^0(1-p)^{80} + C_{80}^1 \, p^1(1-p)^{79} \Rightarrow P_A = (1-p)^{79}(79p+1)$$

Pour p = 0,0044 (0.44 % de NC) P_A = 0,95 (95 % d'acceptation)
Pour p = 0,01 (1 % de NC) P_A = 0,81 (81 % d'acceptation)
Pour p = 0,02 (2 % de NC) P_A = 0,52 (52 % d'acceptation)
Pour p = 0,0478 (4,8 % de NC) P_A = 0,10 (10 % d'acceptation)
Ce qui donne comme courbe :

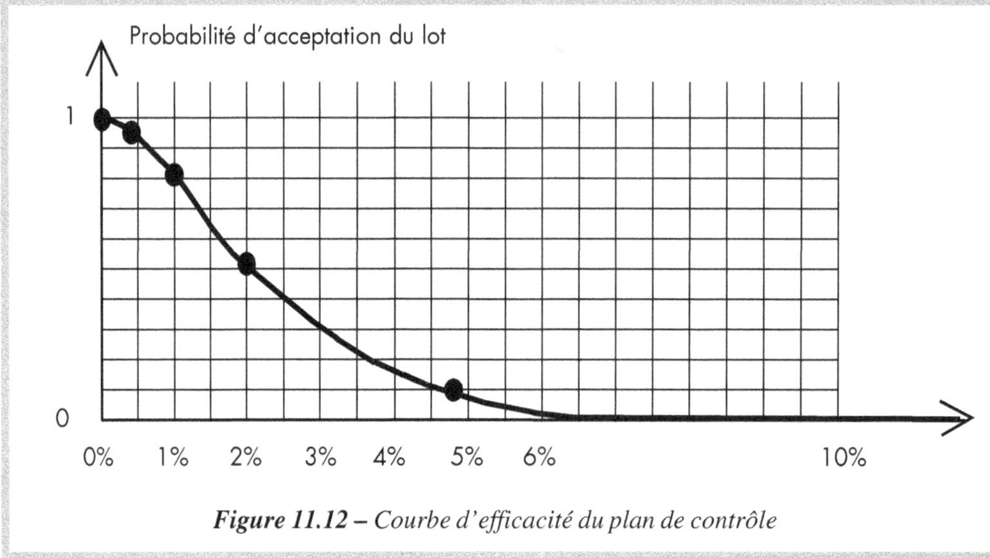

***Figure 11.12** – Courbe d'efficacité du plan de contrôle*

4.2.3 Conclusion sur l'échantillonnage simple dans le cas des critères qualitatifs

L'exemple précédent illustre la faible efficacité du contrôle par échantillonnage simple dans le cas des critères qualitatifs. En effet, nous avons pris un NQA relativement petit (0,65) et malgré un prélèvement important (80 pièces) un lot contenant 2 % de défectueux a 50 % de chances d'être accepté.

Nous verrons au paragraphe 4.6 que même dans le cas de contrôle à niveaux d'acceptation nuls, il subsiste des risques client très importants. La seule façon de minimiser ces risques est de passer lorsque cela est possible à un contrôle aux mesures (paragraphe 6).

4.3 Plans de contrôle à niveaux d'acceptation nul

4.3.1 Définition

Malgré la normalisation des plans de contrôle, la plupart des entreprises pratique des plans de contrôle plus simples à niveaux d'acceptation nuls. Ce type de plan de contrôle consiste à prélever un nombre de pièces plus limité (une vingtaine), et à refuser le lot dès qu'un produit défectueux est trouvé.

Les industriels qui pratiquent ce type de plan de contrôle, qui est en fait un échantillonnage simple à effectif réduit, ont souvent l'impression que le contrôle est sévère.

En fait, le facteur de discrimination de ce type de contrôle est souvent faible et les risques clients restent importants malgré le fait de refuser le lot dès qu'un produit défectueux est détecté.

4.3.2 Efficacité d'un plan de contrôle à niveaux d'acceptation nul

La courbe d'efficacité de ce type de plan est très facile à calculer, c'est la même que dans le cas d'un plan de contrôle simple.

$P_A = \sum_{k=0}^{k=A} C_n^k \, p^k (1-p)^{n-k}$ la limite d'acceptation étant égale à zéro, on trouve :

$$\boxed{P_A = (1-p)^n}$$

La Figure 11.13 donne la courbe d'efficacité pour un prélèvement de 15 pièces.

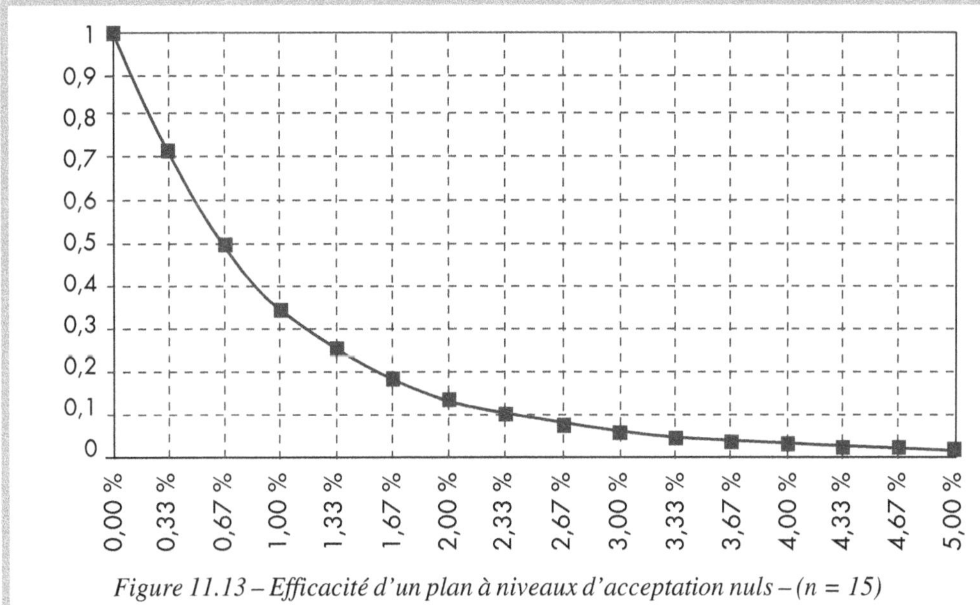

Figure 11.13 – Efficacité d'un plan à niveaux d'acceptation nuls – (n = 15)

On note sur la figure 11.13 qu'un lot contenant *1 %* de défaut a environ *35 %* de chance d'être accepté !

On montre facilement que la limite économique que l'on est capable d'atteindre en terme de qualité avec un contrôle qualitatif par échantillonnage est de l'ordre de *1 %*.

Mais même un contrôle à *100 %* n'assure pas *100 %* de produits conformes. Il n'existe qu'une seule manière d'obtenir *100 %* de produits conformes : ne pas fabriquer des produits défectueux.

4.4 Échantillonnage double

C'est l'échantillonnage le plus couramment employé dans l'industrie. Il est en effet le meilleur compromis entre le coût du contrôle, son efficacité et sa facilité de mise en œuvre.

En règle générale (cas de la norme AFNOR), les deux prélèvements sont de taille identique. De même, la décision au second prélèvement tiendra compte de l'information obtenue dans le premier prélèvement.

Exemple

N = 1000, NQA = 0,65.
Niveau de prélèvement double, contrôle normal.

Le plan de contrôle correspond à la lettre code J, ce qui équivaut pour un échantillonnage simple à un prélèvement double de deux fois 50 pièces. Le critère d'acceptation est donné par la table de correspondance entre l'échantillonnage simple et l'échantillonnage double. L'acceptation pour l'échantillonnage simple correspondant était de 1 – 2 ce qui donne comme plan :

- le premier prélèvement est de 50 pièces. Les limites d'acceptation et de refus sur les 50 pièces sont : A1 = 0 ; R1 = 2 ;
- le second prélèvement est à nouveau de 50 pièces, les limites d'acceptation et de refus sur les 100 pièces sont de A2 = 1 ; R2 = 2.

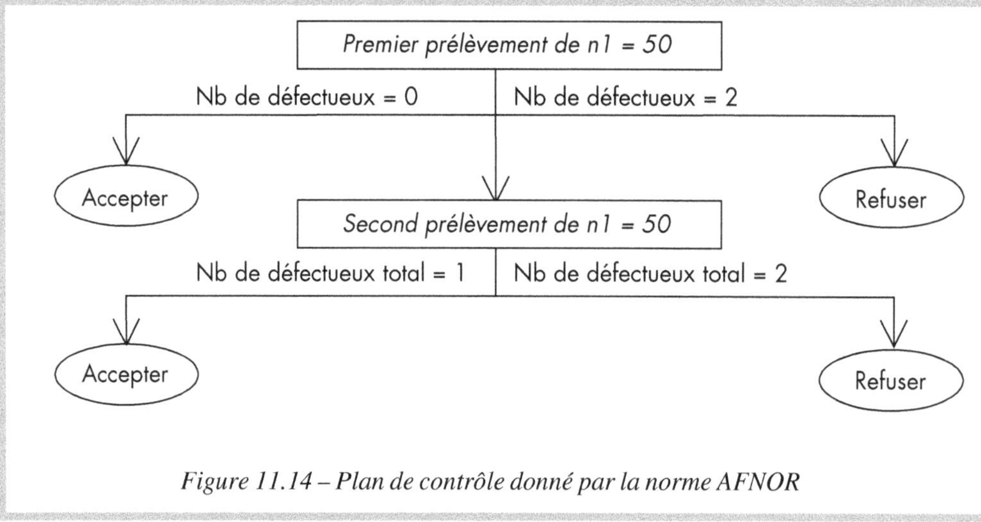

Figure 11.14 – Plan de contrôle donné par la norme AFNOR

On note que le contrôle par échantillonnage double est plus économique que l'échantillonnage simple lorsque la conclusion est donnée à l'issue du premier prélèvement. Par contre, le prélèvement sera plus important si le second prélèvement est nécessaire. On montre cependant que le plan double est en moyenne plus économique que le plan simple pour une même efficacité.

4.4.1 Courbe d'efficacité dans le cas des prélèvements doubles

Remarque : seul le lecteur averti aura l'utilité de lire ce paragraphe.

Notation :

- A1 Critère d'acceptation au premier tirage.
- R1 Critère de rejet au premier tirage.
- A2 Critère d'acceptation au second tirage (R2 = A2 + 1).

La probabilité d'acceptation est égale à la probabilité d'acceptation dès le premier tirage plus la probabilité d'acceptation au second tirage. On peut représenter l'ensemble des cas d'acceptation par le graphe suivant :

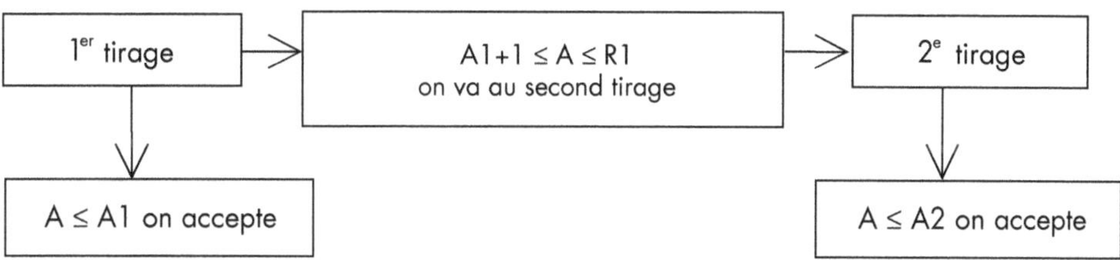

Probabilité d'accepter dès le premier tirage. On utilise la loi binomiale :

$$P_{A1} = \sum_{k=0}^{k=A1} C_{n1}^{k}\, p^{k}\, (1-p)^{n1-k}$$

Probabilité d'acceptation lors du second tirage. Pour accepter, il faut tirer dans le second tirage un nombre de défauts tel que la somme des défauts du premier et du second tirage soit au plus égale à A2.

$$P_{A2} = \sum_{k1=A1+1}^{k1=R1-1} \left\{ \left[C_{n1}^{k1} p^{k1} (1-p)^{n1-k1} \right] \left[\sum_{k2=0}^{k2=A2-k1} C_{n2}^{k2} p^{k2} (1-p)^{n2-k2} \right] \right\}$$

probabilité d'aller au second tirage

probabilité d'accepter au second tirage

La courbe d'efficacité s'écrit donc :

$$P_A = \sum_{k=0}^{k=A1} C_{n1}^{k} p^{k}(1-p)^{n1-k} + \sum_{k1=A1+1}^{k1=R1-1} \left\{ \left[C_{n1}^{k1} p^{k1}(1-p)^{n1-k1} \right] \left[\sum_{k2=0}^{k2=A2-k1} C_{n2}^{k2} p^{k2}(1-p)^{n2-k2} \right] \right\}$$

Dans notre cas de figure la courbe d'efficacité est la suivante :

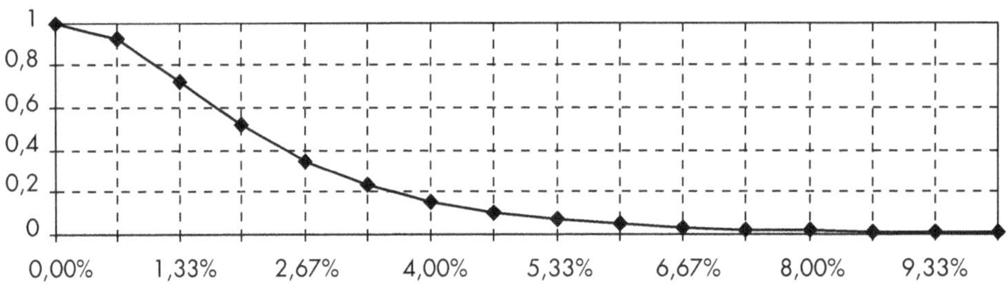

Figure 11.15 – Courbe d'efficacité dans le cas double

4.5 L'échantillonnage multiple

La norme ne définit qu'un seul type d'échantillonnage progressif. Ce plan de contrôle est un plan à 7 prélèvements consécutifs. Tous les niveaux de prélèvement sont identiques.

Exemple

N = 1000, NQA = 0,65, niveau de prélèvement double, contrôle normal.

La norme donne le plan suivant ayant à peu près la même efficacité que le plan simple correspondant. Les niveaux de prélèvement sont de 20 pièces.

Les limites d'acceptation et de refus sont successivement les suivantes :

Prélèvement	1	2	3	4	5	6	7
Limite d'acceptation	–	–	0	0	1	1	2
Limite de refus	2	2	2	3	3	3	3

On ne peut conclure à l'acceptation du lot lors des deux premiers prélèvements. Le niveau mini de prélèvement pour acceptation est donc de 60 pièces.

4.6 L'échantillonnage progressif

Dans les contrôles précédents, on se fixe à l'avance les effectifs des lots. Dans le cas des contrôles progressifs, la décision pourra intervenir après chaque pièce. C'est ce type de contrôle qui donne le nombre moyen de pièces prélevées le plus faible.

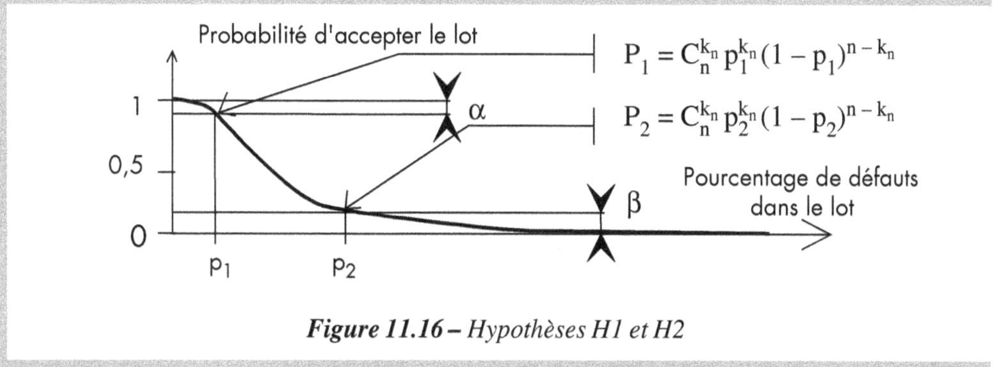

***Figure 11.16** – Hypothèses H1 et H2*

Ces plans sont issus de la théorie séquentielle développée par Wald aux USA. On appelle d'ailleurs souvent ces plans : les plans de Wald. Pour construire les plans progressifs, il faut partir de la courbe d'efficacité souhaitée en définissant les deux couples de points (p_1, α) et (p_2, β). A partir de ces deux points on détermine par les formules suivantes les droites d'acceptation et de refus du contrôle progressif.

$$h_1 = \frac{\log\left(\frac{1-\alpha}{\beta}\right)}{\log\left(\frac{p_2}{p_1}\right) + \log\left(\frac{1-p_1}{1-p_2}\right)} \qquad h_2 = \frac{\log\left(\frac{1-\beta}{\alpha}\right)}{\log\left(\frac{p_2}{p_1}\right) + \log\left(\frac{1-p_1}{1-p_2}\right)}$$

$$s = \frac{\log\left(\frac{1-p_1}{1-p_2}\right)}{\log\left(\frac{p_2}{p_1}\right) + \log\left(\frac{1-p_1}{1-p_2}\right)}$$

- On accepte si $k_n < -h_1 + s.n$ (droite d'acceptation).
- On refuse si $k_n > h_2 + s.n$ (droite de refus).
- On continue si $-h_1 + s.n < k_n < h_2 + s.n$.

Ce qui peut se mettre sous forme graphique comme indiqué en figure 11.17. On note la droite d'acceptation, la droite de refus, et la zone d'incertitude.

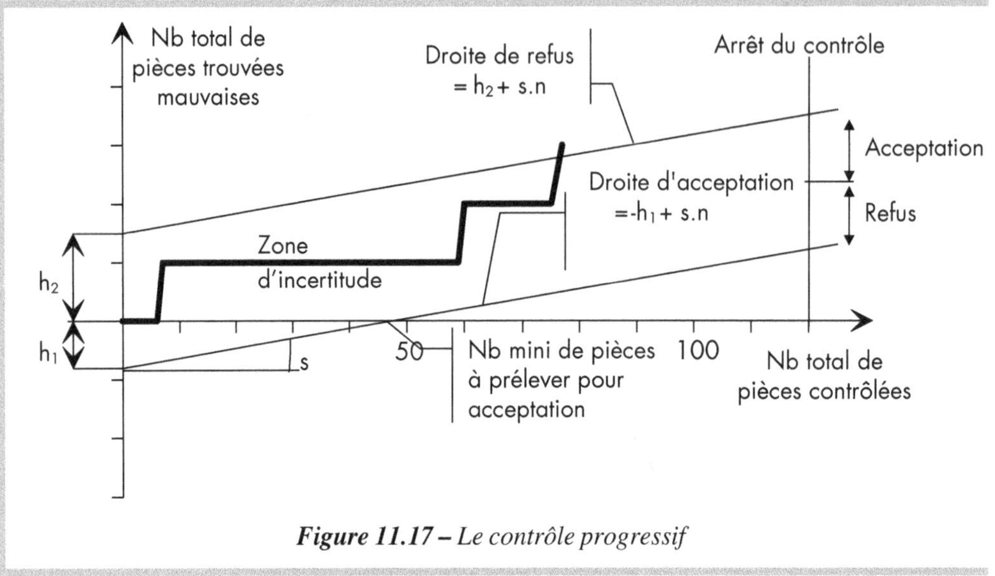

Figure 11.17 – Le contrôle progressif

Dans l'exemple de la figure 11.17, le plan a conduit au refus du lot après 78 prélèvements. La 6e pièce était mauvaise, la 60e et la 78e également. On note qu'il est possible, si l'on reste toujours dans la zone d'incertitude de continuer le prélèvement jusqu'au contrôle à 100 %. En fait, on arrête le contrôle lorsque le nombre de pièces contrôlées est égal à 1,5 fois le nombre de pièces prévues par le contrôle par échantillonnage simple correspondant. La décision d'accepter ou de refuser le lot est prise en regardant la droite la plus proche du point obtenu.

On remarque sur la figure 11.17 que le nombre minimum de pièces à contrôler pour accepter le lot est de 46 pièces (intersection entre la droite d'acceptation et l'axe d'abscisses).

ORIGINE DES CALCULS DU CONTRÔLE PROGRESSIF

Cette partie est réservée au lecteur averti.

Soient les hypothèses suivantes :

- H1 – la proportion de pièces mauvaises est égale à p_1. Dans ce cas on doit accepter le lot avec un risque α de refuser ce lot bon.
- H2 – la proportion de pièces mauvaises est égale à p_2. Dans ce cas on doit refuser le lot avec un risque β d'accepter ce lot mauvais.

Soit k_n le nombre de pièces mauvaises prélevées sur n pièces contrôlées.

Pour tester l'hypothèse H1 contre l'hypothèse H2, on calcule les probabilités successives de vérifier l'hypothèse H1 sur les n pièces prélevées (P_1, n) et l'hypothèse H2 (P_2, n).

La probabilité P_1 d'avoir trouvé k_n pièces défectueuses sur n pièces contrôlées dans un lot contenant une proportion p_1 de défectueuses est :

$$P_1 = C_n^{k_n} p_1^{k_n} (1 - p_1)^{n - k_n}$$

La probabilité P_2 d'avoir trouvé k_n pièces défectueuses sur n pièces contrôlées dans un lot contenant une proportion p_2 de défectueuses est :

$$P_2 = C_n^{k_n} p_2^{k_n} (1 - p_2)^{n - k_n}$$

En fonction de ces deux probabilités, on prend les décisions suivantes :

- On accepte le lot si l'hypothèse H1 est plus réaliste que l'hypothèse H2.
- On refuse le lot si l'hypothèse H2 est plus réaliste que l'hypothèse H1.
- On continue le prélèvement si aucune des deux hypothèses ne l'emporte de manière significative.

✓ Si l'hypothèse H1 est plus réaliste que l'hypothèse H2 on aura :

$\frac{P_2}{P_1} < \frac{\beta}{1 - \alpha}$ ratio des risques respectifs d'acceptation.

✓ Si l'hypothèse H2 est plus réaliste que l'hypothèse H1 on aura :

$\frac{P_2}{P_1} > \frac{1 - \beta}{\alpha}$ ratio des risques respectifs de refus.

En reportant P_1 et P_2 dans les inégalités précédentes, on trouve, pour l'acceptation :

$$\frac{C_n^{k_n} p_2^{k_n} (1 - p_2)^{n - k_n}}{C_n^{k_n} p_1^{k_n} (1 - p_1)^{n - k_n}} < \frac{\beta}{1 - \alpha}$$

Par une transformation logarithmique on obtient :

$$k_n\log(p_2) + (n-k_n)\log(1-p_2) - k_n\log(p_1) - (n-k_n)\log(1-p_1) < \log\left(\frac{\beta}{1 - \alpha}\right)$$

Soit le nombre d'acceptation :

$$k_n < - \frac{\log\left(\frac{1 - \alpha}{\beta}\right)}{\log\left(\frac{p_2}{p_1}\right) + \log\left(\frac{1 - p_1}{1 - p_2}\right)} + n \frac{\log\left(\frac{1 - p_1}{1 - p_2}\right)}{\log\left(\frac{p_2}{p_1}\right) + \log\left(\frac{1 - p_1}{1 - p_2}\right)}$$

Ce qui représente le calcul de l'équation de la droite d'acceptation avec les données de départ :

- Risque α de refuser un lot contenant une proportion p_1 de défectueux.
- Risque β d'accepter un lot contenant une proportion p_2 de défectueux.

On trouverait de façon identique l'équation de la droite de refus.

Remarque sur le contrôle par échantillonnage multiple

On remarque que l'échantillonnage multiple peut être considéré comme un cas d'application du contrôle progressif en regroupant les prélèvements.

En pratique, le contrôle progressif est souvent transformé en contrôle multiple. Le premier lot étant égal au nombre mini de pièces à contrôler pour accepter le lot.

5. CONTRÔLE DE RÉCEPTION QUALITATIF, CAS DES NON-CONFORMITÉS

Le cas des non-conformités est traité de la même façon que le cas des produits conformes non conformes, le choix de la lettre code reste le même. Cependant comme la loi statistique qui régit les non-conformités est la loi de Poisson, les niveaux d'acceptation et de refus sont légèrement différents. On trouvera donc deux tables différentes pour :

- individus non-conformes ;
- non-conformités.

En fait, les deux tables sont très proches l'une de l'autre, et dans la pratique, on n'utilise souvent qu'une seule table quelle que soit la situation.

6. LE CONTRÔLE DE RÉCEPTION AUX MESURES (UNE SEULE LIMITE DE CONTRÔLE)

Le contrôle de réception est souvent réalisé par attribut. On compte le nombre d'individus qui ont ou n'ont pas le caractère recherché. Parfois, on transforme un contrôle aux mesures en contrôle par attribut. C'est le cas d'un diamètre qui est mesuré, mais dont on ne traite que l'information dans/hors tolérance. La perte d'information est considérable et nous verrons dans ce paragraphe que – sous certaines conditions – il est préférable de traiter directement la mesure.

6.1 Condition de normalité

Dans le cas du contrôle aux mesures, nous devons supposer que la population suit un modèle de répartition donné. Dans ce paragraphe, nous retiendrons comme modèle la loi normale. L'ensemble des conclusions que nous tirerons ne sera valable que si cette hypothèse est vérifiée.

Pour vérifier la normalité, on emploiera les tests classiques tels le test du χ^2, le test de Kolmogorov ou de Shapiro. On peut également utiliser un test graphique tel que la droite de Henry.

6.2 Cas ou l'écart type est inconnu (méthode S)

On doit appliquer la méthode sigma inconnu dans deux configurations :

- On réceptionne pour la première fois un lot ;
- On n'a pas la garantie de la régularité du fournisseur et on ne peut pas considérer qu'il y aura un écart type constant entre deux livraisons.

Dans ce cas de figure on estime l'écart type de la population par l'estimateur :

$$S = \sqrt{\frac{(x_i - \bar{x})^2}{n - 1}}$$

6.2.1 Condition d'acceptation ou de rejet

Le principe du test d'acceptation est le même que dans le cas des contrôles par attribut. On prélève un échantillon de taille n que l'on mesure, on accepte le lot si la moyenne des n mesures se situe à plus de $k\sigma$ de la limite imposée. Cette limite est fixée en fonction du pourcentage de défectueux dont on prend le risque d'accepter le présence.

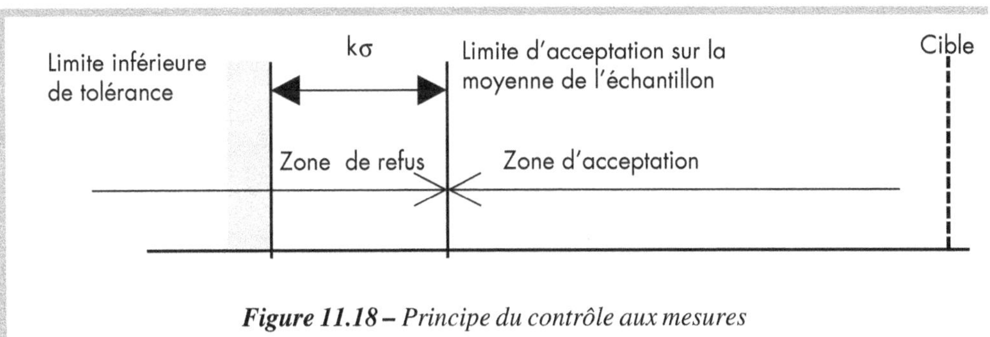

***Figure 11.18** – Principe du contrôle aux mesures*

On définit ainsi un indice de qualité t (variable réduite) qui dans le cas d'une tolérance supérieure est égale à :

$$t = \frac{TS - \bar{x}}{S}$$

Si t est supérieur à k, le lot est accepté, si t est inférieur à k le lot est refusé. Cette zone d'acceptation se représente selon la Figure 11.19.

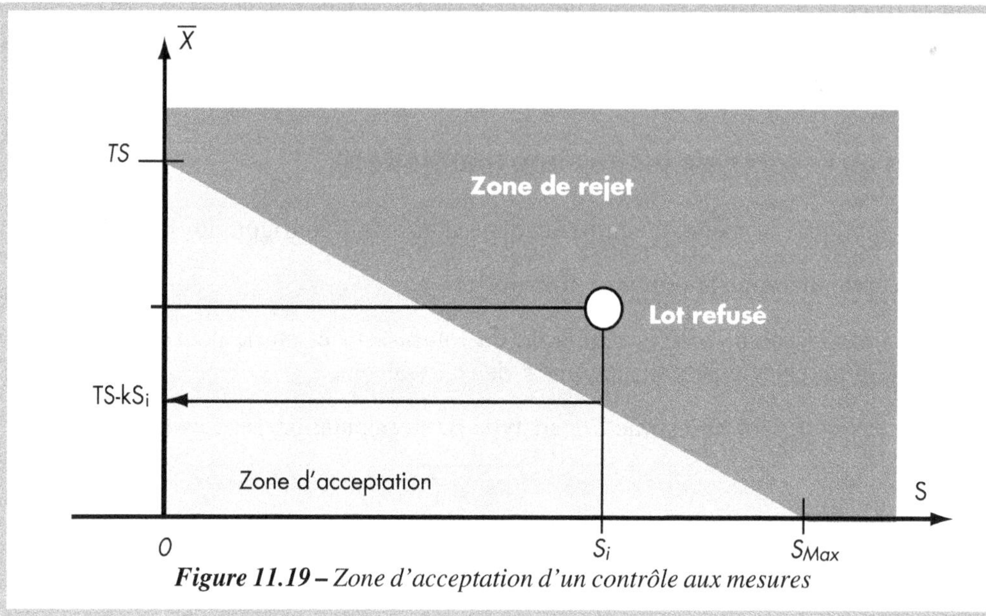

Figure 11.19 – *Zone d'acceptation d'un contrôle aux mesures*

Pour déterminer le plan de contrôle, il faut donc donner :

- la taille de l'échantillon à prélever (n)
- la distance (en nombre d'écarts types) à placer à partir de la moyenne (k)

6.2.2 *Choix du plan en fonction de la norme NF X 06-023*

La norme (Figure 11.20) fixe en fonction du *NQA* choisi et de la lettre code choisie pour un niveau de prélèvement *II* la taille de prélèvement n et la limite k. Par exemple pour un *NQA* de *0.1* et un effectif de *250* valeurs la lettre code est *G* ce qui donne le plan de contrôle suivant :

Taille du lot n →	15	4.31	← P_{10}
Nombre de sigma limite k →	2.42	0.90	← P_{50}
Facteur de discrimination DS →	71.8	0.06	← P_{95}
		F/0.15	← plan réduit correspondant

Figure 11.20 – *Choix du plan*

Écart type maximum – cas « deux limites séparées »

Le cas « deux limites séparées » consiste à scinder le problème d'acceptation dans le cas d'une tolérance bilatérale (Min et Max) en deux problèmes (coté maxi et côté mini). Dans ce cas, on peut écrire :

$$k < \frac{TS - \overline{X}}{S}$$

Lorsque le processus est parfaitement centré, on a $\overline{X} = \frac{TI + TS}{2}$

Soit $S < \frac{TS - TI}{2k}$ on note $S_{Max} = \frac{TS - TI}{2k}$

On peut également calculer un S_L : écart type maximal que l'on aura dans une situation centrée pour garantir le p_{95}.

Calcul de S_L dans le cas de deux limites séparées

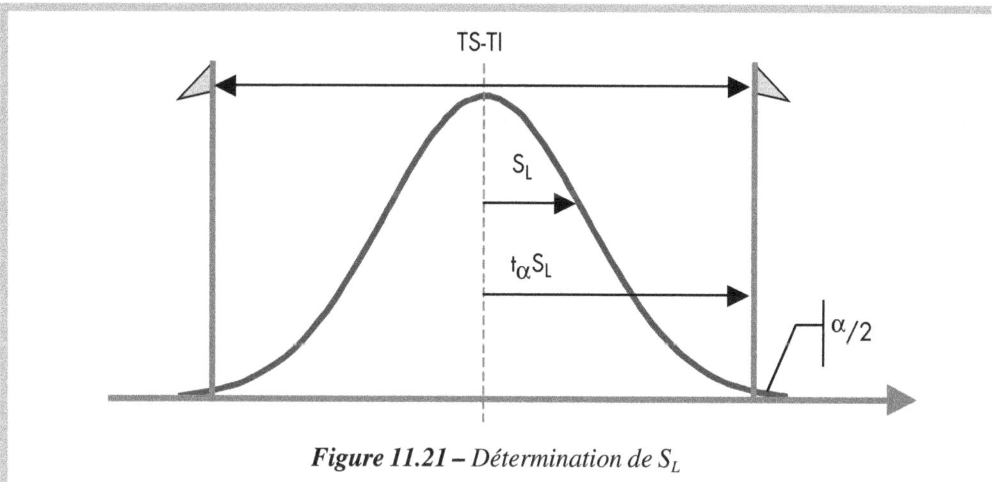

***Figure 11.21** – Détermination de S_L*

On peut écrire : $t_\alpha S_L = \frac{TS - TI}{2}$ soit $S_L = \frac{TS - TI}{2t_\alpha}$

La valeur t_α étant calculée à partir de la loi de Student pour *(n-1)* degré de liberté

6.2.3 Exemple de contrôle réception avec la méthode S

On veut réceptionner un lot sur lequel un diamètre *22±0.01* est critique. Le *NQA* choisi est de *0.1* et la taille du lot est de *250* (lettre code G). Le plan de contrôle consiste à prélever de façon aléatoire *15* pièces sur lesquelles on mesure le diamètre. Le nombre limite *k* trouvé dans la table (paragraphe 7.5) est égal à *k = 2.42*. L'histogramme des *15* mesures est donné en figure 11.22.

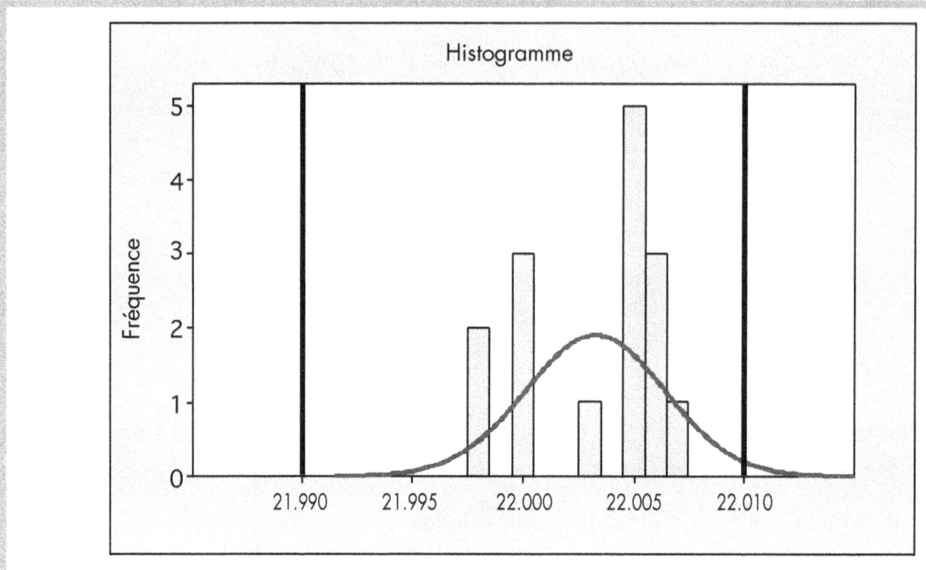

Figure 11.22 – Histogramme de l'échantillon

La moyenne est de $\overline{X} = 22.003$ et l'écart type $S = 0.00315$

Calcul de S_L pour p_{95}

Dans le plan de contrôle choisi, $p_{95} = 0.06$ %

$S_L = \dfrac{TS - TI}{2t_\alpha}$ avec $t_{0.05}$ pour 14 degrés de liberté = 4.40 soit $S_L = 0.0022$

$S > S_L$ L'écart type ne peut pas garantir le p_{95} même si la production est centrée !

Coté maxi :

On calcule la variable réduite $t = \dfrac{TS - \overline{X}}{S} = \dfrac{22.01 - 22.003}{0.00315} = 2.22$

Cette variable ($t = 2.22$) étant inférieure à la valeur limite k lue dans la table ($k = 2.42$), on refuse le lot.

Coté mini :

On calcule la variable réduite $t = \dfrac{\overline{X} - TI}{S} = \dfrac{22.003 - 21.99}{0.00315} = 4.12$

Le nombre limite k étant égal à $2.42 < 4.12$, on accepte le lot.

La figure 11.23 définit le graphique d'acceptation.

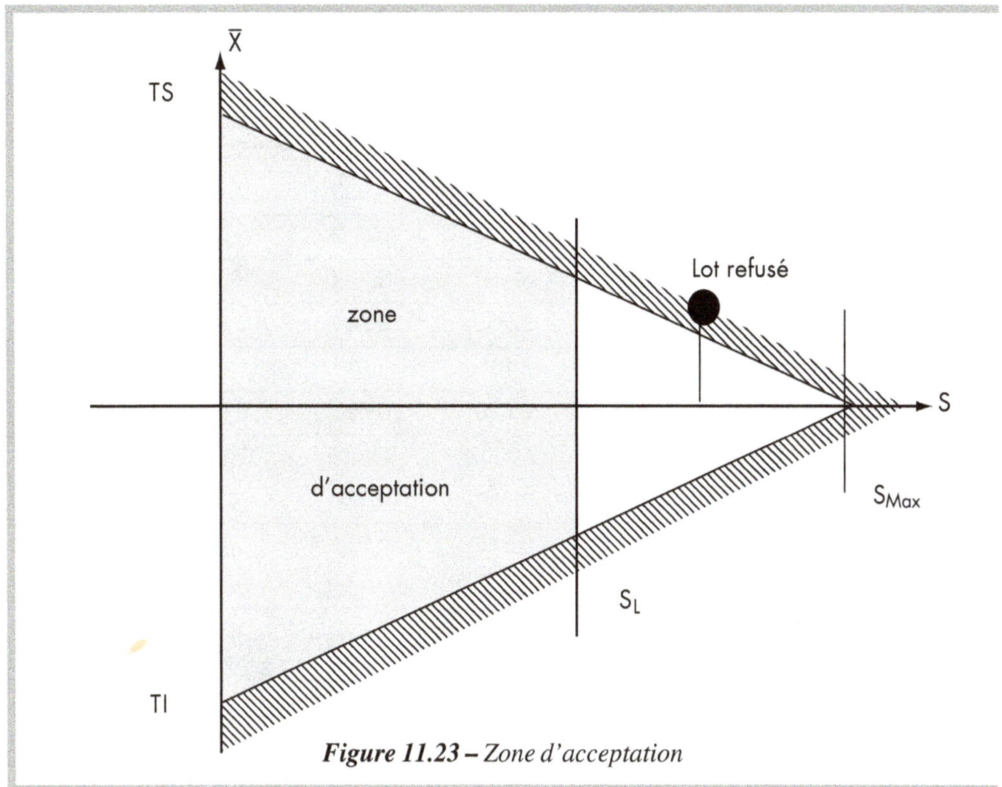

Figure 11.23 – Zone d'acceptation

6.3 Mise en place d'un contrôle de réception aux mesures – méthode S

Pour mettre en place le contrôle de réception aux mesures, on établit une carte de contrôle de réception qui ressemble aux cartes de contrôle $\overline{X}/S$ traditionnelles. Prenons le cas d'une réception d'un diamètre ayant pour caractéristiques :

- tolérances $10 \pm 0,05$
- $NQA = 0.1$, taille des lots variables

On suppose dans un premier temps que sigma est inconnu. Les premiers lots reçus ont les caractéristiques suivantes :

date	18/01	01/02	15/02	26/02	08/03	22/03
taille lot	250	300	300	500	300	240
n	15	20	20	25	20	15
k	2,42	2,47	2,47	2,5	2,47	2,42
moyenne	10,012	10,021	9,992	9,995	10,014	10,032
sigma S	0,008	0,009	0,013	0,012	0,011	0,017
TS-kS	10,031	10,028	10,018	10,020	10,023	10,009
TI +kS	9,969	9,972	9,982	9,980	9,977	9,991
Cible	10	10	10	10	10	10
S_{Max}	0,021	0,020	0,020	0,020	0,020	0,021
P_{95}	0,0006	0,0007	0,0007	0,0008	0,0007	0,0006
$t_{0,05}$	4,40	4,04	4,04	3,83	4,04	4,40
S_L	0,011	0,012	0,012	0,013	0,012	0,011

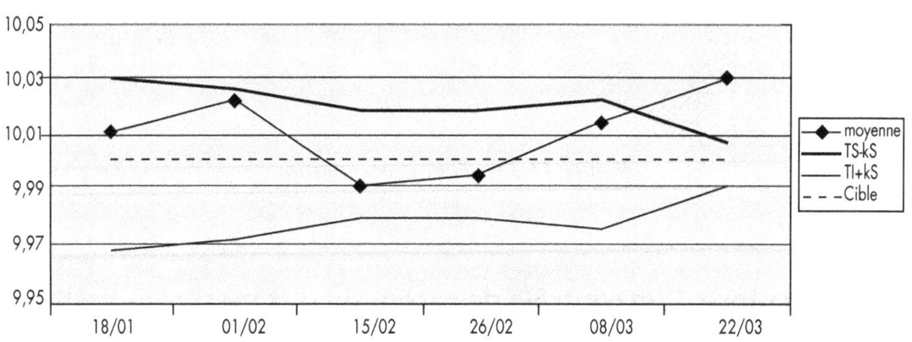

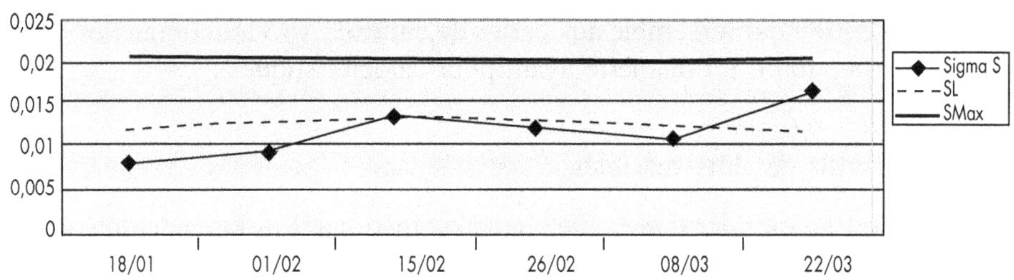

Figure 11.24 – *Carte d'acceptation*

Calcul de la carte de contrôle des moyennes

$$LS_{acceptation} = Tolérance\ supérieure - kS$$

$$LI_{acceptation} = Tolérance\ inférieure + kS$$

Limite Supérieure sur la carte des écarts types

$$S_{max} = \frac{TS - TI}{2k}$$

Calcul de S_L pour p_{95}

On a vu que pour p_{95} le risque alpha était égal à *0.0006* pour le plan de contrôle *G/0.1*

$S_L = \frac{TS - TI}{2\,t_{0.0006}}$ avec $t_{0.0006}$ pour *n-1* degrés de liberté

Dans cet exemple, les 5 premiers lots sont acceptés, le dernier lot est refusé à cause d'un décentrage de la production. De plus l'écart type dépassant S_L on ne garantit pas le p_{95}.

6.4 Cas ou l'écart type de la population est connu (méthode sigma)

6.4.1 Choix du plan en fonction de la norme NF X 06-023

Comme dans le cas de la méthode *S*, la norme (figure 11.25) fixe en fonction du *NQA* et de la lettre code choisie pour un niveau de prélèvement *II* la taille de prélèvement *n* et la limite *k*. Par exemple pour un *NQA* de *0.1* et un effectif de *250* valeurs la lettre code est *G* ce qui donne le plan de contrôle suivant :

Taille du lot n →	4	4.01	← P_{10}
Nombre de sigma limite k →	2.39	0.84	← P_{50}
Facteur de discrimination DS →	61.0	0.07	← P_{95}
		F/0.15	← plan réduit correspondant

***Figure 11.25** – Choix du plan*

6.4.2 Mise en place d'un contrôle de réception – méthode σ

Pour mettre en place le contrôle de réception aux mesures, on établit une carte de contrôle de réception qui ressemble aux cartes de contrôle $\overline{X}/S$ traditionnelles. Reprenons le cas d'une réception du diamètre *10±0,05* étudié dans le cas de la méthode *S*. Après plusieurs réceptions, on note que l'écart type des lots livrés est stable (carte de contrôle des écarts types sous contrôle)

On peut alors calculer l'écart type moyen sur les lots déjà livrés afin d'estimer σ à partir de la moyenne pondérée des variances.

- écart type estimé à partir des réceptions déjà effectuées :

$\sigma = \sqrt{\frac{\Sigma\, v_i S_i^2}{\Sigma\, v_i}}$ soit, en reprenant les données de la figure 11.24 : σ = 0.0127

- tolérances *10 ± 0,05*
- *NQA = 0.1*, taille des lots variables

La carte de contrôle aura la forme de la figure 11.26

date	05 / 04	12 / 04	19 / 04	26 / 04	03 / 05	10 / 05	17 / 05	24 / 05
taille lot	300	250	280	350	400	380	400	350
n	5	4	4	5	5	5	5	5
k	2,46	2,39	2,39	2,46	2,46	2,46	2,46	2,46
moyenne	9,991	9,998	10,011	10,012	10,003	9,986	10,025	10,003
TS-kσ	10,0187	10,0196	10,0196	10,0187	10,0187	10,0187	10,0187	10,0187
TI +kσ	9,9813	9,9804	9,9804	9,9813	9,9813	9,9813	9,9813	9,9813
S	0,0092	0,0123	0,0106	0,0142	0,005	0,0191	0,0131	0,0146
LSC_S	0,0250	0,0265	0,0265	0,0250	0,0250	0,0250	0,0250	0,0250

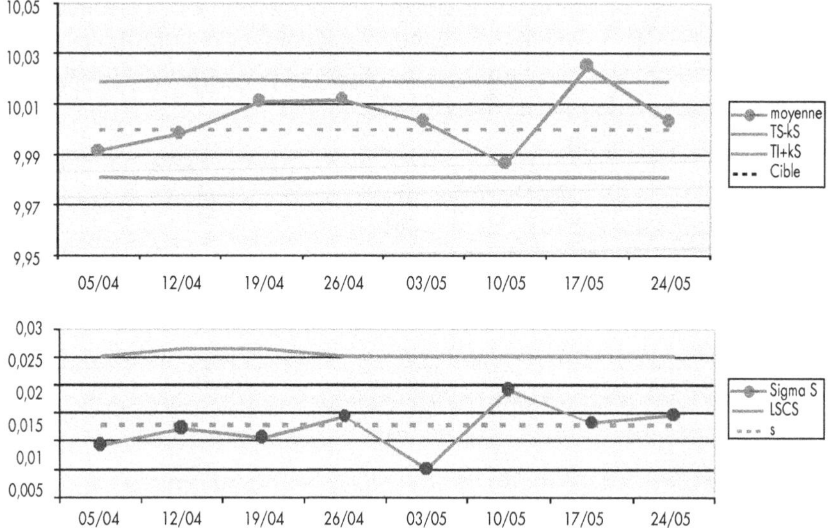

Figure 11.26 *– Carte d'acceptation en réception – méthode σ*

L'interprétation est très simple :

Dans un premier temps, il faut valider l'hypothèse sigma connu. Pour cela on vérifie que l'écart type *S* calculé sur les valeurs de l'échantillon reste bien dans les limites de contrôle. Sur notre exemple, sur la période considérée, l'hypothèse sigma connu a été validée car la carte de contrôle des écarts types est restée « sous contrôle ».

Dans le cas ou un point sur la carte des écarts types sort de la limite supérieure de contrôle LSC_S, l'hypothèse sigma connu est refusée, et on doit repasser à la méthode *S* (sigma inconnu)

Tant que la moyenne se situe à l'intérieur des limites d'acceptation le lot est accepté, sinon le lot est refusé. Dans l'exemple cité, le lot du 17/05 a été refusé.

Calcul de la carte d'acceptation des moyennes

$LS_{acceptation} = Tolérance\ supérieure - k\sigma$

$LI_{acceptation} = Tolérance\ inférieure + k\sigma$

Calcul de la carte de contrôle des écarts types

La carte de contrôle sur S dans le cas d'un contrôle de réception est identique aux cartes de contrôle de Shewhart en « Maîtrise Statistique des Processus ».

$LSC_S = B_6.\sigma$

Le coefficient B_6 est le même que celui utilisé couramment en SPC dans le calcul des cartes de contrôle. Le tableau ci-dessous rappelle ce coefficient pour différentes tailles d'échantillon.

n	2	3	4	5	6	7	8	9	10	11	12	13	14	15	20
B6	2,61	2,28	2,09	1,96	1,87	1,81	1,75	1,71	1,67	1,64	1,61	1,59	1,56	1,54	1,47

6.5 Choix d'un plan personnalisé en fonction de la courbe d'efficacité (méthode σ)

6.5.1 Détermination de **n** et **k**

Pour déterminer un plan de contrôle, il faut trouver :

- la taille de l'échantillon à prélever (*n*)
- la distance (en nombre d'écarts types) à placer à partir de la moyenne (*k*)

Ces deux éléments se calculent à partir de la courbe d'efficacité souhaitée.

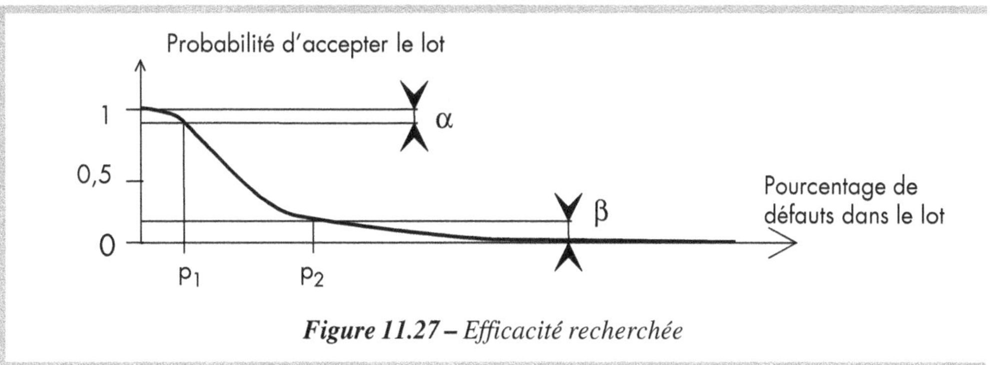

***Figure 11.27** – Efficacité recherchée*

On a les relations suivantes :

$$n = \left[\frac{z_\alpha + z_\beta}{z_{p_1} - z_{p_2}} \right]^2 \qquad k = \frac{z_\beta \cdot z_{p_1} + z_\alpha \cdot z_{p_2}}{z_\alpha + z_\beta}$$

avec :

- z_α = variable réduite de la table de Gauss associée au risque α
- z_β = variable réduite de la table de Gauss associée au risque β
- z_{p1} = variable réduite de la table de Gauss associée à la proportion de défectueux p_1
- z_{p2} = variable réduite de la table de Gauss associée à la proportion de défectueux p_2

Démonstration des formules

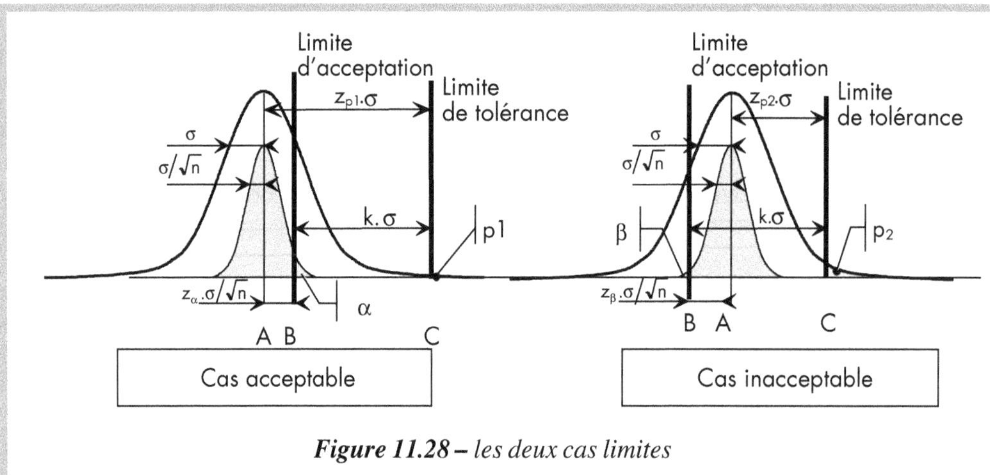

***Figure 11.28** – les deux cas limites*

Considérons la figure 11.28 les deux graphes représentent le contrat entre le client et le fournisseur.

- Cas acceptable : Le fournisseur produit p_1 % de produits défectueux, on doit accepter ce lot avec un risque fournisseur de le refuser égal à α ;
- Cas inacceptable : Le fournisseur produit p_2 % de produits défectueux, on doit refuser ce lot avec un risque client de l'accepter égal à β.

Pour le cas acceptable, on écrit :

$AC = AB + BC$ soit $z_{p_1}\sigma = z_\alpha \dfrac{\sigma}{\sqrt{n}} + k\sigma \quad donc \ z_{p_1} = \dfrac{z_\alpha}{\sqrt{n}} + k$

Pour le cas inacceptable, on écrit :

BC = BA + AC soit $k\sigma = z_{p_2}\sigma + z_\beta \dfrac{\sigma}{\sqrt{n}} \quad donc \ z_{p_2} = -\dfrac{z_\beta}{\sqrt{n}} + k$

Nous avons deux équations, nous pouvons facilement calculer les deux inconnues *n* et *k* pour obtenir les relations précédentes.

Dans le paragraphe suivant, nous détaillerons un exemple de calcul.

6.5.2 Comparaison avec le contrôle aux attributs

Pour comparer l'efficacité du contrôle aux mesures par rapport au contrôle par attribut, nous allons rechercher le plan de contrôle qui donne la même efficacité que le plan de contrôle simple, aux attributs, développé au paragraphe 4.1. (*NQA =0.65* ; lot de *1 000* pièces)

Nous avions trouvé pour un prélèvement de *80* pièces l'efficacité suivante :

Risque	$\alpha = 0,05$	$\beta = 0,10$	$p_1 = 0,0044$	$P_2 = 0,0478$
Variable réduite correspondante	$z_\alpha = 1,65$	$z_\beta = 1,28$	$z_{P1} = 2,62$	$z_{P2} = 1,67$

Les z sont déterminés en fonction des risques en utilisant la table de Gauss.

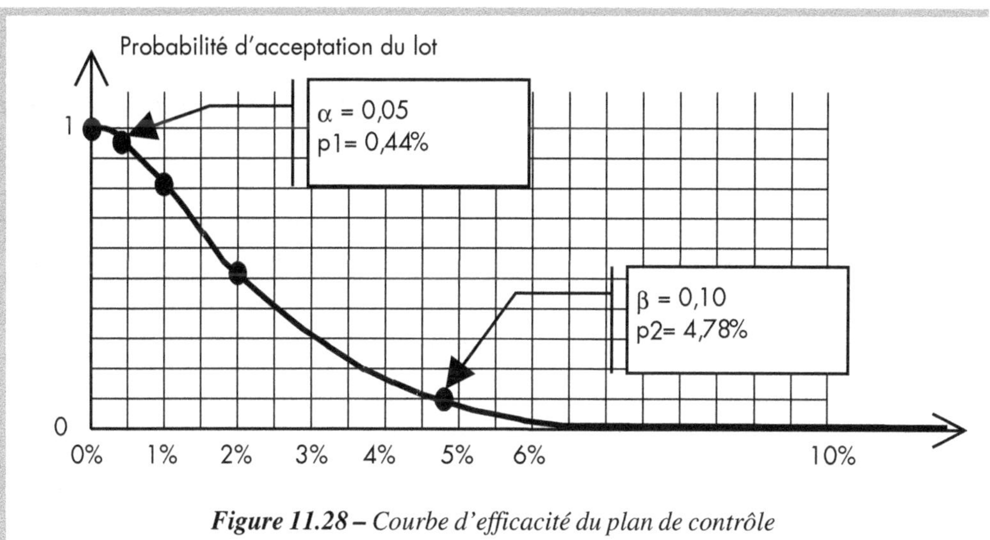

***Figure 11.28** – Courbe d'efficacité du plan de contrôle*

On détermine directement le plan de contrôle aux mesures à partir de cette courbe en appliquant les formules :

$$n = \left[\frac{z_\alpha + z_\beta}{z_{p_1} - z_{p_2}}\right]^2 = \left[\frac{1,65 + 1,28}{2,62 - 1,67}\right]^2 = 9,51 \text{ soit 10 pièces}$$

$$k = \frac{z_\beta . z_{p_1} + z_\alpha . z_{p_2}}{z_\alpha + z_\beta} = \frac{1,28 \times 2,62 + 1,65 \times 1,67}{1,65 + 1,28} = 2,09$$

On note le gain considérable du contrôle aux mesures par rapport au contrôle aux attributs, pour une même efficacité, il faut prélever huit fois moins de pièces, car on dispose de beaucoup plus d'informations.

Conclusions

Il est risqué en terme de qualité de transformer un contrôle aux mesures en un contrôle par calibre. L'économie n'est qu'apparente puisque les prélèvements nécessaires sont beaucoup plus élevés

Remarque :

Le plan de contrôle normalisé correspondant à un *NQA* de *0.65* avec une taille d'échantillon de *1 000* – méthode sigma donnerait :

$$n = 11 ; k = 2.01$$

Dans la norme, les tailles d'échantillons de la méthode σ sont déterminées pour avoir une efficacité comparable entre un contrôle aux attributs et un contrôle aux mesures.

6.5.3 Courbe d'efficacité d'un contrôle aux mesures

Dans le cas de la figure 11.28, on a vu que l'on pouvait écrire :

$$z_{p_1}\sigma = z_\alpha \frac{\sigma}{\sqrt{n}} + k\sigma \qquad donc \;\; z_\alpha = (z_{p1} - k)\sqrt{n}$$

Nous pouvons donc écrire dans le cas de notre exemple :

$$z_\alpha = (2,1 - z_{p1})\sqrt{10}$$

D'où le tableau :

% défaut	0,5 %	1 %	2 %	3 %	5 %	8 %	15 %
z_{P1}	2,58	2,33	2,05	1,88	1,64	1,41	1,04
$z_{1-\alpha}$	– 1,50	– 0,72	0,15	0,69	1,44	2,20	3,36
Proba. d'acceptation (%)	93,38	76,29	44,19	24,41	7,50	1,40	0,04

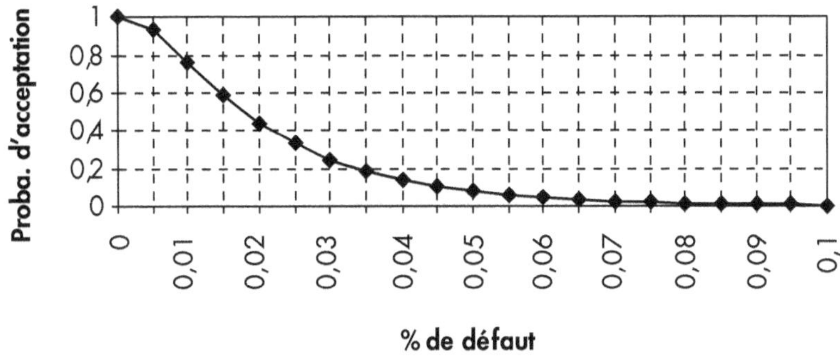

Figure 11.29 – Courbe d'efficacité du contrôle aux mesures

6.5.4 Le contrôle réception aux mesures pour atteindre le ppm

On a vu que dans le cas des contrôles de réception aux attributs, il était impossible d'atteindre des niveaux de qualité de l'ordre du *ppm*, ou alors au prix d'un contrôle à *100 %*.

Dans le cas des contrôles aux mesures, il est alors possible d'atteindre ces niveaux de qualité tout en restant avec des niveaux de prélèvement compatible avec les impératifs économiques. Illustrons notre propos par un exemple.

Un client demande à son fournisseur de produire une caractéristique ayant *Ppk = 1,33* (voir le chapitre sur le SPC pour plus d'informations sur le *Ppk*). Dans le cas d'une répartition gaussienne des mesures, cela correspond à *32 ppm*. On choisit donc un contrôle tel que p_{95} = *32 ppm*

Le client souhaite ne pas accepter dans plus de *10 %* des cas un lot dont le *Ppk* soit égal à *1*. Cela correspond à *1 350 ppm*. On choisit donc un contrôle tel que p_{10} = *1 350 ppm*

Nous avons donc les deux points sur la courbe d'efficacité, il est facile de calculer le plan de contrôle dans le cas où σ est connu.

Risque	$\alpha = 0,05$	$\beta = 0,10$	$p_1 = 32$ ppm	$P_2 = 1350$ ppm
Variable réduite correspondante	$z_\alpha = 1,65$	$z_\beta = 1,28$	$z_{P1} = 4$	$z_{P2} = 3$

On détermine directement le plan de contrôle aux mesures à partir de cette courbe en appliquant les formules :

$$n = \left[\frac{z_\alpha + z_\beta}{z_{p_1} - z_{p_2}}\right]^2 = \left[\frac{1,65 + 1,28}{4 - 3}\right]^2 = 8,58 \text{ soit } 9 \text{ pièces}$$

$$k = \frac{z_\beta \cdot u_{p_1} + z_\alpha \cdot z_{p_2}}{z_\alpha + z_\beta} = \frac{1,28 \times 4 + 1,65 \times 3}{1,65 + 1,28} = 3,43$$

Ce contrôle permet, avec seulement 9 pièces de valider une production d'un niveau de qualité de quelques ppm.

6.6 Choix d'un plan personnalisé en fonction de la courbe d'efficacité (méthode S)

*6.6.1 Détermination de **n** et **k** – formule approchée*

Dans ce cas de figure, il faut travailler à partir de l'estimateur *S* de l'écart type.

On rappel la formule de $s = \sigma_{n-1} = \sqrt{\frac{\sum (x_i - \bar{x})^2}{n-1}}$

Dans ce cas de figure, pour estimer l'écart type avec suffisamment de confiance, il faut augmenter la taille de l'échantillon et on trouve :

$$n = \left[\frac{z_\alpha + z_\beta}{z_{p_1} - z_{p_2}}\right]^2 (1 + k^2/2) \qquad k = \frac{z_\beta \cdot z_{p_1} + z_\alpha \cdot z_{p_2}}{z_\alpha + z_\beta}$$

k n'a pas changé par rapport au cas où l'écart type est connu, par contre, la taille de l'échantillon a été multipliée par $(1+k^2/2)$

Dans le cas où σ est inconnu, une première procédure de contrôle est donc la suivante :

- On prélève un échantillon de *n* pièces
- On calcule S et $\overline{X}$
- On accepte le lot si $TI + k\,S < \overline{X} < TS - k\,S$

ORIGINE DES LIMITES D'ACCEPTATION

Nous montrons dans ce paragraphe l'origine des limites que nous avons données au paragraphe 6.7.1. Seul le lecteur averti devra aborder ce paragraphe qui n'apporte pas d'éléments fondamentaux.

Considérons l'expression $R = \overline{X} + k.S$

✓ Le terme $\overline{X}$ suit une loi normale ayant pour caractéristiques :
- Moyenne μ, (moyenne de la population totale)
- Variance σ^2/n

✓ Le terme $(n-1)\dfrac{s^2}{\sigma^2}$ suit une loi du χ^2, mais on peut faire l'approximation lorsque n est grand que S suit une loi normale avec pour caractéristiques :
- Moyenne σ, (écart-type de la population totale)
- Variance $\sigma^2/2n$

Les termes S et $\overline{X}$ étant deux valeurs indépendantes, on peut appliquer le théorème d'additivité des variances et considérer que le terme R suit une loi normale avec pour caractéristiques :

- Moyenne $\mu + k\sigma$
- Variance $\sigma^2/n + k^2.\sigma^2/2n = \dfrac{\sigma^2}{n}(1 + k^2/2)$

L'écart type est donc de : $\dfrac{\sigma}{\sqrt{n}}\sqrt{(1 + k^2/2)}$

Si on remplace $\dfrac{\sigma}{\sqrt{n}}$ par $\dfrac{\sigma}{\sqrt{n}}\sqrt{(1 + k^2/2)}$ dans les équations de calcul du plan d'échantillonnage, on obtient :

$$z_{p1} = \frac{z_\alpha}{\sqrt{n}}\sqrt{(1 + k^2/2)} + k \qquad z_{p2} = -\frac{z_\beta}{\sqrt{n}}\sqrt{(1 + k^2/2)} + k$$

D'où les formules de calculs pour le cas où σ est inconnu :

$$n = \left[\frac{z_\alpha + z_\beta}{z_{p_1} - z_{p_2}}\right]^2 (1 + k^2/2) \qquad k = \frac{z_\beta \cdot z_{p_1} + z_\alpha \cdot z_{p_2}}{z_\alpha + z_\beta}$$

Le ratio $(1+k^2/2)$ est proche de celui retenu dans la norme. A titre d'exemple on donne les tailles d'échantillon dans le cas d'un *NQA* de *0.65*

k	Norme Méthode σ	Norme Méthode S	Approximation 1 $1+k^2/2$	Approximation 2 n_{Enkawa}
1,58	2	5	4,5	6
1,69	3	7	7,3	9
1,8	4	10	10,5	12
1,88	5	15	13,8	15
1,95	7	20	20,3	22
1,96	8	25	23,4	25
2,01	11	35	33,2	35
2,07	16	50	50,3	52
2,12	23	75	74,7	76
2,14	30	100	98,7	100
2,17	44	150	147,6	149
2,18	59	200	199,2	201

6.2.2 Détermination de n et k – formule de Enkawa

Dans la formule approchée, l'écart vient de l'approximation que l'on a fait sur la loi de distribution des écarts types. On peut avoir une bonne approximation de la loi réelle en appliquant une méthode itérative de Takao Enkawa qui est la suivante :

1. Calculer la première approximation de $n_s^{(1)} = (1 + \frac{k_\sigma^2}{2})n_\sigma$ à partir des valeurs non arrondies de $n\sigma$ et $k\sigma$
2. Calculer une seconde approximation $n_S^{(2)} = (1 + \frac{3n_S^{(1)}k_\sigma^2}{6n_S^{(1)} - 8})n_\sigma$
3. Calculer $n_S^{(3)}$ à partir de $n_S^{(2)}$ avec la même formule que précédemment
4. S'arrêter dès que les valeurs arrondies à l'entier supérieur de $n_S^{(i)}$ et $n_s^{(1)} = (1 + \frac{k_\sigma^2}{2})n_\sigma$ sont identiques.

L'approximation que l'on a faite sur la loi de distribution des écarts types a également une incidence sur le calcul de k. On peut avoir une bonne approximation en appliquant la formule de Takao Enkawa qui est la suivante :

$$k_s = \sqrt{\frac{3n_s - 3}{3n_s - 4}}\, k_\alpha \quad n_S \text{ étant pris avant arrondi}$$

6.6.3 Exemple de détermination de plan de contrôle

Reprenons le cas précédent, tolérances $10 \pm 0,05$

Risque	α = 0,05	β = 0,10	p_1 = 0,0044 ppm	P_2 = 0,0478 ppm
Variable réduite correspondante	z_α = 1,65	z_β = 1,28	z_{P1} = 2,62	z_{P2} = 1,67

6.6.4 Calcul du plan de contrôle

Nous avions trouvé pour le cas σ connu : $n = 9.51$ et $k = 2,09$

En appliquant la procédure de Enkawa on trouve comme taille d'échantillon :

- Première itération : $n^{(1)} = 25.53$
- Seconde itération : $n^{(2)} = 31.42$
- Troisième itération : $n^{(3)} = 31.20$. L'arrondi supérieur de $n^{(3)}$ est égal à l'arrondi supérieur de $n^{(2)}$on stoppe la procédure et on fixe $n_S=32$

Pour trouver k_S on repart du $k\sigma$ trouvé par la méthode sigma : *2.09*

$$k_S = \sqrt{\frac{3n_s - 3}{3n_s - 4}}\, k_\alpha = 2.09\sqrt{\frac{3*31.2 - 3}{3*31.2 - 4}} = 2.10$$

On prélève donc 32 pièces au lieu de 10 dans le cas où σ est connu et les limites sont fixées en fonction de l'écart type de l'échantillon. Le coefficient k est pratiquement inchangé.

7. CAS DE 2 LIMITES COMBINÉES

La norme prévoit de séparer les cas ou l'on considère séparément les deux limites de contrôle des cas ou on les considère simultanément. En effet, lorsque le niveau de qualité est mauvais, et que la production est très dispersée, les rebuts peuvent être à la fois du coté mini et du coté maxi. (voir Figure 11.30)

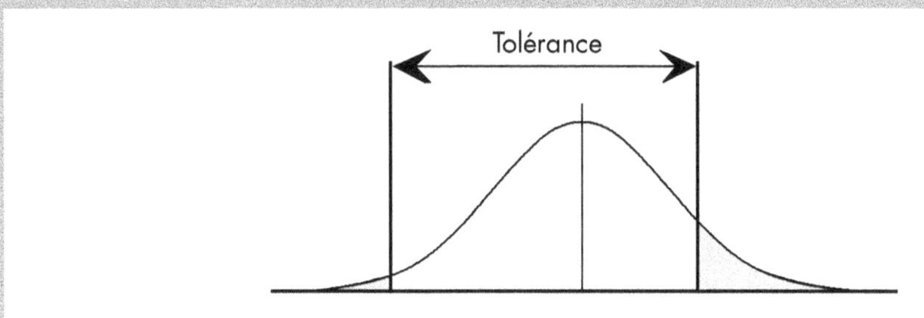

***Figure 11.30** – Cas deux limites de contrôle*

7.1 Cas de deux limites séparées

En fait, il est beaucoup plus aisé de traiter séparément chaque limite de contrôle en ne considérant que les productions hors tolérance du coté d'une limite, plutôt que de considérer le problème dans sa globalité. Nous conseillons de traiter ce problème en appliquant sur chaque limite le cas étudié précédemment d'une limite de contrôle.

8 TABLES POUR LE CONTRÔLE DE RÉCEPTION

8.1 Critères qualitatifs – Détermination de la taille de l'échantillon
(Normes : NFX 06-022 – MIL STD 105E)

Effectif du lot	Contrôles spéciaux				Usages généraux		
	S1	S2	S3	S4	I	II	III
2 à 8	A	A	A	A	A	A	B
9 à 15	A	A	A	A	A	B	C
16 à 25	A	A	B	B	B	C	D
26 à 50	A	B	B	C	C	D	E
51 à 90	B	B	C	C	C	E	F
91 à 150	B	B	C	D	D	F	G
151 à 280	B	C	D	E	E	G	H
281 à 500	B	C	D	E	F	H	J
501 à 1 200	C	C	E	F	G	J	K
1 201 à 3 200	C	D	E	G	H	K	L
3 201 à 10 000	C	D	F	G	J	L	M
10 001 à 35 000	C	D	F	H	K	M	N
35 001 à 150 000	D	E	G	J	L	N	P
150 001 à 500 000	D	E	G	J	M	P	Q
500 001 et plus	D	E	H	K	N	Q	R

En fonction de la lettre code lue dans le tableau ci-dessus, on détermine la taille des prélèvements à réaliser dans le tableau suivant :

Contrôle normal															
Lettre code		A	B	C	D	E	F	G	H	J	K	L	M	N	P
Simple	n	2	3	5	8	13	20	32	50	80	125	200	315	500	800
Double	n1	–	–	3	5	8	13	20	32	50	80	125	200	315	500
	n2	–	–	3	5	8	13	20	32	50	80	125	200	315	500
Multiple	n1	–	–	–	2	3	5	8	13	20	32	50	80	125	200
	n2	–	–	–	2	3	5	8	13	20	32	50	80	125	200
	n3	–	–	–	2	3	5	8	13	20	32	50	80	125	200
	n4	–	–	–	2	3	5	8	13	20	32	50	80	125	200
	n5	–	–	–	2	3	5	8	13	20	32	50	80	125	200
	n6	–	–	–	2	3	5	8	13	20	32	50	80	125	200
	n7	–	–	–	2	3	5	8	13	20	32	50	80	125	200

Exemple

Pour un lot de 1 000 produits à contrôler en niveau II de prélèvement, on trouve la lettre code J qui correspond à un prélèvement de 80 produits en échantillonnage simple, ou à deux échantillons de 50 en contrôle double.

⇨ Dans la ligne J sur la table 8.2, on trouve pour un NQA de 1 par exemple, les limites d'acceptation A = 2 et de refus R = 3.

⇨ La valeur 1,03 est le P_{95}, la valeur 6,52 est le P_{10}.

8.2 Plans d'échantillonnage simple, renforcé, réduit

Pourcentage d'individus non conformes

(Normes : NFX 06-022 – MIL STD 105E)

		Critères d'acceptation pour le contrôle réduit													
		A=0 R=1	A=0 R=2	A=1 R=3	A=1 R=4	A=2 R=5	A=3 R=6		A=5 R=8		A=7 R=10		A=10 R=13		
	Contrôle	Contrôle	Critères d'acceptation pour le contrôle normal et le contrôle renforcé											Contrôle	
Lettre code	normal n	A=0 R=1	A=1 R=2	A=2 R=3	A=3 R=4	A=5 R=6	A=7 R=8	A=8 R=9	A=10 R=11	A=12 R=13	A=14 R=15	A=18 R=19	A=21 R=22	Réduit n	Réduit n
A	2	2.53 6.5 68.4						Uniquement en contrôle renforcé		Uniquement en contrôle renforcé		Uniquement en contrôle renforcé		2	A
B	3	1.70 4.0 53.6												2	B
C	5	1.02 2.5 36.9	7.63 10 58.4											2	C
D	8	0.64 1.5 25.0	2.64 6.5 40.6	11.1 10 53.9										3	D
E	13	0.394 1.0 16.1	2.81 4.0 26.8	6.63 6.5 36.0	11.3 10 44.4									5	E
F	20	0.256 0.65 10.9	1.80 2.5 18.1	4.22 4.0 24.5	7.13 6.5 30.4	14.0 10 41.5								8	F
G	32	0.161 0.4 6.94	1.13 1.5 11.6	2.59 2.5 15.8	4.39 4.0 19.7	8.50 6.5 27.1	13.1 10 34.1							13	G
H	50	0.103 0.2 4.50	0.712 1.0 7.56	1.66 1.5 10.3	2.77 2.5 12.9	5.34 4.0 17.8	8.20 6.5 22.4	9.39 26.0	12.9 10 29.1					20	H
J	80	0.064 0.15 2.84	0.444 0.65 4.78	1.03 1.0 6.52	1.73 1.5 8.16	3.32 2.5 11.3	5.06 4.0 14.2	5.87 16.2	7.91 6.5 18.6	9.61 22.2	11.9 10 24.2			32	J
K	125	0.041 0.10 1.84	0.284 0.4 3.11	0.654 0.65 4.26	1.09 1.0 5.35	2.09 1.5 7.42	3.19 2.5 9.42	3.76 10.4	4.94 4.0 12.3	6.15 14.2	7.40 6.5 16.1	9.95 19.8	11.9 10 22.5	50	K
L	200	0.0256 0.065 1.15	0.178 0.25 1.95	0.409 0.40 2.66	0.683 0.65 3.34	1.31 1.0 4.64	1.99 1.5 5.89	2.35 6.50	3.09 2.5 7.70	3.85 8.89	4.62 4.0 10.1	6.22 12.4	7.45 6.5 14.1	80	L
M	315	0.0163 0.040 0.731	0.112 0.15 1.23	0.259 0.25 1.69	0.433 0.40 2.12	0.829 0.65 2.94	1.26 1.0 3.74	1.49 4.13	1.96 1.5 4.89	2.44 5.65	2.94 2.5 6.39	3.95 7.86	4.73 4.0 8.95	125	M
N	500	0.0103 0.025 0.461	0.071 0.10 0.778	0.164 0.15 1.06	0.273 0.25 1.34	0.523 0.40 1.86	0.796 0.65 2.35	0.939 2.60	1.23 1.0 3.08	1.54 3.56	1.85 1.5 4.03	2.49 4.95	2.98 2.5 5.64	200	N
P	800	0.064 0.015 0.288	0.044 0.065 0.486	0.102 0.10 0.665	0.171 0.15 0.835	0.327 0.25 1.16	0.498 0.40 3.47	0.587 1.62	0.771 0.65 1.93	0.961 2.222	1.16 1.0 2.52	1.56 3.09	1.86 1.5 3.52	315	P
Q	1250	0.0041 0.0010 0.184	0.028 0.040 0.310	0.065 0.065 0.426	0.109 0.10 0.534	0.209 0.15 0.742	0.318 0.25 0.942	0.376 1.04	0.494 0.40 1.23	0.615 1.42	0.740 0.65 1.61	0.995 1.98	1.19 1.0 2.25	500	Q
R	2000	0.0026 0.115	0.018 0.025 0.195	0.041 0.040 0.266	0.068 0.065 0.334	0.131 0.10 0.464	0.199 0.15 0.589	0.235 0.650	0.309 0.25 0.770	0.385 0.889	0.462 0.40 1.01	0.622 1.24	0.745 0.65 1.41	800	R

En contrôle réduit, lorsque le critère d'acceptation est dépassé, mais que le critère de rejet n'est pas atteint, le lot est accepté, mais le contrôle normal est rétabli.

8.3 Table de correspondance entre les plans

Plans simples, doubles, multiples

(Normes : NFX 06-022 – MIL STD 105E)

Contrôle normal	Contrôle normal		Contrôle Renforcé		Contrôle réduit		Contrôle normal		Contrôle renforcé		Contrôle réduit	
A - R	A_1 A_2	R_1 R_2	A_1 A_2	R_1 R_2	A_1 A_2	R_1 R_2	A_i	R_i	A_i	R_i	A_i	R_i
0 - 1												
1 - 2	0 1	2 2	0 1	2 2	0 0	2 2	- - 0 0 1 1 2	2 2 2 3 3 3 3	- - 0 0 1 1 2	2 2 2 3 3 3 3	- - 0 0 0 0 1	2 2 2 3 3 3 3
2 - 3	0 3	3 4	0 1	2 2	0 0	3 4	- 0 0 1 2 3 4	2 3 3 4 4 5 5	- - 0 0 1 1 2	2 2 2 3 3 3 3	- - 0 0 0 1 1	2 3 3 4 4 5 5
3 - 4	1 4	4 5	0 3	3 4	0 1	4 5	- 0 1 2 3 4 6	3 3 4 5 6 6 7	- 0 0 1 2 3 4	2 3 3 4 4 5 5	- - 0 0 1 1 2	3 3 4 5 6 6 7
5 - 6	2 6	5 7	1 4	4 5	0 3	4 6	- 1 2 3 5 7 9	4 5 6 7 8 9 10	- 0 1 2 3 4 6	3 3 4 5 6 6 7	- 0 0 1 2 3 4	3 4 5 6 7 7 8
7 - 8	3 8	7 9	2 6	5 7	1 4	5 7	0 1 3 5 7 10 13	4 6 8 10 11 12 14	- 1 2 3 5 7 9	4 5 6 7 8 9 10	- 0 1 2 3 4 6	4 5 6 7 8 9 10
10 - 11	5 12	9 13	3 11	7 12	2 6	7 9	0 3 6 8 11 14 18	5 8 10 13 15 17 19	0 2 4 6 9 12 14	4 7 9 11 12 14 15	- 1 2 3 5 7 9	4 6 8 10 11 12 14
14 - 15	7 18	11 19	6 15	10 16	3 8	8 12	1 4 8 12 17 21 25	7 10 13 17 20 23 26	0 3 7 10 14 18 21	6 9 12 15 17 20 22	0 1 3 5 7 10 13	5 7 9 12 13 15 17
21 - 22	11 26	16 27	9 23	14 27	5 12	10 16	2 7 13 19 25 31 37	9 14 19 25 29 33 38	1 6 11 16 22 27 32	8 12 17 22 25 29 33	0 3 6 8 11 14 18	6 9 12 15 17 20 22

8.4 Plan d'échantillonnage aux mesures – Méthode S

Lettre code	Niveau de qualité acceptable en contrôle normal																
	0.065			0.10			0.15			0.25			0.40			0.65	
B																	
C																	
D																5	25.9
																1.65	6.34
																92.5	0.28
															↙		
E										7	14.4		7	16.3		7	18.6
										2.00	2.89	←	1.88	3.72	←	1.75	4.83
										131	0.11		90.5	0.18		58.1	0.32
									↙		E/0.40			D/0.65			
F							10	7.95		10	9.44		10	11.2		10	13.2
							2.24	1.53	←	2.11	2.08	←	1.98	2.79	←	1.84	3.77
							114	0.07		78.7	0.12		52.8	0.21		36.7	0.36
						↙		E/0.25			E/0.40			D/0.65			
G	15	3.58		15	4.31		15	5.07		15	6.13		15	7.58		15	9.41
	2.53	0.67	←	2.42	0.90	←	2.32	1.17	←	2.20	1.57	←	2.06	2.20	←	1.91	3.09
	119	0.03		71.8	0.06		56.3	0.09		40.9	0.15		30.3	0.25		20.9	0.45
					F/0.15			E/0.25			E/0.40			D/0.65			
H	20	2.58		20	3.16		20	3.85		20	4.73		20	5.88		20	7.46
	2.58	0.56	←	2.47	0.76	←	2.36	1.01	←	2.24	1.38	←	2.11	1.90	←	1.96	2.69
	64.5	0.04		45.1	0.07		35.0	0.11		27.8	0.17		20.3	0.29		15.2	0.49
					F/0.15			E/0.25			E/0.40			E/0.65			
I	25	2.05		25	2.55		25	3.08		25	3.99		25	4.93		25	6.46
	2.61	0.50	←	2.50	0.68	←	2.40	0.89	←	2.26	1.28	←	2.14	1.73	←	1.98	2.53
	41.0	0.05		31.9	0.08		25.7	0.12		20.0	0.20		15.4	0.32		11.5	0.56
					F/0.15			F/0.25			F/0.40			F/0.65			
J	35	1.50		35	1.90		35	2.29		35	3.02		35	3.87		35	5.10
	2.65	0.43	←	2.54	0.59	←	2.45	0.76	←	2.31	1.10	←	2.18	1.54	←	2.03	2.21
	25.0	0.06		21.1	0.09		17.6	0.13		13.1	0.23		10.7	0.36		8.50	0.60
					G/0.15			G/0.25			G/0.40			G/0.65			
K	50	1.06		50	1.36		50	1.70		50	2.35		50	3.07		50	4.03
	2.71	0.35	←	2.60	0.49	←	2.50	0.65	←	2.35	0.98	←	2.22	1.37	←	2.08	1.94
	15.1	0.07		13.6	0.10		11.3	0.15		9.04	0.26		7.67	0.40		6.30	0.64
					H/0.15			H/0.25			H/0.40			H/0.65			
L	75	0.74		75	0.97		75	1.27		75	1.74		75	2.37		75	3.24
	2.77	0.29	←	2.66	0.40	←	2.55	0.56	←	2.41	0.82	←	2.27	1.19	←	2.12	1.74
	10.6	0.07		8.82	0.11		7.47	0.17		6.44	0.27		5.51	0.43		4.63	0.70
					I/0.15			I/0.25			I/0.40			I/0.65			
M	100	0.61		100	0.80		100	1.05		100	1.50		100	2.06		100	2.86
	2.80	0.26	←	2.69	0.37	←	2.58	0.51	←	2.43	0.77	←	2.29	1.12	←	2.14	1.64
	7.62	0.08		6.67	0.12		5.83	0.18		5.17	0.29		4.38	0.47		3.86	0.74
					J/0.15			J/0.25			J/0.40			J/0.65			
N	150	0.46		150	0.62		150	0.85		150	1.21		150	1.68		150	2.36
	2.84	0.23	←	2.73	0.32	←	2.61	0.46	←	2.47	0.69	←	2.33	1.00	←	2.18	1.48
	5.75	0.08		4.77	0.13		4.47	0.19		3.90	0.31		3.50	0.48		3.06	0.77
					K/0.15			K/0.25			K/0.40			K/0.65			
P	200	0.41		200	0.57		200	0.76		200	1.12		200	1.57		200	2.22
	2.85	0.22	←	2.73	0.32	←	2.62	0.45	←	2.47	0.68	←	2.33	1.00	←	2.18	1.48
	4.36	0.09		3.99	0.14		3.63	0.21		3.26	0.34		2.94	0.53		2.64	0.84
					L/0.15			L/0.25			L/0.40			L/0.65			

Un plan est repéré par son NQA en colonne et sa lettre code en ligne

Taille du lot n →	4	4.31	← P_{10}
Nombre de sigma limite k →	2.42	0.90	← P_{50}
Facteur de discrimination DS →	71.8	0.06	← P_{95}
		F/0.15	← plan réduit correspondant

La colonne NQA 0.065 n'est utilisée qu'en contrôle renforcé

Le passage du contrôle normal au contrôle renforcé est obtenu en suivant la flèche ⬅

8.5 Plan d'échantillonnage aux mesures – Méthode σ

Lettre code	Niveau de qualité acceptable en contrôle normal																
	0.065			0.10			0.15			0.25			0.40			0.65	
B																	
C																	
D																2	25.0
																1.58	5.71
																82.2	0.30
															↙		
E										2	15.1	←	1	18.3	←	3	17.1
										1.94	2.62		1.81	3.51		1.69	4.55
										157	0.10		124	0.15		41.2	0.41
									↙		E/0.40			D/0.65			
F							3	7.35		3	9.17	←	3	12.1	←	4	12.3
							2.19	1.43		2.07	1.92		1.91	2.81		1.80	3.59
							86.9	0.08		72.5	0.13		57.1	0.21		28.2	0.44
						↙		E/0.25			E/0.40			D/0.65			
G	3	4.01	←	4	4.01	←	4	4.85	←	4	6.69	←	5	6.99	←	5	9.56
	2.49	0.64		2.39	0.84		2.30	1.07		2.14	1.62		2.05	2.02		1.88	3.01
	138	0.03		61.0	0.07		54.1	0.09		43.8	0.15		26.1	0.27		21.5	0.45
					F/0.15			E/0.25			E/0.40			D/0.65			
H	4	2.81	←	5	2.96	←	5	3.86	←	6	4.39	←	6	5.98	←	7	7.14
	2.55	0.54		2.46	0.69		2.34	0.96		2.23	1.29		2.08	1.88		1.95	2.56
	75.5	0.04		42.4	0.07		36.8	0.11		23.7	0.19		20.1	0.30		14.1	0.51
					F/0.15			E/0.25			E/0.40			E/0.65			
I	6	1.94	←	6	2.46	←	6	3.24	←	7	3.87	←	8	4.68	←	8	6.59
	2.59	0.48		2.49	0.64		2.37	0.89		2.25	1.22		2.13	1.66		1.96	2.50
	35.0	0.06		31.3	0.08		27.5	0.12		19.0	0.20		14.0	0.33		11.9	0.55
					F/0.15			F/0.25			F/0.40			F/0.65			
J	7	1.60		8	1.84		9	2.15		9	3.12		10	3.97		11	5.22
	2.63	0.43	←	2.54	0.55	←	2.45	0.71	←	2.29	1.10	←	2.16	1.54	←	2.01	2.22
	27.8	0.06		20.5	0.09		15.9	0.14		13.8	0.23		10.8	0.37		8.55	0.61
					G/0.15			G/0.25			G/0.40			G/0.65			
K	11	0.98		11	1.38		12	1.70		13	2.30		14	3.09		16	4.01
	2.72	0.33	←	2.59	0.48	←	2.49	0.64	←	2.35	0.94	←	2.21	1.36	←	2.07	1.92
	15.1	0.07		13.6	0.10		11.2	0.15		9.19	0.25		7.67	0.40		6.12	0.65
					H/0.15			H/0.25			H/0.40			H/0.65			
L	15	0.74		16	0.99		17	1.29		19	1.72		21	2.33		23	3.20
	2.77	0.28	←	2.65	0.40	←	2.54	0.55	←	2.41	0.80	←	2.27	1.16	←	2.12	1.70
	10.5	0.07		8.99	0.11		7.83	0.16		6.46	0.27		5.44	0.43		4.64	0.69
					I/0.15			I/0.25			I/0.40			I/0.65			
M	20	0.60		22	0.78		23	1.06		25	1.49		27	2.05		30	2.83
	2.80	0.26	←	2.69	0.36	←	2.57	0.51	←	2.43	0.75	←	2.29	1.10	←	2.14	1.62
	7.78	0.08		6.63	0.12		5.95	0.18		5.13	0.29		4.48	0.46		3.86	0.73
					J/0.15			J/0.25			J/0.40			J/0.65			
N	30	0.46		31	0.64		34	0.82		37	1.19		40	1.67		44	2.40
	2.84	0.23	←	2.72	0.33	←	2.62	0.44	←	2.47	0.68	←	2.33	0.99	←	2.17	1.50
	5.43	0.08		4.98	0.13		4.42	0.19		3.89	0.31		3.48	0.48		3.08	0.78
					K/0.15			K/0.25			K/0.40			K/0.65			
P	40	0.41		42	0.57		45	0.76		49	1.08		54	1.52		59	2.22
	2.85	0.22	←	2.73	0.32	←	2.62	0.44	←	2.48	0.66	←	2.34	0.96	←	2.18	1.48
	4.34	0.09		3.98	0.14		3.63	0.21		3.26	0.33		2.93	0.52		2.65	0.84
					L/0.15			L/0.25			L/0.40			L/0.65			

Un plan est repéré par son NQA en colonne et sa lettre code en ligne

Taille du lot n →	4	4.01	← P_{10}
Nombre de sigma limite k →	2.39	0.84	← P_{50}
Facteur de discrimination DS →	61.0	0.07	← P_{95}
		F/0.15	← plan réduit correspondant

La colonne NQA 0.065 n'est utilisée qu'en contrôle renforcé

Le passage du contrôle normal au contrôle renforcé est obtenu en suivant la flèche ⬅

CHAPITRE 12

LA FONCTION MÉTROLOGIE DANS L'ENTREPRISE

La démarche qualité a fortement relancé l'esprit métrologique. Bien que dans beaucoup d'entreprises, il existe depuis de nombreuses années une culture et un savoir-faire en métrologie conséquents, la validation de la qualité a donné un essor nouveau à cette discipline.

Une mesure est destinée à nous aider à prendre une décision. Deux situations type seront retenues :

- Validation de la conformité d'un produit.
- Vérification de la capabilité d'un processus de production.

Dans ces deux cas, la qualité des résultats fournis doit être à la hauteur de l'enjeu. Dans ce chapitre, nous chercherons à répondre aux questions suivantes :

- *Est-ce que la qualité requise est bien spécifiée par mon client ?*

Des disparités très fortes peuvent se rencontrer. On trouve des secteurs industriels où le produit est défini avec une grande rigueur (par exemple dans le secteur automobile où l'on peut avoir plusieurs fournisseurs pour un même produit) à des secteurs où la description de la qualité relève du bon usage. Ce dernier cas peut être dangereux car il engendre une subjectivité de décision de conformité, sources d'une variabilité importante.

- *Est-ce que je comprends les exigences de mon client ?*

Cela sous-entend que l'on parle le même langage. Par exemple la lecture des spécifications géométriques du produit[1], nécessitent de bien connaître la normalisation se rapportant à ce sujet. Ce problème, introduit la question suivante :

- *Quels moyens de mesure retenir et qui sera chargé de faire ces mesures (disponibilités, compétences) ?*

La mesure n'apporte pas de valeur ajoutée au produit. A court terme, cela peut-être perçu comme un investissement non prioritaire par rapport à des ressources de production. C'est un peu comme une assurance, l'investissement en ressources humaines et matérielles, doit être mis en regard avec le risque de détection de produit non conforme chez le client. C'est un investissement rentable à long terme, cependant il faut éviter toute surenchère.

- *Comment s'assurer de la performance requise pour ces appareils, dans leur contexte de mesure ?*

Il s'agit de valider un processus de mesure. La performance du moyen doit tenir compte de l'environnement humain et matériel. Le résultat de mesure n'est qu'une image de la réalité. Pour que les décisions découlant de cette mesure soient fondées, il faut avoir une perception de la robustesse de cette dernière.

- *Comment vérifier qu'ils ne se dégradent pas dans le temps ?*

Comme pour tout processus, on peut constater des dérives en fonction du temps. Il sera nécessaire de définir un échéancier pour garantir que la performance de l'équipement ne s'est pas altérée.

À ces questions techniques, il faut rajouter la partie administrative relative à la maîtrise des enregistrements.

Ceci dans un environnement économique souvent difficile. Il faut le juste nécessaire pour éviter toute surqualité.

1. NF EN ISO 14253-1 (Mars 1999) Spécification géométrique du produit (GPS) – Vérification par la mesure des pièces et équipements de mesure – Partie 1 : règles de décision pour prouver la conformité ou la non conformité à la spécification.

1. LA MÉTROLOGIE OU SCIENCE DE LA MESURE

En préambule, nous nous attarderons quelques instants sur le concept de mesure.

Illustrons ce concept avec un exemple culinaire. Dans une recette (instruction) nous trouvons l'opération « *prendre deux cuillerées à soupe de sucre* » (figure 12.1).

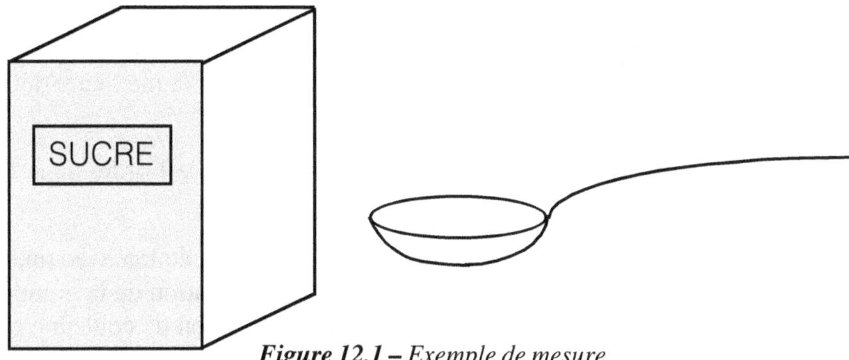

***Figure 12.1** – Exemple de mesure*

Pour faire une mesure, il faut :

- avoir une grandeur physique à mesurer (ici un **volume** de sucre) ;
- choisir consensuellement un domaine de cette grandeur comme étalon de mesure (attention ce n'est pas la cuillère qui est l'étalon, mais le volume que l'on prend avec la cuillère) ;
- dénombrer la quantité à retenir en précisant le nombre (ou mesure) d'unités définies par la quantité étalon (deux cuillères). Mesurer, c'est faire une division (combien de fois la valeur de l'étalon).

La quantité réelle à mesurer, jamais exactement connue, s'appelle le **mesurande**. La **mesure** (ou signal de mesure), constituée d'un chiffre (entier ou fractionnaire) et d'une unité, donne une image du mesurande.

Certains processus peuvent demander une perception des grandeurs à quantifier (longueurs en mécanique, volume en chimie...) très fine.

Le développement des modèles scientifiques, de l'industrialisation (avec la notion d'interchangeabilité) ainsi que les transactions commerciales ont nécessité une rationalisation dans la définition des unités fondamentales. À la limite, peu importe l'unité retenue si son utilisation engendre un consensus. L'histoire de la genèse du mètre, remplaçant les différentes toises ou autres pieds est à ce titre révélateur.

En résumé, on cherchera à définir avec le plus grand soin les unités représentant des quantités de grandeurs physiques de base. La définition sera bien sûr fonction du niveau de technologie du moment. On essaiera, dans la mesure du possible, de relier les unités à des constantes physiques supposées invariables. Par exemple pour le mètre, la dernière définition est la suivante :

> « Le mètre est la longueur du trajet parcouru dans le vide par la lumière pendant une durée de 1/299 792 458 de seconde ».

Cette définition est théorique, on cherche à l'aide de techniques utilisant des sources lasers de fréquences connues avec une grande exactitude à avoir la meilleure définition possible de l'unité de longueur.

L'incertitude sur la définition du mètre est, à l'heure actuelle, de l'ordre de $\pm 10^{-12}$ m à $\pm 10^{-14}$ m.

Pour certaines grandeurs physiques, il est difficile de définir un étalon avec une incertitude très faible (mesure de fuite par exemple). Parfois l'estimation de la grandeur est réalisée sous forme d'expertise à l'aide d'un nuancier (perception de couleurs, perception tactile, ...).

2. LA CONFIANCE DANS LA MESURE

La qualité de la mesure peut être définie par une approche de type 5M (chapitre 6 : §1.6) :

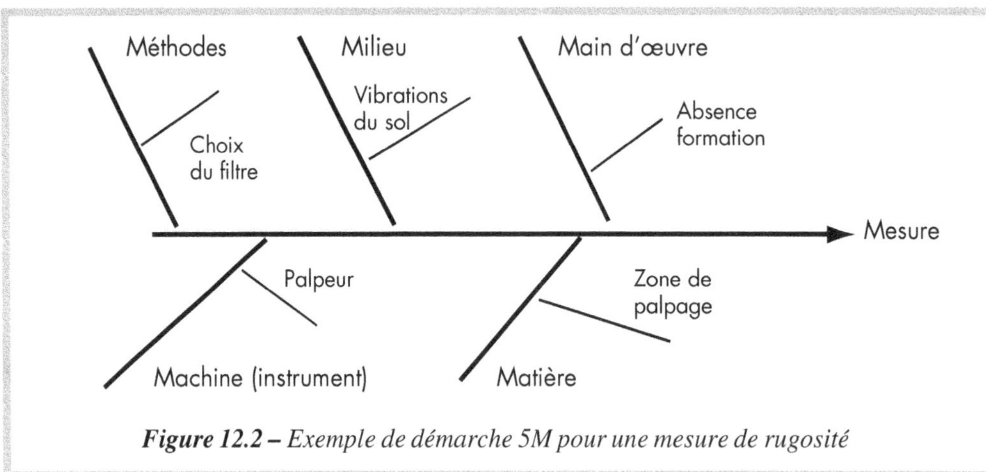

***Figure 12.2** – Exemple de démarche 5M pour une mesure de rugosité*

Le MSA[1] retient une arborescence légèrement différente, mémorisée à l'aide de l'acronyme SWIPE (*Standard, Workpiece, Instrument, Person/Procedure, Environment*).

2.1 L'instrument

Par instrument, il faut comprendre l'appareil, les équipements et montages associés ainsi que les étalons utilisés. Pour les étalons, on distingue deux types de mesures :

- La mesure directe : l'appareil donne directement la mesure (de façon autonome) car il utilise un étalon embarqué. Par exemple, c'est le cas du pied à coulisse avec ses graduations ou du micromètre avec sa vis étalon.
- La mesure par comparaison avec un étalon externe : l'instrument (comparateur) a alors une faible étendue de mesure, car on lui demande de comparer des pièces voisines de l'étalon. Cette solution est souvent utilisée en grande série, elle permet des mesures d'une grande finesse mais nécessite de gérer les étalons externes.

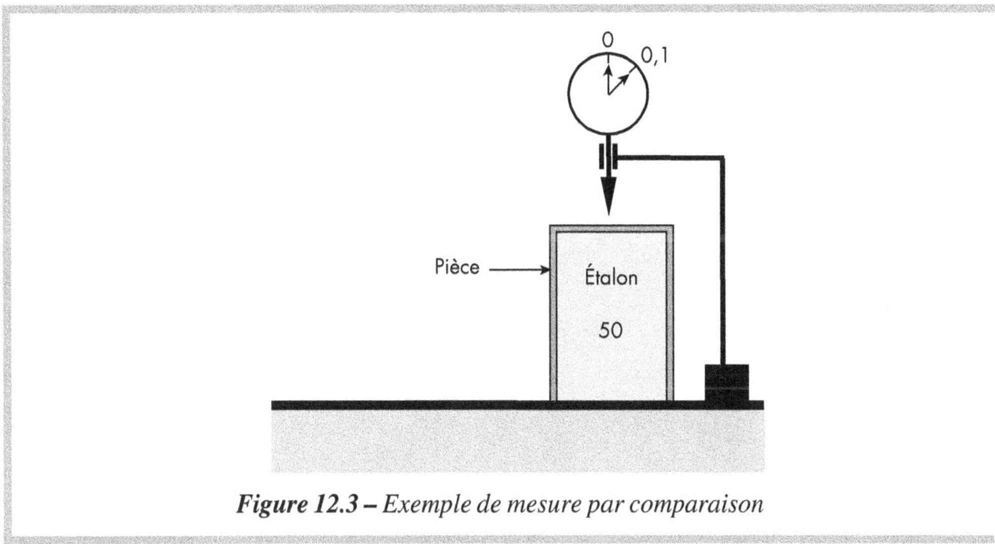

***Figure 12.3** – Exemple de mesure par comparaison*

Toutes les entreprises n'ont pas le besoin (ni les moyens) d'être au niveau de la définition du mètre étalon. Une copie de bonne qualité d'un sous-multiple (figure 12.3 pour l'étalon de 50 mm), sous une forme physique plus accessible (boîte de cales par exemple), est suffisante sous réserve qu'elle soit garantie par un organisme mandaté.

L'entreprise doit garantir que la maîtrise de la mesure est déclinée jusque sur les sites de production. Chaque site n'a pas forcément besoin des mêmes performances métro-

1. *Measurment Systems Analysis*
Manuel développé sous la responsabilité de Daimler Chrysler Corporation, Ford Motor Company et General Motors Corporation (www.carwin.co.uk/qs).

logiques, il suffit qu'elles soient en adéquation avec la qualité requise par la définition du produit (sauf si l'entreprise possède l'appareil et désire tout simplement le rentabiliser).

Pour cela on utilise des appareils spécifiques ou standards, qui devront à une fréquence donnée être comparés aux **étalons de référence** (c'est la plus haute qualité métrologique existante dans l'entreprise). Si la qualité métrologique exigée au niveau de l'appareil n'est pas très grande, on peut se contenter de le tester à l'aide d'étalons intermédiaires, sous réserve que qu'ils soient vérifiés par rapport aux étalons de référence. Ces étalons sont appelés « **étalons de travail** » voire « **étalons de transfert** » utilisés comme intermédiaire pour la comparaison avec l'étalon de référence. La gestion et la mise en place de ces tests et comparaisons constituent une **chaîne de mesure interne**.

Exemple

Imaginons une grande entreprise, implantée sur plusieurs sites. Elle possède une métrologie centrale au service des autres sites, une métrologie générale et des métrologies d'atelier dans chaque site respectif (figure 12.4). Le raccordement aux étalons nationaux sera développé au chapitre 3.

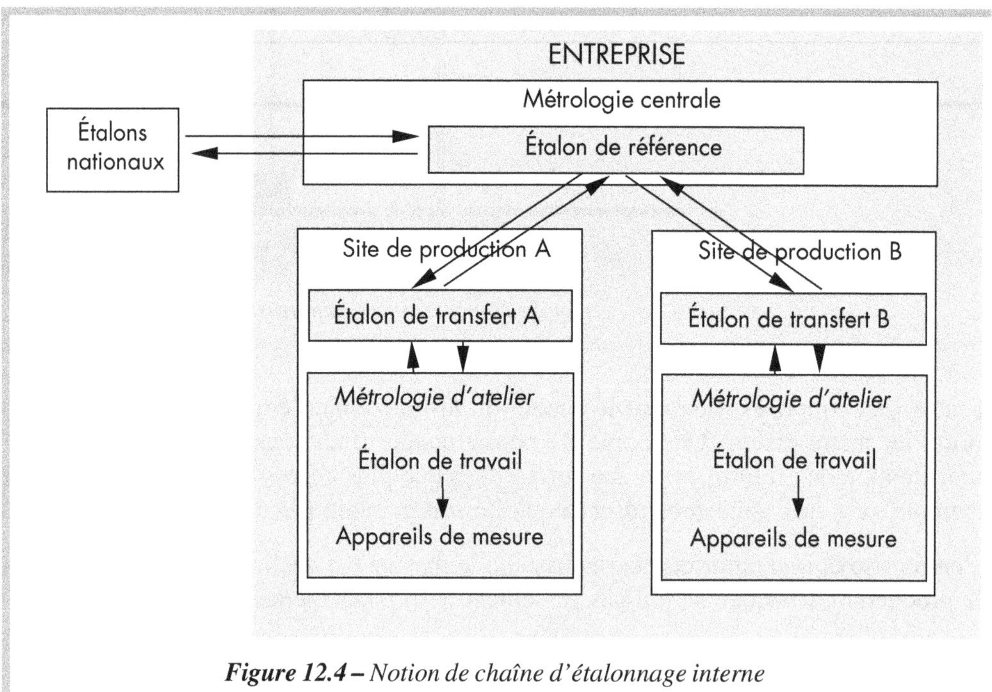

***Figure 12.4** – Notion de chaîne d'étalonnage interne*

Toutes les entreprises n'ont pas les moyens techniques et financiers pour mettre en place une chaîne de mesure aussi conséquente. Elles peuvent faire vérifier (ou étalonner) tout ou partie de leurs appareils de mesure par un fournisseur de prestations métrologiques apportant les garanties nécessaires de liaison aux étalons nationaux. Rappelons le paragraphe *a* du chapitre **7.6 Maîtrise des dispositifs de surveillance de mesure** de la norme ISO 9001[1] :

« ... Lorsqu'il est nécessaire d'assurer des résultats valables, les équipements de mesure doivent être

a) étalonnés ou vérifiés à intervalles spécifiés ou avant leur utilisation, par rapport à des étalons de mesure reliés à des étalons de mesure internationaux ou nationaux (lorsque ces étalons n'existent pas, la référence utilisée pour l'étalonnage doit faire l'objet d'un enregistrement)... »

2.2 Le milieu

Avec l'instrument, c'est le deuxième facteur qui vient spontanément à l'esprit, lorsque l'on rencontre des problèmes de qualité de mesure. En particulier, en cas de problèmes de métrologie dimensionnelle, l'influence de la température est souvent perçue comme la cause majeure, alors que la contribution des autres « M » est peut-être plus importante et nettement moins coûteuse à corriger.

Exemples de grandeurs d'influence (liste non exhaustive) :

- la température ;
- les champs magnétiques ;
- la pesanteur ;
- la latitude et l'altitude (en pesage) ;
- l'hygrométrie ;
- les vibrations ;
- la pureté de l'air ;
- le temps ;
- ...

L'influence du temps peut engendrer une augmentation de la dispersion des mesures, mais également une dérive. Elle est également appelée **stabilité**.

1. Reproduction faite avec l'autorisation d'Afnor.

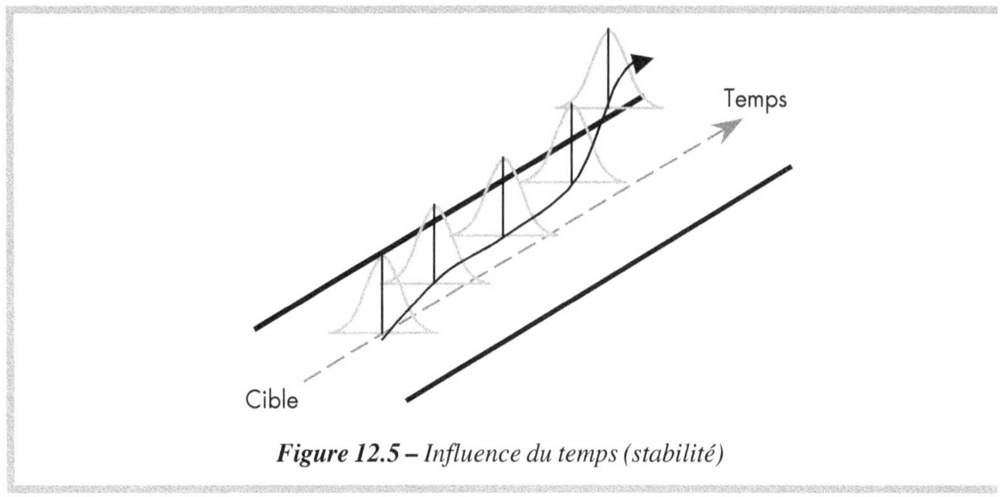

Figure 12.5 – Influence du temps (stabilité)

2.3 La main d'œuvre et la méthode

Ces deux « M » nous semblent inséparables. La formation est nécessaire pour faire des mesures de qualité. Elle nécessite des connaissances techniques et normatives. En effet si l'on est censé valider une conformité, cela va de soit que l'on comprend ce que demande le client (par exemple avec l'emploi des normes GPS).

Dans le chapitre sur l'automaîtrise (chapitre 5), nous avons vu l'importance de normaliser le processus de mesure (appelé également protocole de mesure). Dans bien des secteurs, souvent avec une main d'œuvre très compétente, ce point est négligé, car cela semble faire offense aux opérateurs. Pourtant suite à des études R&R (chapitre 13), on constate que des différences de comportement mineures, *a priori* sans influence, engendrent une variabilité de mesure importante. D'où l'importance de la communication entre les différents opérateurs sur les méthodes de mesure retenues (réunions, supports visuels, instructions, ...).

2.4 La matière (pièce)

L'incidence de la pièce peut provenir de :

- ses qualités physiques (par exemple de la souplesse du matériau) ;
- de l'interaction « opérateur – matière ». Par exemple, un opérateur recherchera systématiquement le diamètre maximum pour une pièce ovalisée, et ceci de façon intuitive ;
- de sa définition de conformité lorsque des caractéristiques sont liées.

Par exemple, la définition géométrique d'une pièce, nécessite des spécifications en trois dimensions. La prise d'information (mesure) est souvent monocritère. Dans l'exemple de la figure 12.6, si l'on ne déplace pas la pièce sous le comparateur, on ne prendra pas en compte l'influence du défaut de parallélisme, toutes les variations seront perçues comme des variations de longueurs.

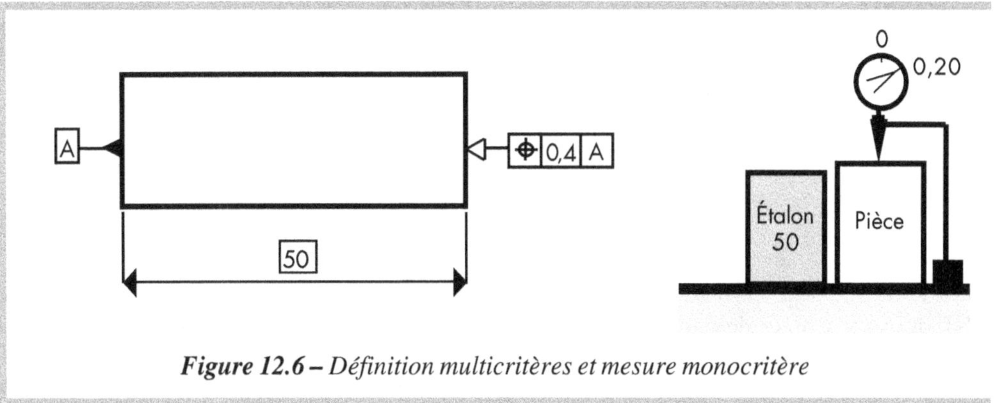

***Figure 12.6** – Définition multicritères et mesure monocritère*

Il est dangereux de chercher à quantifier séparément l'influence de chaque « M ». Une démarche type « Analyse de la variance » peut être retenue pour voir s'il y a des interactions.

3. LNE/COFRAC : CHAÎNE NATIONALE D'ÉTALONNAGE

La traçabilité des raccordements, fruit de deux organismes, permet :

- de retrouver les enregistrements d'étalonnage à différents niveaux, de l'entreprise au niveau national, c'est la garantie du COFRAC ;
- de garantir le lien physique avec les étalons nationaux, c'est le rôle du LNE.

3.1 Le Comité Français d'Accréditation (COFRAC[1])

Le rôle du COFRAC est d'accréditer les organismes délivrant des certifications.

L'accréditation est la reconnaissance d'une certaine compétence dans un domaine précis (par exemple : vérification des tampons filetés de diamètre 5 mm à 20 mm) et l'assurance de la pérennité de cette compétence par un organisme faisant lui-même autorité en la matière.

1. http://www.cofrac.fr.

En simplifiant, on peut dire que le COFRAC apporte la garantie que les laboratoires[1] relais du LNE, possèdent une technologie métrologique adéquate et mettent en œuvre un suivi documentaire prouvant le lien métrologique des étalons du client aux étalons nationaux.

3.2 Laboratoire national de métrologie et d'essais (LNE[2])

Pour assurer la confiance dans l'appareil utilisé, celui-ci doit être étalonné. Cet étalonnage se fera souvent à l'intérieur de l'entreprise en référence aux étalons sources de la métrologie centrale (étalons de référence).

Cette confiance ne sera totale que si l'on peut valider les étalons de l'entreprise. Le LNE a mis en place les structures et procédures permettant d'assurer la valeur technique et scientifique des étalonnages et de fournir une garantie officielle.

Le Laboratoire national de métrologie et d'essais (LNE) remplace depuis le 27 janvier 2005 le Bureau national de métrologie (BNM), organisme interministériel, qui avait été créé en 1969. Fédérant les laboratoires de recherche détenant les étalons nationaux, le LNE a une mission de soutien technique et scientifique à l'industrie et au monde de la recherche. Il contribue également au développement des programmes de métrologie européen et international.

Les quatre laboratoire nationaux sont :

- LNHB (Commissariat à l'énergie atomique) ;
- INM (Conservatoire national des arts et métiers) ;
- LNE (Laboratoire national de métrologie et d'essais) ;
- SYRTE (Observatoire de Paris).

3.3 Les laboratoires accrédités

Des organismes intermédiaires sont chargés de disséminer la métrologie à différents niveaux. Cela permet une approche plus efficace et plus économique.

En 1977, on avait précisé les maillons intermédiaires de la chaîne d'étalonnage entre le BNM et les entreprises en créant :

- **des centres d'étalonnage agréés**,
- **des services de métrologie habilités**.

Cette organisation, légèrement modifiée depuis peu, a fait ses preuves. Il nous semble bon d'en rappeler les composantes.

1. Voir **NF EN ISO/CEI 17025** Mai 2000 Prescriptions générales concernant la compétence des laboratoires d'étalonnages et d'essais.
2. http://www.lne.fr/.

Dans cette organisation, les centres d'étalonnage agréés (CEtA) étaient directement raccordés au BNM. Peu nombreux, ils possédaient une compétence métrologique pointue dans leur domaine.

Les services de métrologie habilités (SMH), sous la tutelle des CEtA étaient en prise directe avec le monde industriel. Les SMH pouvaient être :

- des laboratoires de métrologie publics ou privés jouant un rôle de sous-traitance pour la mesure ;
- des laboratoires internes aux entreprises. Si une entreprise avait besoin pour la réalisation de ses produits d'une compétence métrologique certaine, elle pouvait se faire accréditer comme SMH. En plus de l'utilisation interne de sa compétence, il était possible de proposer ses services à d'autres entreprises en sous-traitance métrologique.

N'oublions pas dans la présentation de cette chaîne de mesure, le souci de quantifier la croissance de l'incertitude de l'étalon primaire à l'étalon de référence de l'entreprise.

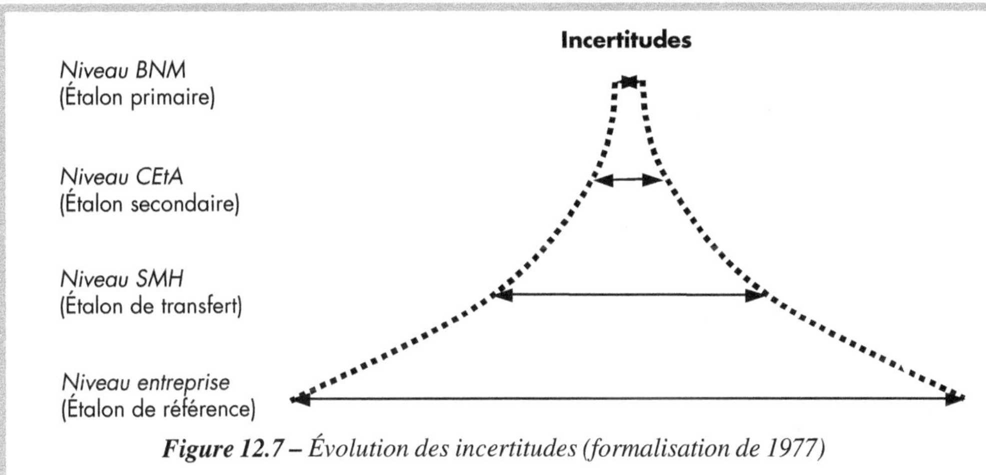

***Figure 12.7** – Évolution des incertitudes (formalisation de 1977)*

Dans le souci d'une harmonisation européenne, il n'y aura plus de label CEtA ou SMH, mais simplement des *laboratoires accrédités par le COFRAC*. Ces laboratoires, en situation concurrentielle, doivent faire la preuve que leur niveau d'incertitude est bien en conformité avec les prestations qu'ils fournissent (de petits laboratoires peuvent atteindre dans un domaine particulier un savoir-faire métrologique très pointu). Ils doivent pour cela être raccordés à un laboratoire accrédité d'incertitude plus faible. Si ce n'est pas possible, ils se raccordent alors, directement aux laboratoires nationaux ou aux laboratoires associés.

En simplifiant, on peut illustrer la dissémination de la métrologie à l'aide de la figure suivante :

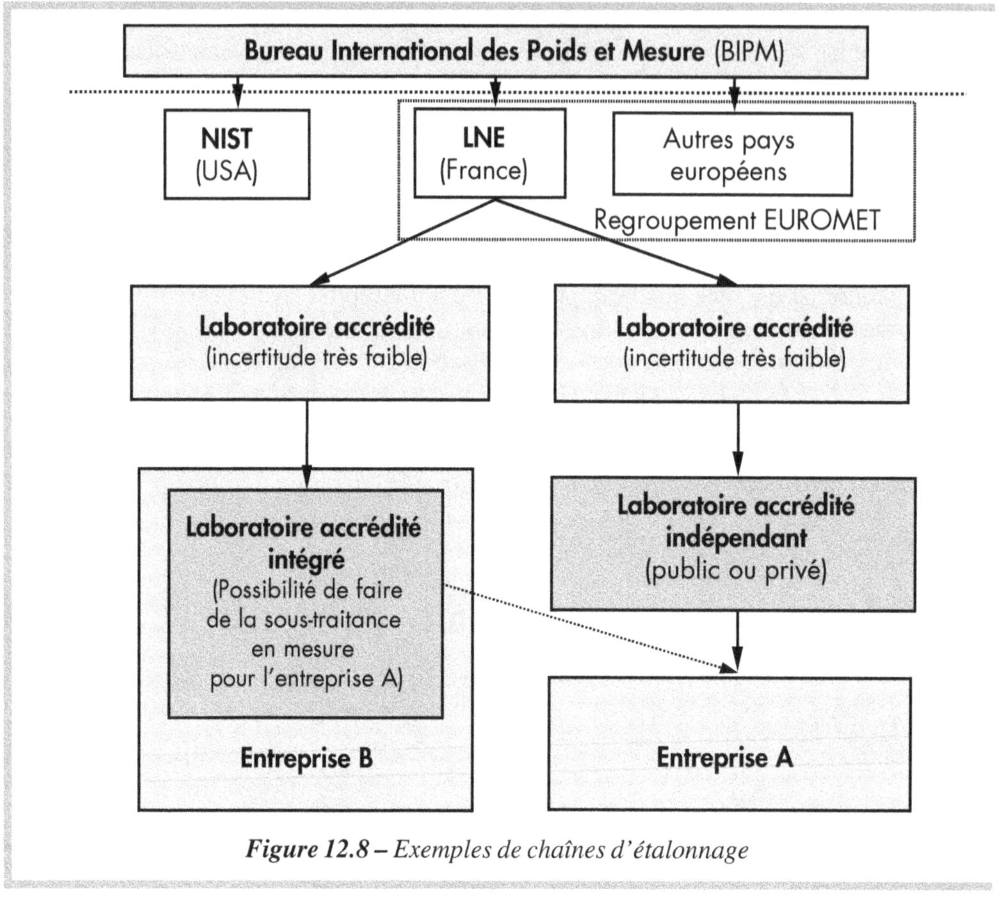

Figure 12.8 – Exemples de chaînes d'étalonnage

4. LA MESURE, UN ÉTAT D'ESPRIT

Le concept mesure[1] ne concerne pas uniquement l'opérateur métrologue. Ce concept doit être intégré de la conception à l'élaboration du produit. En particulier :

- Le bureau d'études ne doit pas définir des paramètres ou des caractéristiques non quantifiables. D'autre part, il doit estimer le mieux possible les variations acceptables, compatibles avec un fonctionnement correct du mécanisme (fonction perte de Taguchi). Cette distribution des tolérances doit être faite avec l'aide d'expert en production.

1. **NF EN ISO 10012** Septembre 2003 **Systèmes de management de la mesure – Exigences pour les processus et les équipements de mesure**.

- Citons dans cet esprit la démarche GPS (Spécification Géométrique des Produits) qui a comme objectif d'être un langage unique (cohérence des différentes normes) pour tous les services, des études au contrôle final.
- Le service méthodes doit vérifier la compatibilité entre les valeurs de définition et les capacités des moyens de production et de contrôles (notion de capabilité). Suite à cette analyse, « les cotes à risques » devront être bien répertoriées et clairement indiquées sur les plans de fabrication. Les autres cotes pourront être contrôlées avec une fréquence beaucoup plus faible.
- Les métrologues de terrain doivent garder un esprit critique (constructif) pour l'utilisation des moyens de contrôle. Tout constat de dérives ou de rebut élevé doit être répertorié et l'information retournée aux services de conception et de production concernés.
- Le service métrologie doit s'équiper (achat ou construction) d'un matériel compatible avec les exigences de qualité requise mais en évitant un degré de précision de mesure excessif. Grossièrement le coût des appareils de mesure est une fonction puissance de l'inverse de la résolution.

5. GESTION DES MOYENS DE MESURES

Dans ce paragraphe, nous étudierons l'aspect purement gestionnaire, l'aspect maîtrise de l'aptitude à l'emploi (notion de conformité) des équipements de contrôles, de mesures et d'essais sera traité dans le chapitre suivant.

5.1 Identification et inventaire des appareils

Rappelons que la norme « ISO 9001[1] » demande de « *déterminer... les dispositifs de surveillance et de mesure nécessaires pour apporter la preuve de la conformité du produit aux exigences déterminées* ». *A priori*, tous les appareils ont une incidence, ils ont été achetés dans un but bien précis qui a toujours un lien plus ou moins direct avec le produit.

Pour cette identification, on peut faire des classes correspondant au risque encouru sur le produit en cas d'information erronée dans la mesure. Par exemple un ohmmètre, destiné à la maintenance dans une industrie de sous-traitance mécanique, ne demande pas un suivi attentif.

Le code d'identification peut contenir plus ou moins d'information (site d'affectation, type, service, ...). Il permettra d'identifier l'appareil (inscription indélébile sur l'appareil si possible) et d'avoir accès à la fiche de vie et au dossier le concernant.

1. Reproduction faite avec l'autorisation d'Afnor.

L'inventaire des appareils de mesure de l'entreprise représente une somme de travail importante. Dans certaines entreprises, l'appareil de mesure est perçu comme un bien précieux et **personnel** dans lequel on a une confiance parfois aveugle. En plus de l'aspect technique, il faut expliquer le bien-fondé de la démarche pour lever toute réticence d'identification.

L'inventaire permettra de bien cerner les besoins métrologiques de l'entreprise. En particulier, on pourra étudier l'évolution en analysant les dates d'acquisition.

Cet inventaire permet également de faire du tri. On conserve parfois des appareils pour une hypothétique et peu probable utilisation. Cela coûte cher en immobilisation et est contraire à la méthode des 5S.

Il peut arriver que des appareils peu utilisés doivent être maintenus car on ne trouve pas la possibilité d'avoir une prestation identique sur le marché. De plus certaines entreprises pensent qu'il est stratégique de garder une compétence métrologique importante. Comme nous l'avons déjà signalé, il peut être opportun alors de fournir des prestations métrologiques pointues à l'aide de ce matériel à des tiers.

5.2 Indicateurs de qualité d'un appareil

La performance métrologique peut être quantifiée par les notions de justesse et de fidélité. Pour illustrer ces concepts, nous retiendrons le traditionnel exemple du tir à la cible (en rafale, c'est-à-dire sans correction intermédiaire) :

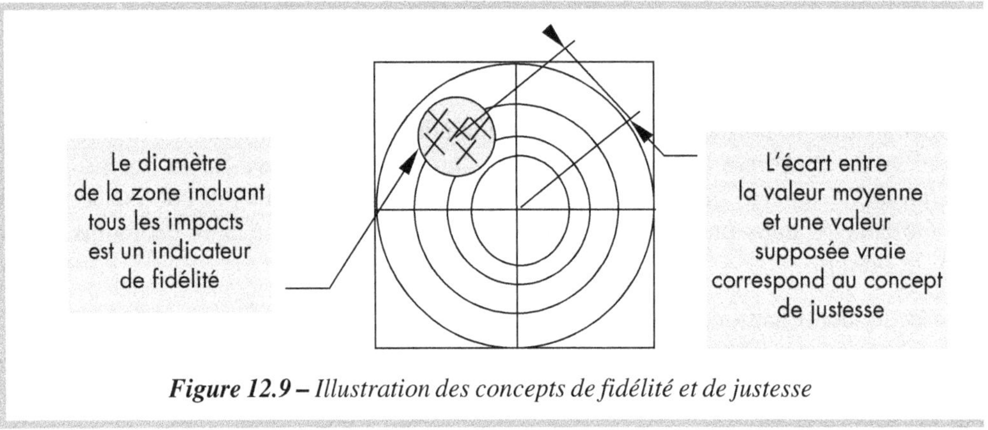

***Figure 12.9** – Illustration des concepts de fidélité et de justesse*

L'écart de justesse sera estimé par l'opération d'étalonnage ou borné par l'opération de vérification. La fidélité, paramètre de dispersion, devra être explicitée plus finement. On retrouvera par exemple les notions de répétabilité et de reproductibilité (on remarquera une analogie assez forte avec la maîtrise statistique du produit). Cela va provoquer un flou dans l'exactitude de l'expression de la mesure, appelé « **incertitudes** ».

Nous consacrerons le chapitre suivant à l'étude des incertitudes avec comme objectif principal de vérifier l'adéquation « Tolérances – Incertitudes ».

Il existe beaucoup d'autres paramètres pour caractériser les appareils de mesure et de contrôle. Pour plus d'information et surtout d'exactitude dans le choix des termes retenus, le lecteur est renvoyé au **Vocabulaire International de la Métrologie (VIM)**[1].

5.2 Étalonnage ou vérification des appareils

L'**étalonnage** a comme objectif d'essayer d'exprimer une valeur vraie (jamais exactement connue). Imaginons par exemple une cale sans aucune inscription. En la comparant à des étalons situés en amont dans la chaîne d'étalonnage, on pourra graver la longueur estimée sur la cale. Pour un appareil qui donne la mesure directement (un pied à coulisse par exemple), on comparera le résultat fourni par l'appareil avec une valeur supposée vraie de l'étalon. On en déduira une correction (positive ou négative) à appliquer aux résultats fournis par l'appareil. Une démarche à partir de statistiques affinera l'estimation de la correction.

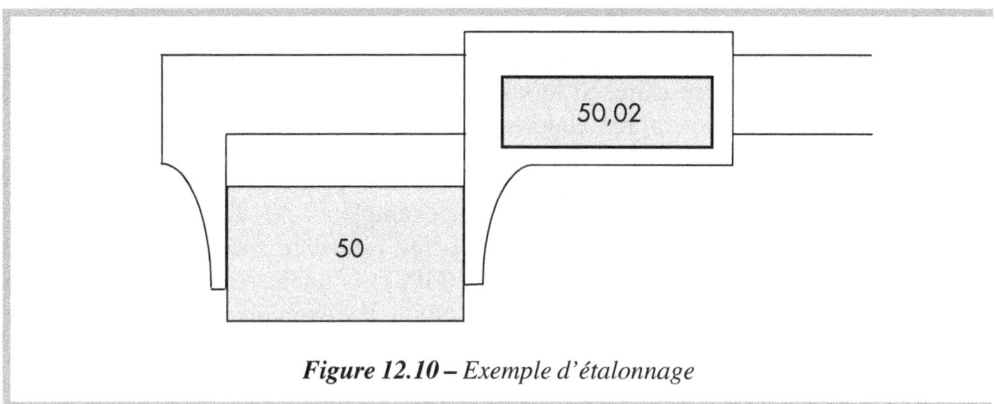

Figure 12.10 *– Exemple d'étalonnage*

La **vérification** ne cherchera pas à garder une connaissance intrinsèque de l'appareil. Elle a comme objet de maintenir ou de rejeter l'appareil de la classe à laquelle il appartient. Cette décision sera prise en fonction de la courbe de correction obtenue en mesurant différents mesurandes « étalon ».

1. Classé par l'AFNOR sous la référence NF X 07-001 (décembre 1994) Vocabulaire international des termes fondamentaux et généraux de métrologie.

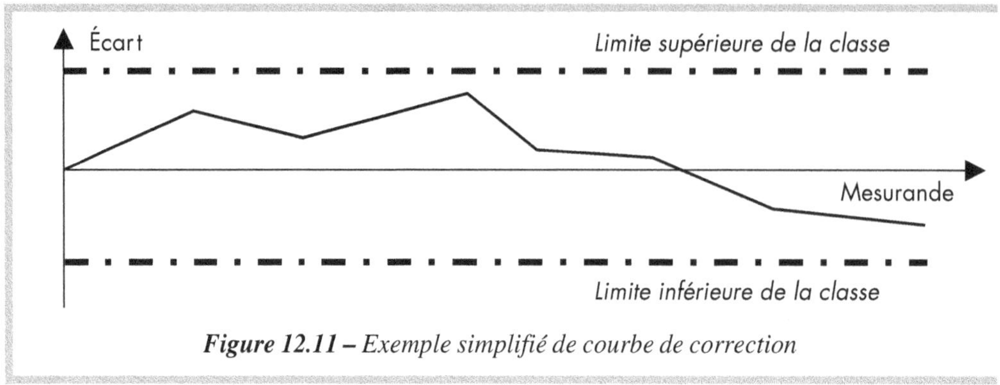

***Figure 12.11** – Exemple simplifié de courbe de correction*

La classe représente un indice de performance (par exemple le 1/10 ou le 1/100 de mm). L'appareil sera déclaré conforme ou non, on n'enregistrera pas les écarts constatés.

Cette activité de suivi, d'étalonnage ou de vérification de tout ou partie des appareils n'est pas toujours possible en interne dans l'entreprise. Elle demande beaucoup de temps et des moyens humains et techniques qui peuvent faire défaut. Il est possible de contacter un laboratoire de métrologie pour sous-traiter ces tâches (ou une partie). L'organisme doit s'assurer que le laboratoire, en position de fournisseur, présente la garantie métrologique nécessaire. Si le laboratoire possède l'accréditation COFRAC, la traçabilité du raccordement aux étalons nationaux est assurée.

Dans le cas d'étalonnages internes, il faudra définir des procédures d'étalonnage (certaines procédures sont normalisées, citons par exemple : « *NF E 11-050 (décembre 1990) Comparateurs mécaniques à cadran, à tige rentrante radiale* »). L'approche ISO « Spécification géométrique des produits (GPS) » s'intéresse non seulement à la définition du produit mais également à sa vérification. Par exemple pour le comparateur mécanique à cadran on pourra consulter le projet de norme *PR NF EN ISO 463*.

5.4 Suivi du matériel[1]

Une dérive des moyens de mesure risque d'entraîner une dérive de la production. Pour éviter ce danger potentiel coûteux, il faut étalonner ou vérifier régulièrement les appareils de mesure.

Si l'on constate au cours de cet examen, que l'appareil présente une non-conformité, il faut recontrôler les pièces mesurées avec cet instrument depuis l'avant dernier étalonnage (possibilité de contrôle par échantillonnage).

1. Références normatives :
FD X07-018 Décembre 1997 **Métrologie – Métrologie dans l'entreprise – Fiche de vie des équipements de mesure, de contrôle et d'essai.**
NF EN ISO 10012 **Septembre 2003** Systèmes de management de la mesure – Exigences pour les processus et les équipements de mesure.

5.4.1 Détermination de la périodicité

La périodicité des étalonnages est fonction :

- du degré d'exactitude souhaité ;
- du taux d'utilisation ;
- de la dérive des appareils (exemple : usure) ;
- du risque économique encouru (industrie spatiale par exemple).

L'empirisme est souvent de règle au début, il est affiné suite aux résultats d'étalonnage que l'on obtient. On peut diminuer la fréquence si les enregistrements indiquent peu de déréglages ou des dérives lentes.

La périodicité de vérification d'un appareil de mesure peut être traitée par la maîtrise statistique des processus (MSP). Si l'entreprise possède une compétence dans ce domaine, elle peut l'appliquer à la vérification et ainsi mieux la gérer.

À partir d'une carte de contrôle, on surveille la dérive et la dispersion. Cela permet d'éviter de décentrer un appareil bien réglé alors que l'on croyait en toute bonne foi bien faire.

5.4.1.1 Principe

Nous décrirons simplement l'esprit de la méthode, pour une application concrète le lecteur est renvoyé aux ouvrages spécialisés.

Mesurons à l'aide d'un appareil un étalon de longueur x_0. Nous allons obtenir une mesure légèrement différente x_i. À l'aide de ces deux valeurs, nous déterminons un écart :

$$e_i = x_i - x_0$$

C'est cet écart que nous allons surveiller. L'écart réel peut être estimé à partir d'une seule mesure ou à partir d'un échantillon de n valeurs e_{ij}. La deuxième solution est plus onéreuse mais meilleure quand à la confiance de la décision à prendre.

Pour caractériser la dispersion de l'écart, un nombre important de mesures est souhaitable (si possible en espérant que les facteurs d'influence changent, comme par exemple le changement d'opérateur). La valeur cible de l'écart dans le cas d'une vérification est égale à zéro.

On peut retenir le choix suivant :

- dérives rapides : valeur / étendue glissante ;
- dérives lentes : moyenne glissante / étendue glissante ou EWMA.

Les cartes EWMA[1] semblent particulièrement bien adaptées à la gestion des moyens de mesure (la moyenne est pondérée par les valeurs antérieures) :

1. Appliquer la maîtrise statistique des procédés – Maurice PILLET – Éditions d'Organisation.

$$M_i = \lambda \,.\, \overline{e}_i + (1 - \lambda) \,.\, M_{i-1}$$

$$\sigma_{M_i} = \sigma \,.\, \sqrt{\frac{\lambda \,.\, [1 - (1 - \lambda)^{2i}]}{n \,.\, (2 - \lambda)}}$$

Lorsque i croît, ces limites convergent assez vite vers les valeurs suivantes (en retenant un facteur d'élargissement égal à trois) :

$$LSC_{Mi} = +3 \,.\, \sigma \,.\, \sqrt{\frac{\lambda}{n \,.\, (2 - \lambda)}}$$

$$LSC_{Mi} = -3 \,.\, \sigma \,.\, \sqrt{\frac{\lambda}{n \,.\, (2 - \lambda)}}$$

Pour les échantillons de « une mesure » prendre n = 1.

M_0 = valeur cible (valeur initiale) = 0

λ dépend des risques encourus (risques α et β). Il est souvent pris égal à 0,2. Une valeur plus faible prend plus en compte les valeurs précédentes, permet de mieux détecter de petits écarts mais est moins performante pour détecter un décalage instantané important.

5.4.2 Déclaration de conformité

À l'issue de chaque vérification, l'appareil peut être :

- maintenu pour l'utilisation prévue (conformité) ;
- ajusté ou réparé et remis en service ;
- déclassé (utilisation nécessitant une précision plus faible) ;
- rebuté.

Les deux derniers cas relèvent de la maîtrise de produits non conformes, ils doivent être clairement identifiés.

5.4.3 Documents de suivi

La vérification engendre un ***constat de vérification*** précisant le maintien ou non de l'appareil dans le service concerné, l'étalonnage donne ***un document d'étalonnage*** caractérisant l'appareil.

Une étiquette (ou plaque) de confirmation permettra immédiatement à l'utilisateur ou à l'auditeur de connaître pour chaque appareil son code, sa validité et sa date limite d'utilisation.

Affectation : ....
Référence : ....
Etalonné le : ....
Date de validité : ....

***Figure 12.12** – Exemple d'étiquette de confirmation*

Cette étiquette doit être si possible solidaire de l'appareil (auto-adhésive ou à œillet ou marquage indélébile).

On utilise parfois un système simplifié utilisant des pastilles autocollantes de couleurs. Chaque couleur fait référence à un échéancier qui associe une année de fin de validation de l'appareil à une couleur spécifique.

Une fiche de vie, correspondante de l'étiquette, permettra de connaître exactement l'historique de l'appareil (entretien, maintenance, réparation, étalonnage, déclassement, concepteur, fournisseur, etc.). Une gestion documentaire peut être associée à cette fiche pour assurer le suivi et gérer automatiquement les intervalles de vérification ou d'étalonnage. Elle permet également d'accéder au dossier technique de l'appareil.

Il existe de nombreux logiciels facilitant cette tâche de gestion.

5.5 Formation du personnel

Le meilleur des matériels n'est rien si l'on ne maîtrise pas son emploi. Les mesures deviennent souvent très complexes du fait des caractéristiques à vérifier (tolérances géométriques par exemple), des techniques employées (métrologie tridimensionnelle) et de la culture mathématique associée (statistiques, analyse du signal...).

Même avec une technologie simple à mettre en œuvre, il est toujours bon de prendre quelques instants pour s'assurer que l'opérateur a bien compris sa mission, qu'il possède suffisamment d'informations pour garantir le respect de l'autocontrôle sur son poste de travail.

6. LA MÉTROLOGIE DANS LE SERVICE

Toutes les entreprises travaillent à l'aide de mesures. Dans une société de services, un questionnaire ou un sondage joue le rôle d'un instrument de mesure La métrologie du service, en tant que bien immatériel, n'est pas un concept évident. Certaines entreprises, relevant du service, fournissent également des biens physiques (distribution de produits pétroliers par exemple, où l'on va trouver une gestion des moyens de mesure classique pour les volucompteurs ou les balances).

La différence n'est pas toujours très nette entre la mesure du produit et les indicateurs. Dans l'enseignement, de nombreuses mesures sont faites tout au long de la scolarité. Si l'on compare une mesure industrielle avec la note d'un examen cela donne :

Les connaissances apprises lors du stage	*Le mesurande*
Le test ou l'examen	*L'appareil de mesure (souvent construit spécialement)*
Le correcteur	*Le métrologue (souvent fabricant de l'appareil)*
La copie (non notée)	*La mesure brute (analogue à une déviation d'aiguille)*
Le barème (une question facile correspond à une non-linéarité)	*Le calibrage (au sens français)*
La note	*La mesure*
La note corrigée (moyenne relevée, ...)	*La mesure corrigée (prise en compte des grandeurs d'influence, correction d'appareils, ...)*

La notion de tolérance (ou valeur minimum) n'est pas toujours fournie par le client, c'est bien souvent le fournisseur qui se fixe des limites.

Le problème de l'étalonnage est délicat également. Par exemple, s'il est facile de comparer des étudiants, il est difficile de donner une valeur moyenne du groupe (notion de justesse). Une hypothèse de moyenne constante au fil des années peut-être retenue. La question est de savoir si en constat de dérive, il faut l'imputer au processus ou à l'évaluation.

Les grilles d'appréciation correspondent à une graduation d'appareil. En particulier, la classe excellence prête à confusion, surtout quand on mesure une activité humaine. Comment éviter la surenchère ?

La mesure des dérives des processus (commercial par exemple) peut être corrélée à d'autres sources (nombre de dossiers, ventes...) de nature plus objective.

CHAPITRE 13

CONFIRMATION MÉTROLOGIQUE ET INCERTITUDES

La qualité exigée par le client est le plus souvent définie par une valeur nominale affectée d'une tolérance, censée définir les variations acceptables, n'engendrant ni un fonctionnement dégradé du mécanisme, ni un montage impossible lors de l'assemblage. Pour vérifier la compatibilité « demande – réalisation », le fournisseur va demander au métrologue (interne ou externe à l'entreprise) un chiffrage de la qualité réalisée. Or donner un résultat, c'est se comporter soi-même comme un fournisseur.

De bonne foi, le métrologue va fournir un chiffre qui lui paraît le mieux refléter la valeur vraie de la caractéristique à mesurer. Ce que l'on va lui demander en plus, c'est de s'auto-juger sur l'exactitude de son résultat. À lui de faire la preuve de l'intervalle de confiance que l'on peut attribuer à sa mesure.

Instinctivement, nous sommes conscients que cette exactitude va dépendre des technologies et des méthodes de mesures utilisées, des compétences des opérateurs et du milieu dans lequel se réalise le mesurage. Par exemple, on peut avoir à réaliser des mesures dans un atelier avec des contraintes d'environnement dues à la température, aux vibrations, aux champs magnétiques, etc.

L'investissement en métrologie coûte cher, il n'est pas forcément perçu comme une priorité économique car il ne fournit pas de valeur ajoutée physique sur le produit fourni au client.

C'est souvent les exigences du client, dans le cas de contexte économique difficile qui imposent les investissements lourds de métrologie. L'investissement de métrologie doit permettre une prestation garantissant le client sans être prohibitif au niveau financier.

Pendant de nombreuses années la règle empirique des 1/10e a prévalu, c'est-à-dire accepter une incertitude de l'ordre du dixième de la tolérance. Basée sur le bon sens et notre habitude de compter en base 10, cette règle correspondait à un choix réaliste.

Malheureusement, les tolérances se resserrant, ce rapport est souvent de plus en plus difficile à respecter. Aujourd'hui un rapport plus fort est toléré sous réserve de chiffrer correctement cette incertitude qui, comme nous le verrons sur un exemple simple, se décline au pluriel.

1. MISE EN SITUATION DU PROBLÈME

La définition partielle du produit client est la suivante :

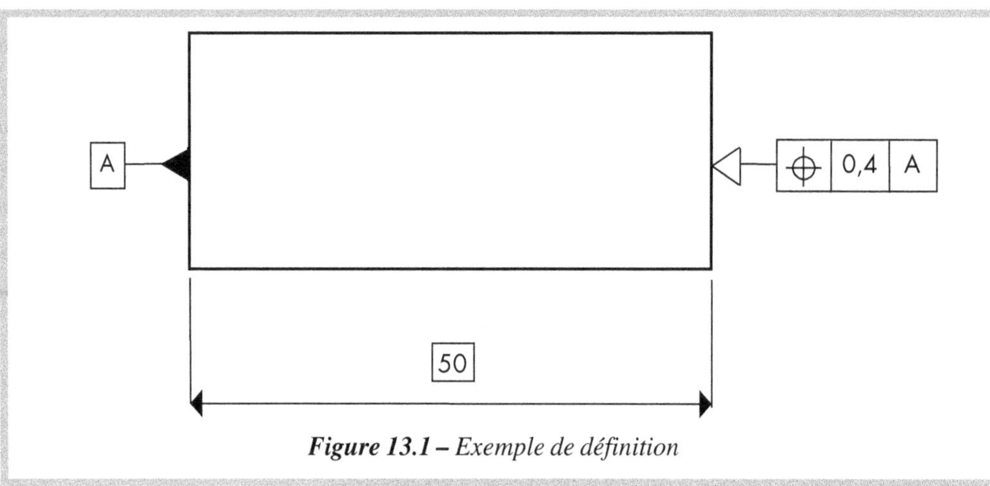

Figure 13.1 – *Exemple de définition*

On veut mesurer la longueur d'une pièce à l'aide d'un marbre, d'une cale étalon et d'un comparateur.

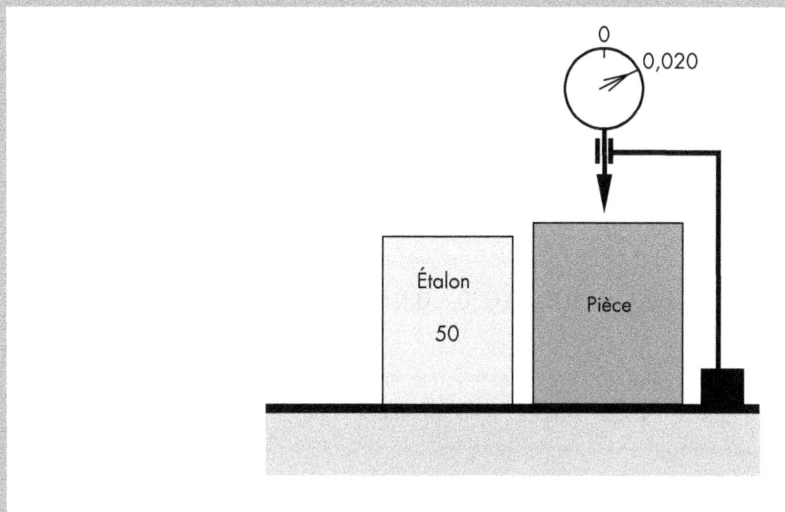

***Figure 13.2** – Mesure par comparateur avec cale étalon*

En déplaçant le comparateur, on va mesurer un ensemble de longueurs $L_{\text{Pièce}}$ qui doivent être compatibles avec la spécification de définition.

Le zéro du comparateur ayant été fait sur la cale étalon, on est tenté d'écrire *a priori* pour chaque longueur :

$$L_{\text{Pièce}} = L_{\text{Étalon}} + \text{Ecart mesuré}$$

soit par exemple :

$$L_{\text{Pièce}} = 50{,}000 + 0{,}020$$

À cette première indication de valeur probable, on recherchera s'il faut appliquer des corrections. Par exemple on peut citer (sans être exhaustif) :

- une correction d'étalonnage $C_{\text{étalon}}$
- une correction d'influence de la température C_{Θ}

Dans notre exemple didactique, imaginons un certificat de vérification, indiquant :

$$L_{\text{Etalon vérifée}} = 50{,}010 \pm 0{,}005 \text{ mm}$$

soit une correction d'étalonnage de :

$$C_{\text{étalon}} = 0{,}010 \text{ mm}$$

et une température de mesure :

$$\Theta = 20^{\circ} \pm 5^{\circ}$$

La température moyenne annuelle de l'atelier étant de 20°, elle risque de ne pas être prise en considération. La correction C_q sera donc nulle (par contre l'influence de la température, non maîtrisée, interviendra dans le calcul d'incertitude).

La longueur de la pièce sera donc estimée par la valeur :

$$L_{Pièce} = L_{Étalon} + \text{Ecart mesuré} + C_{étalon} + C_{\Theta}$$

soit :

$$L_{Pièce} = 50 + 0{,}020 + 0{,}010 + 0$$

$$L_{Pièce} = 50{,}030 \text{ mm}$$

Bien que cette valeur nous semble la plus probable, nous devons rester modeste sur notre affirmation. La correction d'étalonnage à appliquer n'est pas parfaitement connue, – peut-être que ce jour-là il faisait particulièrement chaud – et pour terminer notons qu'il aurait été possible de recommencer la mesure et faire la moyenne des résultats acquis.

Dans sa démarche, le métrologue doit recenser les sources de dispersion (on parlera de budget d'incertitudes). Les incertitudes détectées doivent être estimées par statistiques ou évaluées par expertises, cela permet de juger en physicien les ordres de grandeurs à conserver.

Nous reviendrons sur cet exercice, après avoir rappelé quelques notions de statistiques et le vocabulaire s'y référant.

2. UTILISER LE MÊME LANGAGE MÉTROLOGIQUE

2.1 Définition normalisée

Les définitions exactes des termes de métrologie sont précisées dans « le vocabulaire international des termes fondamentaux et généraux de métrologie (VIM 93)[1] ».

En particulier, le terme *précision* est à bannir car il est beaucoup trop flou, englobant différents concepts.

1. Vocabulaire publié au nom de différentes organisations internationales de métrologie. L'AFNOR publie ce document sous la référence NF X 07-001 (décembre 1994).

Cela permet également d'éviter de mélanger les termes *erreurs et incertitudes.*

Rappelons brièvement les principales définitions utilisées dans la suite de ce chapitre :

- **Mesurande** (*measurand*) : grandeur particulière soumise à mesurage. Le mesurande ne sera par définition jamais exactement connu, la mesure en donnera une estimation.
- **Exactitude de mesure** (*accuracy of measurement*) : étroitesse de l'accord entre le résultat d'un mesurage et une valeur vraie du mesurande (le terme précision ne doit pas être utilisé pour exactitude). L'exactitude n'est que qualitative.
- **Répétabilité des résultats de mesurage** (*repeatability*) : étroitesse de l'accord entre les résultats des mesurages successifs du même mesurande, mesurages effectués dans la totalité des mêmes conditions de mesure :
  - même mode opératoire ;
  - même observateur ;
  - même instrument de mesure utilisé dans les mêmes conditions ;
  - même lieu ;
  - répétition durant une courte période de temps.
- **Reproductibilité des résultats de mesurage** (*reproducibility*) : étroitesse de l'accord entre les résultats des mesurages du même mesurande, mesurages effectués en faisant varier les conditions de mesure décrites ci-dessus.

Attention, car certaines entreprises limitent la reproductibilité uniquement au complément dû à l'opérateur (*Reproducibility – Appraiser Variation*). La prise en compte du temps est alors nommée stabilité (*Stability / drift*).

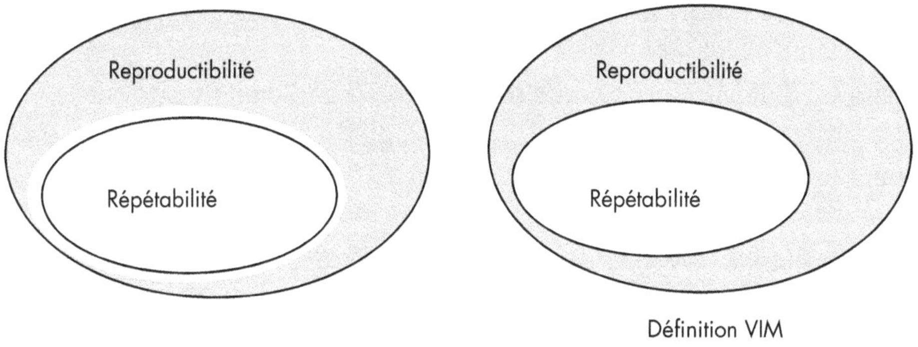

***Figure 13.3** – Deux perceptions du concept de reproductibilité*

- **Incertitude de mesure** (*uncertainty of measurement*) : paramètre, associé au résultat d'un mesurage, qui caractérise la *dispersion* des valeurs qui pourraient raisonnablement être attribuées au mesurande (*comme le fait par exemple la variance ou l'écart-type*).
- **Erreur de mesure** (*error of measurement*) : résultat d'un mesurage moins une valeur vraie du mesurande.
- **Erreur aléatoire** (*random error*) : résultat d'un mesurage moins la moyenne d'un

nombre infini de mesurages du même mesurande, effectués dans les conditions de répétabilité.

- **Erreur systématique** (*systematic error*) : moyenne qui résulterait d'un nombre infini de mesurages du même mesurande, effectués dans les conditions de répétabilité, moins une valeur vraie du mesurande.

Illustrons ces définitions par le schéma suivant ou le résultat de la $i^{ème}$ mesure est défini par la variable y_i.

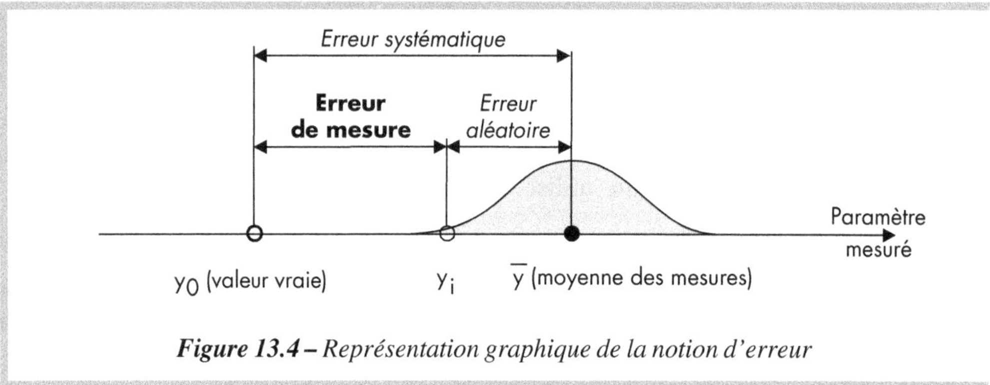

Figure 13.4 *– Représentation graphique de la notion d'erreur*

Erreur de mesure = Erreur systématique + Erreur aléatoire

Ces différentes erreurs sont des grandeurs algébriques (dans l'exemple l'erreur aléatoire de la mesure n°i est négative).

La justesse d'un instrument caractérise la faiblesse de l'erreur systématique.

Il est possible d'augmenter la justesse en faisant des corrections. En l'absence de correction (plus exactement d'une correction nulle), cela engendrera une augmentation de l'incertitude.

La mesure corrigée nécessite de modéliser les corrections à faire, elle est souvent plus contraignante. De ce fait, elle est plus souvent utilisée en laboratoire que sur les lieux de production.

2.2 Définition du MSA[1]

Les entreprises relevant du domaine de l'automobile, utilisent souvent les définitions suivantes qui peuvent présenter de légères différences avec les définitions précédentes.

1. *Measurment Systems Analysis*
Manuel développé sous la responsabilité de Daimler Chrysler Corporation, Ford Motor Company et General Motors Corporation (www.carwin.co.uk/qs).

- La répétabilité est nommée EV (*Equipment Variation*).
- La reproductibilité représente le complément de variation engendré par les autres « M ». Le plus souvent elle est limitée à l'influence du changement d'opérateur AV (*Appraiser Variation*).
- La globalité des variations est représentée par un indicateur de dispersion GRR (*Gage repeatability and reproducibility*), obtenu à l'aide de l'additivité des différentes variances.
- L'erreur de justesse est nommée « *Bias* »

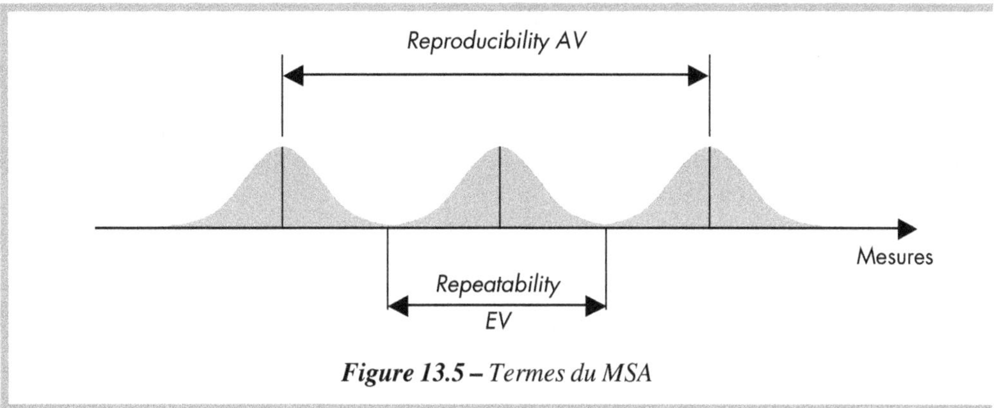

***Figure 13.5** – Termes du MSA*

3. INDICATEURS DE CAPABILITÉ D'UN MOYEN DE CONTRÔLE

Nous distinguerons les deux types de mesure suivants :

- Conformité du produit (respect des tolérances)
- Validation d'un processus de production

3.1 Rapport : Incertitude / Tolérance

L'objectif est de savoir si l'appareil retenu est à la hauteur des performances qui lui sont demandées. Autrement dit l'incertitude associée à l'appareil ne doit pas excéder un certain pourcentage de la tolérance. Par exemple on peut demander :

$$\frac{U}{T} \leqslant \lambda$$

avec :

- **T, tolérance** : spécification dans la définition du produit caractérisant les variations acceptables.
- **U, incertitude de mesure** : estimation caractérisant l'étendue des valeurs dans laquelle se situe la valeur vraie d'une grandeur mesurée, définie par $\bar{x} \pm \frac{U}{2}$ $\bar{x}$ est l'estimateur de la valeur vraie,
  U est un paramètre de dispersion, par exemple on peut retenir $\frac{U}{2} = k \bullet \sigma_M$ (où k est le plus souvent pris égal à 2).

- λ est un rapport consensuel à ne pas dépasser (la valeur 1/4 est souvent proposée).

On peut quantifier l'adéquation « tolérance – incertitude » de mesure par d'autres indicateurs, par exemple en calculant :

- le rapport $\frac{IT}{\sigma}$;
- la capabilité du processus de contrôle $Cpc = \frac{IT}{k\,.\,\sigma}$

3.2 Exemple de règles de choix d'un appareil

Le choix sera un compromis, fonction des variations de qualité autorisées par le client (tolérance) et des « performances » du processus de contrôle, en respectant des contraintes :

- d'économie ;
- de disponibilité ;
- de compétences des opérateurs ;
- et d'environnement (milieu).

En supposant que l'on connaisse l'incertitude associée à une mesure (caractérisée par son écart-type par exemple), on peut édicter différentes règles (accord client – fournisseur). Par exemple nous pouvons citer :

- $\frac{GRR}{IT} = \frac{6 \cdot \sigma}{IT} \leq 30\%$ (‹ 10 % : instrument bon, entre 10 et 30 % peut être considéré comme acceptable, sous réserve de démarche d'amélioration) d'après le calcul de répétabilité et reproductibilité des constructeurs automobiles américains[1].
- $Cpc = \frac{IT}{6 \cdot \sigma} \geq 4$ soit $\frac{IT}{\sigma} \geq 24$ pour la validation d'un moyen de contrôle destiné à piloter un chantier MSP (maîtrise statistique des procédés).

1. *MSA Second Edition*

Bien que certaines propositions paraissent plus contraignantes, il faut se garder d'une conclusion hâtive, car pour l'instant nous sommes restés relativement flou quant à la quantification, par règle, de l'écart-type associé au moyen de contrôle. Cela fera l'objet des paragraphes suivants.

3.3 Capabilité processus et capabilité moyen de contrôle

Nous avons défini une capabilité du processus par :

$$C_{P0} = \frac{IT}{6 \bullet \sigma_P}$$

Mais en réalité les incertitudes de mesures sont venues perturber le calcul de σ_P. En fait, nous calculons la capabilité suivante :

$$C_{P1} = \frac{IT}{6 \bullet \sqrt{\sigma_P^2 + \sigma_M^2}}$$

ou encore :

$$C_{P1} = \frac{IT}{6 \bullet \sigma_P \bullet \sqrt{1 + \frac{\sigma_M^2}{\sigma_P^2}}} = C_{P0} \bullet \frac{1}{\sqrt{1 + \frac{\sigma_M^2}{\sigma_P^2}}}$$

Pour éviter toute erreur d'estimation de capabilité du processus, il est évident que la dispersion du moyen de mesure doit être faible devant celle du moyen de production. Dans le même esprit, le pilotage d'un moyen de production requiert une qualité de mesure non perturbatrice dans la boucle d'asservissement que l'on essaie d'instaurer.

3.3.1 Nombre de catégories du MSA

Pour savoir si l'incertitude globale de l'appareil de mesure est bien en adéquation avec la dispersion de production, le MSA propose de calculer l'indicateur suivant (*ndc : nombre de catégories distinctes*)[1] :

$$ndc = \sqrt{2} \cdot \frac{PV}{GRR}$$

PV est l'écart-type de la dispersion de production.

L'appareil est bien choisi pour surveiller une production si l'on a un *ndc* supérieur ou égal à cinq.

1. Maurice PILLET – Appliquer la maîtrise statistique des procédés – Éditions d'Organisation.

4. DÉCISION DE CONFORMITÉ (ISO 14253-1[1])

Si l'on est capable d'estimer l'incertitude associée à notre méthode de mesure, en fonction des problèmes :

- de répétabilité ;
- de reproductibilité (avec prise en compte des problèmes d'environnement) ;
- de justesse ;

alors on peut définir une zone de conformité à partir de la zone de spécification.

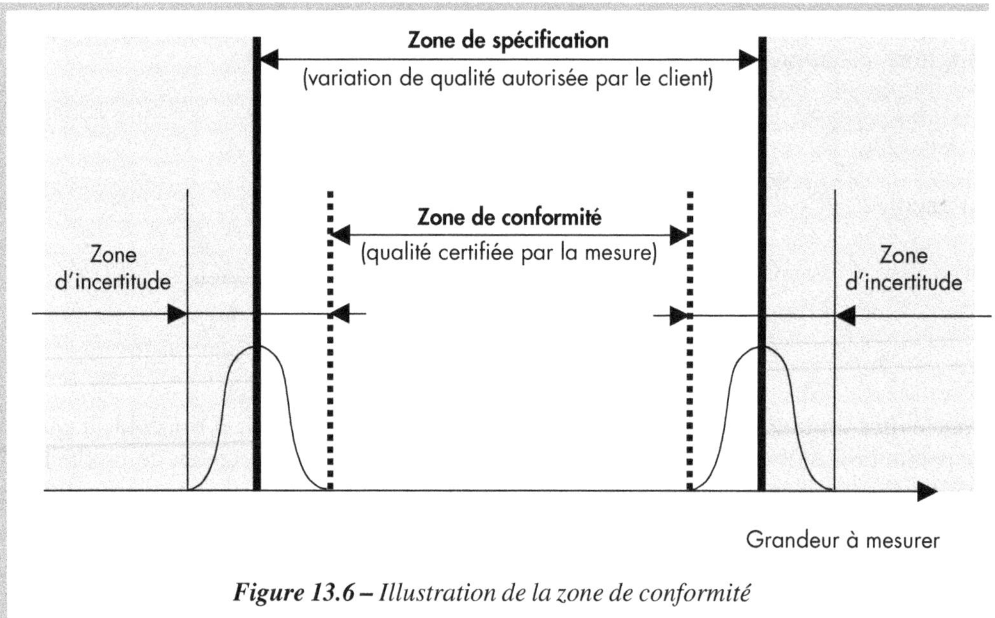

***Figure 13.6** – Illustration de la zone de conformité*

Toute mesure appartenant à l'intervalle de conformité garantit que le client sera satisfait à pratiquement 100 %. Si l'on conserve la zone de spécification comme zone de décision (bonne ou mauvaise), le risque est partagé entre le client et le fournisseur.

Tout fournisseur souhaite avoir une zone de conformité la plus grande possible. En cas de problème, deux pistes sont à explorer :

- soit voir avec le client (externe ou interne) si une augmentation de la zone de spécification peut être proposée sans nuire fondamentalement à la qualité finale ;

1. NF EN ISO 14253-1 (Mars 1999) Spécification géométrique du produit (GPS) – Vérification par la mesure des pièces et équipements de mesure – Partie 1 : règles de décision pour prouver la conformité ou la non conformité à la spécification.

- soit essayer de réduire la zone d'incertitude. Cela n'exige pas forcément de changer de technique de mesure, mais parfois simplement de préciser le protocole (ou instruction de mesure).

5. INCERTITUDES DE RÉPÉTABILITÉ ET DE REPRODUCTIBILITÉ

5.1 Répétabilité

La variance de répétabilité sera estimée dans les conditions ci-dessous :

- même mode opératoire,
- même observateur,
- même instrument de mesure utilisé dans les mêmes conditions,
- même lieu,
- répétition durant une courte période de temps.

Elle peut, par exemple dans le cas de dérive faible, être estimée à partir d'un seul échantillon de taille conséquente (› 30 mesures).

5.1.1 Rappel de mathématique

Soit x_1, x_2,......x_n une série de n résultats de mesure pris dans une population caractérisée par :

- sa moyenne $\mu = \lim_{n \to \infty} \frac{\sum x_i}{n}$
- sa variance $\sigma^2 = \lim_{n \to \infty} \frac{\sum (x_i - \mu)^2}{n}$

La répétabilité sera caractérisée par l'estimation de la variance σ^2 (notée s^2) et calculée à l'aide des valeurs de l'échantillon :

$$s^2 = \frac{\sum (x_i - \bar{x})^2}{n - 1}$$

$\nu = n-1$ est appelé le nombre de degrés de liberté. Nous avons n mesures indépendantes liées par une équation donnant la moyenne.

Nous verrons dans le paragraphe suivant, comment l'estimer à partir de plusieurs échantillons.

5.2 Reproductibilité

Nous serons en reproductibilité lorsqu'au moins une des conditions citées précédemment aura changé. Par exemple, cela peut être utile de voir l'incidence de la pièce ; c'est-à-dire savoir si avec une autre pièce on retrouve les mêmes variations de mesure.

5.2.1 Le couple « pièce – instrument »

Dans l'étude GRR classique (étudiée dans un paragraphe suivant), on utilise un échantillon de différentes pièces. Malgré une lourdeur de test, cela peut mettre en évidence un protocole de mesure mal défini. Pour illustrer notre propos, imaginons la mesure d'une rondelle au pied à coulisse, de deux manières :

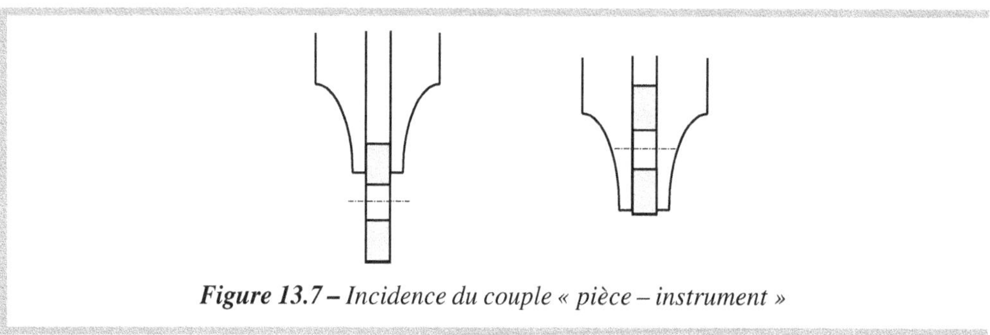

***Figure 13.7** – Incidence du couple « pièce – instrument »*

Dans l'hypothèse d'une pièce « parfaite », cela n'a pas d'importance. Par contre si l'on rencontre des défauts de parallélisme, de forme (pièce en cuvette), ce n'est plus du tout la même chose. Il faudra bien spécifier la méthode de mesure (protocole ou instruction de mesure) et éventuellement prévoir des détrompeurs, des instructions détaillées de mesurage, etc.

5.2.2 Incidence du changement d'opérateur

Prenons comme exemple la mesure d'une pièce au micromètre par trois opérateurs appartenant à des équipes différentes, les autres paramètres restant inchangés.

Même avec un appareil aussi simple on peut avoir des comportements différents (pour être plus exact, nous avons des combinaisons « main d'œuvre et méthode » différentes). Bien que les appareils soient équipés de limiteur de couple pour éviter des serrages intempestifs, les vitesses de rotation différentes de la vis vont engendrer des variations d'énergie cinétique qui peuvent se traduire en $1/100^{ème}$ de mm.

Pour illustrer la méthode de calcul nous utiliserons le tableau suivant :

Répétabilité : estimée à partir de 3 échantillons maxi sur une pièce dans les conditions de production

Reproductibilité : majoration par le changement d'opérateur (majoration = 0 si un seul opérateur)

Faire n mesures (opérateur 1) :	11,11	11,11	11,10	11,11	11,11	11,10	11,11	11,11	11,10	11,11
Si opérateur 2, faire n mesures :	11,11	11,11	11,11	11,11	11,10	11,11	11,10	11,10	11,11	11,10
Si opérateur 3, faire n mesures :	11,10	11,10	11,09	11,09	11,09	11,10	11,10	11,10	11,10	11,09

Analyse variance : q_R = 3E-05 q_{Op} = 4E-04 F_{exp} = 14,48 F_{Th} = 3,354 *Incidence biais op :* **OUI** *à 95 %*

Test de Cochran : s^2Max : 3E-05 Σ_{S2} : 8E-05 g = 0,35 $g_{0,95}$ = 0,617 *Var op différentes :* **NON** *à 95 %*

Intervalle de confiance à 95% : 0,004 < **URépé** < 0,007 0,002 < **UOpér** < 0,012

$U_{Répé}$ = **0,0051** $U_{Opér}$ = **0,0059** $U_{R\&R}$ = **0,0077**

***Figure 13.8** – Exemples de mesures obtenues par différents opérateurs*

5.2.3 Comparaison de variances

L'objectif est de calculer une variance intra-opérateur. Avant de faire ce calcul nous voulons savoir si les dispersions par opérateurs sont homogènes ou si elles mettent l'accent sur un problème d'utilisation de l'instrument (instrument bloqué par exemple).

On peut utiliser pour cela les tests de Hartley ou de Cochran.

Exemple : test de Cochran

(sous réserve du même nombre de mesures par opérateurs)

Soit s_i^2 l'estimation de la variance pour l'opérateur i. On calcule le rapport $g = \frac{s^2_{Max}}{\sum s_i^2}$, que l'on compare à la valeur tabulée $g_{1-\alpha}$ (α représentant le risque encouru).

Cette valeur $g_{1-\alpha}$ est fonction du nombre d'opérateurs et du nombre de degrés de liberté pour chaque estimation (ν = n mesures – 1).

Dans notre exemple, nous trouvons :

- $g_{réel} = 0{,}35$
- $g_{0,95\,;\,9\,;\,3} = 0{,}617$

L'hypothèse de même variance (avec des moyennes peut-être différentes) n'est pas rejetée.

5.2.4 Principe de l'analyse de la variance

L'analyse de la variance peut permettre de savoir si le changement d'opérateur contribue aux fluctuations constatées.

5.2.4.1 Méthode de calcul

Il faut calculer deux quantités q_R et q_{Op} (appelées carrés moyens) représentant respectivement une estimation de :

- la variance résiduelle (due aux facteurs non contrôlés) ;
- la variance totale (due à tous les facteurs y compris les effets éventuels dus aux changements d'opérateurs).

Si l'influence « opérateurs » n'est pas significative, le rapport q_{Op} / q_R ne sera pas trop important. Un test (garantissant un niveau de probabilité), va permettre d'accepter ou de refuser cette hypothèse. Dans tous les cas $\bar{x}$ sera la meilleure estimation de la longueur vraie de la pièce, par contre, l'intervalle de confiance associé à cette estimation va dépendre de la variance retenue.

5.3 GRR (méthode moyenne et étendue)

Cette méthode, proposée par les constructeurs automobiles américains, est appelée « *Average and range method* »[1]. On la retrouve également sous le nom de « méthode R&R de Charbonneau ».

Elle se veut simple et pragmatique. Nous la présenterons à l'aide de l'exemple donné en figure 13.11 sous forme de feuille de calcul. Sur cette feuille, nous avons rappelé en plus des calculs classiques exigés par le modèle original, les différents écarts-types associés de manière à mieux situer cette étude par rapport aux présentations précédentes.

5.3. Mode opératoire

On retient un nombre n de pièces différentes sélectionnées au hasard. Ces pièces seront référencées et mesurées par k opérateurs, si possible sans que les opérateurs voient le numéro d'identification. Cela permettra de faire mesurer les pièces plusieurs fois par chaque opérateur en évitant des mesures successives sur une même pièce.

Pour pouvoir utiliser cette méthode sans correction particulière, il est demandé d'avoir un nombre d'opérateurs k et un nombre de pièces n vérifiant la relation suivante :

$$\boxed{k \bullet n \geqslant 16}$$

1. *Measurment Systems Analysis.*
Manuel développé sous la responsabilité de Daimler Chrysler Corporation, Ford Motor Company et General Motors Corporation (www.carwin.co.uk/qs).

5.3.2 Formules statistiques de base

La dispersion de mesure est le plus souvent estimée à 6.σ (ce qui correspond pour une distribution gaussienne à une probabilité de 99,73 %). Il est bien sûr possible de retenir un autre coefficient si on le désire.

L'écart-type est calculé directement à partir des moyennes d'étendues par une formule du type :

$$\sigma = \frac{\overline{R}}{d_2}$$

$\overline{R}$ est calculé à l'aide de N sous-groupes (échantillons de mesure par pièce et par opérateur).

Les sous-groupes donnent N résultats (N = k opérateurs * n pièces). Chaque sous-groupe a comme étendue R_i. Si $N \leqslant 15$, on retiendra un coefficient d_2 légèrement modifié appelé d_2^*[1]

Nb mesures/ échantillon	2	3	4	5	6	7	8	9	10
Coef d_2	1,128	1,693	2,059	2,326	2,534	2,704	2,847	2,970	3,078

Figure 13.9 – *Tableau coefficient d_2*

	Nombre N de sous-groupes														
	1	2	3	4	5	6	7	8	9	10	11	12	13	14	15
2 mesures	1,414	1,279	1,231	1,206	1,191	1,181	1,173	1,168	1,163	1,160	1,157	1,154	1,153	1,151	1,149
3 mesures	1,912	1,806	1,769	1,750	1,739	1,731	1,726	1,722	1,719	1,716	1,714	1,712	1,711	1,710	1,708

Figure 13.10 – *Tableau coefficient d_2^**

5.3.3 Calcul des moyennes et étendues

Pour chaque pièce i mesurée deux ou trois fois par l'opérateur j, on calcule l'étendue R_{ij}.

Pour chaque opérateur j, on obtient :

- la moyenne de ses mesures $\overline{x}_j$,

1. Duncan, A.J. (1974). *Quality Control and Industrial Statistics, 4th edition. Richard D. Irvin Inc., Homewood, IL.*

- la moyenne des différentes étendues : $\overline{R_j} = \dfrac{\sum_i R_{ij}}{n}$

Avec la même démarche que celle utilisée en analyse de la variance avec les carrés moyens q_R et q_{Op} nous allons utiliser :

- la moyenne des moyennes d'étendues : $\overline{\overline{R}} = \dfrac{\sum_j \overline{R_j}}{k}$
- l'étendue des moyennes par opérateur : $R_{\bar{x}} = \bar{x}_{Maxi} - \bar{x}_{mini}$

Étude $G_{R\,\&\,R}$

Réf appareil :	Réf pièce :
Type de mesure :	Valeur de référence : 10,000

	Opérateur A					Opérateur B					Opérateur C					
Échantillon	*Série 1*	*Série 2*	*Série 3*	Moy	Étendue	*Série 1*	*Série 2*	*Série 3*	Moy	Étendue	*Série 1*	*Série 2*	*Série 3*	Moy	Étendue	Moy p
Pièce 1	*10,300*	*10,450*	*10,580*	10,443	0,280	*10,070*	*10,025*	*10,080*	10,058	0,055	*10,040*	*9,950*	*9,800*	9,930	0,240	10,144
Pièce 2	*9,540*	*9,420*	*9,450*	9,470	0,120	*9,550*	*9,220*	*9,350*	9,373	0,330	*9,040*	*8,950*	*9,060*	9,017	0,110	9,287
Pièce 3	*10,980*	*11,050*	*11,160*	11,063	0,180	*11,020*	*10,950*	*11,150*	11,040	0,200	*10,860*	*11,020*	*10,689*	10,586	0,331	10,987
Pièce 4	*10,450*	*10,550*	*10,620*	10,540	0,170	*10,020*	*10,350*	*10,250*	10,207	0,330	*10,150*	*10,230*	*10,210*	10,197	0,080	10,314
Pièce 5	*9,950*	*9,850*	*9,800*	9,867	0,150	*9,530*	*9,050*	*8,970*	9,183	0,560	*8,860*	*8,980*	*8,720*	8,853	0,260	9,301
Pièce 6	*10,020*	*10,010*	*9,820*	9,950	0,200	*9,820*	*9,780*	*9,890*	9,830	0,110	*9,850*	*9,420*	*9,530*	9,600	0,430	9,793
Pièce 7	*10,510*	*10,750*	*10,660*	10,640	0,240	*10,470*	*10,550*	*10,790*	10,603	0,320	*10,020*	*10,100*	*10,250*	10,123	0,230	10,456
Pièce 8	*9,750*	*9,820*	*9,870*	9,813	0,120	*9,450*	*9,980*	*9,780*	9,737	0,530	*9,600*	*9,450*	*9,520*	9,523	0,150	9,691
Pièce 9	*12,110*	*12,010*	*11,850*	11,990	0,260	*11,860*	*12,210*	*12,110*	12,060	0,350	*11,720*	*11,520*	*11,890*	11,710	0,370	11,920
Pièce 10	*9,010*	*8,780*	*8,750*	8,847	0,260	*8,450*	*8,350*	*8,520*	8,440	0,170	*8,450*	*8,860*	*8,350*	8,553	0,510	8,613

Opérateur A : *Moy* $\bar{x}$ **10,26** *Moy* $\overline{R}$ **0,20**

Opérateur B : *Moy* $\bar{x}$ **10,05** *Moy* $\overline{R}$ **0,30**

Opérateur C : *Moy* $\bar{x}$ **9,84** *Moy* $\overline{R}$ **0,27**

R_p= 3,0307

$\overline{\overline{R}}$: **0,255**

Moyenne des moyennes $\bar{\bar{x}}$: **10,051**

Différence $\bar{x}$: **0,426**

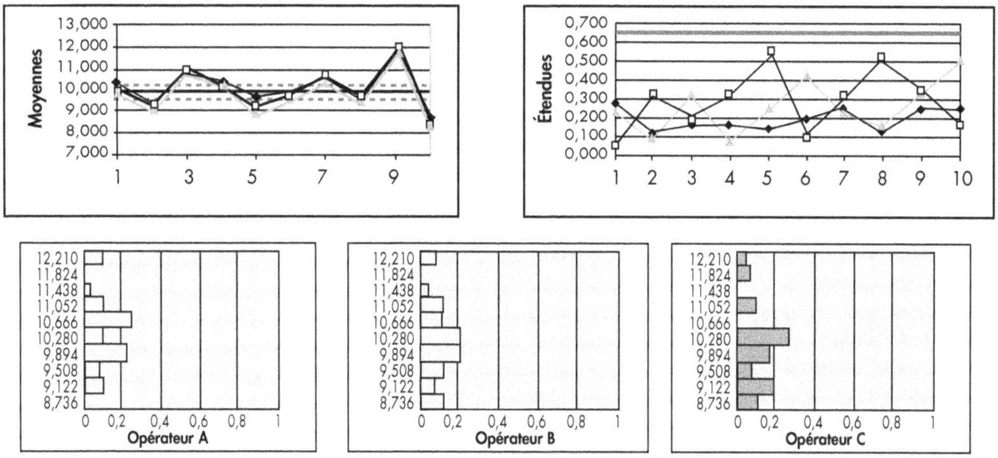

***Figure 13.11** – Exemple d'étude GRR (méthode moyenne et étendue)*

Analyse des mesures	
Répétabilité de l'équipement de mesure (EV Équipement Variation) $\sigma_{EV} = \frac{\overline{\overline{R}}}{d_2}$ *Pour 3 séries de mesure : d2 = 1,693* σ_{EV} = 0,151	% EV = 100[EV/TV] **% EV = 14,02 %** σ_{EV} = **0,151**
Part de reproductibilité due à l'opérateur (AV : Appraiser Variation) $\sigma_{MoyOp} = \frac{R_{\bar{x}}}{d_2^*} = \sqrt{\frac{\sigma_{EV}^2}{n \bullet r} + \sigma_{AV}^2}$ *Pour 3 opérateurs : d2*=1,9116* *Nombre de pièces/série : 10* *Nombre de séries r : 3* σ_{AV} = 0,221	% AV = 100[AV/TV] **% AV = 20,59 %** σ_{AV} = **0,221**
Répétabilité et reproductibilité (GRR) $\sigma_{GRR} = \sqrt{[\sigma_{EV}]^2 + [\sigma_{AV}]^2}$ σ_{AV} = 0,268	% GR & R = 100[GR&R/TV] **% R & R = 24,91 %** $\sigma_{R\&R}$ = **0,268**
Dispersion pièce (Part Variation) *Si estimée à partir de l'échantillon mesuré :* $\sigma_{PV} = R_p/d_2^* = 1{,}040$ *Sinon, calculée à partir de la valeur TV :* σ_{PV} =	% PV = 100[PV/(TV)] **% PV = 96,85 %** σ_{PV} = **1,040**
Dispersion totale (Total Variation) *Si estimée à partir de mesures antérieures :* $\sigma_{TV\,connu}$ = $\sigma_{TV} = \sqrt{[\sigma^2_{GRR}] + [\sigma^2_{PV}]}$ $\sigma_{PV\,estimé}$ = 1,074	ndc = 5

***Figure 13.11 (suite)** – Exemple d'étude GRR (méthode moyenne et étendue)*

5.3.4 Validation des mesures

On peut utiliser les méthodes de la maîtrise statistique des produits pour vérifier que la différence de mesures obtenue par opérateur pour une même pièce reste dans des limites raisonnables.

Une différence trop importante peut détecter un problème avec l'appareil ou un problème d'utilisation par l'opérateur. Réciproquement, des différences trop voisines de zéro sont douteuses (appareil bloqué ou en butée).

La limite supérieure de contrôle est donnée par la formule :

$$LSC_{R_{ij}} = D_4 \,.\, \overline{\overline{R}}$$

avec:

Nb mesures / pièce / opérateur	2	3
D_4	3,267	2,574

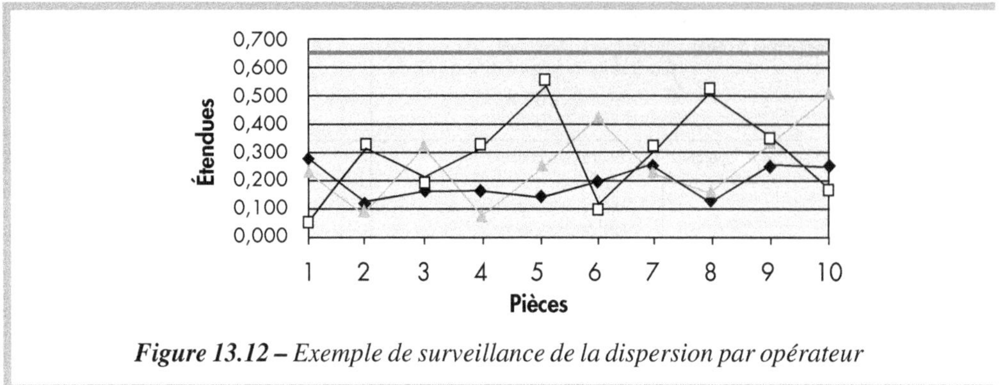

***Figure 13.12** – Exemple de surveillance de la dispersion par opérateur*

5.3.5 Répétabilité (Équipement Variation)

La répétabilité de l'équipement de mesure est calculée à partir de la moyenne des moyennes d'étendues :

$$\sigma_{EV} = \frac{\overline{\overline{R}}}{d_2}$$

Nous avons k.n échantillons de taille 2 ou 3.

5.3.6 Incidence de l'opérateur sur la reproductibilité (Appraiser Variation)

Nous avons calculé l'étendue des moyennes par opérateur : $R_{\bar{x}} = \bar{x}_{Maxi} - \bar{x}_{\text{min}i}$

Nous pouvons en déduire :

$$\sigma_{MoyOp} = \frac{R_{\bar{x}}}{d_2^*}$$

Rappelons que les moyennes des échantillons, extraits d'une même population de variance σ^2, sont distribuées avec une variance égale à $\sigma_{\bar{x}}^2 = \sigma^2 / (r \,.\, n)$ (r.n correspondant ici à la taille des échantillons de mesure par opérateur).

Si l'influence des opérateurs est réellement nulle, nous devrions avoir $\sigma_{\text{MoyOp}} = \sigma_{\bar{x}}$ soit :

$$\frac{R_{\bar{x}}}{d_2^*} = \frac{\sigma_{EV}}{\sqrt{r.n}}$$

Deux cas peuvent se présenter :

- Si le premier membre de l'équation est inférieur ou égal au second, nous considérerons que l'influence des opérateurs est nulle :

$$\boxed{\sigma_{AV} = 0}$$

- Sinon, l'influence de l'opérateur sera caractérisée par la variance σ^2_{AV}, calculée à partir de la formule suivante :

$$\sigma_{MoyOp} = \frac{R_{\bar{x}}}{d_2^*} = \sqrt{\frac{\sigma_{EV}^2}{r.n} + \sigma_{AV}^2}$$

$$\boxed{\sigma_{AV} = \sqrt{\left(\frac{R_{\bar{x}}}{d_2^*}\right)^2 - \frac{\sigma_{EV}^2}{r.n}}}$$

Nous retenons le coefficient d_2^* car nous avons un sous-groupe de deux ou trois moyennes (dans l'exemple traité, un sous-groupe de deux moyennes (deux opérateurs), soit $d_2^*= 1{,}414$).

5.3.7 Indicateurs de capabilité du moyen de mesure

Les indicateurs sont calculés en comparant les dispersions de mesures soit avec la dispersion de production, soit avec la tolérance de la caractéristique étudiée. La dispersion globale de l'équipement de mesure (R&R) est donnée par :

$$\sigma_{R\&R} = \sqrt{(\sigma_{EV})^2 + (\sigma_{AV})^2}$$

5.3.7.1 Dispersion de production

Si la dispersion de production n'est pas connue, alors par défaut, elle sera estimée à partir du lot de pièces mesurées. Chaque pièce étant mesurée *k.r* fois (k opérateurs faisant chacun r mesures), on estime le mesurande par la moyenne des mesures.

Pour cela, il faut s'assurer que l'échantillon de pièces soit représentatif (image de la dispersion du moyen de production et 50 % environ des pièces en dehors du « bruit de mesure »). *L'idéal est d'estimer la dispersion de production par une approche de type MSP.*

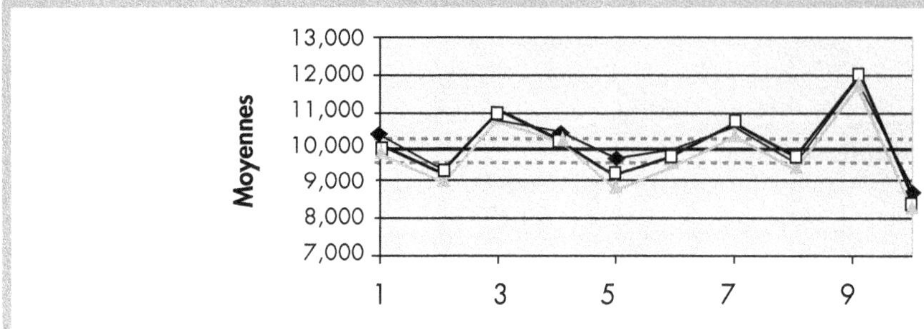

Figure 13.13 – Vérification de la représentativité de l'échantillon de pièces.

À partir des n moyennes, on détermine l'étendue R_{PV}. À l'aide de ce résultat, on calcule un écart-type de production σ_{PV} (*Part-to-part Variation*) (dans l'exemple traité, il y a un sous groupe de 10 mesures).

$$\sigma_{PV} = \frac{R_{PV}}{d_2*}$$

Partant de l'additivité des variances, on calcule la variation totale apparente du processus, incluant les dispersions de production et de mesure (*Total Variation*) :

$$\sigma_{TV} = \sqrt{(\sigma_{GRR})^2 + (\sigma_{PV})^2}$$

Attention, si l'on a des données provenant d'une démarche MSP, cela correspond probablement à σ_{TV} car il y a de grandes chances que les mesures aient été faites avec cet appareil. On en déduit σ_{PV} et l'on calcule le nombre de catégories distinctes « **ndc** » qui doit être supérieur à quatre :

$$ndc = \sqrt{2}. \frac{\sigma_{PV}}{\sigma_{GRR}}$$

5.3.7.2 Tolérance (Edition 2 du MSA)

Le plus souvent la capabilité du moyen de contrôle est calculée relativement à la tolérance. Nous pouvons calculer les quatre indicateurs suivants :

$$\%EV = 100.\ \frac{6*\sigma_{EV}}{Tol}$$

$$\%AV = 100.\ \frac{6*\sigma_{AV}}{Tol}$$

$$\%R\&R = 100.\ \frac{6*\sigma_{GRR}}{Tol}$$

$$\%PV = 100.\ \frac{6*\sigma_{PV}}{Tol}$$

%R & R ⩽ 10 %	Equipement conforme
10 % < %R & R ⩽ 30 %	Acceptable si contraintes fortes (économique, disponibilité, limites techniques, etc.). Une démarche d'amélioration doit être entreprise.
30 % < %R & R	Problème de mesure (instruction de mesure à revoir, environnement, formation...). Sans amélioration potentielle, penser à changer de moyen.

5.4 Interactions

Il peut arriver de rencontrer des interactions dans l'incidence des facteurs que l'on a retenu. Par exemple l'interaction pièce – opérateur peut se rencontrer du fait de méthodes de mesures implicites propres à chaque opérateur. Par exemple, en cas d'ovalisation d'un alésage, un des opérateurs recherchera systématiquement le diamètre maximum, alors que pour un autre c'est la valeur minimum qu'il faut retenir. En résumé, la découverte d'interactions peut engendrer une démarche d'amélioration en précisant plus clairement le protocole de mesure. L'étude GRR précédente peut se présenter sous la forme suivante :

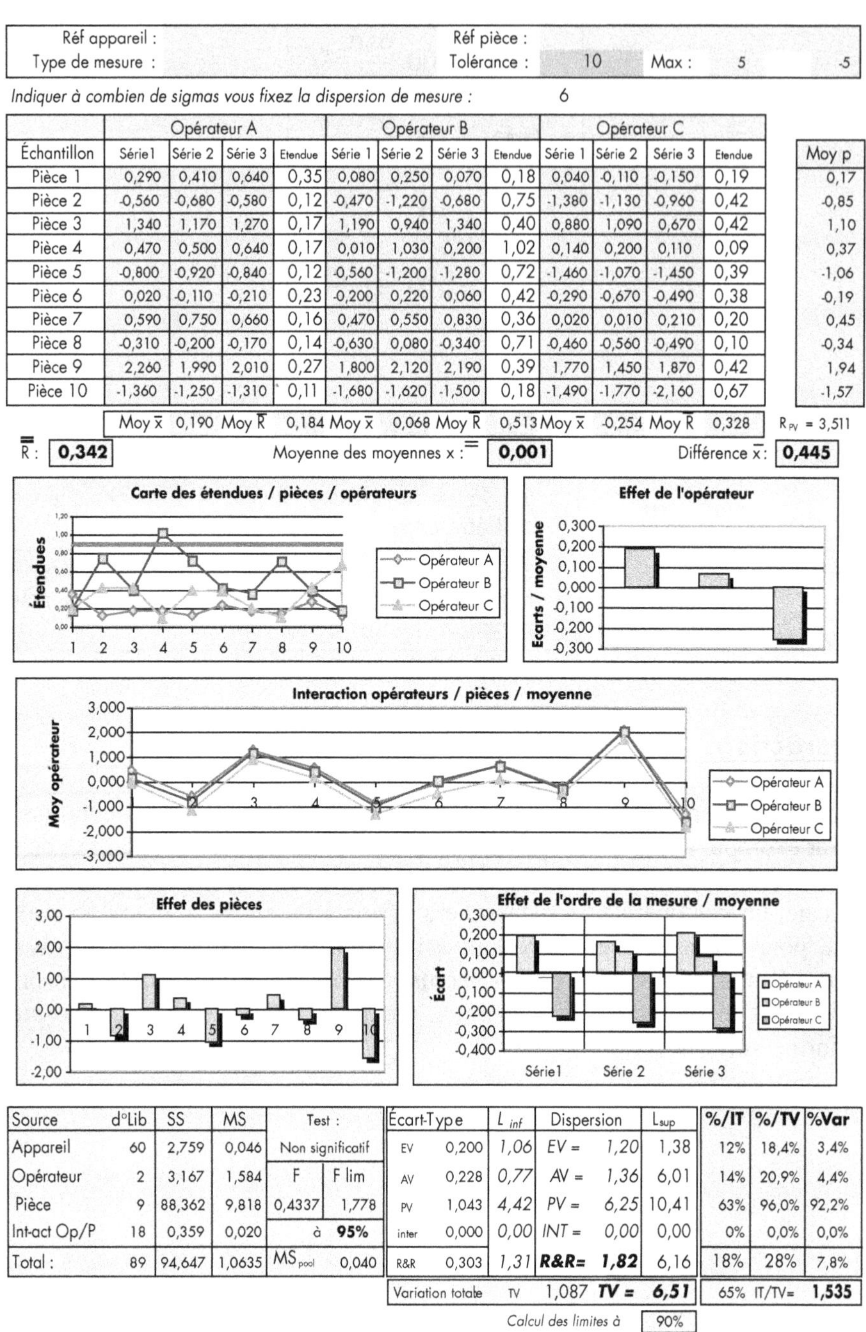

Réf appareil :		Réf pièce :			
Type de mesure :		Tolérance :	10	Max : 5	-5

Indiquer à combien de sigmas vous fixez la dispersion de mesure : 6

	Opérateur A				Opérateur B				Opérateur C				
Échantillon	Série1	Série 2	Série 3	Etendue	Série 1	Série 2	Série 3	Etendue	Série 1	Série 2	Série 3	Etendue	Moy p
Pièce 1	0,290	0,410	0,640	0,35	0,080	0,250	0,070	0,18	0,040	-0,110	-0,150	0,19	0,17
Pièce 2	-0,560	-0,680	-0,580	0,12	-0,470	-1,220	-0,680	0,75	-1,380	-1,130	-0,960	0,42	-0,85
Pièce 3	1,340	1,170	1,270	0,17	1,190	0,940	1,340	0,40	0,880	1,090	0,670	0,42	1,10
Pièce 4	0,470	0,500	0,640	0,17	0,010	1,030	0,200	1,02	0,140	0,200	0,110	0,09	0,37
Pièce 5	-0,800	-0,920	-0,840	0,12	-0,560	-1,200	-1,280	0,72	-1,460	-1,070	-1,450	0,39	-1,06
Pièce 6	0,020	-0,110	-0,210	0,23	-0,200	0,220	0,060	0,42	-0,290	-0,670	-0,490	0,38	-0,19
Pièce 7	0,590	0,750	0,660	0,16	0,470	0,550	0,830	0,36	0,020	0,010	0,210	0,20	0,45
Pièce 8	-0,310	-0,200	-0,170	0,14	-0,630	0,080	-0,340	0,71	-0,460	-0,560	-0,490	0,10	-0,34
Pièce 9	2,260	1,990	2,010	0,27	1,800	2,120	2,190	0,39	1,770	1,450	1,870	0,42	1,94
Pièce 10	-1,360	-1,250	-1,310	0,11	-1,680	-1,620	-1,500	0,18	-1,490	-1,770	-2,160	0,67	-1,57

Moy $\bar{x}$ 0,190 Moy $\bar{R}$ 0,184 Moy $\bar{x}$ 0,068 Moy $\bar{R}$ 0,513 Moy $\bar{x}$ -0,254 Moy $\bar{R}$ 0,328 R_{PV} = 3,511

$\bar{\bar{R}}$: **0,342** Moyenne des moyennes x : $\bar{\bar{}}$ **0,001** Différence $\bar{x}$: **0,445**

Source	d°Lib	SS	MS	Test :		Écart-Type		L_{inf}	Dispersion		L_{sup}	%/IT	%/TV	%Var
Appareil	60	2,759	0,046	Non significatif		EV	0,200	1,06	EV =	1,20	1,38	12%	18,4%	3,4%
Opérateur	2	3,167	1,584	F	F lim	AV	0,228	0,77	AV =	1,36	6,01	14%	20,9%	4,4%
Pièce	9	88,362	9,818	0,4337	1,778	PV	1,043	4,42	PV =	6,25	10,41	63%	96,0%	92,2%
Int-act Op/P	18	0,359	0,020	à	**95%**	inter	0,000	0,00	INT =	0,00	0,00	0%	0,0%	0,0%
Total :	89	94,647	1,0635	MS_{pool}	0,040	R&R	0,303	1,31	**R&R=**	**1,82**	6,16	18%	28%	7,8%
						Variation totale	TV 1,087		**TV =**	**6,51**		65%	IT/TV=	**1,535**

Calcul des limites à 90%

***Figure 13.14** – Étude R&R par analyse de la variance*

Ce type d'étude peut se faire simplement avec le tableur Excel[1], en utilisant *l'utilitaire d'analyse (Analyse de variances : deux facteurs avec répétition d'expérience)*. L'exemple précédent donne :

	Pièce 1	Pièce 2	Pièce 3	Pièce 4	Pièce 5	Pièce 6	Pièce 7	Pièce 8	Pièce 9	Pièce 10
Opérateur A	0,290	- 0,560	1,340	0,470	-0,800	0,020	0,590	-0,310	2,260	-1,360
	0,410	-0,680	1,170	0,500	-0,920	-0,110	0,750	-2,200	1,990	-1,250
	0,640	-0,580	1,270	0,640	-0,840	-0,210	0,660	-0,170	2,010	-0,130
Opérateur B	0,080	-0,470	1,190	0,010	-0,560	-0,200	0,470	-0,630	1,800	-1,680
	0,250	-1,220	0,940	1,030	-1,200	0,220	0,550	0,080	2,120	-1,620
	0,070	-0,680	1,340	0,200	-1,280	0,060	0,830	-0,340	2,190	-1,500
Opérateur C	0,040	-1,380	0,880	0,140	-1,460	-0,290	0,020	-0,460	1,770	-1,490
	-0,110	-1,130	1,090	0,200	-1,070	-0,670	0,010	-0,560	1,450	-1,770
	-0,150	-0,960	0,670	0,110	-1,450	-0,490	0,210	-0,490	1,870	-2,160

	Source des variations	Somme des carrés	Degré de liberté	Moyenne des carrés	F	Probabilité	Valeur critique pour F
Opérateur	Échantillon	3,1672622	2	1,58363111	34,440073	1,0938E-10	3,150411
Pièce	Colonne	88,361934	9	9,81799271	213,51714	3,9996E-42	2,040096
Op/Pièce	Interaction	0,3589822	18	0,01994345	0,4337210	0,97410404	1,778445
Appareil	À l'intérieur du groupe	2,7589333	60	0,04598222			
	Total	94,647112	89				

Figure 13.15 *– Analyse de la variance à l'aide d'Excel*

6. ESTIMATION D'ERREURS DE JUSTESSE D'UN INSTRUMENT DE MESURE

6.1 Mesure locale de l'erreur de justesse

La justesse peut être définie par **l'écart entre la moyenne $\overline{y}$ et une valeur conventionnelle vraie.**

La valeur vraie est par définition inconnue. Une mesure très fine de l'étalon (correction incluse) permet d'approcher cette dernière, on parlera *d'une valeur conventionnellement vraie.* C'est à partir de cette donnée que l'on testera l'appareil.

Un groupe de **n** mesures constitue un échantillon de moyenne $\overline{y}$. Cette moyenne permet

1. Microsoft® Excel.

d'estimer la réponse donnée par l'appareil en utilisation courante (nous supposerons que l'ensemble des mesures appartient à la même population et que nous sommes toujours en condition de répétabilité).

Nous pouvons définir un intervalle de confiance permettant de situer la moyenne réelle μ d'un grand nombre de mesures à une probabilité de confiance de $1 - \alpha$. Par exemple on retiendra très souvent $\alpha = 5\ \%$.

Deux situations extrêmes peuvent se produire comme représentées sur la figure suivante :

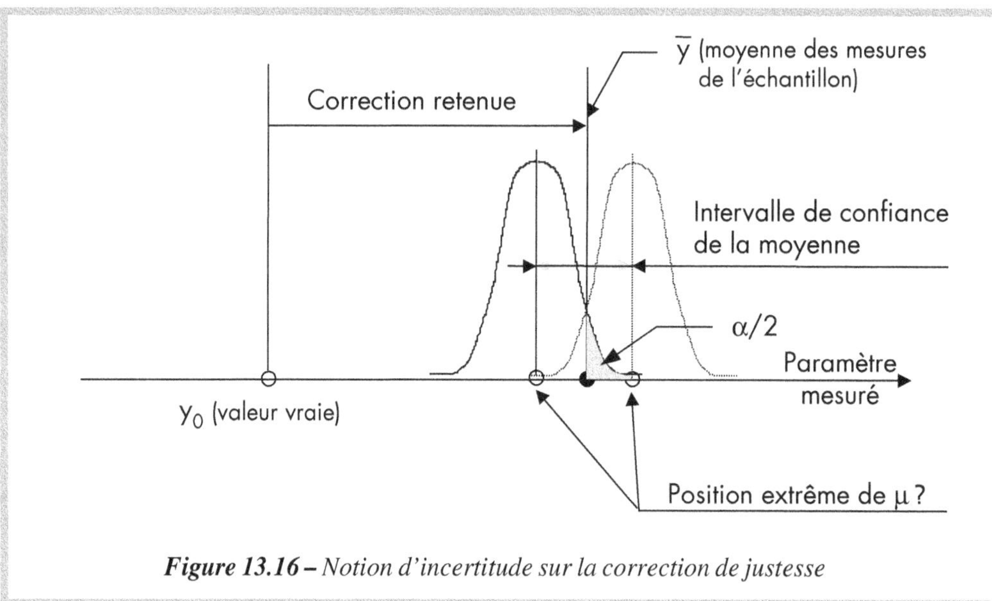

Figure 13.16 – *Notion d'incertitude sur la correction de justesse*

- μ représente la moyenne d'un grand nombre de mesures caractérisant la réponse de l'appareil (non connue),
- $\bar{y}$ correspond à la moyenne des n mesures de l'échantillon,
- $\sigma_{\bar{y}}$ permet de caractériser la dispersion des moyennes obtenues à l'aide de différents échantillons, il est estimé par $s_{\bar{y}}$.

Les limites de l'intervalle de confiance de la moyenne générale sont :

$$\text{Prob}\left[\bar{y} - t_{1-\alpha/2} \bullet s_{\bar{y}} \leqslant \mu \leqslant \bar{y} + t_{1-\alpha/2} \bullet s_{\bar{y}}\right] = 1 - \alpha$$

t est la variable de Student à $\nu = n - 1$ degrés de liberté.

L'écart-type de la moyenne $\sigma_{\bar{y}}$ est calculé à partir de l'écart-type de la population (grand nombre de mesures) par : $\sigma_{\bar{y}} = \dfrac{\sigma}{\sqrt{n}}$. σ est souvent inconnu, on travaille alors par défaut avec son estimation s (appelée également σ_{n-1}) calculée à partir des valeurs de l'échantillon.

6.1.1 Exemple 1 : détermination de la justesse à l'aide d'un étalon

Pour illustrer la démarche, cherchons à calculer la correction à appliquer à une cale étalon de 50 mm. Cette cale a été mesurée par un service de métrologie, on a obtenu les dix résultats suivants :

1	2	3	4	5	6	7	8	9	10
50,009	50,013	50,011	50,007	50,011	50,008	50,012	50,007	50,009	50,012

On obtient une moyenne de 50,010 mm en arrondissant et une estimation s de l'écart-type de 0,0022 mm. On peut proposer à 95 % :

$$\text{Prob}\left[50{,}010 - \frac{2{,}26 * 0{,}0022}{\sqrt{10}} \leqslant \mu \leqslant 50{,}010 + \frac{2{,}26 * 0{,}0022}{\sqrt{10}}\right] = 0{,}95$$

$$\text{Prob}\left[50{,}0083 \leqslant \mu \leqslant 50{,}0115\right] = 0{,}95$$

L'intervalle de confiance correspond à une zone d'environ 3 µm. Souvent pour des raisons de rapidité, on remplace la variable de Student *t* par la variable réduite *u* de la loi de Gauss (ici $u = 1{,}96$).

L'incertitude sur la correction estimée ici, ne fait intervenir que la répétabilité de la manipulation, il est probable que d'autres sources soient à prendre en compte comme nous le verrons plus loin.

6.2 Mesure de l'erreur de justesse sur l'étendue de mesure

6.2.1 L'étendue de mesure correspond à la dispersion de production

Pour certains types de mesures, la matérialisation physique d'un étalon n'est pas toujours possible. Par exemple, dans l'agroalimentaire, il arrive que l'on compare à partir de prélèvements, les résultats d'un appareil de mesure sur chaîne avec les résultats d'un appareil de laboratoire pris comme référence (interne ou externe à l'entreprise) plus performant mais long et coûteux de mise en œuvre.

L'objectif est de caractériser l'appareil de mesure en production pour pouvoir l'utiliser seul.

Exemple : partant de prélèvements chronologiques d'aliment sur chaîne de production, on mesure les résidus secs à l'aide de deux appareils de mesure.

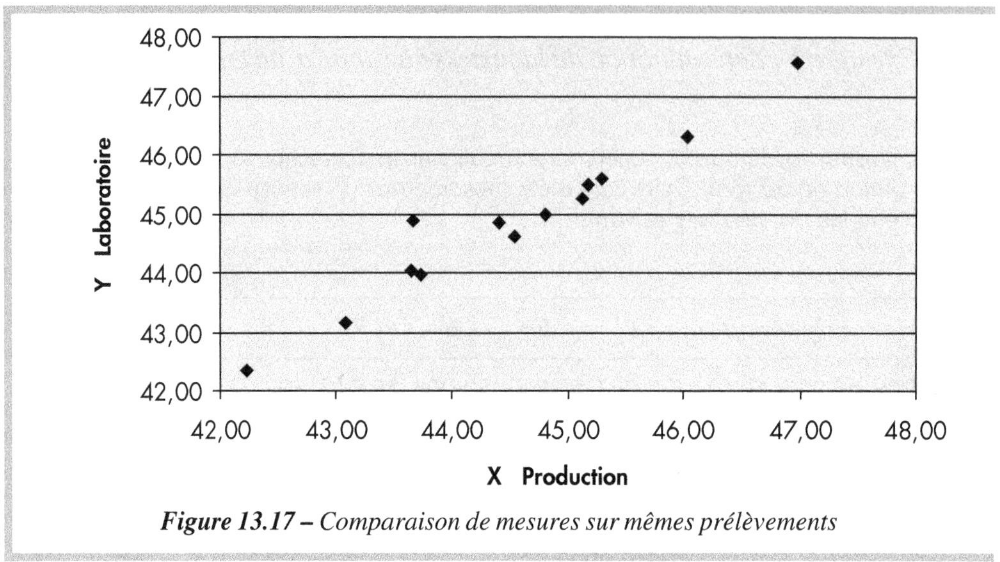

Figure 13.17 – Comparaison de mesures sur mêmes prélèvements

6.2.2 L'étendue de mesure est donnée par la plage d'utilisation de l'appareil

Beaucoup d'appareils ne sont pas affectés en permanence à un produit particulier, comme on peut le voir en production de grande série. Par exemple un micromètre peut être utilisé pour mesurer des pièces comprises entre 0 et 25 mm (figure 13.18).

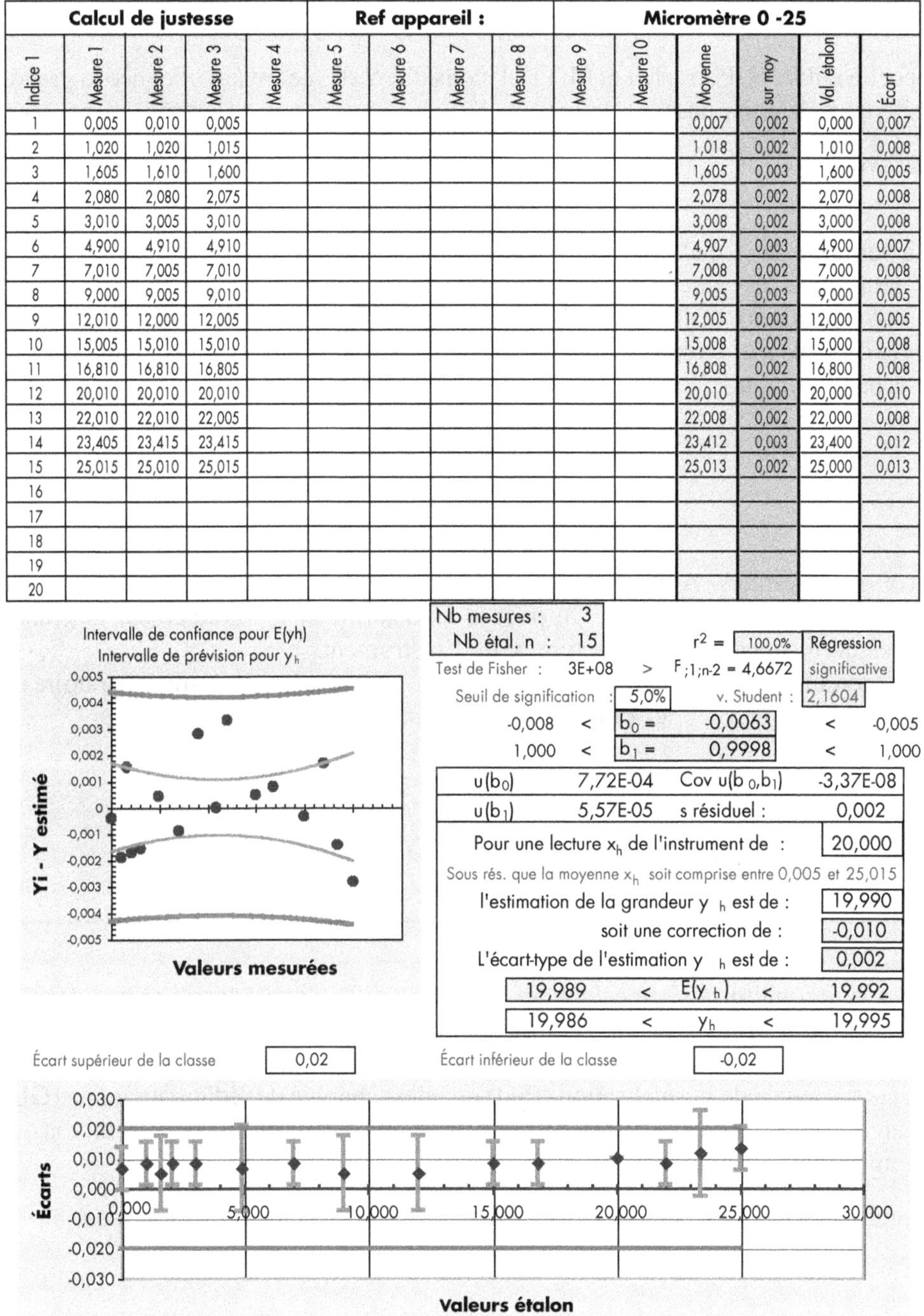

Calcul de justesse					Ref appareil :				Micromètre 0 -25					
Indice 1	Mesure 1	Mesure 2	Mesure 3	Mesure 4	Mesure 5	Mesure 6	Mesure 7	Mesure 8	Mesure 9	Mesure10	Moyenne	sur moy	Val. étalon	Écart
1	0,005	0,010	0,005								0,007	0,002	0,000	0,007
2	1,020	1,020	1,015								1,018	0,002	1,010	0,008
3	1,605	1,610	1,600								1,605	0,003	1,600	0,005
4	2,080	2,080	2,075								2,078	0,002	2,070	0,008
5	3,010	3,005	3,010								3,008	0,002	3,000	0,008
6	4,900	4,910	4,910								4,907	0,003	4,900	0,007
7	7,010	7,005	7,010								7,008	0,002	7,000	0,008
8	9,000	9,005	9,010								9,005	0,003	9,000	0,005
9	12,010	12,000	12,005								12,005	0,003	12,000	0,005
10	15,005	15,010	15,010								15,008	0,002	15,000	0,008
11	16,810	16,810	16,805								16,808	0,002	16,800	0,008
12	20,010	20,010	20,010								20,010	0,000	20,000	0,010
13	22,010	22,010	22,005								22,008	0,002	22,000	0,008
14	23,405	23,415	23,415								23,412	0,003	23,400	0,012
15	25,015	25,010	25,015								25,013	0,002	25,000	0,013
16														
17														
18														
19														
20														

Nb mesures : 3
Nb étal. n : 15

r^2 = 100,0% Régression significative

Test de Fisher : 3E+08 > $F_{;1;n-2}$ = 4,6672

Seuil de signification : 5,0% v. Student : 2,1604

-0,008 < b_0 = -0,0063 < -0,005

1,000 < b_1 = 0,9998 < 1,000

$u(b_0)$	7,72E-04	Cov $u(b_0,b_1)$	-3,37E-08
$u(b_1)$	5,57E-05	s résiduel :	0,002

Pour une lecture x_h de l'instrument de : 20,000

Sous rés. que la moyenne x_h soit comprise entre 0,005 et 25,015

l'estimation de la grandeur y_h est de : 19,990

soit une correction de : -0,010

L'écart-type de l'estimation y_h est de : 0,002

19,989 < $E(y_h)$ < 19,992

19,986 < y_h < 19,995

Écart supérieur de la classe 0,02 Écart inférieur de la classe -0,02

Figure 13.18 – Exemple d'une étude de justesse pour un micromètre 0-25

6.2.3 Etude de la justesse par une régression

Pour cette étude, C. Perruchet et M. Priel[1] conseillent de mettre en ordonnée la grandeur de référence Y et en abscisse la mesure X.

Nous avons :

$$Y = a.X + b + \varepsilon$$

– La variance de X est nulle, car X (la lecture) n'est pas une variable aléatoire.
– Y représente une valeur de référence pouvant conduire à la lecture X.
– ε correspond aux résidus (variable aléatoire de moyenne nulle et d'écart-type σ).
Les coefficients a et b réels ne sont pas connus, ils sont estimés en fonction des valeurs de l'échantillon par :

$$a' = \frac{\sum (x_i - \bar{x})(y_i - \bar{y})}{\sum (x_i - \bar{x})^2}$$

$$b' = \bar{y} - a'\bar{x}$$

a' et b' sont corrélés. A partir de l'estimation s de σ, on calcule la variance sur a et b et la covariance entre a et b. On peut alors déterminer la variance sur la grandeur mesurée correspondant à une lecture X de l'instrument.
Cette approche permet également de faire des comparaisons[2] entre laboratoires, on peut mettre en évidence les erreurs commises par chacun d'eux.

7. CALCUL DE L'INCERTITUDE SUIVANT LA MODÉLISATION DU GUM[3]

Devant la non-uniformité de calcul des incertitudes, le Comité International des Poids et Mesures (CIPM) a chargé le Bureau International des Poids et Mesures (BIPM) de réfléchir sur une méthode de calcul et d'estimation des incertitudes. C'est l'Organisation internationale de normalisation (ISO) qui s'est chargée de rédiger un guide (GUM) suivant les instructions du BIPM. Dans la suite de ce chapitre nous présenterons succinctement les concepts exposés dans le guide.

Ce guide présente des notations particulières que nous rappelons brièvement.

1. Estimer l'incertitude – Mesures – Essais – Christophe Perruchet & Marc Priel – AFNOR (Avril 2000).
2. Pour plus de détails, le lecteur est invité à consulter la norme AFNOR NF X06-047 (Avril 1986) Application de la statistique – Traitement des résultats de mesure – Estimations des erreurs à partir des comparaisons entre laboratoires.
3. GUM : *Guide to the Expression of Uncertainty in Measurement*. L'AFNOR publie ce document sous la référence XP X 07-020 (juin 1996).

7.1 Vocabulaire et notation

Tolérance : **t** (exprimée par une étendue).

7.1.1 Cas d'une mesure à une seule entrée

Le mesurande X est quantifié par une grandeur physique de mesure x :

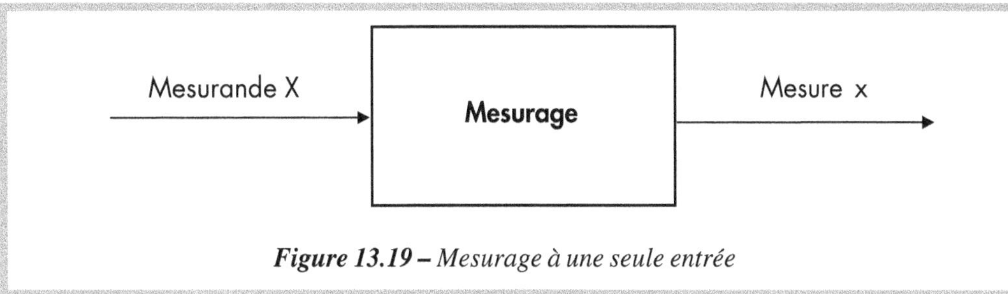

***Figure 13.19** – Mesurage à une seule entrée*

x est définie comme une variable aléatoire. On peut calculer les paramètres de dispersion suivants :

- *Variance de x :* $\mathbf{u^2(x)}$
- *Incertitude type :* $\mathbf{u(x)} = \sqrt{u^2(X)}$

7.1.2 Cas d'une mesure à entrées multiples

Par exemple, la mesure d'une planéité est fonction des 3 coordonnées de chaque point palpé.

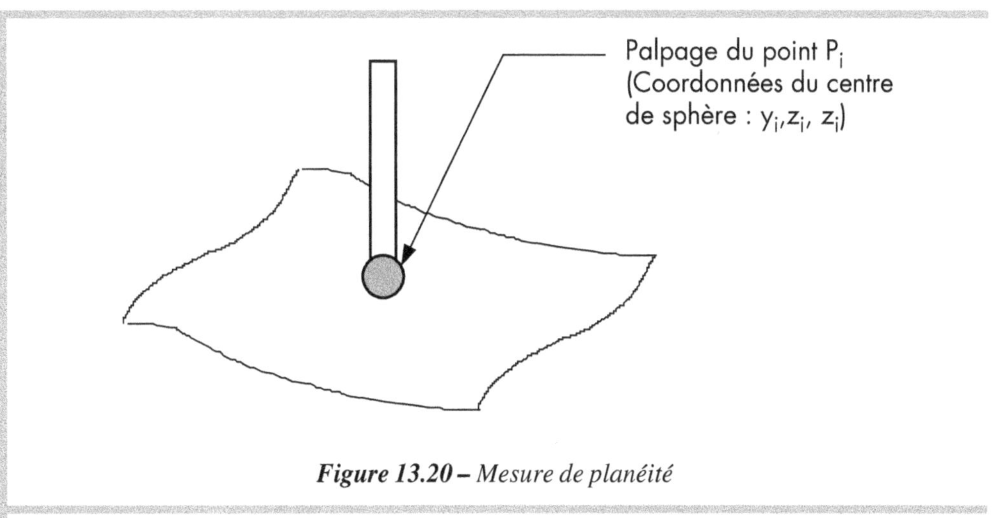

***Figure 13.20** – Mesure de planéité*

Le mesurande résultant Y (la valeur de la planéité) est fonction des mesurandes X_1, X_2, ... où chaque mesurande X_i (coordonnée de position) est quantifié par la mesure x_i (valeur lue sur une des règles de la machine).

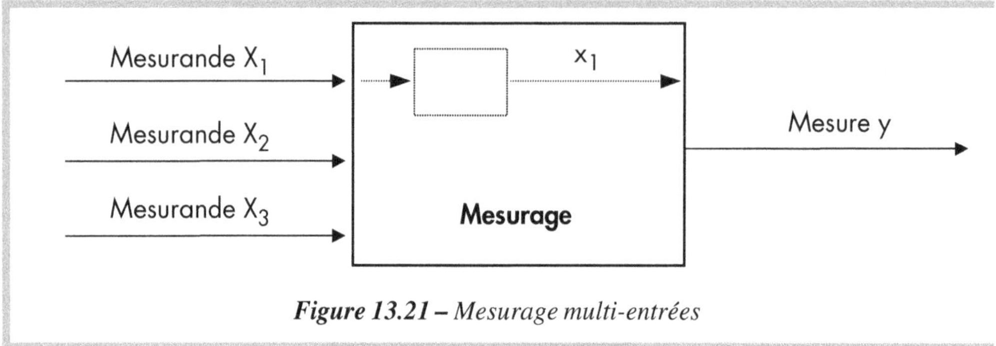

Figure 13.21 – Mesurage multi-entrées

- *Incertitude composée* : $\mathbf{u_c}(y)$ pour la mesure résultante $y = f(x_1, x_2...)$.
- *Facteur d'élargissement* : **k**.
- *Incertitude élargie* : $\mathbf{U/2 = k.u_c}(y)$ qui correspond à un intervalle de confiance. Cela permet de proposer que la valeur vraie est probablement comprise dans la zone ± U/2 ($Y = y \pm U/2$).

7.2 Modélisation

La prestation fournie par le métrologue comprend deux valeurs. Par exemple, si nous écrivons :

$$M = 75{,}10 \text{ kg } (u_c = 0{,}20 \text{ kg}),$$

nous précisons :

- **la valeur annoncée y** (75,10 kg) **qui est l'estimateur de l'espérance** de la variable « résultat de mesure ». Autrement dit, c'est le chiffre qui traduit le mieux la valeur du mesurande d'après l'opérateur.
- **l'incertitude type u_c** (0,2 kg) **qui est l'estimateur de l'écart-type** de la variable « résultat de mesure ». C'est la garantie de son résultat, traduite par un indicateur de dispersion. C'est aussi faire preuve de modestie en reconnaissant la limite de ses connaissances en mesure.

Plus généralement, le mesurande Y est une fonction de différents mesurandes intermédiaires X_i.

$$\mathbf{Y = f(X_1, X_2, \quad X_n)}$$

Y n'est jamais exactement connu, il peut être estimé par la mesure :

$$\mathbf{y = f(x_1, x_2, \quad x_n)}$$

x_i peut représenter par exemple la moyenne des résultats de mesure, une correction due à une grandeur d'influence, une correction d'étalonnage, etc. y est un résultat secondaire calculé à partir des résultats primaires x_i.

7.3 Détermination de l'incertitude composée (loi de propagation des incertitudes)

L'incertitude composée est donnée par l'équation suivante (obtenue à partir du développement de f autour des moyennes des x_i en série de Taylor du premier ordre) :

$$u_c^2(y) = \sum_{i=1}^{n} \left[\frac{\partial f}{\partial x_i} \right]^2 u^2(x_i) + 2 \sum_{i=1}^{n-1} \sum_{j=i+1}^{n} \frac{\partial f}{\partial x_i} \frac{\partial f}{\partial x_j} u(x_i, x_j)$$

Le lecteur non familiarisé avec cette écriture est invité à se reporter en fin de chapitre pour deux exemples de dérivation simples.

$u(x_i)$ est l'incertitude type de la variable x_i (écart-type).

$u(x_i,x_j) = u(x_j,x_i)$ est la covariance des variables x_i,x_j (attention aux unités).

Rappels

$u(x_i,x_j) = \text{Cov}(x_i,x_j) = E(x_i y_j) - E(x_i).E(x_j) = \overline{x_i\, x_j} - \overline{x_i} \bullet \overline{x_j}$
avec E(x) : espérance mathématique de la variable aléatoire x.

$u^2(x) = \text{Var}(x) = E(x^2) - E(x)^2 = \overline{x^2} - \overline{x} \bullet \overline{x}$

Coefficient de corrélation : $r(x_i,x_j) = u(x_i,x_j)/u(x_i)u(x_j) = \dfrac{Cov(x_i,x_j)}{\sigma_{x_i} \bullet \sigma_{x_j}}$

Il est souvent plus pratique de présenter l'équation précédente sous la forme suivante :

$$u_c^2(y) = \sum_{i=1}^{n} \left[\frac{\partial f}{\partial x_i} \right]^2 u^2(x_i) + 2 \sum_{i=1}^{n-1} \sum_{j=i+1}^{n} \frac{\partial f}{\partial x_i} \frac{\partial f}{\partial x_j} u(x_i)u(x_j)r(x_i, x_j)$$

Lorsque les variables ne sont pas corrélées (r = 0), l'incertitude composée se calcule comme suit :

$$u_c^2(y) = \sum_{i=1}^{n} \left[\frac{\partial f}{\partial x_i} \right]^2 u^2(x_i)$$

Pour de nombreux phénomènes physiques, la corrélation n'est pas nulle mais le terme faisant intervenir les covariances est souvent négatif du fait des dérivées partielles. L'omettre revient souvent à majorer l'incertitude.

7.4 Évaluation des incertitudes types $u(x_i)$

Pour évaluer les incertitudes composées, nous devons connaître ou estimer les incertitudes types de bases. Celles-ci dépendent par exemple :

- de l'échantillonnage qui ne représente pas forcément la population ;
- de l'effet des grandeurs d'influence (comme la température) ;
- de l'étalonnage ;
- de la résolution (analogique ou numérique).
- ...

Le GUM (guide ISO) présente deux modes d'estimation : type A et type B.

7.4.1 Type A

Ce type est basé sur l'utilisation des techniques statistiques (variance expérimentale, variance de distribution des moyennes, etc...).

Pour un échantillon de n résultats de mesure, la moyenne arithmétique est le meilleur estimateur d'un nombre infini de mesures.

L'estimateur de la moyenne μ est donné par : $\bar{x} = \frac{1}{n}\sum_{i=1}^{n} x_i$

L'estimateur de l'écart-type expérimental est donné par :

$$s = \sqrt{\frac{1}{n-1}\sum_{i=1}^{n}(x_i - \bar{x})^2}$$

Si l'on dispose de plusieurs séries de mesures, avec pour chaque série une estimation s_i, une meilleure estimation de la variance – sous réserve d'appartenance à une même population – sera donnée par :

$$s^2 = \frac{(n_1 - 1)s_1^2 + (n_2 - 1)s_2^2 + \ldots + (n_k - 1)s_k^2}{(n_1 - 1) + (n_2 - 1) + \ldots + (n_k - 1)}$$

L'incertitude type sur la moyenne $\bar{x}$ de l'échantillon est donnée par :

$u^2(\bar{x}) = \frac{s^2}{n}$ (sous réserve d'indépendance des mesures).

7.4.2 *Type B*

Ces méthodes sont utilisées lorsque l'outil statistique est d'utilisation difficile (trop onéreux ou destructif par exemple).

Si l'on a une garantie sur la variable (exemple : certificat d'étalonnage donnant l'incertitude élargie), on peut estimer l'incertitude type (sous hypothèses de distribution) comme on le ferait à partir d'un intervalle de confiance.

Cette démarche nécessite une analyse de physicien. Elle doit être exhaustive tout en gardant le sens des ordres de grandeurs. Par exemple le passage d'un train à proximité d'une entreprise peut être un problème réel si l'on prétend faire de la métrologie dimensionnelle fine.

Souvent on se contente des trois distributions suivantes :

Étendue	Lois retenues	Variance	Écart-type	Applications
$\pm \delta$ (2* δ)	Normale	δ^2/k^2	δ/k	Si k = 3 ==> P = 99,7 % Si k = 2 ==> P = 95,4 %
$\pm \delta$ (2* δ)	Uniforme	$\delta^2/3$	$\delta/\sqrt{3}$	La valeur réelle a la même probabilité pour toute valeur appartenant à l'intervalle. Exemple : • Conformité à une classe de mesure. • Certificat d'étalonnage. • Hystérésis. • Résolution.
$\pm \delta$ (2* δ)	En U (ou dérivée d'arc sinus)	$\delta^2/2$	$\delta/\sqrt{2}$	Utilisé pour un phénomène qui varie de façon cyclique (sinusoïdalement). Exemple : la température dans une salle climatisée.

***Figure 13.22** – Comparaisons des trois principales distributions utilisées*

8. COMPARAISON DES APPROCHES MSA[1] ET GUM

L'approche MSA est considérée comme plus orientée production par rapport à l'approche GUM (plus appliquée en laboratoires).

En réalité, elles relèvent de la même démarche. En effet, dans le MSA, en recensant les différentes variances, on peut écrire :

$$u_c^2 = \sigma^2_{performance} + \sigma^2_{other}$$

$$\sigma^2_{performance} = \sigma^2_{GRR} + \sigma^2_{bias} + \sigma^2_{stability} + \sigma^2_{consistency}$$

Ce qui sous entend, dans le cas d'application de corrections, que l'on devrait écrire :

Mesure corrigée = mesure brute + correction de justesse + correction de dérive + correction des facteurs d'influence + autres corrections....

Le plus souvent, ces corrections ne sont pas faites pour différentes raisons (ignorance des influences, complexité de modélisation, coût, qualification, etc.). Ne pas faire ces corrections, ne veut pas dire qu'elles ne sont pas prises en compte mais qu'elles ont été estimées dans un premier temps à la valeur « 0 ».

On cherchera à caractériser la dispersion de chaque correction au voisinage de la valeur « 0 », à l'aide d'un indicateur de variance. Mathématiquement, sous réserve d'indépendance des différentes corrections, on peut écrire :

$$M_{cor} = M_{brute} + \sum c_i$$

$$u_c^2(M_{cor}) = 1 \cdot u^2_{M_{brute}} + \sum (1 \cdot u^2(c_i))$$

9. INCERTITUDES ET CLASSES

Souvent dans la procédure de vérification des instruments de mesure, il est simplement demandé de vérifier que l'appareil appartient à la classe désirée. Le jugement porte sur le maintien ou non de l'appareil dans la classe et non sur l'évaluation de la correction à apporter comme pour un étalonnage.

1. *Measurment Systems Analysis.*
Manuel développé sous la responsabilité de Daimler Chrysler Corporation, Ford Motor Company et General Motors Corporation (www.carwin.co.uk/qs).

L'*étalonnage* se traduit par un document permettant d'appliquer des corrections qui auront comme effet de réduire les incertitudes de mesure. La *vérification* valide l'appareil en confirmant que les écarts constatés par rapport à un étalon sont inférieurs à une valeur tolérée (exigences spécifiées). Dans le cas d'une non-conformité, l'appareil sera ajusté, réparé, déclassé ou réformé.

Prenons le cas d'un micromètre extérieur à vis au 1/100 mm à vernier (vis micrométrique au pas de 0,5 mm, à faces de mesurage planes, de capacité 0 à 25 mm). La norme NF E 11-095[1] autorise une erreur de justesse et une erreur de fidélité variant suivant la classe.

Classe	Erreur de justesse µm	Erreur de fidélité µm
0	± 5	± 3
I	± 7	± 4
II	± 10	± 6

L'erreur de justesse est obtenue en comparant une valeur conventionnellement vraie avec la moyenne des mesures obtenues. Cette comparaison sera faite sur toute la capacité de mesure, on retiendra simplement la valeur la plus forte.

Par exemple pour la classe I, si l'erreur détectée est interne à la tolérance ± 7 µm, l'appareil est maintenu dans la classe (sous réserve que la fidélité soit également vérifiée).

Pour le calcul des incertitudes, la fidélité de type A ne pose pas de problème, elle peut également être recalculée à l'aide d'un échantillon de mesures. Par contre en l'absence de correction d'étalonnage, cette dernière sera *supposée nulle mais affectée d'une incertitude de type B* associée à une hypothèse de distribution uniforme.

Pour l'exemple précédent, l'incertitude de justesse est donnée par la tolérance de la classe.

- Correction d'étalonnage : $C_E = 0$ mm.
- Incertitude type sur la correction : $u_{C_E} = 0{,}007 / \sqrt{3}$ mm.

1. NF E 11-095 (décembre 1993) Instrument de mesurage de longueur – Micromètres d'extérieur à vis, au 1/100 et au 1/1000 de millimètre.

10. EXERCICE D'APPLICATION

Reprenons l'exemple abordé au paragraphe 5.2.2. Nous avions recherché les incertitudes dues à la répétabilité de l'appareil et au changement d'opérateurs. Cette étude faite à l'aide d'outils statistiques est du type A. Complétons le chiffrage de l'incertitude en prenant en compte la classe de l'appareil et l'influence de la température. Ces estimations, faites à partir d'expertises ou de documents de référence, illustrerons le type B.

Le lecteur se reportera au tableau figure 13.23.

10.1 Incertitude de justesse

L'erreur de justesse n'a pas été prise en compte dans le calcul de type A précédent. En effet, si l'on rajoute 1/100ème de mm à toutes les mesures, cela ne modifie pas $u_{R\&R}$.

Si l'on possède une courbe d'étalonnage, on pourrait fournir une mesure en rajoutant une correction à la valeur lue :

$$M = X + c_{Et}$$

Ne rien rajouter, revient en réalité à écrire $c_{Et} = 0$. Cette « valeur particulière », estimée à zéro, est bornée par un intervalle de confiance donné par la classe de l'appareil. On peut retenir une probabilité de 100 % pour que la valeur c_{Et} soit dans l'intervalle (a (hypothèse de distribution uniforme).

Cette incertitude de type B est évaluée à : $u_j = \dfrac{a}{\sqrt{3}}$

10.2 Incertitude de correction de température

Pour tenir compte des grandeurs d'influence, il serait logique dans le même esprit de faire une correction sur la mesure brute. Cette correction est souvent prise à zéro par ignorance.

Dans le cas de notre micromètre, la distance entre touches est supposée être égale à la longueur de la pièce.

Soit θ_A la température de l'appareil de mesure et θ_P la température de la pièce à mesurer. Nous obtenons :

$$L_{A,\theta_A} = L_{p,\theta_p}$$

$$L_{A,20} \cdot \left[1 + \lambda_A \cdot (\theta_A - 20)\right] = L_{p,20} \cdot \left[1 + \lambda_p \cdot (\theta_p - 20)\right]$$

N'oublions pas que la valeur lue sur l'appareil, correspond normalement à la distance entre touches à la température de référence de 20°. Cela donne :

$$L_{p,20} = \frac{L_{A,20} \,.\, [1 + \lambda_A \,.\, (\theta_A - 20)]}{[1 + \lambda_p \,.\, (\theta_p - 20)]}$$

L'écart dû à la variation de température est donné par :

$$e_c = L_{p,20} - L_{A,20} = L_{A,20} \,.\, \left[\frac{[1 + \lambda_A \,.\, (\theta_A - 20)]}{[1 + \lambda_p \,.\, (\theta_p - 20)]} - 1 \right]$$

Notons que pour $\theta_A = \theta_P$ avec un appareil et une pièce de même coefficient de dilatation, cela entraîne $e_t = 0$.

En fonction des conditions extrêmes de température, retenons une correction de température :

$$c_t = 0^{\pm e_t}$$

Si nous associons à c_t une fonction de densité de probabilité *a priori*, alors il est possible d'estimer u_t. Par exemple, nous pouvons retenir :

- $u_t \approx \sqrt{\dfrac{e_t^2}{9}}$ pour une densité de probabilité gaussienne,
- $u_t = \sqrt{\dfrac{e_t^2}{6}}$ pour une densité de probabilité triangulaire,
- $u_t = \sqrt{\dfrac{e_t^2}{3}}$ pour une densité de probabilité uniforme.

10.3 Incertitude composée

D'après les calculs précédents nous retiendrons :

$$u_c^2 = u_{R\&R}^2 + u_j^2 + u_t^2$$

À partir de cette formule, différentes règles de conformité peuvent être retenues, par exemple, on peut vérifier si :

$$\frac{u_c}{Tol} \leqslant \frac{1}{16}$$

ÉTUDE DE CONFORMITÉ (Micromètres 0 à 100mm)

Aide au calcul suivant : ISO14253	Ref appareil :	Ref pièce :

Spécification :

	Valeur nominale :	11,100
	Valeur supérieure (USL) :	**11,120**
T = *0,040*	Valeur inférieure (LSL) :	**11,080**

Répétabilité : estimée à partir de 3 échantillons maxi sur une pièce dans les conditions de production

Reproductibilité : majoration par le changement d'opérateur (majoration = 0 si un seul opérateur)

Faire n mesures (opérateur 1) :	11,11	11,11	11,10	11,11	11,11	11,10	11,11	11,11	11,10	11,11
Si opérateur 2, faire n mesures :	11,11	11,11	11,11	11,11	11,10	11,11	11,10	11,10	11,11	11,10
Si opérateur 3, faire n mesures :	11,10	11,10	11,09	11,09	11,09	11,10	11,10	11,10	11,10	11,09

Analyse variance : $q_R = 3E{-}05$ $q_{Op} = 4E{-}04$ $F_{exp} = 14,48$ $F_{Th} = 3,354$ *Incidence biais op :* ***OUI*** *à 95 %*

Test de Cochran : $s^2_{Max}: 3E{-}05$ $\Sigma_{S2}: 8E{-}05$ $g = 0,35$ $r_{0,95} = 0,617$ *Var op différentes :* ***NON*** *à 95 %*

Intervalle de confiance à 95 % : $0,004 < U_{Répé} < 0,007$ $0,002 < U_{Opér} < 0,012$

$U_{Répé}$ = **0,0051** $U_{Opér}$ = **0,0059** $U_{R\&R}$ = **0,0077**

Justesse : déterminée à partir de la classe de l'appareil ou d'une série de mesures à l'aide d'un étalon

Si la classe de l'appareil est connue, indiquer le numéro (0, 1, 2 ou 3) : 0

Classe	Erreur maximale d'indication en µm
0	5
I	7
II	10
III	15

NF E11-095

e_{jCl} = 0,005

Si non, l'erreur maximale d'indication sera estimée à l'aide d'une grandeur étalon au voisinage de la valeur de la pièce.

Valeur de l'étalon :

Faire 10 mesures de l'étalon :

0,00	0,00	0,00	0,00	0,00	0,00	0,00	0,00	0,00	0,00

e_{jMes} = 0,000

À 95 % : $0,000 < e_{jRéel} < 0,000$

u_j = ***0,003***

Influence de la température

Estimation de la température maxi de la pièce mesurée (°C) :	20,0
Estimation de la température de l'appareil (°C en atelier ou labo) :	20,0
Coefficient de dilatation de la pièce (en 10^{-6}) :	11,5

e_t est l'écart maximum dû à la température. On supposera qu'il est distribué suivant une loi gaussienne. e_t = 0,000

u_t = ***0,0000***

Calcul de l'incertitude correspondant à 1 mesure

$$u_c = \sqrt{\frac{u^2_{R\&R} + u^2_j + u^2_t}{n}}$$

Incertitude type combinée : u_c = ***0,0083***

Incertitude étendue : $U = k \cdot u_c$ = ***0,017***

Facteur d'élarg. k = 2

Le résultat du mesurage s'écrira $Y = y \pm U$

Rapport u_c/T = ***0,2067*** **~3/16** *Si possible inférieur ou égal 1/16 (0,0625)*

REFUSÉ *En l'absence de contrat spécifique*

Calcul de la capabilité du moyen de mesure pour suivi SPC :

Cmc = 0,81 < 4 → NON-CAPABLE

***Figure 13.23** – Exemple de calcul d'incertitudes et de zone de conformité*

11. EXEMPLES SIMPLES DE CALCUL D'INCERTITUDES COMPOSÉES

Nous considérerons que toutes les variables sont indépendantes, la formule de calcul est donnée par l'expression suivante :

$$u_c^2(y) = \sum_{i=1}^{n} \left[\frac{\partial f}{\partial x_i} \right]^2 u^2(x_i)$$

f est une fonction à plusieurs variables x_1, x_2, ... x_i, ...

Le symbole $\frac{\partial f}{\partial x_i}$ (qui se lit : *d rond f sur d rond x_i*) correspond à la dérivée partielle de f par rapport à la variable x_i. Cette dérivée se calcule comme pour une dérivation classique, il suffit de considérer les autres variables comme des constantes pendant l'opération de dérivation.

La dérivée partielle au carré représente un facteur de proportionnalité (coefficient) pour la variance de la variable concernée.

11.1 Exemple pour une fonction somme

Imaginons qu'avec un appareil à lecture directe nous répétions cinq fois la mesure. À la moyenne de ces cinq valeurs nous ajoutons une correction pour compenser l'erreur de justesse de l'appareil. Soit M la mesure obtenue.

$$M = \frac{x_1 + x_2 + x_3 + x_4 + x_5}{5} + c$$

Formule que l'on peut présenter sous la forme suivante :

$$M = \frac{1}{5} x_1 + \frac{1}{5} x_2 + \frac{1}{5} x_3 + \frac{1}{5} x_4 + \frac{1}{5} x_5 + c$$

Nous retrouvons une fonction de six variables, M = f (x_1, x_2, x_3, x_4, x_5, c).

Pour les cinq premières variables les dérivées partielles sont identiques :

$$\frac{\partial f}{\partial x_i} = \frac{1}{5}$$

Pour la dernière variable (la correction c), la dérivée partielle vaut :

$$\frac{\partial f}{\partial c} = 1$$

Si les cinq mesures sont bien indépendantes (pas de dérive, l'opérateur ne se laisse pas influencer par ses résultats précédents), on peut considérer que chaque variable x_i est connue avec la même incertitude u_x.

La formule de calcul d'incertitude donne :

$$u_c^2\,(M) = \left[\frac{1}{5}\right]^2 \bullet u_x^2 + \left[\frac{1}{5}\right]^2 \bullet u_x^2 + \left[\frac{1}{5}\right]^2 \bullet u_x^2 + \left[\frac{1}{5}\right]^2 \bullet u_x^2 + \left[\frac{1}{5}\right]^2 \bullet u_x^2 + 1^2 \bullet u_c^2$$

ou encore :

$$u_c^2\,(M) = 5 \bullet \left[\frac{1}{5}\right]^2 \bullet u_x^2 + 1^2 \bullet u_c^2$$

Résultat que l'on peut simplifier :

$$u_c^2\,(M) = \frac{u_x^2}{5} + 1^2 \bullet u_c$$

On retrouve l'expression permettant de calculer l'incertitude directement à partir d'une moyenne de n résultats intermédiaires :

$$u^2\,(\overline{x}) = \frac{u_x^2}{n}$$

11.2 Exemple pour une fonction puissance

À titre d'illustration, prenons la formule simplifiée donnant la période des oscillations d'un pendule simple de longueur l :

$$T = 2\,\pi \bullet \sqrt{\frac{l}{g}}$$

T est fonction de trois variables : T = f (π, l, g). Mathématiquement π est une constante, mais d'un point de vue numérique π n'est qu'approchée par un chiffre avec un certain nombre de décimales.

Le calcul d'incertitude s'écrit :

$$u_c^2(T) = \left[\frac{\partial f}{\partial \pi}\right]^2 \bullet u_\pi^2 + \left[\frac{\partial f}{\partial l}\right]^2 \bullet u_l^2 + \left[\frac{\partial f}{\partial g}\right]^2 \bullet u_g^2$$

Pour ce type de formule, on a intérêt à bien faire apparaître chaque variable. Pour notre exemple, cela donne :

$$T = 2\,\pi \bullet l^{\frac{1}{2}} \bullet g^{-\frac{1}{2}}$$

Rappelons la dérivée de : $(x^n)' = n \bullet x^{n-1}$
n peut être positif ou négatif.

L'expression puissance peut concerner une fonction de x, notée y(x), la dérivée est égale à : $\left(y(x)^n\right)' = n \bullet y(x)^{n-1} \bullet y'(x)$

Exemple : $\left(\cos^n(x)\right)' = n \bullet \cos^{n-1}(x) \bullet \left(-\sin(x)\right)$

En remplaçant les dérivées partielles par leurs expressions, nous obtenons :

$$\frac{\partial f}{\partial \pi} = 2 \bullet [1] \bullet l^{\frac{1}{2}} \bullet g^{-\frac{1}{2}}$$

$$\frac{\partial f}{\partial l} = 2 \bullet \pi \bullet \left[\frac{1}{2} l^{-\frac{1}{2}}\right] \bullet g^{-\frac{1}{2}}$$

$$\frac{\partial f}{\partial l} = 2 \bullet \pi \bullet l^{\frac{1}{2}} \bullet \left[\left(-\frac{1}{2}\right) g^{-\frac{3}{2}}\right]$$

$$U_c^2(T) = \left[2 . \sqrt{\frac{l}{g}}\right]^2 \bullet U_\pi^2 + \left[\pi \frac{1}{\sqrt{lg}}\right]^2 \bullet U_l^2 + \left[-\pi \frac{l}{g} \sqrt{\frac{l}{g}}\right]^2 \bullet U_g^2$$

Moyen mnémotechnique :

Pour ce type de fonction, le calcul des dérivées partielles peut être facilité par le calcul du logarithme :

$$Log(T) = Log\left(2\pi \bullet l^{\frac{1}{2}} \bullet g^{-\frac{1}{2}}\right)$$

$$Log(T) = Log(2) + Log(\pi) + \frac{1}{2} Log(l) - \frac{1}{2} Log\ (g)$$

Cette équation permet d'écrire la différentielle logarithmique :

$$\frac{dT}{T} = \frac{d\pi}{\pi} + \frac{1}{2}\frac{dl}{l} - \frac{1}{2}\frac{dg}{g}$$

L'expression dT est appelée différentielle totale :

$$dT = T \bullet \frac{d\pi}{\pi} + \mathrm{T} \bullet \frac{1}{2}\frac{dl}{l} - T \bullet \frac{1}{2}\frac{dg}{g}$$

Or sachant que la différentielle totale est calculée à partir des dérivées partielles, on peut également écrire l'équation précédente sous la forme :

$$dT = \left[\frac{\partial f}{\partial \pi}\right] \bullet d\pi + \left[\frac{\partial f}{\partial l}\right] \bullet dl + \left[\frac{\partial f}{\partial g}\right] \bullet dg$$

Les deux expressions étant identiques, il vient par exemple :

$$\frac{\partial f}{\partial g} = -T \bullet \frac{1}{2} \bullet \frac{1}{g}$$

$$\frac{\partial f}{\partial g} = -\left(2 \bullet \pi \bullet l^{\frac{1}{2}} \bullet g^{-\frac{1}{2}}\right) \bullet \frac{1}{2} \bullet \frac{1}{g}$$

$$\frac{\partial f}{\partial g} = -\left(\pi \bullet l^{\frac{1}{2}}\right) \bullet \frac{1}{g^{\frac{3}{2}}}$$

$$\frac{\partial f}{\partial g} = -\pi \bullet \frac{1}{g} \bullet \sqrt{\frac{l}{g}}$$

CHAPITRE 14

SIX SIGMA

Six Sigma est certainement l'approche qui a le plus modifié le comportement qualité des entreprises ces dernières années. L'approche « Six Sigma » est une approche globale de l'amélioration de la qualité du produit et des services rendus aux clients. Partant de cette meilleure satisfaction du client, « Six Sigma » apporte un accroissement de la rentabilité à l'entreprise avec les effets cumulés suivants :

- une diminution des rebuts, retouches et plus généralement des coûts de non-qualité ;
- une amélioration de la disponibilité des machines et du taux de rendement synthétique (TRS) ;
- de meilleures parts de marché consécutif à l'amélioration de la qualité des produits.

On peut résumer cette nouvelle approche en énonçant le principe suivant : « Si vous vous intéressez à la qualité les coûts diminuent. Si vous vous intéressez aux coûts, la qualité diminue... » À vous de choisir !

Cette approche globale se décline de plusieurs façons. Six Sigma c'est :

- une certaine philosophie de la qualité tournée vers la satisfaction totale du client ;
- un indicateur de performance permettant de savoir où se situe l'entreprise en matière de qualité ;
- une méthode de résolution de problèmes permettant de réduire la variabilité sur les produits ;
- une organisation des compétences et des responsabilités des hommes de l'entreprise ;
- un mode de management par la qualité qui s'appuie fortement sur une gestion par projet.

Comprendre Six Sigma demande de bien cerner ces différents aspects. L'application de Six Sigma peut prendre différentes dimensions de la simple démarche de résolution de problèmes jusqu'à une véritable stratégie pour l'entreprise. La différence entre ces deux applications extrêmes réside dans la démultiplication de la démarche et la structure mise en place pour organiser et piloter les applications.

1. POURQUOI SIX SIGMA ?

La variabilité est l'ennemi de la qualité. Les trois sources primaires de la variabilité sont :

- conception pas assez robuste ;
- matières premières et pièces élémentaires instables ;
- capabilités des processus insuffisantes.

C'est contre ces trois sources de variabilité que nous devons lutter pour atteindre le niveau de qualité Six Sigma. Pour satisfaire ses clients, une entreprise doit réduire cette variabilité par tous les moyens. Cependant, il n'est pas facile d'agir sur la variabilité d'un processus. Cela nécessite d'avoir recours à de nombreux outils statistiques tels que les tests de comparaison, les analyses de la variance, les plans d'expériences, couplés à une démarche de résolution de problème. Si quelques experts sont capables de suivre une telle démarche de manière intuitive, il n'en est pas de même de la grande majorité des ingénieurs et techniciens qui ont besoin d'un guide méthodologique pour se retrouver au travers de l'ensemble des outils qualité mis à leur disposition. C'est le premier rôle de Six Sigma : démocratiser, vulgariser les méthodes et outils de la qualité en fournissant un guide d'utilisation pour permettre au plus grand nombre de réduire la variabilité des processus.

Le fait de mieux formaliser les démarches de résolution de problème ne suffit pas à créer une stratégie d'entreprise. Il faut être capable de démultiplier pour atteindre l'aspect stratégique. Six Sigma intègre donc tous les aspects de cette démultiplication au travers :

- du rôle et de la formation des hommes ;
- de la formalisation de la démarche ;
- de la gestion de projets ;
- des objectifs stratégiques qui seront fixés.

L'impact de Six Sigma dépasse la simple amélioration de la qualité des produits de l'entreprise. Son objectif est financier. Six Sigma a pour objectif d'améliorer la performance globale de l'entreprise au travers de quatre actions :

- l'augmentation de la satisfaction des clients et une plus grande fidélisation par l'amélioration de la qualité ;
- la réduction des dépenses en réduisant fortement le nombre de rebuts, retouches et gaspillages ;
- l'optimisation dans l'utilisation des actifs de l'entreprise en augmentant le taux de rendement synthétique (TRS) des moyens de production ;
- l'augmentation du chiffre d'affaires consécutif à la réduction des coûts et à l'amélioration de la qualité.

2. SIX SIGMA UN INDICATEUR DE PERFORMANCE

Pour pouvoir progresser il faut mesurer le niveau de qualité actuel, et pouvoir se donner un objectif vérifiable. Six Sigma signifie donc un niveau de qualité que l'on souhaite atteindre. Une qualité sera d'autant plus grande que le nombre de sigma sera élevé. Ainsi une qualité « *3 sigma* » donnera 6.68 % de produits non conformes, une qualité « *6 Sigma* » donnera 3,4 ppm (produits par million) de non conformes. Le but de la méthode Six Sigma est donc d'atteindre au moins le niveau Six Sigma donc avoir moins de 3,4 ppm comme taux de non conformité. Il y a donc une relation directe entre la non-conformité et le z du processus qui est donné ci-dessous :

Z (nombre de sigma)	1	2	3	4	5	6
DPMO (Défauts par Million d'Opportunités)	697672	308770	66810	6209	232	3.40

***Figure 14.1** – DPMO en fonction du z du processus*

Voyons maintenant comment on mesure le nombre de sigma (la capabilité du processus)

2.1 Cas des critères mesurables

Dans le cas des produits mesurables, la capabilité du processus se mesure en établissant le ratio entre la tolérance et la dispersion du processus (le lecteur pourra se référer utilement au chapitre 10 pour plus de détails sur la calculs des capabilités).

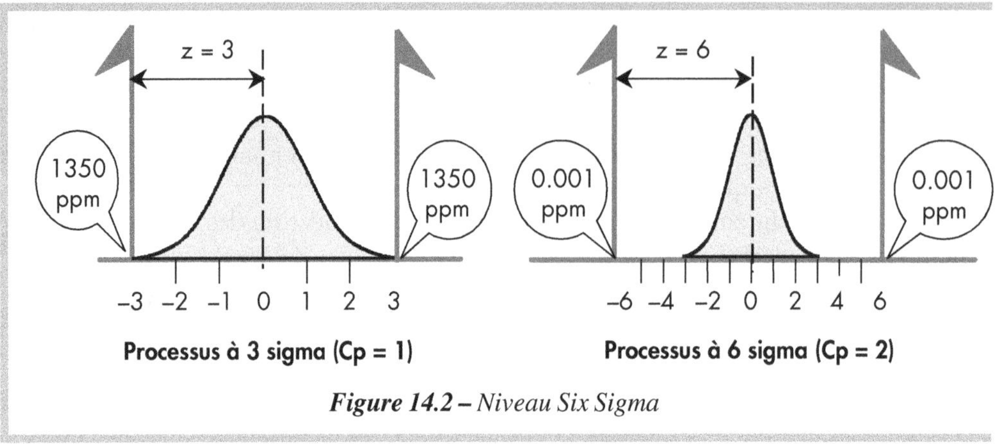

Figure 14.2 – *Niveau Six Sigma*

L'objectif Six Sigma consiste à améliorer la variabilité du processus de telle sorte d'avoir une tolérance deux fois plus importante que la dispersion court terme ($Cp = 2$). Dans ces conditions, la spécification est à six écarts types de la moyenne ($z = 6$). La proportion de produits défectueux est alors de *0.002 ppm* lorsque le processus est parfaitement centré. Lorsque le processus est à un niveau de trois sigma ($z = 3$ ou $Cp = 1$) la proportion de défaut est alors de *2 700 ppm*.

Cependant, on montre facilement que même si le processus est parfaitement sous contrôle, il n'est pas possible de détecter de petits décentrages du processus. Le plus petit décalage détectable[1] avec une taille d'échantillon raisonnable est de *1,5 sigma*. Dans ces conditions la proportion de défauts sera de *3,4 ppm*.

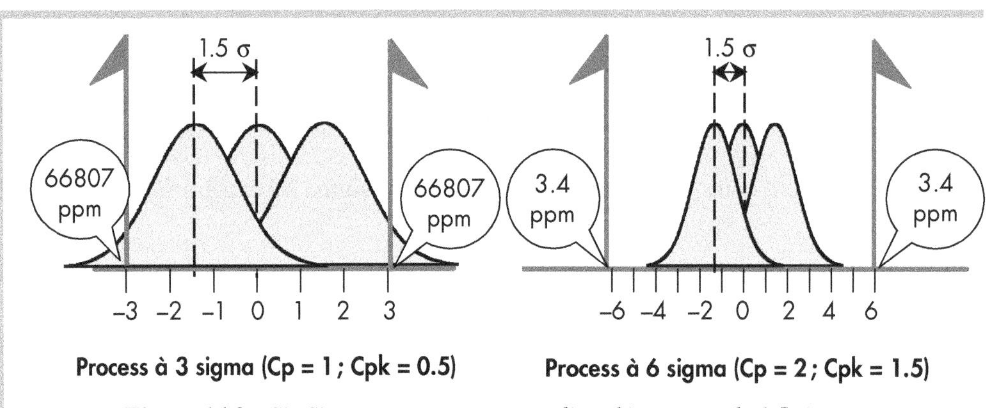

Figure 14.3 – *Six Sigma en tenant compte d'un décentrage de 1,5 sigma*

1. Ce décentrage est expliqué par l'efficacité des cartes de contrôle – On pourra se reporter à l'ouvrage « Appliquer la Maîtrise statistique des procédés » pour plus de renseignements.

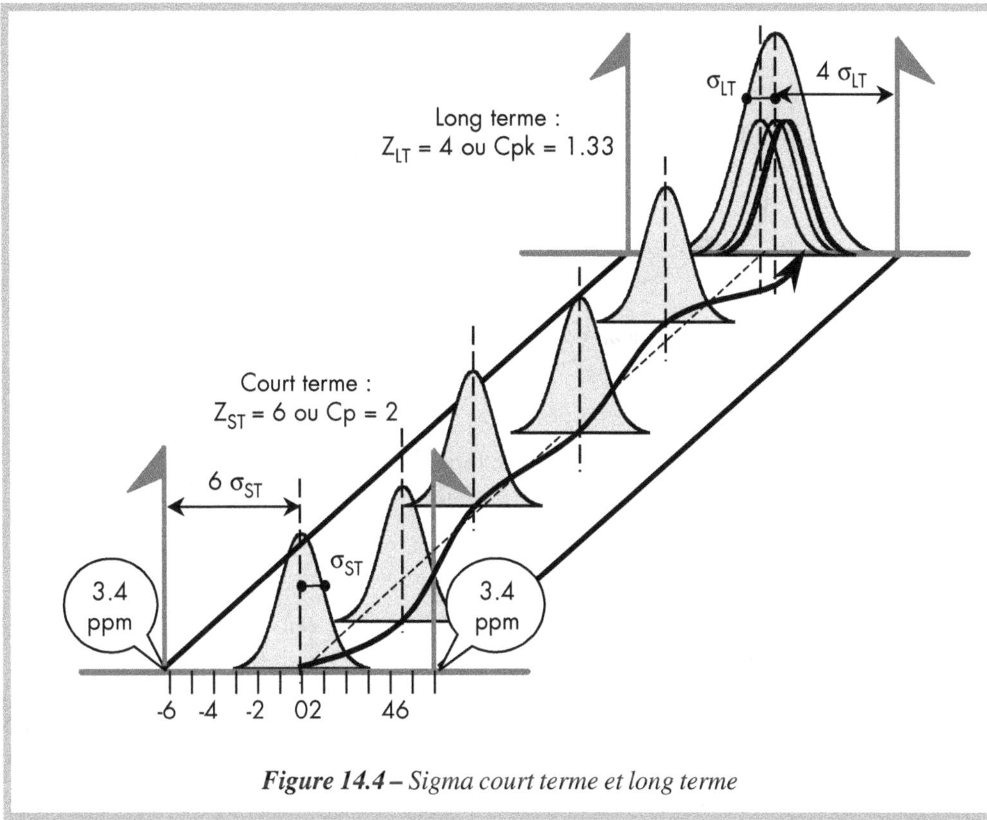

Figure 14.4 – Sigma court terme et long terme

Notons tout de suite que l'objectif de Six Sigma est d'obtenir un niveau de capabilité court terme tel que $z = 6$ soit un *Cp* de *2*. Ce niveau est le minimum que l'on doit exiger si l'on veut pouvoir garantir une capabilité long terme satisfaisante. En effet sur l'ensemble de la production, il est impossible de maintenir le processus parfaitement sur la cible. Il faut donc calculer deux capabilités :

- une capabilité court terme Z_{ST} ou *Cp* (Capabilité du Processus)
- une capabilité long terme Z_{LT} ou *Pp* (Performance du Processus)

Dans l'approche Six Sigma classique, il n'y a pas d'exigence sur le niveau de capabilité long terme à atteindre. Cependant les entreprises qui pratiquent de manière intensive la méthode demandent en général une performance du processus telle que $Z_{LT} = 4$ ou $Ppk = 1.33$

Au chapitre 10 nous avions particulièrement insisté sur la chute des capabilités. Dans le langage Six Sigma, nous pouvons réécrire cette chute de capabilité avec les exigences Six Sigma (figure 14.5).

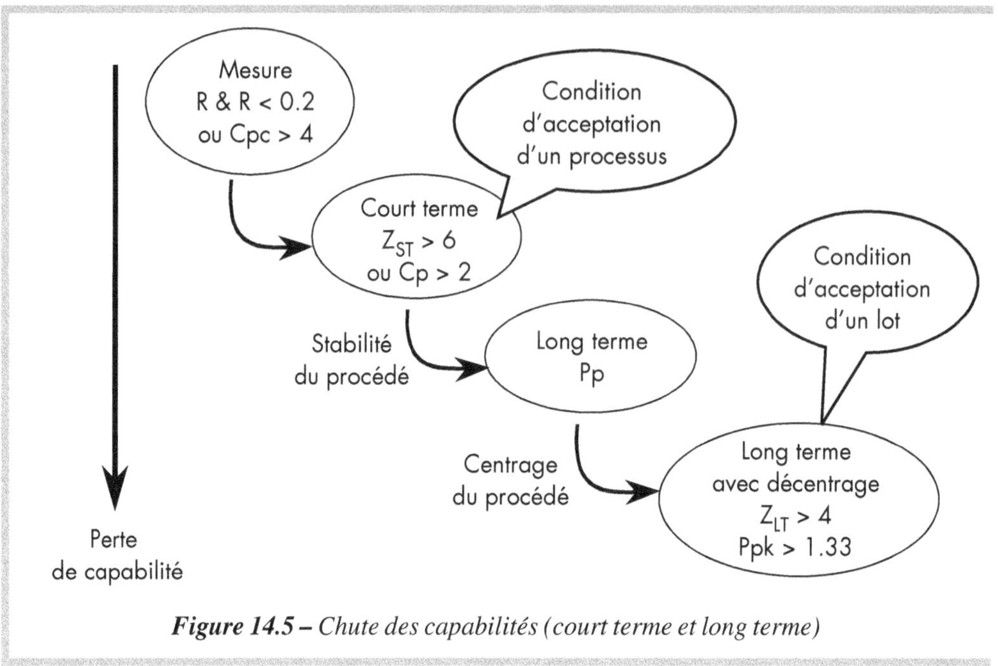

***Figure 14.5** – Chute des capabilités (court terme et long terme)*

La première capabilité qu'il faudra mesurer est la capabilité du processus de contrôle (*Cpc* ou *R&R %*). La tolérance devra être au moins 4 fois supérieure à la dispersion de mesure (*Cpc › 4*).

À partir du moment où on dispose d'un processus de mesure adapté, on pourra connaître la capabilité court terme du processus. Pour être accepté, il faudra que la tolérance soit au moins 2 fois supérieure à la dispersion court terme ($Cp = 2$ ou $Z_{ST} = 6$).

Enfin après la production, pour accepter le lot il faut que la moyenne se situe à au moins $4\ st_{LT}$ de la tolérance ($Ppk = 1.33$ ou $Z_{LT} = 4$).

2.2 Cas des critères non mesurables

Dans le cas de critères non mesurables, l'objectif sera équivalent au cas des critères mesurables. Par Six Sigma on cherchera à obtenir le niveau de qualité de *3,4 ppm*. Pour cela on dissocie deux façons de compter les défauts : les DPO (Défauts par Opportunités) et les DPU (Défaut par Unité).

La notion de DPO (Défaut par Opportunité) a été introduite pour tenir compte de la complexité des produits à réaliser.

Prenons par exemple une chaussure sur laquelle on a deux opportunités de défauts (semelle décollée et couture décousue). Sur une journée de production de 500 chaussures, on a trouvé 5 défauts de semelles et 25 défauts de couture. On a un *DPU* de

30/500 = 6 % et un *DPO* de *30/1 000 = 3 %* car il y a *1 000 (500x2)* opportunités de défauts.

Dans le cas d'un suivi des non-conformités, la performance n'est pas la même si on travaille sur un produit très simple n'ayant qu'une seule opportunité de défaut ou si on travaille sur un produit complexe comprenant 10 opportunités de défauts.

Le tableau figure 14.6 donne un exemple de traitement par les *DPO* des calculs de capabilités.

Nb de produits	Nb de défauts	DPU	Nb opportunités	DPO	p'	$Z_{équiva}$	Z_{ST}	Ppk %
500	14	0.028000	25	0.00112	0.00112	3.06	4.56	1.02
2 563	25	0.009754	1	0.00975	0.00971	2.34	3.84	0.78
1 462	1	0.000684	5	0.00014	0.00014	3.64	5.14	1.21
250	4	0.016000	1	0.01600	0.01587	2.15	3.65	0.72
120 000	12	0.000100	5	0.00002	0.00002	4.11	5.61	1.37

Figure 14.6 – *DPO et DPU*

Le $z_{équivalent}$ est alors calculé par assimilation à une loi normale qui donnerait un pourcentage p' de défaut avec :

$$p' = 1 - e^{-DPO} = 1 - e^{-1,016} = 0.01587$$

En se référant à la table de Gauss, on en déduit le $z_{équivalent} = 2.15$

Le calcul de p' est réalisé en utilisant la loi de Poisson en calculant la probabilité qu'un produit puisse avoir un ou plusieurs défauts.

Le Z_{ST} est calculé en ajoutant *1.5* sigma au $z_{équivalent}$ pour se ramener au calcul dans le cas d'un processus mesurable avec un décalage de *1.5 sigma*. En effet, on a vu que dans le cas d'un processus mesurable, le calcul du pourcentage de non-conformité se faisait dans la situation particulière ou la courbe est décalé de *1.5 sigma*.

$Z_{ST} = z_{équivalent} + 1.5 = 2.15 + 1.5 = 3.65$

Le *Ppk %* indique le *Ppk* équivalent d'une loi normale ayant le même pourcentage de défaut.

$Ppk\ \% = z_{équivalent}/3 = 2.15/3 = 0.72$

3. SIX SIGMA UNE MÉTHODE DE MAÎTRISE DE LA VARIABILITÉ

Pour obtenir les niveaux de capabilité exigés par Six Sigma, il est absolument nécessaire d'utiliser des outils et plus particulièrement des outils statistiques. Dans l'approche Six Sigma, tous les outils utilisés sont connus, il n'y a pas d'outils nouveaux. Ce qui est intéressant dans l'approche Six Sigma, c'est la structuration dans l'utilisation des différents outils. Six Sigma se décline en six étapes. En suivant scrupuleusement ces six étapes, le technicien même s'il n'est pas expert en statistique, pourra avec un minimum de formation atteindre l'objectif de variabilité fixé.

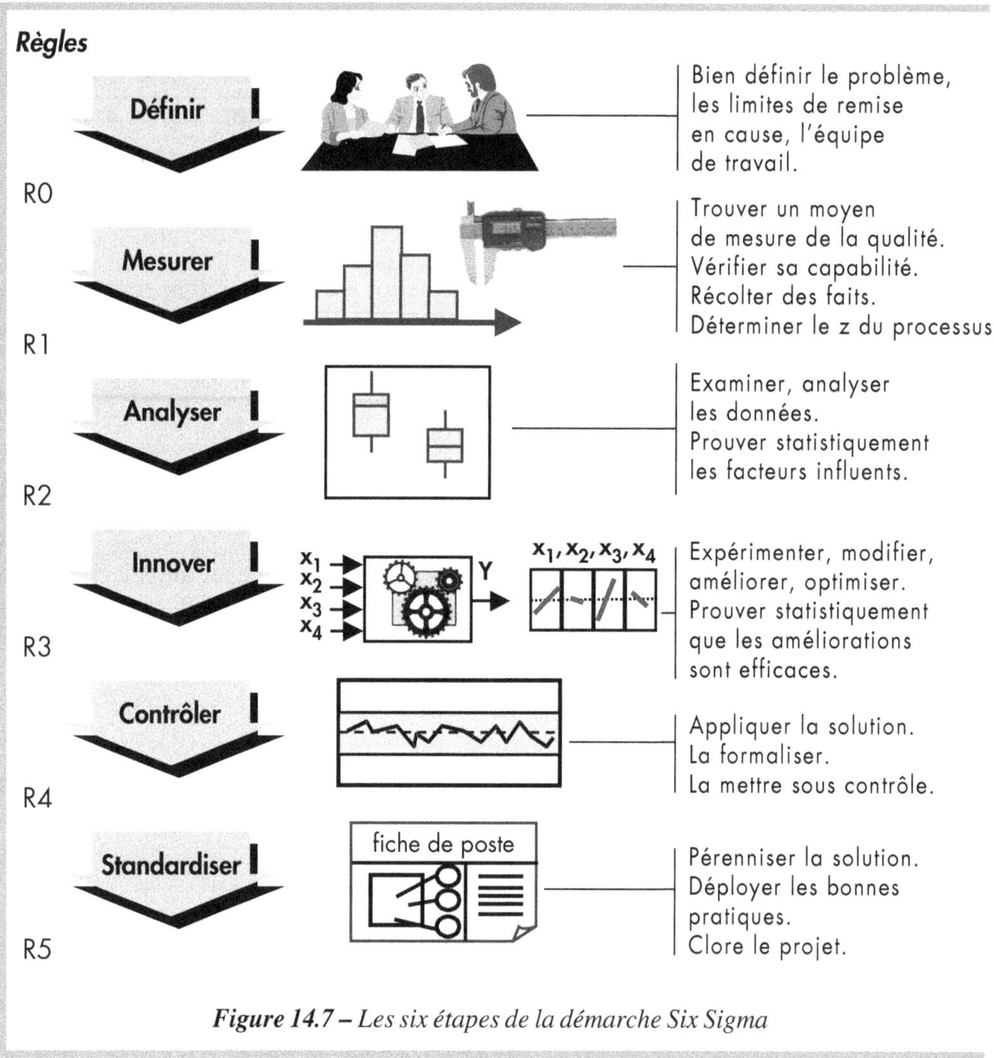

Figure 14.7 – *Les six étapes de la démarche Six Sigma*

Pour présenter brièvement les six étapes de la démarche, nous avons choisi de nous appuyer sur un exemple relativement simple de mise en œuvre de la démarche, mais qui montre bien les différentes étapes qu'il faut suivre et l'utilisation de plusieurs outils statistiques conduisant à la réussite du projet.

L'exemple d'utilisation

Une entreprise réalise un alésage sur un piston en utilisant une machine multipostes. Le niveau de qualité actuel n'est pas satisfaisant et l'entreprise rencontre des difficultés en clientèle aussi bien avec son client aval (montage) qu'avec son client final (utilisateur du produit fini). Pour résoudre ce problème elle décide de recourir à un projet Six Sigma.

3.1 Étape 1 : Définir

3.1.1 But de l'étape

Pour résoudre un problème, il faut d'abord bien définir quel est le problème. Après avoir sélectionné le problème sur lequel on doit se pencher, on cherchera dans cette étape à d'abord parfaitement décrire qui est le client, quelle est son insatisfaction et quelle est la (ou les) grandeur Y qui permet de traduire cette insatisfaction.

3.1.2 Les actions principales à réaliser

- ⇨ Formuler le problème.
- ⇨ Identifier les clients, et préciser ce qui est critique pour les clients.
- ⇨ Formaliser le processus étudié :
  - Faire la boîte noire du processus (avec les connaissances actuelles).
  - Quels sont les Y (sorties) du processus liés à ce qui est critique pour le client ?
  - Quels sont les processus de mesure ? Sont-ils continus (7 niveaux minimum) ?
- ⇨ Quelles sont les spécifications actuelles sur les Y ?
- ⇨ Quels sont les X a priori ?
- ⇨ Positionner le processus dans son ensemble (Bloc Diagramme).
- ⇨ Identifier l'état actuel :
  - Existe t-il un historique sur le problème ? Un historique sur les Y ?
  - Quelle est la capabilité actuelle si elle est connue ?
  - Quels sont les coûts de non qualité identifiés et liés au problème ?
- ⇨ Identifier l'état souhaité – l'écart est-il proportionnel à l'ampleur du problème ?
  - Quelle est la capabilité visée ?
  - Quels sont les coûts de non-qualité que l'on veut supprimer ?
  - Quels sont les gains en productivité ... ?

3.1.3 Les outils utilisés

L'outil fondamental pour cette étape est le QQOQCP. Mais tous les outils de base des démarches de résolution de problème sont utilisés comme par exemple :

- Pareto ;
- Cinq Pourquoi ;
- Histogramme ;
- ...

3.1.4 Exemple d'application

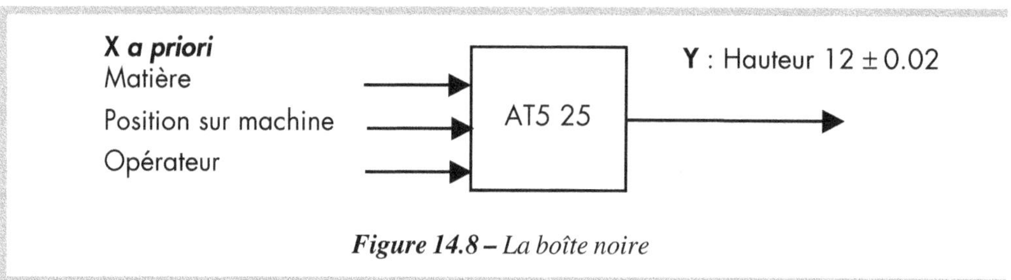

Figure 14.8 – *La boîte noire*

Dans l'atelier de fabrication concerné, un **Pareto** des coûts de non-qualité est régulièrement réactualisé. Il apparaît depuis plusieurs mois que l'usinage de l'alésage du piston est le point numéro 1 de la non-qualité. Il est donc choisi comme sujet d'application de Six Sigma.

Le champion du secteur et le « Black Belt » se réunissent et définissent ensemble le problème. Le QQOQCP est utilisé, le résultat de ce travail est mis sous la forme d'une feuille d'ouverture de chantier.

Formulation du problème :
La cote de hauteur de l'alésage du piston subit des variabilités trop importantes entraînant des coûts de non qualité importants. Nous recherchons à mieux maîtriser cette variabilité.

Identification des clients :
Client aval : Atelier de montage
Client final : Utilisateur du produit

Situation actuelle	Situation visée
Utilisation de la machine AT5 25 Opérateur sans qualification Deux sources d'approvisionnement des pièces brutes Court terme Cp = 1.2 (Z_{ST} = 3.6) Performance mesurée Ppk = 0.4 (long terme) Capabilité du moyen de contrôle inconnu Contrôle des pièces à 100 % avec, malgré cela, des problèmes en clientèle	Utilisation de la machine AT5 25 Opérateur sans qualification Deux sources d'approvisionnement des pièces brutes Capabilité Cp > 2 (Z_{ST} > 6) Performance attendue Ppk > 1.33 Suppression des tris.

Gains attendus mesurables	Gains attendus non mesurables
Suppression de pièces rebuts Diminution des coûts de contrôle Diminution des réclamations clients Amélioration du TRS 30 000 euros par an	Temps gagné en dérogation et traitement de non-conformité par le service qualité, la maîtrise d'atelier... Meilleure fiabilité des produits finis Meilleure image auprès de nos clients Augmentation de nos parts de marché

Equipe chantier Six Sigma Black Belt GDE Champion HRA
Groupe MPO ; ACO, DDU

Caractéristiques Y identifiées :
Hauteur entre l'alésage et le sommet du piston : 12 ± 0.02
Moyen de mesure : Montage existant, capabilité non mesurée

Coûts identifiés du projet : 7 000 euros si pas d'investissement nécessaire

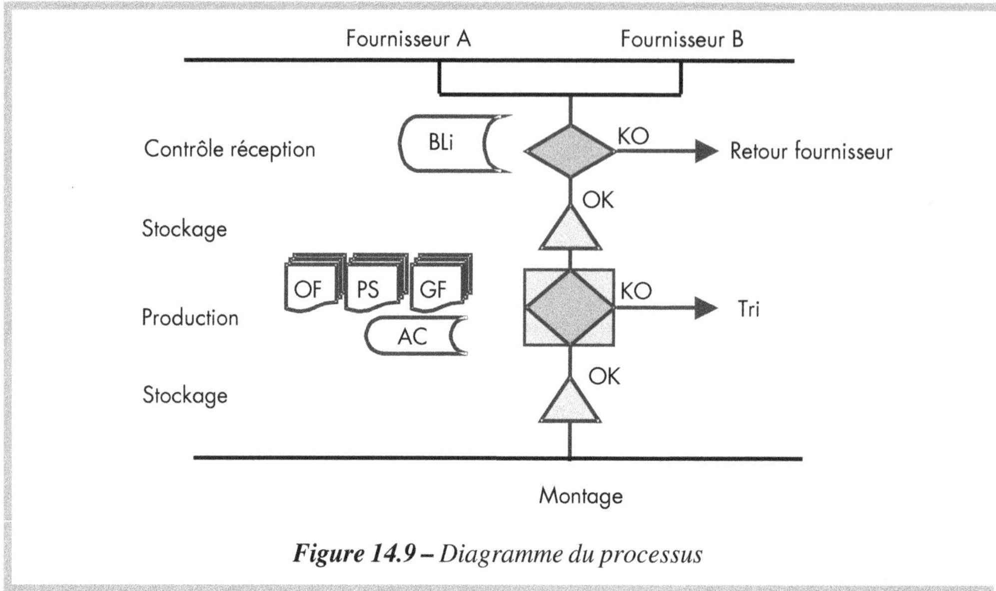

Figure 14.9 *– Diagramme du processus*

3.2 Étape 2 : Mesurer

3.2.1 But de l'étape

Cette étape à deux objectifs :

- Le premier consiste à vérifier que la chaîne de mesure utilisée n'est pas déjà une source importante de variabilité. Pour cela, après avoir vérifié le rattachement de l'instrument à la chaîne d'étalonnage, on vérifie que la variabilité due aux défauts de répétabilité (plusieurs mesures d'un opérateur) et de reproductibilité (plusieurs opérateurs) n'est pas trop forte.
- Le second objectif de cette étape est de récolter des faits en observant le processus.

3.2.2 Les actions principales à réaliser

➪ Formuler le problème (actualisation)
  - Faire la boîte noire du processus (avec les connaissances actuelles)
  - Quels sont les Y du processus liés à ce qui est critique pour le client ?
  - Quels sont les processus de mesure ? Sont-ils continus (7 niveaux minimum) ?
  - Quelles sont les spécifications actuelles sur les Y ?
  - Quels sont les X a priori ?

➪ Valider le processus de mesure.
  - Rattachement à la chaîne d'étalonnage.
  - Vérification de la justesse.
  - Vérification de la répétabilité et de la reproductibilité (R&R).

⇨ Observer le procédé.
- Lister les sources possibles de variabilité qu'il faut observer
- Réaliser un déballage d'idées pour faire l'analyse des 5 M
- Réduire la variabilité inutile
- Mettre en place des cartes d'observations.
- Mettre en place des feuilles de relevé.
- Enregistrer toutes les informations disponibles sur Y avec ses attributs (X correspondants).

3.2.3 *Les outils utilisés*

Les outils seront des outils de métrologie pour valider la capabilité des moyens de contrôle et des outils de saisie d'information sur le poste de travail.

- Test R&R répétabilité et reproductibilité.
- Feuille de relevés.
- Carte d'observation.

3.2.4 *Exemple d'application*

Pour valider l'instrument de mesure, un test R&R a été réalisé. Ce test consiste à faire mesurer 10 pièces deux fois par deux opérateurs (figure 14.10).

	Opérateur 1				**Opérateur 2**			
N° pièce	1re mesure	2e mesure	/X	R	1re mesure	2e mesure	/X	R
1	11.997	12,000	11.9985	0.003	11.995	11.997	11.996	0.002
2	11.983	11.98	11.9815	0.003	11.984	11.985	11.985	0.001
3	12.004	12.004	12.004	0	12.004	12.004	12.004	0
4	12.017	12.017	12.017	0	12.016	12.017	12.017	0.001
5	12.018	12.020	12.019	0.002	12.015	12.016	12.016	0.001
6	12.018	12.020	12.019	0.002	12.018	12.019	12.019	0.001
7	11.98	11.98	11.98	0	11.981	11.980	11.981	0.001
8	11.997	12,000	11.9985	0.003	11.996	11.997	11.997	0.001
9	12.015	12.015	12.015	0	12.015	12.014	12.015	0.001
10	11.987	11.99	11.9885	0.003	11.986	11.987	11.987	0.001
	12.000	12.001	12.0013	0.001	11.997	11.995	12.001	0.001
			//X1	/R1			//X2	/R2

***Figure 14.10** – Test R&R*

À partir de ce tableau on calcule un indice R&R de 14 %, cela signifie que la dispersion de la mesure (6 σ) est égale à 14 % de l'intervalle de tolérance. On peut également calculer un indicateur de capabilité Cpc = 7.14, ce qui signifie que la tolérance est 7.14 fois plus grande que la dispersion.

Le Cpc étant > 4, on considère que la chaîne de mesure est valide. Dans le cas contraire, il ne fallait pas avancer, on aurait du d'abord améliorer le Cpc.

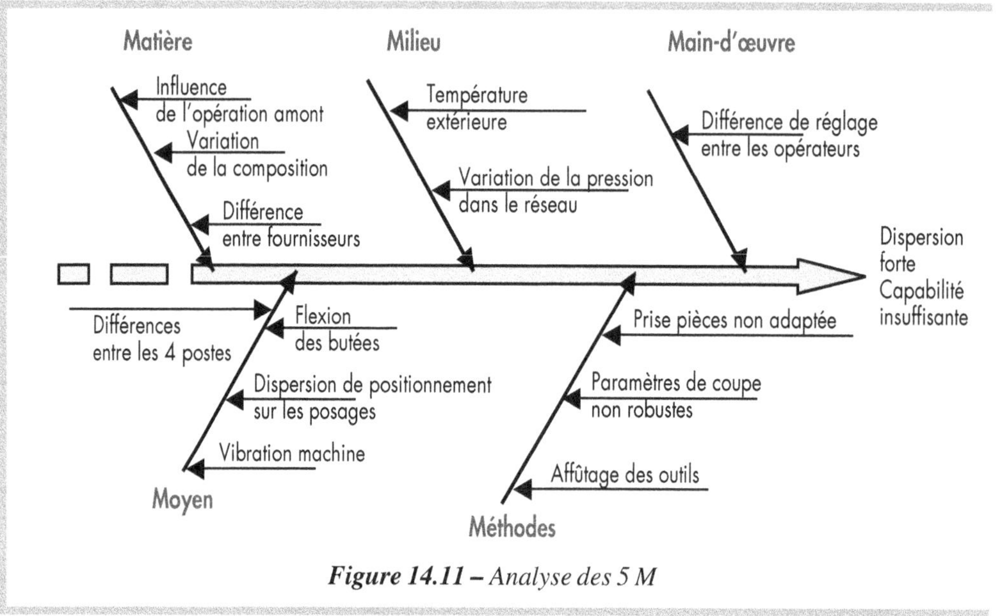

***Figure 14.11** – Analyse des 5 M*

La suite de l'étape « mesurer » consiste à observer le procédé. Pour connaître ce qu'il est pertinent d'observer, on réalise, par exemple, une analyse des 5M (figure 14.11). Pour pouvoir observer le processus dans de bonnes conditions, on met en place toutes les actions qui peuvent facilement réduire les risques de variabilité. Des actions de réduction de variabilité sont alors prises telles que :

- mise en place d'un surpresseur pour éliminer les variations de pression dans le réseau ;
- la formalisation des processus de réglage par la création de fiches de poste ;
- ...

Cette première analyse du processus permet d'identifier les sources de variabilité qu'il est souhaitable d'observer pour pouvoir faire des analyses. Pour cela on utilise une feuille de relevé de type tableau permettant de noter : le jour, l'heure, le fournisseur de matière, l'opérateur, le n° de position, et la cote Y. La fréquence de prélèvement est fixée à un tour de plateau toutes les deux heures.

N°	Fournisseur	Jour	Opérateur	Heure	Pos1	Pos2	Pos3	Pos4

Figure 14.12 *– Feuille de relevé*

3.3 Étape 3 : Analyser

3.3.1 But de l'étape

Conformément à toutes les méthodes de résolution de problème, Six Sigma impose une phase d'analyse avant de modifier le processus. L'étape 2 nous a permis de récolter des faits, l'étape trois nous permettra de les analyser. L'analyse portera d'abord sur Y (la sortie de la boîte noire) puis sur les X en relation avec les variations sur Y

3.3.2 Les actions principales à réaliser

- ➪ Analyser toutes les données disponibles récoltées lors de l'étape 2
- ➪ Analyser le comportement de Y (normalité, chute des capabilités...)
- ➪ Analyser les relations qui peuvent lier les X et les Y
- ➪ Vérifier l'influence des trois types de variations :
  - **Variations de position**
    - Position sur une machine multi posages
    - Chip particulier dans un wafer
    - Empreinte dans un moule sur une presse à injecter
    - Variation entre 2 machines, 2 opérateurs, 2 ateliers
    - ...
  - **Variations cycliques**
    - Variation d'un lot à un autre
    - Variation d'une coulée à une autre
    - Variation parmi un groupe d'unités (usure d'outils)
    - ...
  - **Variations temporelles**
    - Variation d'une équipe à l'autre, matin et soir, jours de la semaine...
- ➪ Pondérer l'ensemble des X en fonction de leurs poids sur Y
- ➪ Se focaliser sur les X les plus importants
- ➪ Réactualiser les gains potentiels ou déjà acquis

3.3.3 Les outils utilisés

Cette étape fait largement appel aux outils statistiques. On utilisera notamment :

- le diagramme en arête de poisson ;
- les tests de comparaison de moyennes, de variance, de fréquences ;
- les boîtes à moustaches ;
- les analyses factorielles ;

- les analyses de la variance ;
- les régressions multiples ;
- ...

3.3.4 Exemple d'application

À partir des données récoltées dans l'étape « Mesurer » on peut conduire un certain nombre d'analyses de données.

Analyse de Y

Après deux semaines d'observation du processus, on analyse les données recueillies. La première analyse de Y consiste à construire un histogramme des valeurs de Y (figure 14.13).

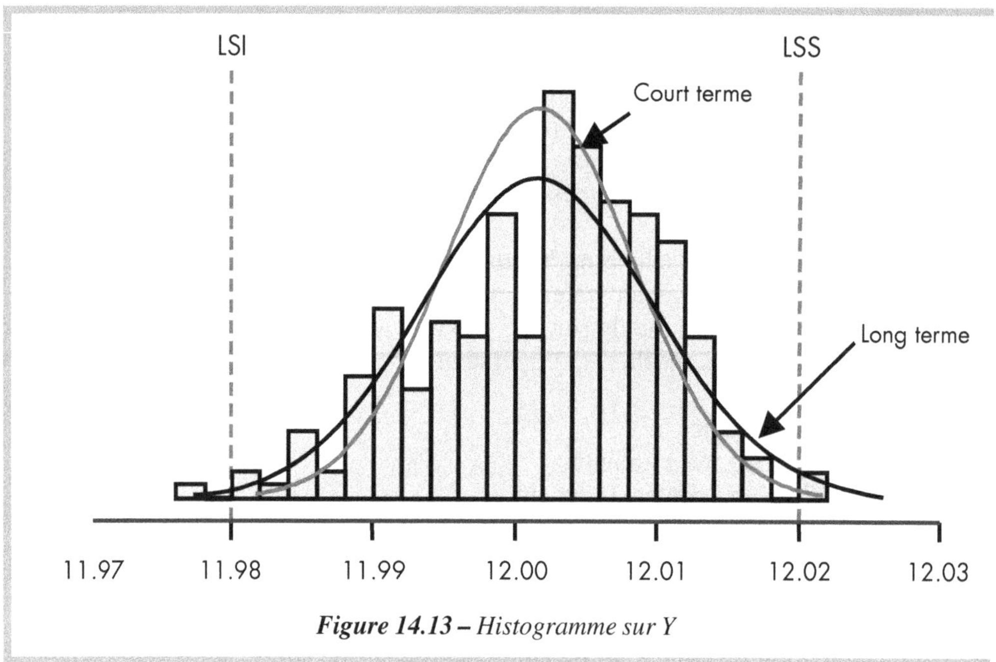

***Figure 14.13** – Histogramme sur Y*

L'analyse statistique nous indique que la répartition n'est pas normale. Le calcul des capabilités donne :

⇨ Capabilité court terme : Cp = 1 ; Cpk = 0,92 (à l'intérieur d'un prélèvement)
⇨ Capabilite long terme : Pp = 0.89 ; Ppk = 0.82

L'analyse de la carte de contrôle (figure 14.14) nous indique une dérive du processus à partir du 42e prélèvement. Mais ce n'est pas la cause du problème, en effet, la capabilité court terme Cp est très inférieure à 2. C'est donc là qu'il faut chercher les sources de variabilités.

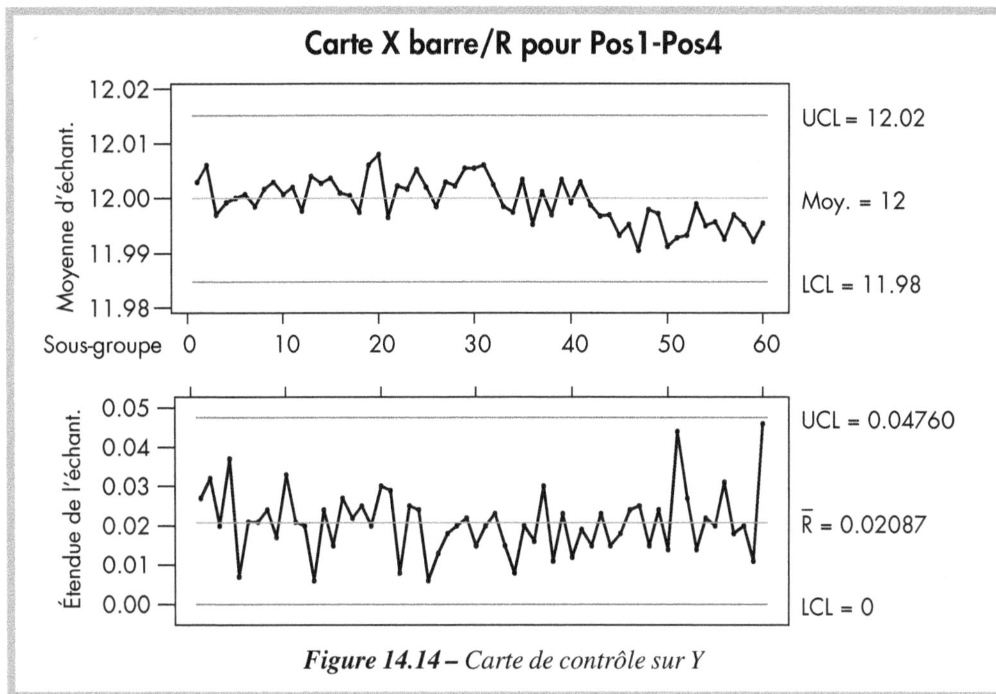

Figure 14.14 – Carte de contrôle sur Y

Analyse des X

L'analyse des X nous permet de déterminer les sources probables de l'origine de la dispersion. Cette étude se fait à partir des données de la feuille de relevés. En réalisant une analyse de la variance en modèle linéaire, on trouve le graphique des effets de la figure 14.15.

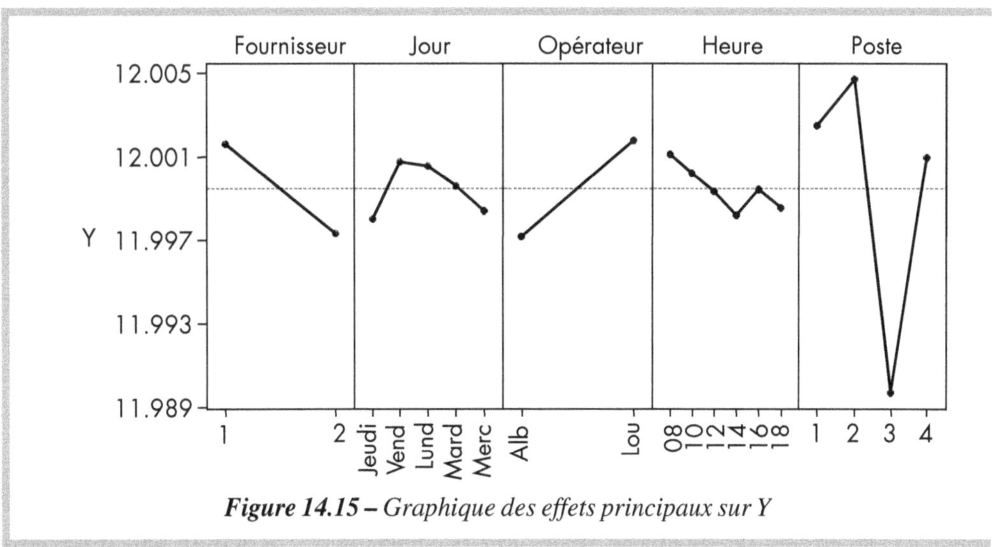

Figure 14.15 – Graphique des effets principaux sur Y

L'analyse statistique (non reproduite ici) nous montre que le fournisseur, l'opérateur et le poste sont responsables d'écarts. Le jour et l'heure ne sont pas significatifs. Pour illustrer l'effet de ces facteurs, nous utilisons le diagramme « Boite à moustache » (figure 14.16).

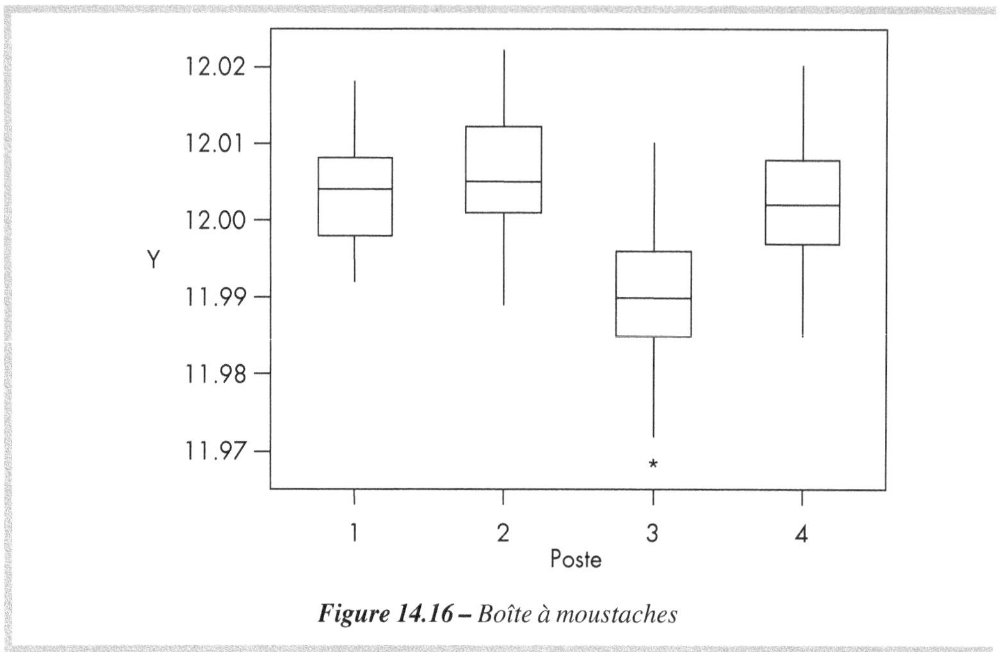

Figure 14.16 *– Boîte à moustaches*

Ce diagramme nous montre qu'il y a un décalage entre les postes sur la moyenne mais que chaque poste disperse de manière similaire.

L'analyse se termine par une recherche des causes profondes des écarts observés. Dans le cas des postes, l'explication est immédiate il s'agit d'un réglage. Dans le cas de l'opérateur ou de la matière, l'explication est moins immédiate. Nous avons pu observer un écart dans la manière de positionner les pièces entre les deux opérateurs qui semble expliquer cet écart. Au niveau du fournisseur, le groupe de travail a attribué ces variations aux écarts de dureté de la matière constatés par ailleurs.

3.4 Étape 4 : Améliorer

3.4.1 But de l'étape

Après avoir déterminé les sources potentielles de la dispersion lors de l'étape d'analyse. Il faut maintenant améliorer le processus. C'est le but de cette étape d'amélioration. Après avoir fait la synthèse de toutes les connaissances acquises lors des étapes précédentes, le groupe de travail se réuni afin de déterminer les actions qui doivent a priori améliorer Y. L'expérimentation des différentes actions se fera toujours à l'aide des outils statistiques pour évaluer l'efficacité des actions.

3.4.2 Les principales actions

- synthèse des connaissances acquises ;
- générer des solutions et sélectionner les plus efficientes ;
- valider les solutions par une démarche expérimentale ;
- analyser les risques ;
- planifier la mise en œuvre de la solution.

3.4.3 Les outils utilisés

Les principaux outils utilisés lors de cette étape sont :

- le déballage d'idées ;
- le plan d'action (Qui Quoi Quand) ;
- les plans d'expériences (modification de plusieurs facteurs) ;
- les tests de comparaisons (modification d'un facteur).

3.4.4 Exemple d'application

Dans l'exemple que nous avons retenu, l'amélioration s'est réalisée en deux étapes. La première étape a consisté à figer la manière de positionner les pièces par une modification du posage et à régler les postes sur la cible à partir des écarts constatés par l'analyse de la variance.

Une nouvelle capabilité court terme a été réalisée après cette première modification. Les résultats furent les suivants :

Capabilité court terme : Cp = 1,6 ; Cpk = 1,5 (à l'intérieur d'un prélèvement)

Bien que meilleure qu'au départ, cette capabilité n'atteint pas l'objectif Six Sigma (Cp = 2)

À l'aide du diagramme d'Ishikawa, le groupe de travail a décidé de modifier un paramètre de coupe (angle) et le posage afin d'assurer une meilleure tenue des pièces. Le but étant de rendre insensible le processus aux variations dues aux fournisseurs et aux opérateurs.

Pour apporter la preuve statistique de l'amélioration, un plan d'expériences complet a été réalisé. Pour chaque configuration testée, 50 produits ont été réalisés et mesurés. Nous avons noté les résultats synthétiques : la moyenne et la dispersion.

N°	Angle	Posage	Fournisseur 1		Fournisseur 2	
			Moy	σ	Moy	σ
1	93°	Ancien	12.0021	0.0050	12.0010	0.0075
2	93°	Nouveau	12.0035	0.0032	12.0026	0.0052
3	85°	Ancien	11.9951	0.0032	12.0011	0.0057
4	85°	Nouveau	11.9966	0.0024	11.9978	0.0026

La réponse qui nous intéresse est de minimiser la dispersion et donc de minimiser l'écart type. Le graphe des effets nous donne :

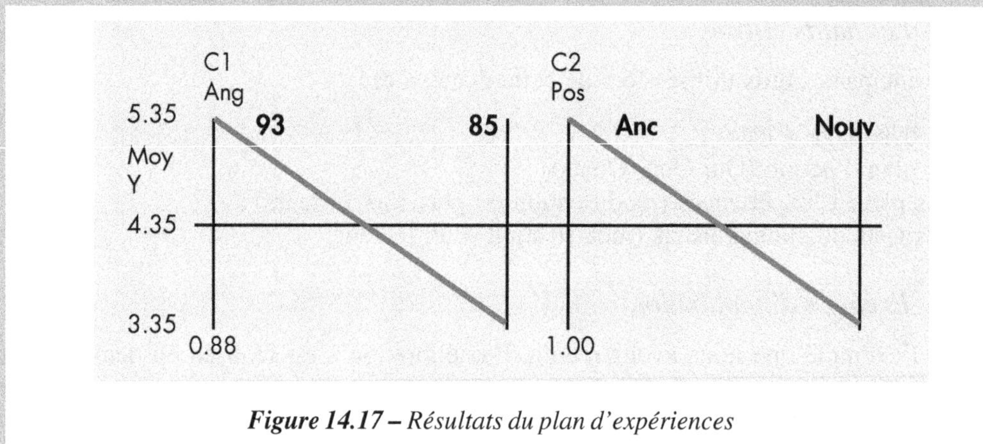

Figure 14.17 *– Résultats du plan d'expériences*

Une première interprétation nous donne la meilleure solution pour minimiser la variance, il faut mettre simultanément en place les deux améliorations proposées. Une étude plus complète en signal/bruit de Taguchi – mais qui sort du domaine de cet ouvrage – donnerait le même résultat.

Une nouvelle capabilité court terme a été réalisée après cette seconde modification. Les résultats furent les suivants :

Capabilité court terme : Cp = 2,7 ; Cpk = 2,3

L'objectif Six Sigma est atteint.

3.5 Etape 5 : Contrôler

3.5.1 But de l'étape

Le processus ayant été amélioré lors de l'étape 4, il faut désormais tout mettre en œuvre pour garantir que ces améliorations seront maintenues et que le processus ne se dégradera pas. Le but de cette étape est donc de mettre en place la structure permettant de mettre « sous contrôle le processus ».

3.5.2 Les actions à réaliser

- Déterminer les tolérances à placer sur les X critiques
- Déterminer le plan de surveillance pour l'ensemble des caractéristiques
- Mettre en place des cartes de contrôle pour suivre les caractéristiques essentielles
- Mettre en place des systèmes « zéro défaut » là où c'est possible
- Documenter le poste de travail

3.5.3 Les outils utilisés

L'outil privilégié dans cette étape est la carte de contrôle. Tous les types de cartes de contrôle peuvent être utilisés depuis la classique carte de contrôle moyennes étendues jusqu'à la carte EWMA.

3.5.4 Exemple d'application

Nous avons vu au paragraphe 2.3.3. que le processus de fabrication pouvait dériver. Pour le maintenir « sous contrôle » et conserver le bon niveau de capabilité obtenu à l'étape 4, il est décidé de mettre en place une carte de contrôle.

Type de carte : Moyennes/étendues ($\overline{X}/R$)

Taille des échantillons : Un tour de plateau soit 4 pièces.

Fréquence de prélèvement : La rapidité de la dérive observée lors de l'étape 3 et les améliorations apportées à l'étape 4 conduisent à choisir une fréquence de 1 prélèvement toutes les 4 Heures.

Suivi des capabilités : Un suivi graphique des capabilités est mis en place afin de suivre l'évolution de la chute des capabilités Cp, Pp, Ppk. L'actualisation du graphique se fait une fois tous les quinze jours.

3.6 Etape 6 : Standardiser

3.6.1 But de l'étape

Le but de cette sixième et dernière étape est de mettre en place l'ensemble des procédures pour que la solution choisie devienne pérenne dans le temps. C'est également de diffuser les bonnes pratiques sur d'autres postes là où c'est possible.

3.6.2 Les actions à réaliser

- Simplifier là où c'est possible la solution adoptée lors de la démarche Six Sigma
- Finaliser l'ensemble des procédures d'auto maîtrise afin de pérenniser la solution
- Sélectionner les bonnes idées à partager, étendre la solution sur d'autres processus si c'est possible

➪ Communiquer sur la réussite de l'action

3.6.3 Exemple d'application

Dans notre exemple, la méthode choisie pour serrer la pièce a apporté un réel progrès sur le processus étudié. Il est facilement utilisable sur d'autres machines effectuant le même type de production. On retient donc le principe de standardiser ce nouveau serrage.

Enfin, on finalise le plan d'automaîtrise sur le poste de travail en incluant l'environnement du poste, les procédures de contrôle, de maintenance, de traitement des non-conformités et de suivi de la qualité.

4. SIX SIGMA UNE ORGANISATION DES COMPÉTENCES

4.1 Les différents niveaux de pilotage

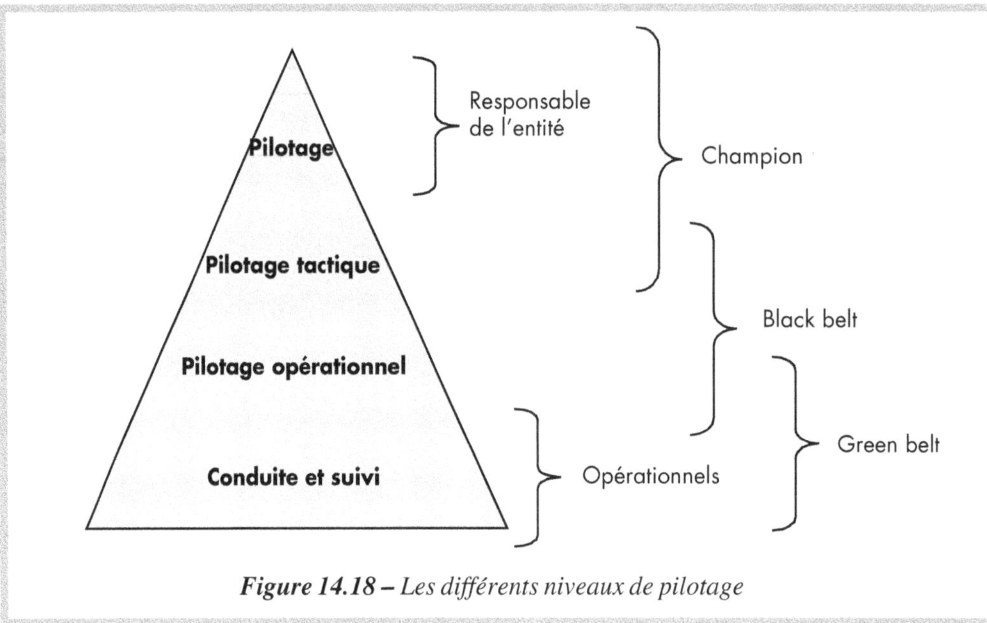

***Figure 14.18** – Les différents niveaux de pilotage*

Le pilotage d'une démarche Six Sigma doit comme pour toutes autres activités avoir les quatre couches : stratégique, tactique, opérationnelle, conduite et suivi.

Stratégique : la mise en place de Six Sigma doit partir d'objectifs en termes de coûts, de performances internes, de satisfaction clients et de perception externe et enfin de parts de marché et de positionnement vis à vis de la concurrence. Pour atteindre ces objectifs, il faut alimenter les moteurs du progrès en donnant une vision claire sur la façon dont on veut que les choses avancent. Ces engagements sont forcément pris au niveau le plus haut de l'entreprise en impliquant fortement les *Champions*.

Tactique : le pilotage tactique consiste à traduire les décisions stratégiques au niveau des services opérationnels. Il va consister à faire les choix des chantiers Six Sigma qui méritent d'être développés et à donner les moyens aux équipes de conduire ces projets. Le *Champion* est fortement impliqué dans cette phase, assisté du *Black Belt* pour le choix des chantiers.

Opérationnel : le pilotage opérationnel va principalement consister à conduire les chantiers Six Sigma notamment par l'utilisation de la démarche DMAICS que nous avons décrite. Le *Black Belt* est donc leader dans cette couche de pilotage, assisté par les membres de son équipe, les *Green Belt.*

Conduite et suivi : cette couche très applicative va consister à appliquer les décisions qui sortent de la démarche DMAICS. Elle va impliquer tous les opérationnels du processus concerné dont les *Green Belt* qui sont choisis notamment pour être des opérationnels.

***Figure 14.19** – L'organisation Six Sigma*

4.2 Les différents rôles

On aura compris lors de la description du petit exemple que nous avons choisi de présenter que Six Sigma ne peut pas s'improviser sans compétence.

Mettre en œuvre Six Sigma c'est aussi former son personnel et déterminer des rôles particuliers aux individus qui vont conduire le changement. Dans la définition des rôles de chacun, l'entreprise General Electric a proposé de donner les noms de *White Belt*, *Green Belt*, *Black Belt*, *Master Black Belt*, et *Champion*. Si les noms changent d'une entreprise à l'autre, on parle par exemple d'Equipier, de Pilote, de Coach, les fonctions doivent être remplies pour garantir le succès du déploiement de Six Sigma dans l'entreprise.

Les deux personnages les plus importants sont le *Black Belt* (Ceinture noire) et le *Champion.*

Le ***Black Belt*** ou animateur Six Sigma a pour rôle de piloter le groupe de travail. Il est affecté à 100 % sur l'avancement des projets Six Sigma. Son rôle est le suivant :

- il anime le projet ;
- il forme le groupe de travail ;
- il utilise les outils et la méthode Six Sigma.

Pour pouvoir être *Black Belt*, il faut cumuler deux compétences : une compétence dans les outils de la qualité et plus particulièrement dans les outils statistiques et une compétence dans le management d'une équipe.

Le ***Champion*** est choisi par le patron de l'entreprise. Son rôle n'est pas de conduire les projets, mais de choisir les projets à conduire puis de les suivre activement en ayant la responsabilité de réaliser les revues entre chaque étape du cycle DMAICS. Il a la responsabilité du déploiement de Six Sigma dans un secteur de l'entreprise. Typiquement, un Champion est un responsable exécutif avec un haut niveau de responsabilité. Il peut être le responsable d'un site, ou responsable d'une fonction importante de l'entreprise. Il doit faire partie du comité de direction.

Les Champions ont en charge le succès du déploiement de Six Sigma dans un secteur de l'entreprise. Ils doivent superviser les *Black Belt* d'une unité de l'entreprise. Ils s'investissent dans le choix des projets à réaliser et fournissent un support en faisant disparaître – si besoin est – les barrières culturelles. Ils doivent s'assurer que les ressources sont disponibles tant en hommes qu'en matériels.

Le *Champion* suit activement l'évolution des projets. Notamment avec une responsabilité dans l'organisation des revues de projet qui doivent ponctuer chaque fin d'étape.

Les *Champions* sont très importants, ils donnent la cohésion à la démarche Six Sigma en reliant chaque projet aux objectifs stratégiques de l'entreprise et en évitant la variabilité ... dans la méthode.

Le ***Master Black Belt*** est l'expert dans l'utilisation des outils et de la méthode. Il enseigne, conseille et développe la méthode. Il possède une très solide expérience dans l'utilisation des outils statistiques. Il a mené de très nombreux projets Six Sigma. Il intervient en tant que conseiller auprès du *Black Belt,* il dénoue les situations délicates. Il conduit régulièrement des réunions avec les *Black Belt* dans le but de les faire progresser dans l'utilisation des outils et des méthodes de Six Sigma.

Enfin, on trouve également le ***Green Belt*** (ceinture verte) qui est le *Black Belt* en formation.

4.3 La formation des intervenants

La mise en œuvre de Six Sigma nécessite une très importante formation. Mais cela ne suffit pas, il faut que cette formation soit couplée avec une expérience de mise en œuvre de la démarche. C'est pourquoi la formation des *Black Belt* est une formation qui alterne des temps de formation théorique et des temps de pratique en entreprise (souvent une semaine de formation théorique et un mois d'application).

Ainsi, pour chaque acteur de Six Sigma, on trouve une formation spécifique. La formation des champions est un peu plus restreinte, mais couvre néanmoins tous les aspects de l'approche.

5. SIX SIGMA UN MANAGEMENT PAR PROJET

Six Sigma, au delà d'une méthode de résolution de problème est un véritable outil de management de la qualité orienté vers la qualité des produits. Pour réussir il faut dépasser la méthode et inscrire les projets Six Sigma dans une stratégie d'entreprise.

C'est la démultiplication des chantiers Six Sigma dans l'entreprise qui permet d'obtenir des gains cumulés significatifs, tant pour l'entreprise que pour les clients. Pour gérer cette multitude de chantiers, il faut également une approche structurée que fournit le management par projet.

L'aspect management par projets est déjà très marqué par la structure de la méthode : Six Sigma en six étapes. Le champion joue un rôle prépondérant dans cette gestion par projet. En effet, il fixe un objectif, un planning, et évalue l'avancement des travaux au travers de revues obligatoires pour valider le passage d'une étape à l'autre. Tous les chantiers sont répertoriés, suivis et ont un impact validé sur les objectifs stratégiques de l'entreprise.

L'affectation des ressources est également très présente dans le management de Six Sigma. Faire partie d'un projet Six Sigma demande de la disponibilité qui doit être gérée au niveau du projet. Outre les ressources humaines, on doit également gérer les ressources financières de l'entreprise pour disposer d'un budget afin de pouvoir investir dans la re-conception du processus.

Les points essentiels d'un management par projet sont :

1. Initiation et écriture du projet par le chef d'entreprise et/ou un cadre afin qu'il soit en accord avec la stratégie de l'entreprise.
2. Choix du chef de projet (Le *Black Belt*) en fonction de ses capacités à mener ce projet à bien.

3. Choix des compétences (internes ou externes à l'entreprise) qui vont être nécessaires et suffisantes au projet.

4. Choix d'un référent du projet (Le *Champion*) qui va suivre l'avancement, les difficultés et allouer les ressources nécessaires.

5. Définition des objectifs et des limites du projet.

6. Détermination d'un budget et suivi de ce budget au travers un tableau de bord financier.

7. Définition des modes de validation de l'avancement du projet.

8. Définition des modes de communications (rapports d'étapes, réunions...)

La gestion simultanée de tous les projets, l'implication de tous les acteurs donne la dimension stratégique à Six Sigma. Plutôt que de se focaliser sur le contrôle des produits, on s'intéressera davantage à la maîtrise des processus et à la maîtrise de la conception. Les perspectives de Six Sigma se placent dans un avenir à long terme, accompagné d'un changement culturel profond des acteurs de l'entreprise qui demande une solide formation. Le but n'est pas de faire de l'amélioration continue, mais de faire de l'amélioration par percée.

Conclusion

Mise en œuvre d'une démarche qualité : une complémentarité système-outils

Mettre en œuvre une démarche qualité et la faire vivre est une tâche qui requiert beaucoup d'énergie. Comme le rendement est à long terme, un phénomène d'usure risque de s'installer rapidement.

En premier lieu, il faut bien analyser ce qui existe. Il n'y a pas les entreprises qui font de la qualité et les autres. Dans toutes nous retrouvons au minimum une ébauche de système qualité. Rappelons que c'est le consommateur qui donne, par ses achats, un label de qualité. Une qualité qui ne se vend pas devient de la surqualité, donc une perte. L'évolution du chiffre d'affaires constitue un excellent indicateur.

Développer un système qualité est l'affaire de tous. La décision de création d'une démarche qualité doit engendrer une dynamique de progrès. L'adhésion de chacun ne sera obtenue que si l'on reconnaît et qu'on intègre le travail déjà accompli. Une nouvelle formalisation ne doit pas ignorer les anciennes méthodes, cela évitera bien des aigreurs qui constitueront un frein futur à toute évolution.

1. UN IMPÉRATIF : LE SOUTIEN DE LA DIRECTION

Pour que le client potentiel soit convaincu que l'entreprise va assurer la qualité requise, il faut d'abord que les acteurs en soient persuadés eux-mêmes.

Dans les normes ISO 9000, on retrouvera l'engagement de la direction en tête, ce n'est pas un hasard. Le chef d'entreprise va être un vecteur pour cette démarche, par sa motivation et par les moyens financiers qu'il allouera aux services responsables. S'il n'en est pas profondément persuadé, qu'il n'engage cette démarche que par effet de mode ou sous la pression de grands donneurs d'ordres, l'adhésion au projet va se détériorer rapidement.

L'engagement de la direction est nécessaire mais non suffisant. La démarche qualité se décline à tous les postes de l'entreprise. Une formation technique, économique et culturelle est nécessaire pour que chacun prenne conscience que la qualité c'est d'abord son propre travail, qu'une erreur mineure sur son poste peut engendrer pour la suite du produit des conséquences graves et à terme donner une image déplorable de l'entreprise. En résumé, il faut former des opérateurs conscients et responsables.

Le soutien de la direction sera d'autant plus important que les progrès réalisés par la démarche qualité pourront être mesurés. Pour cela, il est important de mettre en place dès le début de toute démarche d'amélioration des indicateurs globaux permettant de mesurer les progrès accomplis.

2. FAIRE LE NÉCESSAIRE ET LE FAIRE VIVRE

Le risque, c'est que dans l'enthousiasme du départ, on en fasse trop. Un système trop complexe va progressivement être de moins en moins efficace. Il ne faut pas oublier que « *le mieux est parfois l'ennemi du bien* ». Pour éviter une lourdeur documentaire, les acteurs seront tentés de fuir ou d'ignorer les problèmes rencontrés. Il faut mettre en place des procédures simples. Ce n'est pas facile, car l'ancien élève qui sommeille en chacun de nous veut montrer qu'il est capable de faire des choses complexes, difficiles et qu'il mérite la reconnaissance de ses pairs.

Un autre écueil rencontré est la réticence à consigner par écrit son savoir-faire, donc quelque part sa raison d'être. Il faut que l'opérateur prenne conscience que l'entreprise ne doit pas être trop pénalisée par son absence (par exemple, un congé maladie). On touche à l'individu avec toute sa susceptibilité. Pour que l'entreprise soit robuste aux aléas qui peuvent survenir, c'est un passage obligatoire.

Le système de management de la qualité étant installé et opérationnel, il faut le faire perdurer et si possible progresser. La bonne volonté ne suffit pas. Les divers outils de la qualité vont s'avérer des auxiliaires précieux.

Certains seront maîtrisés par l'entreprise assez facilement, d'autres au contraire vont nécessiter un complément d'information.

Comme pour la phase de démarrage, on rencontrera les mêmes difficultés. Si l'outil n'est perçu que comme une mode, voire une lubie de la direction, ce sera un feu de paille. La formation des hommes est le leitmotiv d'une démarche qualité, c'est les fondations du système.

Il est vrai que l'on a vu fleurir un nombre d'outils impressionnant. Le bon sens doit permettre de faire son choix et de ne retenir que ceux qui ont fait leur preuve et qui sont véritablement nécessaires à l'entreprise. Il ne faut pas avoir le culte du dernier outil.

L'effort requis ne pourra être maintenu que si l'on prouve que la qualité recherchée est bien au rendez-vous. Déjà au niveau du produit, des mesures seront nécessaires pour valider les processus, on pourra prouver ainsi qu'on les maîtrise. Cette preuve ne sera tangible que si l'on est conscient des incertitudes de ces mesures et qu'elles sont bien compatibles avec ce que l'on prétend affirmer.

Il faut ensuite envisager de mesurer l'efficacité du système qualité mis en place. D'abord pour rassurer les acteurs, leur montrer que leur effort n'a pas été vain, c'est l'effet pédagogique. Ensuite, cela permet de prévenir toute dérive en engageant des actions correctives.

3. SE CONCENTRER SUR LE PRODUIT

Ce que le client achète, c'est le produit et non le système qualité. Trop d'entreprises semblent oublier cette évidence dans leur démarche. La certification demande un gros investissement, mais cela ne suffit pas pour garantir une bonne qualité des produits conçus et fabriqués dans l'entreprise.

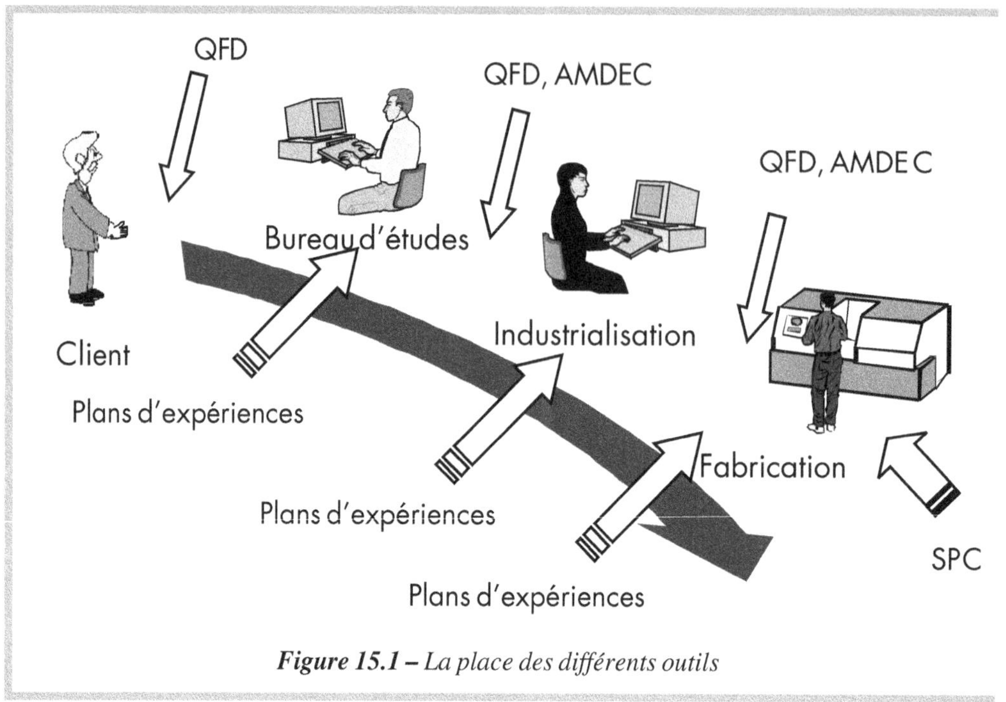

***Figure 15.1** – La place des différents outils*

Se concentrer sur le produit commence dès le marketing. Le produit imaginé doit ressembler le plus possible à l'idéal ressenti par le client. Le QFD apporte à cet égard un plus incontestable. Et pourtant, son utilisation dans nos entreprises reste marginale. La conception doit respecter le cahier des charges et diminuer les coûts. Là encore des outils comme l'analyse fonctionnelle, l'analyse de la valeur sont d'une aide précieuse. Lors de la conception, des choix technologiques doivent être faits. Ils nécessitent souvent des essais afin de vérifier la fiabilité et les performances du produit. Les plans d'expériences et les études de fiabilité prévisionnelle sont d'une remarquable efficacité.

Une fois la conception réalisée, il est indispensable de valider les choix technologiques en utilisant l'AMDEC. Il ne nous est jamais arrivé de faire une AMDEC dans une entreprise sans découvrir au moins un défaut potentiel important qui avait été sous-estimé. L'AMDEC permet de faire préventivement les modifications nécessaires et ainsi de concevoir un produit robuste.

Dans la phase d'industrialisation, les meilleurs choix seront faits grâce aux plans d'expériences et à la méthode de Taguchi de conception robuste de processus. Ils permettront de centrer les productions sur la cible tout en diminuant les variations autour de cette cible. L'AMDEC Process et l'AMDEC Montage permettront de valider les choix qui auront été faits.

Enfin, en fabrication, les outils de la MSP sont inégalables pour le pilotage des productions et la formalisation des capabilités. L'utilisation des cartes de contrôle valide la stabilité des procédés, et donne les indications de réglage ou d'intervention de la maintenance.

Comme on le voit, il est bien difficile de se concentrer sur la qualité d'un produit si l'entreprise ignore tous les outils que nous avons cités. Mais peu nombreuses sont celles qui peuvent se prévaloir de maîtriser complètement les outils tels que les plans d'expériences, la MSP, le QFD ou l'AMDEC.

Dans toute la vie du produit, les outils qualité doivent être largement utilisés si l'on veut atteindre la pleine satisfaction du client. Mais ces outils doivent aussi être tous utilisés au quotidien dans les démarches de progrès et de réduction de la variabilité. Ce ne sont pas seulement les acteurs des services qualité qui sont concernés, mais tous les acteurs de l'entreprise en conception, en production mais aussi dans les services administratifs. L'utilisation des outils de la qualité ne doit pas être ponctuelle mais bien au contraire intégrée dans la stratégie de l'entreprise. L'approche « Six Sigma » nous pousse à relever ce challenge.

Pour conclure, il nous semble que le concept le plus important de la démarche qualité, c'est de montrer que l'on travaille pour une personne, le client, et, qu'à ce titre, nous avons le devoir de le satisfaire. Si ce concept est évident dans le cas d'un client externe, il l'est beaucoup moins pour un client interne à l'entreprise. Il n'y a plus de service roi avec ses services vassaux, tout le monde vise le même objectif : la réussite de l'entreprise.

BIBLIOGRAPHIE

AFAQ, *Guide d'autoévaluation ISO/TS 16949 : 2002 – AFNOR 2004*

AFNOR, *Évolution ISO 9000 – Le guide -*

AFNOR, *Guide pour la mise en place de la Maîtrise Statistique des Processus* X06-030 – 1992

AFNOR/AFCIQ, *Analyse des Modes de Défaillances, de leurs Effets et de leur Criticité*– Journée d'étude – Lyon 1990

AFNOR, *Gérer et assurer la qualité* – Recueil de normes – AFNOR – 1997

American Supplier Institute, Inc, *Orthogonal arrays and linear graphs* – ASI – 1987

BINDI C., *Un roman sur mesure* – AFNOR -2004

BORDONNE N., *Note interne « Présentation ISO 9000 »* - Salomon 1992

BOTHE K., *World class quality* – Amacom – 1991

BOTHE DAVID R., *Measuring process capability* – Mc Grow Hill – 1997

CARUEL C., *AMDEC – Manuel de l'animateur* – Renault – Direction de la Qualité 1988

Centres techniques industriels, *PME – PMI : la démarche qualité* - AFNOR – 1992

Centres techniques industriels, *La métrologie en PME – PMI : Pratique de la mesure dans l'industrie* – AFNOR -1996

Cetama, Neuilly M, *Statistique appliquée à l'exploitation des mesures* – Masson – 1986

COURTOIS A., Martin BONNEFOUS C., PILLET M., *Gestion de production* – Éditions d'Organisation – 1996

Chrysler, Ford, GM, *Statistical Process Control (SPC) – Reference manual* – 1995

DAY RONALD G., *Quality function deployment* – ASQC Quality Press – 1993

DÉTRIE P., *Le client retrouvé* – Eyrolles – 1993

DE QUATREBARBES B., *Usagers ou clients ? Marketing et qualité dans les services publics* – Éditions d'Organisation

DOUCET C., *La maîtrise de la qualité* – Entreprise Moderne d'Édition

EALEY LANCE A., *Les méthodes Taguchi dans l'industrie occidentale* – Éditions d'Organisation – 1990

E.F.Q.M., *Évaluer le niveau d'excellence* – MFQ – 1990

Fey R. & Gogue J.M., *La maîtrise de la qualité industrielle* – Éditions d'Organisation – 1984

Ford, *Analyse des effets et du mode de défaillance potentielle des procédés de montage et de fabrication (FMEA Procédé)* – Manuel d'instruction

Ford, *Statistical Process Control* - Instruction Guide – Ford Motor Company – 1982

Froman B., *Le manuel qualité : Outil stratégique d'une démarche qualité* - AFNOR 1993

Garin H.,*Assurance qualité et certification d'entreprises*– CLUB QUALITE – 1991

Goupy J., *La méthode des plans d'expériences* – Dunod – 1988

Gogue J.M., *Traité de la qualité*- ECONOMICA – 2000

G.U.M., *Guide to the expression of uncertainty in measurment* – ISO 1993

Harry Mikel ; Schroeder Richard, Six sigma – Double Day – 2000

Harrington H.J., *Le coût de la qualité* – Eyrolles – 1991

Henry A & Monkam-Daverat I, *Rédiger les procédures de l'entreprise* – Éditions d'Organisation – 1994

Hersan C., *Vade-mecum Assurance Qualité* – Lavoisier – 1991

Hudiburg J.J., *Le chef d'entreprise et la qualité totale* – Dunod – 1993

Institut des Méthodes Taguchi S.A., *Le déploiement de la fonction qualité* – Supports de présentation – 1989

Imaï M., *Kaizen : La clef de la compétitivité japonaise* – Eyrolles – 1992

Jensen P.B., *Guide d'interprétation des normes ISO* – AFNOR – 1993

Jocou J. & Meyer P., *La logique de la valeur* – Dunod – 1996

Kamiske G.F. & Brauer J.P., *Management de la qualité de A à Z* – Masson – 1994

Keller A., *La modification du système des chaînes nationales d'étalonnage BNM-COFRAC* – CONTROLE INDUSTRIEL n° 206 octobre 1997

Laudoyer, *La certification : un moteur pour la qualité* - Éditions d'Organisation – 1993

Maria C., *La qualité des produits industriels* - Dunod – 1991

Matheron J.P., *Comprendre MERISE* - Eyrolles – 1987

Measurement Systems Analysis, *Reference Manual* – Carwin Continous Ltd 1995

Mitonneau H., *Déterminer les processus et démontrer leur efficacité* – Qualité Références 2000

Mitonneau H., *Mesurer la satisfaction des clients et en tirer les enseignements* – Qualité Références 2000

Mitonneau H., *Mettre en œuvre simplement la démarche d'amélioration continue* – Qualité Références 2000

MITONNEAU H., *Planification de la qualité et déploiement des objectifs* – Qualité Références 2000

MONTGOMERY D., *Design and analysis of experiments* – Wiley – 1991

MOUGIN Y, *Processus : les outils d'optimisation de la performance* – Éditions d'Organisation – 2003

MOUGIN Y, *La cartographie des processus Maîtriser les interfaces – La méthode de la voix du client* – Éditions d'Organisation – 2004

PANDE P. E. NEUMAN R. P. COVANAGH R.R., *The six sigma way* – Mc Grow Hill – 2000

PÉRIGORD M., *Les parcours de la qualité. Démarche et outils* – AFNOR – 1992

PERRUCHET C. & PRIEL M., *Estimer l'incertitude – Mesures – Essais* – AFNOR – 2000

Peugeot, *AMDEC PRODUIT* – Norme PSA N° Q24 2120 – Mai 1991

PILLET, Appliquer la maîtrise statistique des processus – Éditions d'Organisation – 2005

PILLET, Six Sigma – Comment l'appliquer – Éditions d'Organisation – 2004

QSE, Guide pratique du Management Qualité Sécurité Environnement – DPE – 2004

Renault, *L'album Renault de la qualité Totale* – Gallimard – 1996

Renault, *AMDEC* – Norme 9225.1061 – 1993

SADO G. – SADO M. G., *Les plans d'expériences : de l'expérimentation à l'assurance qualité* – AFNOR Technique – 1991

SHIBA S., *Le management par percée* – Méthode Hoshin – INSEP Editions – 1995

SHIBA S., *Les outils du management de la qualité* - Mouvement Français pour la Qualité – 1995

SOUVAY P., *Plan d'expérience, Méthode Taguchi* – Afnor, collection à savoir – 1996

STOCKER G., *Quality Function Deployement : Listening to the voice of the customer* – APICS – 1991

TAGUCHI G., *System of experimental design (tomes I et II)* – Unipub/Kraub – 1987

VANDEVILLE, *Gestion et contrôle de la qualité* – Afnor Gestion – 1992

ZAIDI. A., *QFD Une introduction* – Lavoisier Tec & Doc – 1990 –

Quelques sites *internet* sur le domaine de la qualité

IUT Annecy – département OGP – http://www.ogp.univ-savoie.fr
Site du département OGP de l'IUT, vous pourrez télécharger de nombreuses feuilles de calculs sur le SPC, les plans d'expériences, l'étude R&R, etc. Vous trouverez également des liens hypertextes relatifs à la gestion de production, à la qualité et à la métrologie.

I S O – www.iso.ch

Site du ministère de l'industrie – www.industrie.gouv.fr

Fédérations des associations régionales – Mouvement Français pour la Qualité – http://www.mfq.asso.fr/

Afnor – http://www.boutique.afnor.fr/boutique.asp

France Qualité (entreprises certifiées) – www.France-qualite.com

Quality & Co – www.qualityandco.com

QSE on line – http://www.qualiteonline.com/

American Society for Quality – http://www.asq.org

European Organization for Quality – http://www.eoq.org/

Total Quality Engineering – http://www.tqe.com/

QFD institute for the advancement of Quality Function Deployment – http://www.qfdi.org/

International Council for Quality Function Deployment – http://icqfd.org/

Plan d'expériences méthode Taguchi –

Site du LNE – www.lne.fr

Site du COFRAC – www.cofrac.fr

Site du CEI – http://www.iec.ch/

INDEX

www.ingramcontent.com/pod-product-compliance
Lightning Source LLC
Chambersburg PA
CBHW081041220326
41598CB00038B/6948

* 9 7 8 2 7 0 8 1 3 3 8 8 4 *